O PRINCÍPIO DE HUMANIDADE

JEAN-CLAUDE GUILLEBAUD

O Princípio de Humanidade

DIRETOR EDITORIAL:
Marcelo C. Araújo

EDITORES:
Avelino Grassi
Márcio F. dos Anjos

TRADUÇÃO:
Ivo Storniolo

COORDENAÇÃO EDITORIAL:
Ana Lúcia de Castro Leite

REVISÃO:
Leila Cristina Dinis Fernandes

DIAGRAMAÇÃO:
Simone Godoy

CAPA:
Alfredo Castillo

Título original: *Le Principe d'Humanité*
Copyright © Éditions du Seuil, 2001
Seuil, 27 rue Jacob, Paris 6
ISBN 978-2020-5572-45

Todos os direitos em língua portuguesa, para o Brasil, reservados à Editora Idéias & Letras, 2008.

Editora Idéias & Letras
Rua Pe. Claro Monteiro, 342 – Centro
12570-000 Aparecida-SP
Tel. (12) 3104-2000 – Fax (12) 3104-2036
Televendas: 0800 16 00 04
vendas@ideiaseletras.com.br
www.ideiaseletras.com.br

Dados Internacionais de Catalogação na Publicação (CIP)
(Câmara Brasileira do Livro, SP, Brasil)

Guillebaud, Jean-Claude
    O Princípio de Humanidade / Jean-Claude Guillebaud; [tradução de Ivo Storniolo]. - Aparecida, SP: Idéias & Letras, 2008.

Título original: *Le Principe d`Humanité*
ISBN 978-85-7698-009-4

1. Antropologia filosófica 2. Ética 3. Humanidade I. Título.

08-05880   CDD-128

Índices para catálogo sistemático:

1. Antropologia filosófica 128
2. Humanidade: Antropologia filosófica 128
3. Ser humano: Antropologia filosófica 128

Para Catherine, e graças a ela...

A humanidade não é hereditária.
Marie Balmary

Apresentação

> *Devemos escapar da alternativa do fora e do dentro:*
> *É preciso estar nas fronteiras.*
> *A crítica é a análise dos limites e a reflexão sobre eles.*
> Michel Foucault[1]

Duas determinações – arriscadas, mas assumidas – presidiram à elaboração deste livro. Devemos explicá-las com lealdade.

Diante das mutações consideráveis que vivemos, tentei inicialmente escapar a uma alternativa que, decididamente, me parece falsa. A que oferece apenas a escolha entre o catastrofismo apavorado e o otimismo beato. Nem um nem outro me parecem pertinentes. O catastrofismo, velha postura moralizante, leva a recusar o próprio princípio do progresso científico e inclina, cedo ou tarde, a uma vã nostalgia. No sentido estrito do termo, ele para nada serve. Mas o otimismo beato não é menos funesto. Ele pode levar os consentimentos a todos, a todas as capitulações. Como sempre na história

---

[1] *Dits et Écrits 1954-1988.*

humana, o limiar decisivo que estamos a ponto de transpor abre-se tanto para perigos como para esperanças. Todo aquele que deseja que os segundos predominem deve proibir-se, ao mesmo tempo, de ficar cego e de se tornar imprudente. Com efeito, se um naufrágio nos ameaça, devemos olhá-lo de frente. Não para disso tirar não sei qual discurso apocalíptico, mas para melhor conjurá-lo.

Minha segunda determinação é deliberadamente transdisciplinar. Que Edgar Morin seja aqui lembrado por seus estímulos e lições. Como ele, optei, com todo o conhecimento de causa, por me aventurar em disciplinas e saberes diante dos quais não tenho nenhuma legitimidade acadêmica: genética, cognitivismo, informática, neurociências etc. Apoiei-me sobre trabalhos especializados, que procuro citar aqui com o máximo de honestidade. Em geral, nunca sou mais que o mensageiro – crítico – de reflexões e de trabalhos que me pareceram importantes. Obrigado a simplificar, procurei jamais deformar. Agradeço aos poucos pesquisadores que, aqui e acolá, aceitaram rever meu trabalho.

Jean-Claude Guillebaud

Sumário

Capítulo 1
O que nos acontece? – 15
Redefinir o homem? – 18
Um passado tão próximo – 22
Miséria da deliberação – 30
Violência da disputa – 34
Economia, informática, genética: as três irmãs – 37
Triunfo do *business* – 41
O saber em leilão – 45

Primeira parte
A humanidade assediada – 49

Capítulo 2
O homem reduzido ao animal? – 51
Dançar com os macacos – 54
O dogma central – 57
O macaco nu – 60

O chimpanzé cidadão? – 63
A "noção cara" de humanidade... – 66
Meio-homens? – 71
O paradoxo do canibal – 74
O homem reencontrado – 77
François e o lobo – 81

Capítulo 3
O homem reduzido à máquina? – 87
A revolução do cognitivismo – 90
A aversão decidida pelo religioso – 94
Do robô flautista ao homem-máquina – 98
Galatéia, Afrodite e o golem – 101
Domesticar logiciais selvagens – 104
A máquina "no" homem – 107
A lamentação dos Tamagotchi – 110
Fale-me chinês! – 113
O computador é emotivo? – 116
Uma espécie de autismo – 120

Capítulo 4
O homem reduzido à coisa? – 123
O imperativo categórico – 124
A bactéria, a ostra e a ratazana – 128
As estratégias de *Terminator* – 132
Coragem, fujamos... para a frente! – 136
O genoma em oferta? – 140
Os órgãos para vender – 145
O enigma do embrião – 149
Pessoa ou não-pessoa? – 153
Os manipuladores da linguagem – 156

Capítulo 5
O homem reduzido a seus órgãos? – 161
Um corpo com olhos furados – 164
Uma "psicologia de animais" – 168
O crime genealógico – 171
A desordem do clone – 175
O assalto contra a psicanálise – 179
Mergulhar no sentido – 183
O retorno do rei dos Amieiros – 186
O sofrimento das origens – 191

Capítulo 6
O homem em vias de desaparecimento? – 195
O homem que se tornou enzima – 197
O ciberparaíso? – 200
A falsa lição de Babel – 204
O egocentrismo das partículas – 208
Do "eu" sofredor ao "não-si-mesmo" tranqüilo – 212
Os quatro erros – 216
Um budismo imaginário – 220
O não-si-mesmo revisitado pelo individualismo – 222
Nem homem nem direitos humanos – 225

Segunda parte
A modernidade regressiva – 229
Um perfume muito à século XIX – 231

Capítulo 7
Figuras novas do arcaísmo – 237
Um novo pacto colonial? – 238

A reconquista do mundo – 241
Uma saga genética na Islândia – 245
A nova era do racismo? – 247
Os "maus riscos" genéticos – 250
Os deserdados do genoma – 253
A volta do "homem criminoso" – 257
A escravidão reinventada – 261
Uma lógica feudal? – 266

Capítulo 8
A genética presa pela ideologia – 271
A busca do Graal – 274
Na opinião de meu gene... – 279
Uma armadilha para a esquerda – 282
Ai dos perdedores! – 286
O retorno da sociobiologia? – 289
Uma Nova Direita em festa – 292
O mal-entendido genético – 297
Uma falsa revolução? – 300

Capítulo 9
A eugenia remaquiada – 303
O grande retorno? – 305
Modelagem e remodelagem do homem – 309
A ideologia da felicidade – 312
Da esterilização ao extermínio – 314
Uma "biologia aplicada" – 318
O não-dito de Nuremberg – 321
Uma religião cívica americana – 325
Uma "nova eugenia"? – 329
Um conceito totalitário: a normalidade – 332
Uma infatigável "asneira" – 335

Capítulo 10
Um mau uso de Darwin – 339
O grande mal-entendido – 340
Os fantasmas do espírito burguês – 344
Aceitar a barbárie ou combatê-la? – 349
Nascimento de um delírio – 352
Posteridade de uma loucura – 355
"Irão tratar-me como monstro" – 358
Neo e ultradarwinismo – 361

Terceira parte
Se a vida for resistência... – 367

Capítulo 11
Podemos renunciar a pensar? – 369
Um "crepúsculo" da humanidade – 370
A pós-modernidade, tomada literalmente – 374
O humanismo antropofágico – 377
"Que o saber avance, que a vida pereça!" – 380
Um novo gênero humano? – 384
Miséria do homem especular – 387
Da resistência à adesão – 389
Lugar para os "tecnocientes"! – 392

Capítulo 12
A injunção cientificista – 397
A "nova fronteira" – 398
"Futuro radiante" e "amanhãs que cantam" – 401
Um novo clero? – 406
O retorno dos sábios loucos – 411
A ideologia da *expertise* – 415

Prêmios Nobel em socorro a Hitler – 417
Grandeza e miséria da bioética – 422
A "ética mínima" – 424
A nova quadratura do círculo – 427

Capítulo 13
A aliança reencontrada – 431
Uma origem biológica da moral? – 432
A "memória de cada homem" – 435
O materialismo tomado pelo imaterial – 438
A vida como enigma – 441
A Terra é redonda, e ela gira! – 444
Astronomia e catedrais – 447
O princípio de não-usurpação – 450
Concordismo alienado e criacionismo ignorante – 453
Um caminho mantido aberto – 457

Epílogo
Tomar um partido de humanidade – 461

Capítulo 1

O que nos acontece?

Eis que nos encontramos confrontados com um mundo que se desenvolve, conquistador e dominador, mas que, do mesmo modo que o colosso com pés de barro, se arrisca não a desmoronar, mas a provocar este "flexível tornar-se selvagem" que, depois da Shoah, poderia de fato tornar-se a figura da catástrofe atual.
Jacques Hassoun[1]

Estamos diante de um incrível paradoxo. É o seguinte: uma lógica invisível, dia após dia, puxa o tapete de debaixo de nossos pés. Sem o saber, nossas sociedades são pegas pelas costas e nossas idéias se perdem, como exércitos que se extraviam na bruma. Os valores, os conceitos, os objetivos democráticos que propugnamos vêem-se erodidos em suas mais profundas bases. Vivemos e pensamos de algum modo em cima do vazio, mas esse vazio nos espera. Uma espécie de

---

[1] *Actualités d'um malaise*. Érès, 1999.

esquizofrenia ontológica nos ameaça no que se refere ao sentido das palavras e das coisas. Vejamos isso mais de perto. Qual é o anverso e o reverso dessa estranha medalha?

No anverso, as coisas são claras. Acreditamos – legitimamente – nos *direitos humanos*. Somos convictos de que seu triunfo progressivo na orla de um novo milênio anuncia não tanto o fim da História, e sim a derrota (ao menos provisória) das tiranias e das dominações. Adeus fascismo, comunismo, nazismo; adeus medíocres ditaduras; adeus prisões impostas! Os mais otimistas – e eu sou um deles – farejam a possível vinda de uma nova época das Luzes, mas que, desta vez, se estenderia à terra inteira. O projeto não é absurdo nem ilegítimo.

Nossas tribunas, nossos jornais, nossos discursos políticos repercutem, em todo caso, esse credo e essa esperança. Exigiremos que, em todo lugar, prevaleçam a liberdade e a dignidade. Mais que soberanias mortíferas, mais que pertinências disciplinares, mais que opressões categoriais, os direitos do homem são o horizonte último para o qual aceitamos voltar nossos olhares. O projeto não é suficiente, mas é sem dúvida necessário. Que o esquecimento sepulte para sempre o século XX que terminou, seus furores, seus campos e suas ideologias arrogantes! Nunca mais isso! A nossos olhos, a pessoa emancipada e pacificamente autônoma será amanhã a medida de todas as coisas. Nós nos tornamos, por conseguinte, minuciosamente exigentes a partir do momento em que um só desses "direitos" está em questão.

Ao mesmo tempo, somos solidários de uma consciência mais aguda daquilo que pode ser um *crime contra a humanidade*. Aquele que acrescenta ao assassínio dos homens a negação do humano; aquele que agrava o massacre pela mutilação do sentido. Nossa memória ainda está viva a esse respeito. A fim de proibir para sempre essas carnificinas e essas desolações infra-humanas, para conjurar seu perigo, queremos arquitetar um direito internacional novo, com suas categorias penais e seus tribunais, esperando seu "policiamento". A força armada, pensamos, deve ser exigida quando um crime contra a humanidade é perpetrado. Bósnia, Ruanda, Kosovo... A vigilância sobre esse *front* justifica até, pensamos, que sejam reavaliadas, e até dispensadas, as antigas categorias da *realpolitik*. Nações embarricadas, fronteiras fechadas, soberanias severas, razões de Estado...

Exigimos uma verdadeira "transvalorização dos valores" políticos para parafrasear Nietzsche. Sobre um planeta lentamente unificado, nenhuma "soberania nacional" será mais legítima a partir do momento em que prevalecer, sob sua cobertura, o horror do crime contra a humanidade. Àqueles que se alarmam ao ver desaparecer desse modo as figuras tradicionais da diplomacia, da geopolítica e do direito internacional; àqueles que ironizam esse angelismo civilizatório, opomos à consciência imediata – e televisiva – do horror. Não é urgente renunciar aos cinismos precavidos de outrora, quando se trata de acelerar a emergência de uma verdadeira moral planetária? "A conquista dos direitos humanos comporta igualmente algo de absoluto – observa uma das melhores juristas francesas nesse campo. É preciso colocar marcos intransponíveis, que se chamam juridicamente de direitos intangíveis e de crimes imprescritíveis. É preciso torná-los operativos".[2]

Direitos do homem de um lado, crime contra a humanidade do outro: essas categorias emblemáticas se tornaram, desse modo, os dois pólos – positivo e negativo – da modernidade. É disso, na verdade, que falamos sem descanso. Tal é doravante a *doxa*. Desse modo é refontizada nossa boa consciência e refundido aquilo que nos resta de otimismo histórico. Eis o que podemos dizer para o anverso da medalha.

---

[2] Mireille-Delmas Marty, "Quel avenir pour les droits de l'homme?", in *Les Clés du XXIe siècle*. Seuil-Unesco, 2000.

Redefinir o homem?

O reverso é mais inquietante. A nossas costas, enquanto argumentamos e moralizamos desse modo, questões capitais são murmuradas, questões que preferimos, no momento, não escutar. O que é um homem de fato? O que significa o conceito de humanidade? Essa idéia não seria passível de revisão ou de evolução? Coisa incrível: essas novas colocações em questão do humanismo não são expressas, como outrora, pelos ditadores bárbaros ou pelos déspotas iluminados; elas são articuladas pela própria ciência em seus novos estados. Elas são até correlatas às promessas da assim chamada ciência; como se fosse o preço a pagar ou o risco a assumir. Pôr o homem em questão, a fim de melhor curá-lo... Da biologia às neurociências, da genética às pesquisas cognitivas, toda uma face da inteligência contemporânea trabalha para abalar as certezas às quais ainda estamos agarrados. Essa imensa contradição dissimula-se por trás de uma confusão de palavras, mas cada vez menos.

Escutemos com mais atenção os inumeráveis debates que fazem nascer, tanto na imprensa como nos tribunais, os avanços da biociência – clonagem, procriação medicamente assistida, pesquisas sobre o embrião, manipulações genéticas, transplantes de órgãos, aparelhagem do corpo etc. –, e constatemos que uma mesma pergunta atravessa todos eles. De um lado ao outro. Uma pergunta tão radical, tão "enorme" que, diante dela, o pensamento hesita, a jurisprudência gagueja, os tribunais se extraviam: onde colocar o verdadeiro limite do humano, ou seja, *como definir a humanidade do homem*? O que distingue, afinal, o homem do resto da natureza? Ao que poderíamos amarrar a singularidade da espécie humana, quando, hoje, tudo acaba por dissolvê-la "cientificamente" na incomensurável diversidade biogenética do ser vivo?

Não há um só desses novos debates que não volte a essa questão principal e não produza a mesma inquietude obscura. A genética não nos leva novamente, *de facto*, a uma comunidade indiferenciada entre o homem e o animal? As ciências cognitivas não nos sugerem a hipótese do cérebro eletrônico ou de uma possível inteligência artificial, ou seja, de uma proximidade garantida entre o homem e a máquina? A física molecular não postula uma continuidade de princípio da própria matéria, incluindo a matéria viva e o homem? E então? Estaremos rapidamente de mãos vazias para definir o homem. Talvez já estejam...

Essa é a verdadeira natureza de uma revolução conceitual – uma "mudança de paradigma", dirão os pedantes – da qual somos as testemunhas mudas. Cada um procura seus termos para designar claramente essa revolução/mutação. Poderíamos aqui enumerar à vontade as citações. "O fato novo, escreve Paul Ricoeur, é que o homem agora se tornou perigoso para si mesmo, pondo em perigo a vida que o sustenta e a natureza ao abrigo da qual ele outrora recortava o recinto de suas cidades."[3] As perspectivas que nos assaltam não têm mais como mecanismo apenas a organização mais ou menos justa de nossas sociedades, mas o próprio princípio de humanidade.[4] Um "limiar" foi transposto no decorrer das três últimas décadas. Um limiar que Michel Foucault pressentia, a seu modo, quando escrevia, há vinte e quatro anos: "O que poderíamos chamar de 'limiar de modernidade biológica' de uma sociedade se situa no momento em que *a espécie humana entra como aposta em suas próprias estratégias políticas.*

---

[3] Paul Ricoeur, posfácio a Frédéric Lenoir, *Le Temps des responsabilités*. Fayard, 1991.

[4] Tomo de empréstimo a expressão "princípio de humanidade", que dá o título a este livro, do Comitê Consultivo Nacional de Ética que, em seu documento n. 1, escrevia: "Princípio de moralidade, o respeito pela pessoa é também princípio de humanidade". Retomado em *Vers un antidestin. Patrimoine génétique et droits de l'humanité* (François Gros e Gerard Huber, eds.), Odile Jacob, 1992 (debate de outubro de 1989 em Jussieu).

O homem, durante milênios, permaneceu aquilo que ele era para Aristóteles: um animal vivo e, além disso, capaz de uma existência política; o homem moderno é um animal *na política do qual sua vida de ser vivo está em questão*".[5]

Humanidade, ser humano, espécie humana... Sentimos realmente, sob nossos passos, que se entreabre uma fenda. Diante desse vazio anunciado, sentimos vertigem. Percebemos uma oposição irredutível entre as "duas metades" do pensamento moderno. Como poderíamos promover os direitos do homem se a definição do homem está cientificamente em questão? Como conjuraremos os crimes contra a humanidade se a definição da própria humanidade se torna problemática? Esse imenso paradoxo ao qual nos vemos prometidos não tem mais algo a ver com o devotamento, "gentil" e complacente, pelo humanismo dos pátios de escola; esse civismo tamborilante, no qual se abeberam ainda nossas perorações políticas. Nem sequer com a única defesa ecológica de um planeta ameaçado pelos buracos na camada de ozônio ou com o aquecimento do clima.

O que hoje está em causa não é apenas a "sobrevivência da humanidade", definida como comunidade que habita o planeta Terra, e sim, em cada um de nós, *a persistência da humanidade do homem* – essa qualidade universal que Kant chama de *Menschheit* e que de fato faz da pessoa um ser humano. "O que está em causa – escreve magnificamente Maurice Bellet – é o nascimento de humanidade, ou seja, que o humano do ser humano não é evidente, e sim uma formidável e improvável emergência no seio do universo".[6] Uma emergência que volta a ser mais frágil que nunca.

Sim, um limiar prodigioso está a ponto de ser transposto. O jornalista científico Hervé Kempf propõe chamar esse "possível", re-

---

[5] Michel Foucault, "Histoire de la sexualité", t. 1, *La Volonté de savoir*. Gallimard, 1977.

[6] Maurice Bellet, *Études*, dezembro de 2000.

pentinamente oferecido a nossos projetos pelo salto qualitativo da ciência, essa hipótese de uma humanidade mutante ou de uma pós-humanidade, de "revolução biolítica", em oposição ao que havia sido a revolução "neolítica" – do grego *neo*, novo, e *lithos*, pedra –, que aconteceu há cerca de doze mil anos e que fez as sociedades humanas passarem de um modo de subsistência baseado sobre a caça e a colheita para uma economia que repousa sobre a criação de animais e a agricultura. Essa revolução marcava uma completa mudança da relação da humanidade com a natureza. Hoje, "entramos em uma nova era, dominada pelas técnicas que casam o ser vivo *(bio)* com o mineral *(lithos)*". Para Hervé Kempf, essa nova revolução vem a encerrar longuíssimo período da História, durante o qual foram forjadas as categorias mentais, nas quais o pensamento ocidental construiu, no decorrer dos séculos, sua representação do mundo. Essa representação, hoje, desloca-se como um cimento que se tornou pulverizável.

"Pensávamos o homem como um conceito fixo, ao menos na escala dos milênios durante os quais a espécie humana, na maturidade de sua evolução biológica, havia entrado na história. [...] O biolítico abre a história de uma evolução dirigida, de uma biologia transformada, de um ser humano filho de suas obras, e não mais do poder tutelar da natureza."[7] Alguns, muito mais inquietos, mobilizam, a respeito dessa mesma mutação, metáforas apocalípticas. "Depois de ter quebrado os tabus da asfixiante cultura burguesa, é preciso agora *quebrar o ser*, a unicidade do gênero humano, pela deflagração próxima de uma bomba genética, que seria para a biologia o que a bomba atômica foi para a física."[8]

---

[7] Hervé Kempf, *La Révolution biolithique. Humains artificiels et machines animées*. Albin Michel, 1998.

[8] Paul Virilio, *La Procédure silence*. Galilée, 2000.

Uma coisa é garantida: de repente, hesitamos diante de nossa própria temeridade tecnocientífica. Os instrumentos que temos entre as mãos nos abrem as portas de uma aventura sem equivalente em nossa história. A nós é dado o poder de recuar as fronteiras biológicas, de desafiar o destino corporal, de conjurar as antigas fatalidades da fisiologia ou da genealogia, de curar as doenças incuráveis etc. O orgulho humano que habita a época não é, desse ponto de vista, absolutamente abusivo. Mas o terrível horror que o acompanha é também totalmente fundado. Em fevereiro de 1997, depois da clonagem da ovelha Dolly, o cotidiano alemão *Frankfurter Allgemeine Zeitung* expressava o sentimento comum, escrevendo: "Copérnico expulsou o homem do coração do universo, Darwin do seio da natureza, e a procriática prepara-se para expulsar o homem de si mesmo".

Essa é talvez, para retomar uma bela expressão de Marie Balmary, "a felicidade catastrófica que nos ameaça".[9]

Um passado tão próximo

Detenhamo-nos um momento nesse terrível horror. É preciso levá-lo muito a sério e de modo nenhum tratá-lo como superstição. Com efeito, não nos podemos referir a ele sem mencionar a memória particular que o alimenta em segredo, que o exacerba e o reanima sem cessar. É a memória de um passado muito próximo. Ela vela infalivelmente por trás de todos os debates chamados de "bioéticos", em cada debate; ela está presente no cerne de todas as reflexões, a ponto de envenenar a maioria delas. Desejo falar da lembrança da Shoah, sem dúvida, e do que esteve em ação, há não muito tempo,

---

[9] Marie Balmary, *Abel ou la traversée de l'Eden*. Grasset, 1999.

nos campos de concentração. Não há sombra de dúvida de que todas as questões contemporâneas sobre a definição do homem *nos relembram alguma coisa*.

Os defensores do otimismo cientificista irritam-se quando convocamos essa memória para denunciar os possíveis desvios da genética. Para eles, essa incansável convocação de Hitler é exasperante. Eles vêem nela um modo cômodo de encorajar todas as prudências "obscurantistas" ou as reações "tecnofóbicas" (os dois termos estão na moda). Estão errados. A referência intuitiva a esse passado não é irracional. É realmente a intransponível exceção nazista e a Shoah que fizeram nascer, em contrapartida, nossa preocupação obsessiva com *o humano do homem*. A cronologia histórica é testemunha disso. É depois da abertura dos campos e das valas comuns que o trágico foi convidado, para todo o sempre, para essa questão. Depois da Shoah, rompemos com aquilo que podia haver de cortês, de indiferente, de quase divertido, nos séculos XVII ou XVIII, nas reflexões sobre a animalidade ou a humanidade da criatura (Plutarco, La Mettrie, Descartes e outros mais...). O sistema concentrador nazista fabricou desta vez, no sentido estrito do termo, uma subumanidade. Para o bem. Para a verdade. O homem inteiro, por meio do judeu ou do cigano, foi reduzido forçosamente à animalidade ou condenado ao estatuto de objeto, de coisa. Os corpos dos supliciados, seus dentes, sua pele, seus cabelos se tornaram *matéria-prima*... Em 1945-1946, subitamente, "o Ocidente descobriu [então] com horror que podíamos destruir uma verdade mais preciosa que a própria vida: a humanidade do ser humano".[10]

Os grandes testemunhos do pós-guerra, que reforçaram tragicamente nossa percepção da dignidade humana, insistem todos sobre esse horror histórico. Basta lê-los novamente. Pensemos em

---

[10] Isabelle Marin, "La dignité humaine, un consensus?", *Esprit*, fevereiro de 1991.

Primo Levi, que, em *Si c'est un homme* [*Se é um homem*], volta sem cessar a essa retrogradação deliberada e maníaca do deportado ao estágio de "animal", de "matéria-prima" ou de "lixo"[11] (são seus termos exatos). Levi descreve os homens reduzidos ao estado de ruína, esses "muçulmanos" – *Musulmänner* na gíria dos campos de concentração –, esses "não-homens" que caminham e se esgotam em silêncio". "Muçulmanos" arrancados de seu próprio estatuto de pessoa. Pensemos igualmente em Robert Antelme, que, em *L'Espèce humaine* [*A espécie humana*], descreve a emergência, nos campos, dessa furiosa "reivindicação de humanidade" que, durante meio século, jamais abandonará a memória ocidental. Com efeito, escreve Antelme, é de fato "novamente a colocação em causa da qualidade de homem [que] provoca uma reivindicação quase biológica de pertença à espécie humana".[12]

Sim, é preciso ler e reler – mas hoje de muito mais perto– esses protestos exemplares.

---

[11] Publicado pela primeira vez em 1947, em uma editora muito pequena, o livro só foi verdadeiramente redescoberto em 1958, por ocasião de sua reedição na Einaudi, traduzido em seis línguas e continuamente reeditado depois. Nascido em 1919, em Turim, Primo Levi suicidou-se em 1987.

[12] Robert Antelme, *L'Espèce humaine*, última edição. Gallimard, coll. "Tel", 1979.

Gado, lama, lixo...

Já não se trata apenas de morte, mas de uma multidão de detalhes maníacos e simbólicos, visando todos a provar que os judeus, os ciganos e os eslavos não passam de gado, lama e lixo. Pensemos na operação de tatuagem de Auschwitz, pela qual os homens eram marcados como bois, na viagem em vagões para animais, que jamais eram abertos, a fim de obrigar os deportados (homens, mulheres e crianças!) a permanecerem dias inteiros no meio de seus próprios excrementos; no número de matrícula em vez do nome; no fato de que não distribuíam talheres (ao passo que os entrepostos de Auschwitz, na Libertação, continham quintais deles), obrigando os prisioneiros a lamber sua sopa como cães; pensemos, finalmente, na exploração infame dos cadáveres, tratados como matéria-prima qualquer, própria para fornecer o ouro dos dentes, os cabelos para fazer tecido, as cinzas para servir como fertilizantes; nos homens e nas mulheres rebaixados à posição de cobaias, sobre os quais eram experimentados medicamentos, antes de suprimi-los.

O próprio meio escolhido (depois de minuciosos ensaios) para operar o massacre era altamente simbólico. Devia ser empregado, e se empregou, o gás tóxico, já utilizado para a desinfecção dos porões de navios e dos locais invadidos por percevejos ou piolhos. No decorrer dos séculos foram inventadas mortes mais cruéis, mas nenhuma jamais foi tão cheia de ódio e de desprezo.

Primo Levi, *Si c'est un homme*.
Presses Pocket, 1990.

O Princípio de Humanidade

Para além daquilo que esses testemunhos trazidos do nada puderam ter de perturbador, devemos compreender que eles representavam, indiretamente, uma redefinição intransigente, vibrante e inquieta, da *humanidade do homem*. Esta última estaria doravante por construir, reconstruir, defender contra qualquer empreendimento que visasse a arruiná-la. Sabíamos, doravante, que o inominável era possível e que se revelava bem pior que o massacre. Tornava-se claro, *a contrario*, que o homem não devia nunca mais ser assemelhado ao animal, nem à máquina, nem à coisa. E, por outro lado, essa humanidade irredutível, instituída como tal pelo olhar do outro, que havia permitido resistir mentalmente ao projeto nazista. Ela assumiu valor absoluto de descoberta, de antimal, de pólo magnético para todas as nossas sociedades democráticas. O pós-guerra e as décadas que se seguiram foram habitados por essa absolutização que rompia com as antigas referências do humanismo histórico, o qual, outrora, era percebido como um acréscimo de bom gosto, um progresso agradável, uma espécie de cortesia moral que substituía a crueza do mundo. Depois de Auchwitz, nunca mais poderíamos pensar o humanismo desse modo, nem compor com suas mil e uma definições possíveis. Desta vez, mudávamos de registro. Essa mudança habita ainda nossas consciências...

E isso não é tudo. Aos grandes testemunhos do tipo de Primo Levi ou Robert Antelme foi acrescentada uma enunciação igualmente solene, mas mais jurídica, dessa noção de espécie humana. Como resultado do processo de Nuremberg (1946-1947), foi elaborado o *Código de Nuremberg*, que, pela primeira vez, pretendia fixar regras e limites para qualquer experimentação sobre o homem. Esse código foi acrescentado ao julgamento pronunciado em 1947 pelo tribunal americano contra vinte e três médicos nazistas e três outros cientistas alemães, convictos de ter praticado experiências – na maioria das vezes mortais – sobre seres humanos. Na prática, tratava-se de codificar mais severamente a pesquisa médica, colocando como princípio a obrigação formal e revogável do "consentimento esclarecido"[13] do eventual paciente. Na prática, esse código médico, surgido da pós-catástrofe e em um pretório democrático, teve uma importância simbólica muito mais ampla. Ele reformulava explicitamente um princípio de pertinência. Um princípio imprescritível. Todo homem, toda mulher, toda criança – ainda que deficiente mental, ainda que sem consciência, ainda que sem poder falar, ainda que agonizante – é membro integral da espécie humana. Ele é titular, enquanto tal, de uma *dignidade* que nada nem ninguém poderia violentar. É desse modo que se achou *reavaliada ao máximo a exigência de dignidade humana*. Vivemos ainda com essa exigência. Quem poderia aceitar que ela fosse contestada?

---

[13] Refiro-me aqui à comunicação de Claire Ambroselli, "Quarante ans après le code de Nuremberg", integrado na obra coletiva, publicada sob sua direção: *Éthique médicale et Droits de l'homme*. Actes-Sud e INSERM, 1988.

Tão semelhantes aos animais...

Tão semelhantes aos animais, qualquer animal se tornou suntuoso para nós; tão semelhantes a qualquer planta que apodrece, o destino dessa planta nos parece tão luxuoso quanto àquele que termina pela morte no leito. Estamos a ponto de nos assemelhar a tudo aquilo que luta apenas para comer, e morre por não comer; a ponto de nos nivelar a uma outra espécie, que jamais será a nossa e para a qual se tende; mas esta que vive ao menos segundo sua lei autêntica – os animais não podem tornar-se mais animais – aparece tão suntuosa quanto a nossa "verdadeira", cuja lei pode ser também a de nos conduzir aqui. Mas não há ambigüidade: nós permanecemos homens, e terminaremos apenas como homens. A distância que nos separa de uma outra espécie permanece intacta, ela não é histórica. É um sonho da SS acreditar que temos como missão histórica mudar de espécie, e como essa mutação é feita demasiado lentamente, eles nos matam. [...] É por sermos homens como eles que os SS estarão definitivamente impotentes diante de nós. É por terem tentado pôr em questão a unidade dessa espécie que eles serão finalmente esmagados. [...] Tudo acontece efetivamente como se houvesse espécies – ou, mais exatamente, como se a pertença à espécie não fosse garantida, como se fosse possível nela entrar e dela sair, estar nela apenas pela metade ou a ela chegar plenamente, ou a ela não chegar, ainda que à custa de gerações –, a divisão em raças ou em classes, sendo o cânon da espécie e mantendo o axioma sempre pronto, a linha última de defesa: "Não são pessoas como nós".

Robert Antelme, *L'Espèce humaine*.
Gallimard, 1979.

Encontraremos nos testemunhos posteriores sobre outras barbáries do século — a barbárie estalinista, por exemplo — notações que participam significativamente do mesmo horror: o do homem destituído e reduzido ao estatuto de animal. Sob a pena de Alexandre Soljenitsyn, por exemplo, é diversas vezes denunciada a terminologia animalesca, utilizada pelos comunistas nos piores momentos da repressão. "Lênin — escreve ele — proclamou que a meta comum e única da hora era a de *limpar a terra russa de todos os insetos daninhos* [...] Havia mal de insetos entre os professores de liceu. Os conselhos paroquiais estavam inteiramente povoados de insetos. Os insetos cantavam nos corais das igrejas. Todos os sacerdotes eram insetos e, com maior razão, todos os monges e todas as freiras..."[14]

Hoje, de modo nenhum é necessário procurar para constatar que essa mesma obsessão pela *humanidade do homem* gira, ainda e sempre, em torno dos gonzos. A terrível lição dos genocídios recentes não é apenas ditada pela quantidade de vítimas ou pelos meios empregados. Ela sempre tem uma parte ligada com a essência do ser humano. Alguns sobreviventes dos massacres de Ruanda encontram instintivamente palavras e expressões idênticas às que Primo Levi e Robert Antelme cinqüenta anos antes usaram. "Quando penso no genocídio, em um momento de calma — garante um deles — reflito onde encaixá-lo na existência, mas não encontro nenhum lugar. Quero dizer simplesmente que *não existe mais o humano*". "Eu — observa um outro — repito que eles cortavam e mutilavam para *retirar o humano* dos Tutsis e matá-los mais facilmente".[15]

---

[14] Alexandre Soljenitsyn, *L'Archipel du Goulag*. Seuil, 1974.
[15] Testemunho de Sylvie Umubyeyi, 34 anos, assistente social em Nyamata Gatare, e de Innocent Rwililaza, 38 anos, professora em Nyamata, *in* Jean Hatzfeld, *Dans le nu de la vie. Récits des marais rwandais*. Seuil, 2000.

Aqui nos encontramos. Todas essas lembranças – por demais breves – tinham apenas um objetivo: ajudar-nos a melhor medir a amplitude, a gravidade, a profundidade dos abalos contemporâneos. Porque é a ciência, repitamos, que ressuscita hoje as questões que obsedavam Primo Levi. Perguntamo-nos sobre o que pensaria este último, caso ele pudesse ler, a respeito da genética, títulos como o seguinte: "Enquete sobre a fábrica do super-humano" ou "Estamos arriscados a sair docemente da espécie humana".[16] É, todavia, bem a questão. Saberemos ainda definir o homem, distingui-lo do animal, da máquina, da coisa? Em qualquer lógica, perguntas tão fundamentais deveriam ocupar a totalidade do espaço democrático. No fundo, com efeito, eles relegam a política tradicional (divisão das riquezas, deliberação, eleição etc.) à posição de uma amável, mas muito subalterna, conjectura. Ora, extraordinariamente, não é desse modo que as coisas acontecem. Sobre esse terreno repleto de minas nós avançamos em uma frívola confusão. Por quê?

Miséria da deliberação

Poderíamos epilogar infindavelmente sobre a mediocridade do debate contemporâneo, fustigar a imprevidência de uns e a ignorância dos outros, a demagogia e a futilidade de uma época que dança em cima de abismos e capitula diante de simples mecanismos técnicos ou financeiros. Poderíamos indignar-nos com a incrível leviandade do discurso da mídia, quando ele evoca aquilo que poderíamos chamar de "a nova questão humanista". Na tagarelice da época, o humanismo é por vezes infantilmente designado como uma reivindicação gentil, fora de moda, comovente, moralizadora etc. A referência ao

---

[16] *Courrier international*, 21 de dezembro a 3 de janeiro de 2001.

homem é ingenuamente rebaixada à posição de um moralismo doce, de uma espécie de escotismo, que a tecnociência admite apenas com uma indulgência irritada. Humanismo e universalismo são percebidos, no fundo, como as sobrevivências respeitáveis, mas obsoletas, de um mundo antigo. Poderíamos também nos alarmar com o silêncio dos políticos – com todos os partidos confusos – diante de certas opções bioéticas capitais e diante das perguntas que deveriam, antes de qualquer outra coisa, mobilizar a sociedade inteira. Com muito demasiada freqüência, eles se calam. Ou põem as paredes abaixo. Como se a questão apresentada fosse demasiadamente difícil para eles...

De que serve, porém, polemizar? Mais vale tentar compreender a estranha anomia desse debate ou, o que é pior, a indigência das violentas discussões esporádicas que ele suscita. Essa "miséria" se deve, creio, a algumas razões particulares.

Há de início a complexidade dos problemas apresentados e a ilegibilidade dos pontos de vista ou pareceres apresentados, dia após dia, ao grande publico. É uma onda ininterrupta e desencorajante que, doravante, nos engole. Todo aquele que mergulhou na prosa das diretivas e das recomendações dos comitês de ética percebe rapidamente a medida dessa primeira dificuldade. O número e a diversidade das questões tratadas, a prudência bizantina dessas instâncias consultivas (em que prevalece um pluralismo minucioso), a fragilidade das soluções apresentadas, ao mesmo tempo em que o conhecimento progride: tudo isso torna ilusório um claro exame das propostas. Os textos proliferam, misturam-se, superpõem-se, contradizem-se e acrescentam-se, a ponto de se tornarem também pouco utilizáveis como o eram, outrora, as encíclicas romanas. O bioético tornou-se um "profissional", com sua liturgia e seu latim. Direito demais mata o direito, palavras demais, sem dúvida, matam a palavra. E isso seja qual for a boa vontade dos protagonistas, cujos méritos não estão em causa. Uma coisa é garantida: avançamos coletivamente em uma inquietante penumbra.

Essa impressão é reforçada pela incoerência manifesta de algumas decisões judiciárias. Sobre as mães de aluguel ou sobre as coletas de órgãos, sobre a patenteação do ser vivo ou sobre o estabelecimento "genético" da filiação, uma jurisprudência é elaborada por ações pontuais, em uma relativa incoerência. Nos Estados Unidos, temos a famosa sentença *Diamond x Chakrabarty*, emitida em 16 de junho de 1980 pela Corte Suprema, que abriu a caixa de Pandora da "patenteação do ser vivo". Na França, um dos exemplos mais flagrantes de incoerência é a decisão da Corte para a cassação de 17 de novembro de 2000: a sentença Perruche. Ela marcará época. Essa sentença aceita que seja indenizado um jovem deficiente sob o pretexto de que a rubéola de sua mãe não fora diagnosticada pelo médico e, portanto, que o IVG não havia podido decidir a tempo. Como o fizeram observar diversos juristas e grande número de especialistas perplexos, desse modo se sancionava um médico por não ter... matado. Um preconceito podia, portanto, ser imputável ao simples fato de ter nascido! Além disso, a Corte se reservava implicitamente o direito de julgar que uma vida valia ou não a pena ser vivida. Como se esse fosse seu papel...

As decisões desse tipo, reunidas, acarretam uma verdadeira revolução copernicana em matéria de direito. Elas desviam a função judiciária de forma muito mais grave, porque, sem qualquer dúvida, irão multiplicar-se no futuro. Sua única origem é o embaraço manifesto de um sistema judiciário ao qual se pede que resolva, afinal de contas, questões ontológicas ou filosóficas que a própria sociedade é incapaz de esclarecer. Esse desvio do direito, esse "descarte" silencioso da democracia sobre o jurídico diz o bastante a respeito da profundidade da perplexidade coletiva.

Uma perplexidade de que os meios de comunicação se tornam involuntariamente o eco. Estes últimos não têm outra alternativa além de tratar os avanços científicos pontualmente, às pressas, cedendo lugar ao encantamento cientificista, à profecia catastrófica ou ao efeito publicitário. Não vemos como o debate democrático poderia apropriar-se dessas questões, caso uma vontade poderosa, ativa e determinada não exista entre os intelectuais ou na classe política. Ora, essa complexidade é tanto mais inatingível pelo fato de que os dados evoluem com uma rapidez sem cessar acelerada. Os pesquisadores são os primeiros a mostrarem sua inquietude diante dessa desordem mental, ligada à rapidez dos progressos de sua própria disciplina. Desse modo, o geneticista belga, Gilbert Vassart, confia, com certa melancolia: "A vertigem provém do fato de que não conseguimos apreender e integrar tudo ao mesmo tempo e sucessivamente. A quantidade de informações torna-se impossível de gerenciar. [...] Será possível, algum dia, reuni-las todas em um conjunto coerente, do qual seríamos capazes de compreender as interações?"[17]

Acrescentemos a isso a heterogeneidade, a respeito dessas questões, das diferentes culturas européias. São divergências de fundo, sobre as quais preferimos em geral fazer silêncio. As perguntas sobre a bioética fazem aparecer, com efeito, contradições quase insuperáveis entre os países europeus. Por exemplo, entre a Grã-Bretanha, mais cientificista, e a Alemanha, que, levando em conta seu passado, permanece alérgica a qualquer manipulação do ser vivo. Essas contradições põem novamente em causa *de facto* a própria idéia de valores comuns, que está na fonte da construção européia. Isso não é um pequeno problema. "Na Europa, as divergências são tais, remetendo a concepções éticas a esse respeito inconciliáveis, que elas não podem mais, doravante, não se expressar no quadro da construção da União. A ciência e a moral agitam mais uma vez o político, e tudo está no lugar para que assistamos, em curto e médio prazos, a uma crise pouco banal na história das instituições européias."[18]

---

[17] Citado por Caroline Glorion, *La Course folle. Des généticiens parlent*. Les Arènes, 2000.

[18] Jean-Yves Nau, *Le Monde*, 15 de setembro de 2000.

No momento, a política prefere anestesiar essa discussão capital antes mesmo que ela se inicie seriamente. A avestruz européia enterra sua cabeça na areia. Se a referência aos valores comuns tornou-se um dogma comunitário e um ritual, é melhor não examinar de muito perto seu conteúdo. Tanta prudência diplomática sobre questões tão importantes procede de um comportamento... paradoxal. A História arrisca, um dia, mostrar-se severa.

Violência da disputa

E o que dizer, então, dessa violência verbal que ronda a partir do momento que aparece uma questão de biologia ou de ética? Quando realmente se realizam os debates a respeito do estatuto do embrião, da clonagem, da patenteação do ser vivo, da procriação ou da terapia gênica, eles são marcados por uma violência e um maniqueísmo tão implacáveis quanto o poderiam ser as batalhas ideológicas de outrora. "As polêmicas entre partidários e adversários do emprego das biotecnologias se assemelham muito a um diálogo de surdos. As invectivas chovem, os processos de intenção florescem."[19] O debate, em poucas palavras, transforma-se em disputa. E que disputa!

Cada um tem a tendência de se apresentar como minoritário e oprimido por uma maioria hostil. Os defensores da ciência protestam regularmente contra os "medos", as "rejeições" ou as "superstições" de que os meios de comunicação se tornariam cúmplices ao amplificá-los. Por sua vez, os ecologistas ou os pesquisadores críticos vêem no cientificismo ou na tecnociência uma parte integrante da ideologia dominante. Desse modo, há um esforço para

---

[19] Jean-Paul Thomas, *Les Fondements de l'eugénisme*. PUF, 1995.

instalar na opinião pública a idéia de que o Bem está inteiramente de um lado, e o Mal inteiramente do outro. Cada um, sem dúvida, está convicto de que acampa do lado do Bem. Os argumentos empregados a respeito do papel dos meios de comunicação são tão rigorosamente simétricos que se tornam grotescos. Citemos um exemplo dessa simetria. "Tornou-se indecente e sem efeito – escreve um pesquisador célebre – criticar os motores do progresso, como se essa crítica se demonstrasse inaudível porque não há outra perspectiva além da de correr sempre mais rapidamente que o ancestral ou o vizinho".[20] Um outro cientista parece responder-lhe à distância, ao se indignar, ao contrário, com o "catastrofismo" ambiental. "A complacência em relação a uma contestação sem matiz – escreve ele – é acompanhada freqüentemente por uma hostilidade latente contra o saber enquanto tal, desprezando a objetividade mais elementar".[21]

O antagonismo, inclusive entre pesquisadores ou intelectuais, torna-se por vezes claramente rancoroso. Uns se vêem acusados de serem os seguidores inconscientes do hitlerismo, outros são designados como espiritualistas retardados ou imbecis fechados à idéia de progresso e indiferentes ao sofrimento dos doentes socorridos pela ciência. E é fato que, com demasiada freqüência, cada um aceita entrar em seu papel. A uma desconfiança de princípio em relação à ciência (o tema resistente de aprendiz de feiticeiro!) responde então um ódio militante do religioso que nos leva novamente aos confrontos maniqueístas do século XIX. É o que nota um historiador das ciências como André Pichot. "Esse pequeno mundo reconstituiu, sem se dar conta, o esquema do início do século. De um lado, os oponentes

---

[20] Jacques Testart, *Des hommes probables. De la procréation aléatoire à la reproduction normative*. Seuil, 1999.

[21] Louis-Marie Houdebine, *Eurêka*, n. 53, março de 2000.

católicos retrógrados; do outro, os geneticistas e seus partidários progressistas (em geral antipapistas), aos quais se juntam secretamente os teóricos do nazismo, também partidários da eugenia."[22]

Que disputa miserável! Encontramos sinal dessa violência, por exemplo, na querela implacável que opõe, há dez anos, a respeito da eugenia, o geneticista Jacques Testart ou a psicanalista Monette Vacquin de um lado e o ensaísta Pierre-André Taguieff do outro. O que prevalece em todos os casos é o princípio do tudo ou nada. Ou a humanidade feliz ou a volta de Hitler. Um pensamento binário, ao mesmo tempo rudimentar e carregado de ressentimentos, triunfa. Essa crispação de princípio, tanto de um como do outro lado, não é produto do acaso nem da mediocridade retórica. Ela marca, *a contrario*, uma extenuação da reflexão política e democrática. Tal violência exterminadora no terreno da biologia e da ciência contrasta, com efeito, com o consenso majoritário ou, pior, com a indiferença melosa e flácida, que se tornaram regra em questão econômica e social.

Não sabemos mais de fato argumentar – mesmo nas esquerdas – contra o liberalismo ou o mercado. A competição ideológica desertou seu campo tradicional, para se refugiar inteiramente em um novo espaço: o da promessa científica. É nele que todos parecem impelidos a se matar, mútua e simbolicamente, a manejar o anátema. O problema é que, ao operar essa estranha migração do social para o científico, do econômico para a biologia, a ideologia transportou em suas bagagens apenas seus furores e seus dogmas. Em outras palavras, a extrema agressividade do debate sobre os costumes (entendidos em sentido amplo) é também e principalmente o sintoma de uma fraqueza da reflexão. Querelamos tanto mais violentamente por não termos clareza de espírito.

---

[22] André Pichot, *La Société pure. De Darwin à Hitler*. Flammarion, 2000.

E como a teríamos? Quanto ao essencial, as questões levantadas hoje pela tecnociência, em sua própria novidade, *ainda não foram verdadeiramente pensadas*. As categorias mentais que elas põem em questão, as perturbações simbólicas que elas anunciam, as interferências epistemológicas que elas induzem, tudo isso representa um desafio teórico sem precedentes em toda a história humana. Sem dúvida, cada um de nós adivinha ou compreende que tal mutação gera relações inéditas de força e processos de dominação novos em si mesmos. Pressentimos que se abre um "outro" espaço para a política. Tal espaço, porém, continua por ser reconhecido e balizado. Estamos longe disso.

O pensamento está atrasado.

Economia, informática, genética: as três irmãs

Esse atraso é imputável a um mal-entendido, que é muito bem testemunhado pelo destino de um termo amplamente depreciado: o de "globalização" [para os franceses, *mondialisation* = mundialização]. Aqueles que o empregam – principalmente os jornalistas ou os políticos – nem sempre se dão conta do que ele significa. Fingimos pensar que ele designa um fenômeno, uma "revolução" puramente econômica ou financeira. Nada é mais redutivo que isso. Na realidade, estamos a ponto de viver três revoluções/mutações simultâneas, cujos efeitos se reúnem e se conjugam.

De início, sem dúvida, a revolução econômica global. Começada no século XIX, ela tomou um novo impulso depois do desmoronamento do comunismo. Ela consiste em um desaparecimento acelerado das fronteiras, em uma liberação de forças do grande mercado internacional, em um recuo – até um quase-desaparecimento – dos Estados-nação como reguladores do desenvolvimento econômico. Essa globalização fez o gênio (o mercado) sair da garrafa (a democracia), na qual ele estava até o presente, fechado e domesticado. Portadora de promessas incontestáveis – assim como o fora a Revolução Industrial –, essa globalização é, portanto, também ela, repleta de ameaças. A mais evidente – e a mais fastidiosamente repetida – é a erosão progressiva do político, ou seja, da capacidade de agir coletivamente sobre o curso das coisas.

A segunda revolução é informática ou computacional. Ela é concomitante à primeira. Seus principais efeitos começam apenas a se fazerem sentir. E o que mais? O termo "informática" foi forjado em 1962 por Philippe Dreyfus a partir dos termos "informação" e "automático". O termo designa também a ciência sobre a qual essa tecnologia repousa *(computer science)*.[23] Ainda estamos apenas no início de um gigantesco processo que modifica em profundidade nossa relação com o tempo e com o espaço. Tanto um como o outro é, de algum modo, abolido pouco a pouco em favor de uma dimensão espaço-temporal uniforme e desconcertante: *a imediação virtual*. O triunfo do computador, da internet, do ciberespaço, faz emergir diante de nossos olhos um "sexto continente", cuja particularidade é a de ser não só desterritorializado, mas também governado pela imediação. Ele não está em nenhum lugar, e está ao mesmo tempo em todo lugar. É inapreensível e, até o momento, não dominável. Ora, hoje é para esse estranho continente que emigram, uma depois da outra, todas as atividades humanas: comércio, finanças, cultura, comunicação, economia etc. O ritmo dessa migração se acelerará ainda mais, ao sabor dos desenvolvimentos tecnológicos. Como observa o jurista Laurent Cohen-Tanugi, autor de um ensaio denso sobre a questão, "o efeito em longo prazo das tecnologias da informação e da comunicação sobre a relação social, sobre a aprendizagem dos conhecimentos e sobre

---

[23] Sobre esse ponto, cf. Philippe Breton, *Histoire de l'informatique*. La Découverte, 1987.

o próprio processo cognitivo continua difícil de ser circunscrito, mas ele será sem qualquer dúvida muito importante".[24] No momento, os Estados-nação e a própria democracia estão amplamente desprovidos diante desse novo continente computacional, um continente com altos riscos, uma selva. Qual peso irão ter nossas regras internacionais, nossas convenções comerciais, nossos códigos, caso eles se dissolvam continuamente em um não-lugar planetário?

A terceira revolução, a genética, que é a questão nestas páginas, inscreve-se evidentemente na lógica das duas anteriores e obedece ao impulso delas. É apenas em referência às outras que ela pode ser compreendida.

Ora, ainda analisamos separadamente essas três revoluções. Avaliamos as promessas e os perigos provocados por uma ou pela outra. Polemizamos sobre alternativas particulares, ligadas ora ao genético, ora ao livre mercado, ora ao aleatório da computação. Podemos dizer que todo o aparelho de reflexão – disciplinas universitárias, parcelamento do saber, especialização dos pesquisadores, dos vulgarizadores, dos jornalistas – ainda se encontra paralisado por essa fragmentação do pensamento. Os economistas se interrogam sobre a globalização e sua eventual regulação, mas raramente se arriscam, com seus instrumentos conceituais, no campo das biotecnologias. Os geneticistas e os "éticos", por sua vez, nem sempre têm as competências – nem a audácia – requeridas para refletir sobre as desregulamentações da economia ou sobre os furacões simbólicos, induzidos pela revolução informática. Quanto aos especialistas em informática, eles têm demasiado a fazer com suas próprias pesquisas para se deterem sobre a perigosa prevalência do mercado ou sobre a aceleração das biotecnologias.

A mesma constatação pode ser feita a propósito dos meios de comunicação que governam a opinião. A economia, a informática e

---

[24] Laurent Cohen-Tanugi, *Le Nouvel Ordre numérique*. Odile Jacob, 1999.

a genética permanecem ligadas a rubricas diferentes e seguidas separadamente. Descreve-se de bom grado a geografia "fascinante" desses novos territórios, mas sem se interessar muito pelos caminhos que os ligam. Quanto ao essencial, cada um permanece em sua paróquia. Daí resulta uma fragmentação do pensamento, uma compartimentalização das idéias cujo efeito é desastroso. Cada tentativa de análise, acampando em seu campo de influência, condena-se a uma enfermidade de princípio. Agindo desse modo, para retomar a expressão utilizada outrora pelo grande teólogo alemão Karl Rahner, aceitamos permanecer "imbecis prudentes", "idiotas patenteados", que, sem se darem conta, são marcados por uma "douta ignorância".[25]

E por quê? Porque, na verdade, *essas três revoluções irmãs já formam um sistema* e porque é frívolo considerá-las separadamente. "É provável que daqui a algumas décadas os historiadores irão falar apenas de uma única revolução, cujas metamorfoses e aplicações têm as mesmas características: em acréscimo, todas elas estão ligadas a indústrias intensivas, em saber e em capital [...]; como aval, elas todas contribuem para o mesmo fenômeno de desmaterialização, que define as sociedades pós-industriais."[26] Começamos apenas a compreender que os problemas principais, os riscos mais imediatos, os verdadeiros motivos de inquietação não estão ligados a tal ou tal dessas revoluções, mas à *interação das três, à interferência descontrolada de uma sobre a outra, à aceleração intempestiva de uma sob o efeito mecânico das duas outras.*

Para mostrar um exemplo, não são forçosamente as neurociências ou a genética que trazem problema, e sim o arrazoamento dessas

---

[25] Karl Rahner, conferência apresentada no Centre Sèvres, no dia 11 de abril de 1983 e publicada em *Études*, setembro de 1999.

[26] Jean-Jacques Salomon, *Survivre à la science. Une certaine idée du futur*. Albin Michel, 2000.

duas disciplinas pelas lógicas financeiras fora de controle. Não é o mercado que é perigoso em si, mas sua aplicação devastadora a certos domínios – as biotecnologias – dependendo da vontade política e da regulamentação moral. Em outras palavras, o preconceito econômico torna perigoso o preconceito genético, que torna ele próprio potencialmente terrível o preconceito informático. As recíprocas são verdadeiras. E assim por diante.

Uma reunião dos conceitos é uma das tarefas mais urgentes que existem. A violência das mudanças nos condena, se quisermos compreendê-las e controlá-las, a uma transdisciplinaridade obstinada. Devemos, portanto, aprender a *pensar juntas* essas três mutações históricas.

Triunfo do *business*

O exemplo mais flagrante dessa interação desastrosa é o que acabamos de mencionar brevemente: a conjunção entre a revolução biogenética e a nova onipotência do mercado. Há cerca de quinze anos, um representante do Congresso americano, não sem humor, apontava a natureza exata do problema. O mais perigoso, escrevia ele, a respeito da revolução biológica, não é o fato de termos descoberto a Árvore do conhecimento, mas o de a termos "vendido à Wall Street".[27]

Ironia premonitória, com efeito. Hoje, enquanto debatemos gravemente sobre questões éticas, enquanto tratamos, caso por caso, de legiferar com prudência, uma poderosa indústria biotecnológica se desenvolve mundo afora, governada totalmente pela corrida para o lucro. Essa indústria lucra, a cada dia, com o enfraquecimento do

---

[27] Relatado por Jean Cohen e Raymond Lepoutre, *Tous des mutants*. Seuil, 1987.

político. Ela se serve da desregulamentação/privatização generalizada para adquirir uma força e uma autonomia sem muitos equivalentes na História.

Quando se trata de genética, essa captação de poder é angustiante. Porque a biologia genética já se tornou um enorme *business*, objeto de uma competição internacional acirrada. Regularmente, a imprensa americana compara esse *boom* industrial com a corrida do ouro no século XIX. Para evocar essa fortuna futura, fala-se por vezes de "genodólares", em referência às massas de "petrodólares", produzidos pelos choques petrolíferos de 1974 e 1979. Durante muito tempo dominado pelos Estados Unidos, esse vasto mercado conta doravante com novos atores, impacientes, na maioria dos países desenvolvidos: Grã-Bretanha, Alemanha, França, mas também Brasil ou Índia. Os Estados Unidos abrigavam, em novembro de 2000, milhares de empresas especializadas, das quais trezentas apenas no Estado de Maryland, na costa Leste. A Grã-Bretanha (primeira na Europa) já conta com quinhentos e sessenta, ou seja, mais da metade de todas as empresas similares no continente. A França, por sua vez, construiu um pólo de pesquisa biotecnológica em Évry, perto de Paris, já apresentado como uma *Genetic Valley* à moda francesa. Na Índia, o governo encorajou a pesquisa biotecnológica desde 1986, criando um ministério especializado e favorecendo a formação universitária de seus pesquisadores.

São apenas alguns exemplos. Cada país desenvolvido sente-se inserido em uma competição impiedosa. Ninguém quer estar ausente desses novos mercados, e cada um contribui para acelerar a corrida. Qualquer objeção ética, qualquer inquietação moral, qualquer apelo à prudência são percebidos como outras tantas deficiências. Isso significa, claramente, que os imperativos do *business* já são muito mais importantes que as considerações morais. Uma lógica expulsa a outra. O caso da Alemanha é significativo a esse respeito.

Tradicionalmente reticente, conforme dissemos, a respeito das biotecnologias, ela está a ponto de "nelas se inserir", sob a pressão da concorrência industrial.[28]

Diante de uma avalanche dessa amplitude, os argumentos humanitários correm o risco de não ter o peso suficiente, e não só por causa de uma relação de força, que se tornou desfavorável à regulação democrática. Entre a inquietação moral suscitada pela imensa *transgressão* genética e o *laissez-faire* neoliberal, existe um antagonismo teórico. De um lado, uma necessidade de regras, de medida, de enquadramento, de reflexão; do outro, uma precipitação industrial e comercial, superdeterminada pelo princípio de concorrência. Nessas condições, o legislador, quando legifera, encontra-se com freqüência levado a validar modestamente um estado de fato, renunciando – embora sem o dizer – a editar normas ou proibições duráveis. Essa nova fraqueza da lei, essa fragilidade do "limite" são consideradas terríveis por certos juristas. Para eles, a lei é hoje "confrontada com um processo anônimo de desenvolvimento científico, industrial e técnico, que avança com uma força e um quase-automatismo desconcertantes".[29] Parece já longínqua a época (era 1987) em que o Comitê Consultivo de Ética francês denunciava com solenidade a irrupção do dinheiro sobre o terreno da biologia, proclamando: "Se no mundo há muitos fatores possíveis de desrespeito da pessoa [...], entre nós não há outro tão onipresente e onipotente quanto o dinheiro".[30]

---

[28] As indicações particulares dadas aqui foram extraídas de um dossiê publicado pelo semanário americano *Newsweek* no dia 30 de outubro de 2000, sob o título "The Biotech Boom".

[29] Catherine Labrusse-Riou, posfácio a Monette Vaquin, *Main basse sur les vivants*. Fayard, 1999.

[30] CCNE, *Recherche biomédicale et respect de la personne humaine*. La Documentation française, dezembro de 1987.

E não é tudo. No campo das biotecnologias, tanto o avanço da própria pesquisa como o anúncio das descobertas são muito amplamente ritmados e determinados pelas reações, em tempo real, do mercado. Sabíamos que o anúncio da clonagem da ovelha Dolly, em 23 de fevereiro de 1997, havia feito subir de 56,7% na Bolsa de Londres o curso da ação da sociedade *PPL Therapeutics*. Hoje, a colocação em evidência dessa ligação direta entre Bolsa e descoberta científica (ou pseudodescoberta) tornou-se uma rotina nos meios de comunicação. No dia 14 de março de 2000, a mesma sociedade britânica *PPL* anunciava ter clonado cinco porquinhos. A ação imediatamente subiu mais de 50%. Na França, durante o primeiro semestre do ano 2000, o curso das ações da sociedade *Transgène* triplicou, o da *Genset* duplicou. Em Frankfurt, a maior alta durante esse período foi a de uma sociedade de biotecnologia, *Morphosys*, cujos cursos foram multiplicados por onze! Em sentido inverso, bastou que Tony Blair e Bill Clinton no outono de 2000 se declarassem contrários à patenteação do genoma humano para que a sociedade *Celera Genomics* perdesse 25% nos mercados.

Podemos perguntar-nos o que resta da deontologia científica, o que subsiste da própria razão, quando a pesquisa obedece às lógicas midiática e bolsista tão extravagantes. "Os anúncios tonitruantes, orquestrados pelas empresas de biotecnologia sobre o seqüenciamento do genoma – constata um geneticista belga –, foram concebidos para dopar o curso das ações na Bolsa".[31] Poderíamos acrescentar que esse famoso seqüenciamento do genoma humano, apresentado nos meios de comunicação como um empreendimento mais considerável ainda que a conquista espacial, tornou-se objeto de uma impiedosa competição, nos limites da trapaça ética, entre o programa público HUGO

---

[31] Gilbert Vassart, em Caroline Glorion, *La Course folle. Des généticiens parlent*, op. cit.

e a ofensiva, privada, do laboratório americano *Celera Genomics*, pertencente ao bioquímico e homem de negócios californiano Craig Venter, que se considera o Bill Gates do gene. Venter chegou, ao menos em parte, a pôr a mão sobre o dito genoma e poderá, amanhã, comercializar suas licenças... Os métodos de Craig Venter, fundados sobre o curso de rapidez e o efeito de anúncio, suscitam intensas polêmicas nos Estados Unidos. Com efeito, elas tão-somente impelem até o fim uma lógica mercantilista, que se tornou a regra. O anúncio do fracasso – e isso foi planificado pelos meios de comunicação – do término da decifração do genoma humano em fevereiro de 2001 foi o exemplo perfeito dessa vertigem do espetáculo e do dinheiro no qual se afunda a verdadeira ciência.

De que modo a prudência mínima, a ética, o próprio bom senso poderiam prevalecer em um clima tão desordenado, clima que exacerba ainda uma orquestração jornalística tonitruante, com manchetes como "Nossos genes valem ouro"?[32] Na realidade, sem nos darmos conta, é o modo de produção do saber científico que se transforma. Este se desenvolve doravante não mais em função daquilo que chamávamos tradicionalmente de "validação acadêmica" (por definição, gratuita e desinteressada), mas em conexão estreita com "necessidades" industriais e consumistas.

O saber em leilão

A contaminação da revolução genética pela, neoliberal, da economia é, portanto, infinitamente mais profunda do que imaginamos. A essência e a organização da pesquisa científica, assim como o estatuto do conhecimento, são, pouco a pouco, desconstruídas sob

---

[32] *Journal du dimanche*, 19 de março de 2000.

o efeito dessa confusão. A confusão, por exemplo, entre a profissão do pesquisador e a do industrial se torna regra. Cada vez mais jovens diplomados querem ser homens de negócios de suas eventuais descobertas. Desse modo se instala, por isso, uma espécie de mentira permanente. De um lado – enquanto cientistas –, eles exaltam as promessas "fabulosas" da genética; do outro, eles criam seu próprio empreendimento biotecnológico, imediatamente cotado na Bolsa. Sorte do pesquisador e ruína da palavra...

Citemos o exemplo de Chris Evans, esse microbiologista britânico que fundou dezessete sociedades, lançou *Merlin Ventures* em 1998 e, naturalmente, ficou rico. (Evans tem o costume de descartar com desdém as advertências éticas, garantindo que, em todos os casos, as biotecnologias fazem "tão-somente o bem". Sem dúvida!) Citemos ainda o geneticista francês Daniel Cohen, autor de um livro caricaturalmente otimista;[33] ele possui, com os dois fundadores, Pascal Brandys e Marc Vasseur, sete por cento do capital da sociedade *Genset*, cuja capitalização bolsista era de cerca de quatro bilhões de francos em julho de 2000.[34] Esse concubinato incestuoso entre o mundo dos negócios e o da pesquisa tem como conseqüência desqualificar o estatuto do conhecimento. Podemos ainda falar de ciência, de saber, de pesquisa, quando se trata apenas de estratégias ofegantes, destinadas a servir um mercado por meio do enriquecimento de seus promotores?

Que não se objete principalmente que essa inquietação depende de uma obstinação arcaica, tecnofóbica ou "esquerdista"! É o pró-

---

[33] Daniel Cohen, *Les Gènes de l'espoir*. Robert Laffont, 1993.

[34] *L'expansion*, n. 626, 20 de julho a 31 de agosto de 2000. Devemos notar, no entanto, que as pesadas perdas registradas pela Genset em 2000 (34 milhões de euros) acabaram, em 2001, por amputar essa sociedade de um terço de sua capitalização bolsista.

prio *New York Times* que, com cada vez maior freqüência, se alarma com esse desvio. "Os pesquisadores – constata ele – tornaram-se investidores, e os investidores tornaram-se inventores. Hoje são raros os cientistas desinteressados, para os quais os resultados de um estudo não terão repercussões financeiras".[35] É uma universitária americana, geneticista famosa, que se indigna com o "papel devastador da manipulação do setor privado sobre a pesquisa científica". "A genética – diz ela – constitui hoje um trampolim ideal para quem quer enriquecer. Raros são aqueles que se destinam à pesquisa fundamental, mas indispensável".[36] É um pesquisador francês que confessa sua perturbação diante da instrumentalização da pesquisa pela corrida para o lucro, antes de acrescentar: "Os júris de concursos ou os comitês de seleção das buscas de oferta não irão sequer ver se os pesquisadores se põem questões éticas. Eles considerarão se existe um mercado, se existem publicações de porte internacional!"[37] Poderíamos enumerar ao infinito os testemunhos desse tipo. Observemos que eles não emanam dos setores anticientíficos, de moralizadores levianos ou de minorias obscurantistas. Eles provêm da própria comunidade científica.

A todos esses casos de colisão entre dogmatismo liberal e dogmatismo cientificista, poderíamos acrescentar outros, que fazem intervir, desta vez, a revolução informática. Tomemos um exemplo. Sem dúvida, não temos uma idéia global do que acontece, em matéria de

---

[35] Citado pela revista *Eurêka*, n. 53, março de 2000.
[36] Testemunho de Marie-Claire King, professora de genética e de medicina na universidade de Seatle, citado em Caroline Glorion, *La Course folle. Des généticiens parlent*, op. cit.
[37] Questão em Axel Kahn, *Société et Révolution biologique. Pour une éthique de la responsabilité*, conferência-debate organizada pelo grupo Sciences en question do INRA, no dia 24 de outubro de 1995, INRA éditions, 1998.

genética, na internet. O que podemos dela descobrir aqui ou lá já é suficiente para tornar inquieto. Porque a esse frenesi pelo lucro, a internet traz – virtualmente – a abertura para um mercado mundial e a possibilidade de escapar de qualquer regra nacional. E isso em um clima de delírio transgressivo. Em alguns *sites*, podem-se já comprar óvulos de *top girl* ou espermatozóides de *playboy* para "fabricar" um bebê ideal. A sociedade americana *Fairfax Cryobank*, cuja sede se encontra na Califórnia, propõe, em seu *site*, gametas geneticamente competitivos, com tarifas variáveis, conforme a categoria do doador, sendo que o esperma mais caro (250 dólares) é o de um titular de PHD, a mais alta distinção universitária americana![38]

Essa imbricação dos gêneros e dos objetivos, essa imbecil tirania do mercado sobre a definição do saber, essa vertigem que agarra os melhores espíritos – nada de tudo isso deveria ser perdido de vista quando refletimos sobre a revolução biolítica. É uma reflexão crítica global que se trata de elaborar. É uma análise decididamente transdisciplinar que se impõe. Na ausência disso, um abismo se cavará muito ridiculamente entre os doutos debates sobre a bioética, de um lado, e a brutalidade cínica do real, do outro. Toda a questão reside em saber se aceitamos abandonar a definição da *humanidade* aos frenesis desmiolados de um "processo sem sujeito". Um processo pelo qual o estruturalismo procurava, justamente, anunciar outrora a morte do homem, ou seja, o desaparecimento puro e simples do princípio de humanidade.

É essa funesta hipótese que este livro gostaria de examinar. Calmamente.

---

[38] Esses exemplos são citados por Gregory Benichou, *Le Chiffre de la vie. Essai philosophique sur le code génétique*, tese mimeografada para o Doutorado de Filosofia, defendida no dia 30 de maio de 2000, na Sorbonne.

Primeira Parte
A Humanidade Assediada

Capítulo 2

O homem reduzido ao animal?

O homem não se tornou humano por romper com o animal, e aumenta consideravelmente "sua característica de humanidade" quando se reconcilia com ele. O animal deve antes ser considerado como um convidado na casa do homem.
Dominique Lestel[1]

Uma sensibilidade nova perpassa a época. Uma convicção perturbadora se espalha: nós não seríamos, afinal de contas, tão diferentes de "nossos amigos", os animais. Se o discurso dos meios de comunicação é um bom indicador da opinião, então devemos registrar que um lugar comum é neles cotidianamente propagado, repetido, tornado público. Ou seja: o homem é um animal como os outros. Ou ainda: nós erramos ao recusar a parte de animalidade que existe em nós. A essa pretendida evidência, indefinidamente repetida, junta-se a convocação de um senso comum categórico que afirma que os animais são mais fiéis, mais afetuosos, menos

---

[1] "Faire la paix avec l'animal", *Études*, julho-agosto de 2000.

artificiosos que os homens etc. Em nossas cidades e estações, o espetáculo dos marginais famélicos, prostrados com seu cão, último companheiro e último recurso afetivo, é o sinal de um companheirismo desesperado.

É preciso levar a sério os fenômenos de opinião. Ela testemunha, em primeiro lugar, uma benevolência nova em relação aos animais, movimento que toca todas as sociedades desenvolvidas, e que seria loucura condenar. Nunca na História as pessoas se declararam tão sensíveis ao sofrimento não humano. Jamais haviam sido tão severamente julgados os maus-tratos ou as brutalidades para com os animais, atos doravante punidos pela lei em numerosos países. E jamais o animal chamado "de companhia" ocupara tal lugar em nossa vida. No que se refere à França, nela contávamos quarenta e dois milhões de animais domésticos em 1977. A cada ano, nesse país, nascem setecentos e cinqüenta mil bebês e mais de um milhão de cãezinhos! Os franceses despendem mais dinheiro para a manutenção de seus animais familiares (20 bilhões de francos em 1997) do que para comprar livros. Em média, um cão custa 2.000 francos por ano para seu proprietário, e um gato mais de 1.000 francos.

Acrescentemos que vemos multiplicarem-se as clínicas para cães, salões de beleza, cemitérios para animais etc. A França conta até com cerca de vinte centros de cremação reservados aos animais. Quanto à lei, ela prevê penas mais severas para os autores de sevícias. A nova lei de 10 de julho de 1976, em seu artigo 9º, L, reconhece explicitamente o animal como um "ser sensível". Ela reforça, desse modo, a famosa lei Grammont (1850) que, pela primeira vez na França, havia proibido os maus-tratos infligidos em público aos animais domésticos (cavalos essencialmente). Doravante, a solicitude regulamentar tornou-se tão minuciosa que uma sentença ministerial fixa em dois metros e meio o comprimento de corrente para os cães presos. Em 1996, chegou-se até a evocar, no Conselho dos ministros, a possibilidade de abrir centros em que poderiam ser cuidados gratuitamente os animais de pessoas em dificuldade.[2] A assimilação instintiva dos animais de companhia a "cidadãos-consumidores" ordinários chega por vezes a um mimetismo sociológico bastante cômico. Desse modo, as estatísticas sobre animais nos informam que 40% dos cães americanos são... obesos!

Essa nova benevolência em relação aos animais torna atividades tradicionais, como a caça e a corrida, cada vez menos toleráveis para a opinião pública. A defesa das aves, dos touros ou das feras de grande porte participa hoje de um compromisso *político* integral. E, a esse respeito, a sensibilidade coletiva se tornou ultra-sensível. O biólogo Axel Kahn relata que teve de ser protegido pela polícia, na saída de uma emissão de Christophe Dechavanne, *Ciel mon mardi!*, durante a qual ele havia denunciado certo extremismo na defesa dos animais. Seja como for, a imensa questão dos direitos do animal persegue de novo não só nossas sociedades desenvolvidas, mas também toda a comunidade internacional.

Um sinal entre outros: a adoção, em 15 de outubro de 1978, pela Unesco, de uma "Declaração universal dos direitos do animal", que proclama em seu preâmbulo: "Todos os seres vivos que têm uma origem comum e tendo-se diferenciado no decorrer da evolução das espécies, [...] todo ser vivo possui direitos naturais". Essa declaração é tão carregada em sua formulação que provocou críticas, até caçoadas maldosas entre os filósofos e os juristas, não tanto pelo estilo "darwiniano" de seu preâmbulo, mas pelo antropomorfismo deliberado de seu artigo 1, calcado sobre a Declaração Universal dos Direitos Humanos.[3]

---

[2] Tomo de empréstimo esses dados de Dominique Quinio, "Très chers amis", *Études*, novembro de 1997.

[3] Ver principalmente as críticas de Elisabeth de Fontenay, *Le Silence des bêtes*. Fayard, 1999.

Criticável ou não em sua forma, essa declaração dava testemunho de um fenômeno que não podemos subestimar: a importância decisiva tomada hoje não só pela defesa jurídica dos animais, mas também pela "questão animal" enquanto tal. O filósofo Luc Ferry observa que as reflexões americanas e alemãs a esse respeito são hoje tão abundantes que "foi preciso para uma bibliografia recente *mais de seiscentas páginas* para catalogá-las...".[4]

Dançar com os macacos

Essa benevolência inédita, esse aumento de sensibilidade de nossas sociedades para com o sofrimento e os direitos dos animais não são o produto de não se sabe qual "gentileza" histórica. Têm alicerces mais profundos, ainda que não sejam sempre claramente percebidos. Enraízam-se em um saber científico particular e totalmente novo. Ao conhecimento novo, à benevolência nova. Temos hoje uma compreensão do mundo animal capaz de questionar os preconceitos de outrora. Sabemos mais coisas, infinitamente mais, sobre os animais do que no passado. E essa ciência emergente nos levanta questões, e o pouco que podemos dizer é que elas são embaraçosas. Elas chegam a desorganizar categorias mentais e abolir "fronteiras" que pensávamos imutáveis. Por exemplo, as distinções aristotélicas e platônicas que designam o homem como o único "animal político", ou seja, capaz de cultura. (Para Aristóteles e Platão, o homem, evidentemente, está mais próximo dos deuses do que dos animais.) Outro exemplo: a distinção tradicional dos antigos naturalistas a respeito da capacidade do homem *(homo faber)*, e somente dele, de utilizar um instrumento.

---

[4] Luc Ferry e Claudine Germe, *Des animaux et des hommes* (antologia). Le Livre de Poche, 1994.

Hoje, todas essas categorias se acham fragilizadas. A primeira lição nos vem da etologia, a ciência dos comportamentos das espécies animais em seu meio natural. Uma ciência que progride e se enriquece. Descobrimos, graças a ela, que existe em alguns animais "condutas inteligentes", transmissíveis de uma geração para a outra. Alguns chimpanzés comuns *(Pan troglodytes)* ou chimpanzés pigmeus *(Pan paniscus)* são capazes de trocar objetos ou serviços, de elaborar racionalmente estratégias de caça e de educar suas crias com determinação e discernimento. Mais incrível ainda: esses comportamentos podem variar, em uma mesma espécie, em função das "regiões". "Os primatólogos falam de 'culturas' a seu respeito, e alguns antropólogos começam a evocar a necessidade de realizar verdadeiras etnografias dos grupos de chimpanzés."[5] Guardadas as proporções, haveria, portanto, no mundo animal, uma verdadeira "diversidade cultural". Forjou-se até uma expressão criativa para designar essas diferenciações animais: fala-se de *nurtureza* [em francês, *nurture*], salientando desse modo uma posição mediana entre natureza e cultura.

Sabemos também que a utilização de instrumentos é muito mais sistemática e permanente do que imaginávamos. Mais ainda, percebemos que esse uso não é o apanágio dos grandes macacos, nem dos mamíferos. Grandes quantidades de outras espécies animais são capazes disso, incluindo até alguns insetos. As vespas solitárias da América do Norte, descritas por G. Peckham e E. Peckham em 1898, utilizam pequenos seixos entre suas mandíbulas para amontoar a terra em torno de seus ovos enterrados. O tentilhão dos Galápagos, observado por E. Gifford em 1919, utiliza raminhos ou espinhos de cacto, com dez a vinte centímetros de comprimento, para encontrar larvas de insetos ao explorar orifícios nas árvores. Quanto à lontra

---

[5] Dominique Lestel, "Faire la paix avec l'animal", *Études*, julho-agosto de 2000.

marinha, observada por K. Hall e G. B. Schaller em 1964, ela emprega em geral uma pedra colocada sobre seu abdômen para quebrar a concha dos moluscos.[6]

A palavra? Os primatólogos, como sabemos, fizeram experiências muito perturbadoras em relação ao aprendizado de uma linguagem (no caso, a dos surdos-mudos) por grandes macacos. Estes últimos seriam capazes de memorizar diversas centenas de termos. Os primatólogos põem igualmente em evidência a expressão, pelos macacos, daquilo que é preciso chamar de sentimentos: alegria ou compaixão. Certos chimpanzés podem demonstrar solicitude em relação a um congênere ferido ou deficiente. Eles podem também se pôr a dançar com a chegada de uma chuva benéfica. Todas essas descobertas explicam, por outro lado, a militância pelos animais da maioria desses pesquisadores.

As emoções, e até a promiscuidade que eles partilham com os animais durante esses longos períodos de observação, transformam esses cientistas – e é justo! – em advogados vigilantes do mundo animal. Eles passam, desse modo, muito naturalmente, da etologia para o engajamento ecológico. Os casos mais célebres são os de Diane Fossey, que viveu treze anos com os gorilas da África, antes de ser assassinada, em 1985, a golpes de facão; da pesquisadora Jane Goodall, que se tornou a advogada infatigável de "seus" macacos; ou ainda de Shirley Strum, observadora terna dos babuínos do Quênia.[7] Notaremos que a paixão pelo estudo e pela proteção dos primatas mobiliza principalmente as mulheres. É verdade que, entre nós, a doce solicitude de um Boris Cyrulnik participa da mesma militância espontânea.[8] E muito respeitável.

---

[6] Tomo de empréstimo esses exemplos de Jacques Vauclair, *L'Intelligence de l'animal*. Seuil, 1992.

[7] Shirley C. Strum, *Voyage chez les babouins*. Seuil, 1995.

[8] Ver principalmente Boris Cyrulnik (ed.), *Si les lions pouvaient parler*. Gallimard, 1998.

Acima de tudo, é o sofrimento dos animais que hoje é levado em conta mais naturalmente do que jamais o foi. Um sofrimento que o moralista e jurista britânico Jeremy Bentham (1748-1832), pai fundador, com Henry Salt, do utilitarismo, tinha sido um dos primeiros a pôr em evidência, comparando-o com o dos escravos. Em um texto famoso, Bentham escrevia a respeito dos animais: "A questão não é eles podem raciocinar, nem eles podem falar, mas eles podem sofrer?"[9]

O dogma central

A todos esses ensinamentos, já perturbadores, da etologia, é preciso acrescentar doravante os da genética e das ciências cognitivas. Poderemos julgá-las mais desconcertantes ainda. Há mais de trinta anos, Jacques Monod tomava consciência de uma transformação completa na percepção que tínhamos do ser vivo. "Sabemos, hoje – escrevia ele –, que, da bactéria ao homem, o maquinário químico é essencialmente o mesmo, tanto em suas estruturas como em seu funcionamento".[10] Hoje se impõe a nós o que Francis Crick, co-descobridor com James Watson da estrutura helicoidal do DNA, chama de *dogma central*. Este dogma coloca o princípio, por meio do DNA, de uma unidade estrutural do ser vivo. Da bactéria ao homem, do elefante ao melharuco, o ser vivo "funciona" a partir de um mesmo ácido, sejam quais forem suas formas.

Esse aprofundamento dos conhecimentos biológicos, graças às descobertas da genética, revela-nos, portanto, uma semelhança cres-

---

[9] Jeremy Bentham, *An Introduction to the Principles of Morals and Legislation*, citado por Jean-Yves Goffi, *Le Philosophe et ses animaux. Du statut éthique de l'animal*. Éd. Jacqueline Chambon, 1994.
[10] Jacques Monod, *Le Hasard et la Necessité. Essai sur la philosophie naturelle de la biologie moderne*. Seuil, 1970.

cente, até uma identidade molecular, entre as estruturas que constituem todos os seres vivos. "As moléculas de DNA e RNA são constituídas pelos mesmos elementos, detêm suas informações conforme as mesmas seqüências codificadas (com algumas poucas exceções), da bactéria até o homem."[11] O dogma central, em teoria, revela-nos – entre outras – uma proximidade genética insuspeitada entre o homem e os primatas superiores. Partilhamos, de fato, mais de 98% de nossos genes com o gorila ou o chimpanzé.

Quanto às descobertas das ciências cognitivas, elas caminharam no mesmo sentido.[12] O modo de aquisição dos conhecimentos, a elaboração das estruturas neurológicas do cérebro, seu funcionamento seriam comparáveis de uma espécie à outra. O organismo humano seria um maquinário sem dúvida mais complexo, mas *da mesma natureza* que o dos animais. Dominique Bourg descreve muito bem o objetivo explícito das ciências cognitivas quando observa: "O programa próprio das ciências cognitivas é de expor em termos comuns estratégias cognitivas, quer se trate de inteligência artificial, animal ou humana".[13] Globalmente, o movimento da ciência inteira tende, desse modo, a corroer pouco a pouco as barreiras teóricas que o senso comum e a tradição haviam estabelecido entre as espécies vivas e a humanidade. Nessas condições, de fato, "a idéia de uma oposição radical entre os homens e os animais torna-se difícil de sustentar; a continuidade de uns e de outros afirma-se mais do que nunca".[14]

---

[11] Michel Tibon-Cornillot, *Les Corps transfigurés. Mécanisation du vivant et imaginaire de la biologie.* Seuil, 1992.

[12] Ver principalmente Louis-Marie Houdebine, *Le Génie génétique de l'animal à l'homme.* Flammarion, 1996.

[13] Dominique Bourg, "Modernité et appartenance à la nature", *Esprit*, junho de 1996.

[14] Dominique Lestel, *L'Animalité. Essai sur le statut de l'humain.* Hatier, 1996.

O homem reduzido ao animal?

Acrescentemos a esse clima científico, totalmente transformado, a generalização de uma prática como os xenoimplantes (implantes em que o doador e o receptor pertencem a espécies diferentes), cuja importância simbólica é – e será – muito mais considerável do que imaginamos. O termo "xenoimplante" designa principalmente a utilização de tecidos ou de órgãos animais para fins de implante terapêutico no homem. O primeiro desses transplantes de um órgão de animal para o humano não data de ontem. Foi em 1902 que, pela primeira vez, foi "ligado", por Emerich Ullman, um rim de porco em uma paciente. Mas é nos anos 60 que a prática dos xenoimplantes se espalhou, a ponto de se tornar corrente duas décadas mais tarde. Hoje, as coisas vão mais longe ainda. As manipulações genéticas permitem operar uma verdadeira hibridação homem/animal no nível dos genes. Genes humanos podem ser implantados em trutas de criação para apressar seu crescimento. Isso é apenas um começo. Conforme observa Hervé Kempf, "uma colaboração [entre humano e animal] ainda mais estreita se prepara: os animais vão unificar-se com os seres humanos".[15]

Observemos de passagem que essa temática da mistura ou da hibridação entre humanidade e animalidade possui um poder sugestivo tanto mais forte por reatar com um imaginário histórico tão antigo quanto o próprio pensamento. As figuras da esfinge ou do centauro, da sirena ou do lobisomem acham-se ressuscitadas pela modernidade tecnocientífica. Seu retorno fantasmático sobre o terreno da ciência aplicada e dos meios de comunicação contribui para minar nossas antigas certezas sobre a irredutível especificidade do homem. A figura da quimera, criatura artificialmente criada e liberta da compartimentalização das espécies, torna-se até lugar comum do projeto genético.

---

[15] Hervé Kempf, *La Révolution biolithique*, op. cit.

A barreira das espécies é, portanto, eliminada, e o homem, "descendo de seu pedestal, reencontra seu lugar 'natural' entre as criaturas".[16] A idéia de barreira que separa o homem do animal é substituída pela de "limiar". Um limiar que se refere, por exemplo, à complexidade da vida mental. Ora, para alguns defensores dos direitos do animal, alguns animais transpõem esse limiar de complexidade, o que lhe dá naturalmente direitos comparáveis, *mutatis mutandis*, àqueles de que os humanos se beneficiam. É a tese de Tom Regan, autor de um livro muito influente sobre a atribuição de direitos morais aos animais.[17]

Nesse estágio, a solicitude nova para com os animais leva a uma recolocação em questão militante – e por vezes delirante – do antropomorfismo ou do "princípio antrópico" em geral. Ou seja, de uma visão do mundo organizada em torno e para benefício do homem. Desse modo, passamos insensivelmente da militância ecológica para o anti-humanismo.

E é aqui, poderíamos dizer, que tudo se torna confuso.

O macaco nu

No início, conforme dissemos, os utilitaristas, na esteira de Jeremy Bentham, insistiam sobre o sofrimento animal para afirmar que o homem, no seio da natureza, não era o único titular de direitos. Eles pretendiam, desse modo, ultrapassar o antropocentrismo tradicional. Herdado, conforme se diz, do cristianismo, este fora retomado tanto por Descartes quanto pela ciência newtoniana, que pensava o homem como *exterior à natureza*. Essa exterioridade transcendente

---

[16] François Euvé, "Une barrière des espèces?", *Études*, novembro de 1997.
[17] Tom Regan, *The Case of Animal Right*. University of California Press, Berkeley, 1983.

fundava, ao mesmo tempo, a superioridade da espécie humana e sua capacidade de agir sobre o mundo, a fim de transformá-lo. Ela o autorizava a usar com toda liberdade os animais, que Descartes assimilava a "máquinas" vivas. "Minha opinião – escrevia ele em uma carta a Morus em 21 de fevereiro de 1649 – não é tão cruel em relação aos animais, assim como não é edificante em relação aos homens, libertos das superstições dos pitagóricos, porque ela os absolve da suspeita de falta a cada vez que comem ou que matam animais".[18] Em outra carta, a Maupertuis, desta vez, Descartes afirma que matar um animal equivale a quebrar um relógio, comportamento que ele considera estúpido, mas de modo nenhum repreensível. Portanto, a transcendência relativa da espécie humana ("o homem à imagem de Deus", "o homem lugar-tenente de Deus", segundo Calvino) autorizava o homem a tomar a natureza inteira como "meio" a sua disposição. Tal era a principal conseqüência do antropocentrismo.

Hoje, a questão é renaturalizar o homem, avaliando novamente – por baixo – seu estatuto e seus direitos. O homem é designado como um elemento entre outros da ordem natural, um "elemento" que se deve autolimitar em sua ação e renunciar ao orgulho prometéico. Esse novo naturalismo encontra, de modo quase milagroso, os favores da opinião pública e dos meios de comunicação. Ele está de acordo, em primeiro lugar, com os novos imperativos da ecologia. Está igualmente em harmonia com certo desencantamento contemporâneo, que nos inclina a renunciar ao "construtivismo" passado, construtivismo de que as ideologias do século XX foram a expressão contestável. Consoante, finalmente, com o novo vitalismo e o hedonismo do momento, que exaltam os prazeres da imediação e os do corpo. Não mais agir sem consideração para com a natureza de que

---

[18] Tomo de empréstimo essa citação de Bernard Edelman, *La Personne en danger*. PUF, 1999.

fazemos parte, não mais agir radicalmente sobre o curso natural das coisas, eis, por fim, um outro modo, ecológico desta vez, de tomar consciência de um pretenso "fim da História".

Com os primeiros teóricos da ecologia profunda, a crítica do antropomorfismo se tornará ainda mais viva. Desta vez, é sobretudo o judeu-cristianismo que é visado, e especialmente os primeiros capítulos do Gênesis, em que se diz que o homem foi "criado à imagem de Deus" e em que ele recebe a ordem de submeter a terra e de dominar os animais (*Dominium terrae*, Gn 1,28).

O texto crítico, o manifesto fundador mais freqüentemente citado, é o do historiador americano das técnicas medievais, Lynn White Jr., publicado em 10 de março de 1967 na revista *Science*, com o título *"The Historical Roots of Our Ecological Crisis" (As raízes históricas de nossa crise ecológica)*. Nesse texto, Lynn censura o judeu-cristianismo por ter eliminado o animismo pagão e ter, desse modo, desencantado o mundo. Segundo ele, o paganismo antigo atribuía a cada árvore, a cada fonte, um espírito tutelar *(genius loci)* com quem o homem devia conciliar-se antes de cavar uma montanha ou atravessar um rio. Ao estabelecer um dualismo entre o homem "filho de Deus" e uma natureza desvalorizada (o "cá embaixo"), o cristianismo teria rompido esse equilíbrio fundamental. Então, escreve ele, "os espíritos presentes *nos* objetos naturais, que haviam outrora protegido a natureza do homem, evaporaram-se. O monopólio efetivo do homem sobre o espírito neste mundo se encontrou, desse modo, confirmado, e as antigas inibições diante da exploração da natureza se desagregaram".[19]

---

[19] Lynn White Jr., *Science*, n. 155, 10 de março de 1967 (p. 1203-1207), retomado inteiramente em anexo de Jean-Yves Goffi, *Le Philosophe et ses animaux*, op. cit. Notemos que uma tradução desse mesmo artigo fora publicada por Alain de Benoist na revista *Krisis*, n. 15, setembro de 1993.

Notemos que Lynn White estabelece, a respeito do cristianismo, uma distinção entre a tradição oriental, mais contemplativa, e a tradição ocidental, voluntarista. A seu ver, o santo grego contempla, ao passo que o santo ocidental age. Ao estigmatizar a fonte cristã do antropomorfismo, ao mesmo tempo ele incrimina, como bom militante dos anos 60, a arrogância do projeto industrial ocidental.

Em todo estado de causa, White condena de uma só vez o cartesianismo e o judeu-cristianismo, que ele considera como tributários da mesma herança. É, por outro lado, sobre esse ponto que existe uma ambigüidade original, da qual os advogados da ecologia profunda nem sempre estão conscientes: a aliança paradoxal, no século XIX, entre o anticartesianismo e o anticlericalismo republicano. Uma aliança da qual testemunham, por exemplo, os ataques de um Maupertuis, de um Hugo, de um Michelet ou, mais tarde, as fulminações de Clemenceau contra os jesuítas, que "ignoram as ligações que nos unem a nossos irmãos de cá embaixo" (os animais). Ora, essa aliança desembocará igualmente tanto em um humanismo materialista à francesa como em um romantismo alemão preocupado em reatar – para o bem e o mal – com o panteísmo pagão. Disporemos no capítulo do bem essa bela sensibilidade alemã em relação à natureza, que impelia, até o século XIX, os moradores alemães da floresta a pedir perdão às árvores que deviam abater.

Inscreveremos, em contrapartida, no capítulo do mal os desvios anti-humanistas de ontem e de hoje. Porque eles existem.

O chimpanzé cidadão?

É de fato de anti-humanismo que precisamos falar quando examinamos as análises propostas pelos defensores da "ecologia profunda" *(deep ecology)*. Um anti-humanismo que, por vezes, assume tons raivosos em relação à espécie humana em seu conjunto.

Mas não caminhemos demasiadamente rápido. A expressão *deep ecology* foi forjada e popularizada pelo filósofo norueguês Arne Naess.[20] Ela marcava uma vontade de enrijecimento e de ruptura com a ecologia chamada de "superficial", acusada de permanecer prisioneira do "preconceito antropocêntrico". Para Naess, a ecologia ordinária, ou seja, "reformista", é uma forma de compromisso, de colaboração com um sistema que é preciso demolir. Essa corrente de pensamento mistura inspirações místicas, panteístas, *new age*, com certas interpretações do budismo zen. Ela defende firmemente o que chama de "biocentrismo", ou seja, o "direito igualmente partilhado" entre todas as espécies vivas "de viver e crescer". Ela se apóia em autores tão diferentes quanto Espinoza, Albert Schweitzer ou Martin Heidegger.

Para Arne Naess e seus discípulos, é preciso parar de considerar o homem como o fim do universo. É preciso substituir esse "egoísmo" da espécie humana por um novo "igualitarismo biosférico", capaz de levar em conta os outros componentes (animais, vegetais, minerais) da natureza. Esses últimos têm "direitos" que merecem ser defendidos contra os empreendimentos intempestivos dos seres humanos.[21] Até as pastagens ou as florestas. Nesse contexto, o homem não é mais que um simples anexo do ser vivo em geral. Muito naturalmente, os militantes dessa causa *chegam a condenar a Declaração Universal dos Direitos Humanos*, na qual eles vêem um instrumento de dominação, forjado pela modernidade contra a natureza.

Embora ele recorra ao utilitarismo de Jeremy Bentham, é a essa *deep ecology* que é preciso remeter o filósofo australiano Peter Singer,

---

[20] Arne Naess é o autor de um livro, *Ecology, Community and Lifestyle*, que, salvo engano, nunca foi traduzido para o francês.

[21] Inspiro-me aqui nas análises esclarecedoras de Philippe Van Parijs, "Impasses et promesses de l'écologie politique", *Esprit*, março de 1991.

defensor ferrenho do direito dos animais e promotor de um anti-humanismo sem matizes. No ponto de partida, Peter Singer incrimina o que ele chama de "especismo" do homem. Forjada sobre o modelo de "racismo" ou de "sexismo", essa expressão[22] designa a presunção dos seres humanos que os leva a recusar levar em conta os seres vivos que não pertencem a sua espécie. Ou, no melhor dos casos, a lhes conceder apenas um estatuto inferior na escala dos direitos e na balança moral. Trata-se de "libertar" os animais, vítimas dessa dominação humana. Peter Singer, por outro lado, tornou-se conhecido por uma obra militante, assinada juntamente com uma jornalista italiana, diretora da revista *Etica & Animali*, que se refere explicitamente a essa idéia de "libertação".[23]

Para Singer, os defensores dos direitos do homem se tornam culpáveis por um racismo dissimulado contra as outras criaturas. É esse racismo, rebatizado como "especismo", que leva os seres humanos a instrumentalizar o ser vivo em seu proveito ou a praticar sobre os animais as experiências científicas mais bárbaras; experiências que eles se proíbem, desde o Código de Nuremberg, a praticar sobre si mesmos.

Mas é com outro livro, mais provocador ainda, que a fama internacional de Singer se afirmou, a ponto de provocar acirradas polêmicas. Essa obra, igualmente assinada por Paola Cavalieri, pretende promover o que ele chama de "projeto do grande macaco".[24] Esse projeto vai até o fim na condenação do "especismo", pois propõe estender a Declaração Universal dos Direitos Humanos aos

---

[22] A expressão inglesa *speciesism* parece ter sido forjada pelo ensaísta escocês R. Ryder, autor, em 1974, de um livro que denuncia a vivissecção animal, *Speciesism: The Ethics of Vivisection*, publicado em Edimburgo pela *Scottish Society for the Prevention of Vivisection*.

[23] Paola Cavalieri e Peter Singer, *La Libération animale*. Grasset, 1993.

[24] *The Great Ape Project. Equality beyond Humanity*. Saint-Martin's Press, New York, 1994.

grandes macacos antropóides: gorilas, orangotangos, chimpanzés. Não há nenhum motivo, garantem Singer e Cavalieri, de reservar unicamente para os membros da espécie humana o benefício desses direitos fundamentais. Retomando a comparação sugerida outrora por Bentham, eles assimilam a condição inferior dos animais à dos escravos de outrora. ("Começou-se a abrandar a respeito da situação dos escravos – escrevia Bentham –; acabaremos por aliviar a dos animais que servem a nossos trabalhos e a nossas necessidades.") O empreendimento de libertação do mundo animal em geral e dos grandes macacos em particular (para começar...) é, portanto, apresentado como um projeto comparável ao que foi, em seu tempo, a abolição da escravatura.

A "noção cara" de humanidade...

Se ela se detivesse nessa solidariedade militante em relação aos animais, a retórica dos promotores do *Great Ape Project* seria simplesmente contestável por seu extremismo, até um pouco ridículo em sua formulação. Infelizmente, o detalhe dos argumentos empregados e o tom que aflora cá e acolá não convidam à zombaria. Para contestar o conceito de "condição humana", que eles julgam demasiadamente exclusivo, Singer e Cavalieri abordam em diversas ocasiões a questão dos deficientes mentais ou dos traumatizados cerebrais. Eles consideram – e aí está o nó da questão! – que, se atribuímos os direitos ligados ao estatuto de ser humano a pessoas cujo entendimento se encontra diminuído, então é preciso atribuir o mesmo privilégio a certos animais. "Os chimpanzés, os cães, os porcos e os membros adultos de muitas outras espécies – escrevem eles – ultrapassam de longe uma criança com cérebro danificado, do ponto de vista de sua capacidade, que poderia razoavelmente ser considerada como dando valor à vida, porque algumas crianças gravemente deficientes, até mesmo com os tratamentos mais intensivos, jamais poderão alcançar o nível de inteligência de um cão".[25]

Em outros termos, eles acham injusto que procuremos beneficiar esses deficientes de um estatuto superior que não correspondem a suas capacidades mentais reais. Ao fazerem isso, eles introduzem no próprio cerne do princípio de humanidade uma distinção e uma hierarquia que temos o direito de julgar abjetas. Não seria porque elas desembocam *de facto* na idéia de uma subumanidade, da qual a história conserva uma sinistra lembrança? Para eles, é claro que alguns seres humanos (os retardados mentais, os fetos, as crianças com cérebro danificado etc.) dispõem de capacidades mentais inferiores a certos animais, animais dos quais sabemos, melhor do que no passado, avaliar a inteligência.

É claro que, para sua defesa, Singer e seus adeptos objetam que não é sua intenção *desvalorizar* o conceito de humanidade, revisando-o com diminuição dos direitos imprescritíveis que a ele estão ligados, mas, ao contrário, de *elevar* até ele a condição de certos animais. Nada impede isso! Salvo para se refugiar em uma falsa ingenuidade, não podemos negar que o raciocínio é virtualmente – e abominavelmente – reversível. A preocupação de humanizar o animal – ou pelo menos nossa relação com ele – pode dissimular ou favorecer uma complacência para com *a retrogradação do humano ao estatuto de animal*. Funcionando de cima para baixo, a abordagem se faz também de baixo para cima.

Algumas formulações irônicas, até ridículas, a respeito da "amada noção de humanidade",[26] são francamente revoltantes. Elisabeth de Fontenay, que empunhou armas com esses extre-

---

[25] Paola Cavalieri e Peter Singer, *La Libération animale*, op. cit.
[26] Paola Cavalieri, "Humanité et égalité" (Réponse à Elisabeth de Fontenay), *Le Débat*, n. 109, março-abril de 2000.

mistas da militância pró-animal, tem razão ao falar de "análise indecente", de "despudor" e de "descaramento".[27] Nesse caso, tal descaramento se duplica, voluntariamente ou não, com uma dramática *imprudência*. Os defensores dessas teses abrem, com efeito, uma brecha simbólica em um princípio de humanidade que, por definição, não pode ser corrigido, dividido ou parcialmente desconstruído. E é essa "desconstrução radical dos pressupostos do humanismo" que Luc Ferry, crítico violento da *deep ecology*, tem razão de temer.[28]

Além disso, o modo como o Código de Nuremberg é explicitamente criticado e denunciado pelos êmulos de Peter Singer deixa uma forte impressão de mal-estar. Suas críticas dirigem-se principalmente ao artigo três do referido código, que exige que toda terapêutica experimental nova em relação ao homem seja experimentada primeiro sobre os animais. Muito curiosamente, Peter Singer e seus amigos retêm do Código de Nuremberg a legalização das experimentações animais e de modo nenhum a proibição, solene e terrível, das experimentações humanas. Elisabeth de Fontenay tem razão de se alarmar, salientando que, com esse tipo de dialética, os defensores dos grandes macacos têm "o ar de dizer que a experimentação sobre os animais é tão criminosa, senão mais ainda, do que as que os nazistas perpetraram contra os judeus e os ciganos". Eles instrumentalizam, em suma, as perspectivas do Tribunal de Nuremberg, "essa elevada definição da lembrança ou da proclamação da dignidade de qualquer ser humano".[29]

---

[27] Elisabeth de Fontenay, "Pourquoi les animaux n'auraient-ils pas droit à un Droit des animaux?", *Le Débat*, n. 109, op. cit.

[28] Luc Ferry e Claudine Germé, *Des animaux et des hommes*, op. cit.

[29] Élisabeth de Fontenay, "Pourquoi les animaux n'auraient-ils pas droit à un Droit des animaux?", op. cit.

De um ponto de vista ideológico, a referência aos anos 60, feita mais acima a respeito da *deep ecology*, parece-me, por outro lado, perturbadora. A violência anti-humanista de alguns defensores dos animais faz pensar irresistivelmente na violência, antiocidental, dos terceiro-mundistas daqueles anos. A opressão dos animais substituiu a dos povos do Sul; a arrogância "especista" dos seres humanos ecoa a dos imperialistas de anteontem; o naturalismo ecologista se opõe ao antropocentrismo como, outrora, o elogio da diferença se dirigia contra a pretendida arrogância ocidental. Quanto à má consciência – o "fardo do homem branco" –, ela se transformou em uma afetação pró-animal nem sempre inocente. No fundo, os mecanismos são os mesmos. O alvo também: o universalismo.

A quem duvida do caráter perigoso dessas teorias, sugerimos observar a quais extremos chegam os grupos mais tenazes, representados principalmente no mundo anglo-saxônico. Citemos alguns exemplos. Na Grã-Bretanha, a Frente de Libertação dos Animais *(Animal Liberation Front)* não despreza a ação terrorista: atentados a bomba, incêndios de locais que pertencem a sociedades acusadas de praticar experimentações em animais etc. Diversos desses militantes (estimados em algumas centenas) tiveram dificuldades com a Scotland Yard, e alguns deles foram condenados. Essa Frente de Libertação é suspeita de estar na origem da agressão – seguida de torturas – cometida em 26 de outubro de 1999 contra um jornalista de investigação, Graham Hall, que, na televisão, havia denunciado os métodos desses estranhos defensores do mundo animal.[30]

Nos Estados Unidos, um pequeno grupo, chamado de "Movimento pela Extinção Voluntária" milita para o desaparecimento puro e simples da espécie humana, desaparecimento que deixaria campo

---

[30] Relatado por Patrice Claude, *Le Monde*, 9 de novembro de 1999.

livre para inumeráveis espécies animais hoje ameaçadas. Do mesmo modo, o jornal *Earth First Letter*, que pertence à *deep ecology*, promove *slogans* como: "Amem sua mãe, mas não se tornem uma delas", ou então: "Os verdadeiros ecologistas não têm filhos". No correio dos leitores desse periódico, achamos formuladas proposições antinatalistas que vão muito além da eugenia: subvenção fiscal para a esterilização voluntária, expulsão dos imigrados que têm mais de dois filhos, vasectomias generalizadas e até – em um número datado de 20 de março de 1991 – "reconsideração da noção de infanticídio seletivo de meninas".[31]

Essa última proposta, espantosa, remete-nos de fato a certas posições do próprio Peter Singer, posições que foram, sem dúvida, menos veiculadas pela mídia do que suas campanhas generosas em favor dos grandes macacos. Em uma obra mais antiga, publicada em 1985, Peter Singer e Helga Kuhse chegavam até a justificar o infanticídio de crianças malformadas.[32] Inspirando-se em teses de um outro filósofo australiano, Michael Tooley, os dois autores escreviam que deveria ser permitido matar um recém-nascido "quando este não tem qualquer chance de poder levar uma vida razoável e independente". Segundo eles, "apenas têm o direito de viver seres que possuem algum grau de consciência de si e algum senso do futuro". Esse livro, na época, havia suscitado fortes reações, que tinham principalmente obrigado Singer a anular uma série de conferências que deveria fazer na Alemanha.

Era, sem dúvida, o mínimo...

---

[31] Tomo de empréstimo esses exemplos de Dorothy Nelkin e Susan Lindee, *La Mystique de l'ADN*, trad. do inglês (Estados Unidos) por Marcel Blanc, com prefácio de Jacques Testart. Belin, 1998.

[32] Peter Singer e Helga Kuhse, *Should the Baby Live?* Oxford University Press, 1985.

Meio-homens?

De modo mais geral, devemos interrogar-nos sobre a natureza exata do mal-estar sentido na leitura dessas teses que confinam com a elucubração. Um efeito de memória inconsciente? Uma impressão de "dejá vu" ["já vi isso..."]? O fato é que essa vontade obstinada de promover a parte de animalidade do homem, esses esforços repetidos para fazer desaparecer uma das "fronteiras" da *humanidade* (aquela que a separa do mundo animal), tudo isso não procede apenas de um escrúpulo científico. A história das idéias conserva a marca de processos semelhantes, mas cuja intenção era claramente ideológica.

A exaltação da animalidade desemboca, na maioria das vezes, em um "vitalismo" que promove o instinto, rejeita os "entraves" da civilização e qualquer espécie de moral, principalmente a judaico-cristã. Exigindo que o homem seja devolvido a sua "parte animal", espera-se, ao mesmo tempo, que lhe seja de novo autorizado um comportamento conforme as "leis da selva". Georges Bataille havia compreendido perfeitamente que tal mecanismo dissimulava esse flerte com os limites. *A contrario*, ele descreve melhor que ninguém a função humanizadora do interdito. Hominizar é aprisionar a animalidade humana, domesticá-la, colocando-a sob a autoridade – cultural – do espírito. Tal é, de fato, a função do interdito. "Dos tabus do incesto e do sangue menstrual – escreve Georges Bataille – ou do contacto com os mortos para as religiões da pureza e da imortalidade da alma, o desenvolvimento é muito claro: trata-se, sempre, de negar a dependência do ser humano em relação ao dado natural, *de opor nossa dignidade, nosso caráter espiritual, nossa separação em relação à avidez animal*".[33] Acrescentemos que, para Bataille, a atividade artística e o nascimento para a arte constituem

---

[33] Georges Bataille, "L'Histoire de l'érotisme", in *Oeuvres complètes*. Gallimard, 1976, t. VIII.

o segundo sinal da hominização. E daí o interesse contínuo e erudito que ele manifestou pela arte pré-histórica, principalmente pelos esplendores da gruta da Lascaux. Um de seus artigos sobre essas questões trará, por outro lado, como título "A passagem do animal para o homem e o nascimento da arte".[34]

Freud falava, no fundo, da mesma coisa quando evocava, a propósito do inconsciente, a existência de um "isso" puramente biológico, governado pelo instinto, fonte de pulsões animais; um "isso" que se trata de submeter à consciência e à função estruturadora do interdito, por causa da famosa fórmula: "O eu deve chegar lá, onde era o isso".

Exaltar a animalidade, portanto, é freqüentemente recusar *ipso facto* essa humanização voluntária, permanente, que nos afasta da selva. Jamais nos aproximamos inocentemente desse tipo de fronteira. De modo significativo, encontramos, por outro lado, marcas dessa insistente "transgressão" em alguns anti-humanistas, dos quais a história conservou o nome, mas por más razões. Desse modo, Georges Vacher de Lapouge (1854-1936), teórico francês do racismo, sugeria "fabricar" operários dóceis e robustos, "meio-homens", por hibridação com grandes macacos, graças à fecundação artificial. Também ele pensava que a "fronteira" era permeável. "Não considero como algo impossível *a priori* obter híbridos de grandes antropóides entre si e até com o homem – escrevia ele. A distância é menor do que entre os macacos, de um lado, e os babuínos e cercopitecos do outro, e esses macacos de famílias diferentes diversas vezes produziram híbridos".[35]

---

[34] *Critique*, n. 71, retomado em *Oeuvres complètes*. Gallimard, t. XII; ver também "L'animalité", no mesmo volume das *Oeuvres complètes*.

[35] Georges Vacher de Lapouge, *Les Sélections sociales* (*Cours livre de science politique professé à l'université de Montpellier, 1888-1889*). Fontemoing, Paris, 1896.

Um século e meio antes dele, em 1717, e pelas mesmas razões – obter força de trabalho –, certo Zimmerman já havia proposto fazer engravidar prostitutas de Paris por orangotangos ou, ao contrário, fêmeas de grandes macacos por homens.[36]

Por trás desses exemplos, duas idéias se manifestam: a vontade de minimizar a fronteira entre o homem e o animal, e o fato de substituir a idéia de fronteira pela de uma *gradação* insensível. Tudo isso *leva mecanicamente à hipótese de uma subumanidade.* A própria idéia de gradação leva em si a evidência de que alguns seriam mais humanos do que outros. A partir disso encontra-se aberta uma grande "passagem", na qual se pode imiscuir – e se legitimar – uma vontade de dominação, tributária apenas da relação de força.

Os militantes da *deep ecology*, principalmente aqueles que são de boa-fé, não gostam muito de que lhes recordemos essas lições da História. Também não gostam que voltemos a lembrar, mais uma vez, o precedente nazista. Contudo, como não fazê-lo? Foram exatamente os nazistas que, a pedido expresso de Hitler, editaram em 1933 a lei mais completa que jamais existiu em relação à proteção dos animais. Essa lei, a famosa *Tierschutzgesetz*, tinha como particularidade fazer uma crítica em regra de todas as legislações anteriores, alemãs ou estrangeiras, pelo motivo de que elas não protegiam o animal como tal, mas interditavam apenas o *espetáculo* da crueldade infligida em público a animais domésticos. A originalidade devia-se ao fato de que, pela primeira vez na História, o animal era protegido enquanto ser natural, *enquanto tal (wegen seiner selbst)*, e não em relação aos homens.

---

[36] Tomo de empréstimo este último exemplo de Dominique Lestel, *L'Animalité. Essai sur le statut de l'humain*, op. cit.

Dois anos mais tarde, em junho de 1935, os nazistas, por outro lado, coroarão sua vontade – romântica e anticartesiana – de exaltar e de proteger a natureza, promulgando uma lei ecológica de importância mais geral, a *Naturschutzgesetz*.[37]

O paradoxo do canibal

A este ponto, convém dissipar um mal-entendido. Recusar as análises propriamente delirantes de alguns defensores do "direito do animal" não significa que contestamos a necessidade de proteger este último. E inclusive de reconhecer seus direitos. Inclusive de exigir que se estabeleçam, entre a humanidade e o mundo animal, relações novas ou que prevaleçam respeito, atenção, solicitude, das quais nossas sociedades, digam o que disserem, ainda estão muito distantes. A expressão está, por outro lado, aquém da realidade.

Paradoxalmente, com efeito, a ciência contemporânea, que se declara perturbada pela "proximidade" que ela descobre entre o homem e o animal, justifica e suscita ao mesmo tempo formas novas de crueldade que escandalizariam nossos antepassados. Mais sensíveis do que ontem ao sofrimento do animal, somos objetivamente mais cruéis para com esses mesmos animais. Aqui jaz um estranho paradoxo. Talvez ele se encontre, confusamente, na origem dos delírios que acabamos de enumerar?

Uma crueldade nova? É pouco dizer isso. Nunca na História havíamos, como hoje, tiranizado o animal para fins produtivistas. Frangos criados com baterias de raios ultravioleta; bezerros deliberadamente paralisados, a fim de que engordem mais; a extração sistemática das

---

[37] Inspiro-me aqui nas análises de Luc Ferry, em seu prefácio à antologia também assinada por Claudine Germé, *Des animaux et des hommes*, op. cit.

unhas e dos bicos das aves; transportes desumanos dos animais; existe um novo martirológio dos animais que os meios de comunicação periodicamente põem em evidência. Um martirológio denunciado há muito tempo e sem muitos resultados.[38] No início do ano 2001, a epizootia de febre aftosa parte da Grã-Bretanha, desencadeando na Europa tal pânico que as medidas tomadas foram de uma brutalidade inimaginável: abate sistemático de rebanhos inteiros, fogueiras levantadas nos campos para queimar milhares de carcaças, amontoamento de corpos que eram manejados por guindastes etc. As televisões do Velho continente difundiram, desse modo, durante várias semanas, as imagens desse enorme holocausto dos animais, principalmente justificado por considerações financeiras. O abate era menos oneroso, em médio prazo, do que a vacinação sistemática, que penaliza a exportação. Algumas vozes – demasiadamente pouco numerosas – denunciaram o cinismo com que havia sido planificado esse extermínio precipitado. Estávamos de fato no martirológio animal e no mal-estar.

E isso não é tudo. Os progressos da genética, aplicados à criação industrial, acabam, em certos casos, em um excedente de instrumentalização que confina com o horror puro e simples. Peter Kemp relata que participou de um seminário de dois dias sobre as biotecnologias, organizado na primavera de 1986 no Centro universitário internacional de Dubrovnik. Ele aí ficou sabendo que a tecnologia genética permitia produzir frangos sem penas e vacas sem pança (para acelerar o processo de digestão). Explicaram-lhe que na Suíça eram feitas experiências que visavam a produzir porcos sem olhos que, desse modo, estariam mais ocupados em comer do que porcos normais e engordariam mais rapidamente.[39]

---

[38] Ver principalmente a obra já antiga de Michel Damien, Alfred Kastler e Jean-Claude Nouet, *Le Grand Massacre*. Fayard, 1981.

[39] Peter Kemp, *L'Irremplaçable. Une éthique de la technique*, trad. do alemão por Pierre Rusch. Cerf, 1997.

Poderíamos epilogar também sobre a utilização farmacológica dos tecidos animais; sobre as práticas "transgênicas" que, ao criar novas espécies, fazem do animal um simples "meio" biológico a serviço do homem; sobre o recrutamento maciço da vida animal pelos empreendimentos biotecnológicos, que consideram doravante as criaturas vivas como simples "farmácias sobre patas".[40] Essa industrialização absoluta da criação transforma os animais em simples máquinas para produzir ou para sintetizar proteínas, albumina, plasma etc. Ou seja, a ciência moderna, ao mesmo tempo em que nos mostra nossa proximidade genética com o animal, rebaixa este ao estatuto de animal-máquina, voltando ao mesmo tempo a Descartes. Temos aqui uma imensa contradição, para não dizer uma hipocrisia. Ela é questionadora.

Quanto ao que se refere às experimentações em animais, as cifras são propriamente espantosas. Nos Estados Unidos, estimava-se em cerca de vinte milhões, no início dos anos 90, o número de animais sacrificados nos laboratórios. (Os militantes da antivivisseção, por sua vez, adiantavam a cifra de setenta milhões.) Na França, na mesma época, uma enquete do IFOP-Santé avaliava muito precisamente em 3.342.309 a quantidade de animais – principalmente de ratazanas e de ratos – que foram submetidos a experiências médicas em cerca de mil laboratórios reconhecidos pelo ministério da Agricultura.[41]

Podemos acrescentar, *in fine*, que, longe de seguir os preceitos vegetarianos dos defensores da *deep ecology*, o homem do terceiro milênio se tornou, com a elevação do nível de vida, mais carnívoro que nunca. Ele come muito menos pão – ou seja, cereais – do que seus avós e se alimenta majoritariamente de proteínas animais. O

---

[40] Expressão utilizada em um título do jornal *Le Monde*, 11 de dezembro de 2000.
[41] Cifras fornecidas por Jean-Yves Goffi, *Le Philosophe et ses animaux*, op. cit.

consumo anual de carne, que era avaliado em vinte quilos por pessoa em 1840, passou para cento e dez quilos em 1980, ainda que depois tenha diminuído ligeiramente. Esses hábitos ocidentais de consumo – muito dispendiosos – ganham pouco a pouco as sociedades do hemisfério Sul, para grande desespero dos agrônomos militantes, como René Dumont.

É, portanto, forçoso constatar que, aceitava-se com demasiada distração seu novo parentesco científico com o animal, o homem de hoje deveria confessar, ao mesmo tempo, seu irresistível... canibalismo.

O homem reencontrado

É, portanto, em termos diferentes que precisamos pensar nossas novas relações com os animais e, principalmente, refundir clara e fortemente o *princípio de humanidade* que deles nos separa. Para dizer as coisas de outro modo, devemos aprender, a respeito da humanidade do homem, a "desconstruir a desconstrução".

E, em primeiro lugar, cientificamente. Nosso entusiasmo inicial diante das novas perspectivas do conhecimento não nos deve levar à tolice. A título de exemplo, a insistência contemporânea em pôr o acento sobre o gene ou o genoma, a ponto de dele fazer um critério de identidade, toca por vezes no ridículo. Dizer que a diferença genética que nos separa do chimpanzé é ínfima (inferior a 5%) não significa grande coisa, a não ser que o parâmetro genético seja muito insuficiente para identificar uma criatura viva. A "proximidade" genética significa principalmente que o fator de diferença não está nos genes ou, ainda, que os genes não dizem nada de essencial sobre a natureza humana. Sem contar que, conforme observa André Pichot, o argumento pode inverter-se e fundar uma teoria racista. "Se uma diferença de 1% basta para separar o homem do chimpanzé, uma diferença de 0,1% entre os brancos e os negros basta para fazer destes meio-chimpanzés. Esse tipo de argumento inverte-se muito facilmente, portanto, e podemos fazer com que ele diga o que desejarmos."[42]

Supondo até que nos apoiemos nesse gênero de critério quantitativo, é forçoso reconhecer que não é de modo algum a estrutura de nosso DNA que pode ter força de prova (ela está próxima da força das bactérias), e sim o número extraordinariamente elevado dos neurônios contidos em nosso cérebro e, mais ainda, das conexões que os interligam. "Não conheço nenhum ser vivo que possua dez milhões de bilhões de conexões de neurônios", observa um geneticista, antes de acrescentar: "E, muito mais ainda que essas interações no interior de nós mesmos, são as ligações que tecemos com outrem no decorrer de nossa existência que constituem, na realidade, o fundamento de nossa originalidade humana".[43]

Do mesmo modo, as experiências mais avançadas sobre a capacidade de certos animais de chegar à linguagem não são tão probatórias quanto por vezes escrevem. O lingüista Claude Hagège explica que os macacos, na realidade, não comunicam nem *significam* no pleno sentido do termo.[44] O cognitivista Jacques Vauclair salienta, a respeito dos primatas instruídos na linguagem dos surdos-mudos, que eles só empregam os sinais aprendidos sob a injunção do homem que os instrui ou em vista de obter alguma coisa precisa. Ele acrescenta que a idéia de uma eventual continuidade entre o homem e o animal ("a hipótese continuísta") só é defensável a partir

---

[42] André Pichot, *La société pure. De Darwin à Hitler*, op. cit.

[43] Arnold Munnich (geneticista-INSERM), em Caroline Glorion, *La Course folle. Des généticiens parlent*, op. cit.

[44] *L'Homme de paroles. Contribution linguistique aux sciences humaines*. Fayard, 1985.

do momento em que se trata "do domínio dos códigos de comunicação tão sofisticados quanto os sistemas lingüísticos ou de fenômenos como a intencionalidade e a consciência de si mesmo".[45] Quanto a Dominique Lestel, após ter trabalhado muito sobre a questão, ele garante que não podemos absolutamente sustentar que os primatas são dotados de "capacidades lingüísticas", comparáveis às do homem.[46]

Falar de "linguagem animal" é, portanto, ceder a simplificações indefensáveis a respeito da própria linguagem, que nunca é um simples instrumento de transmissão, mas faz intervir, de modo muito complexo, um substrato existencial, uma relação com uma história, uma ligação com uma comunidade etc. Na realidade, para retomar um torneio freqüentemente empregado por esses especialistas, se o macaco não fala, *é porque ele não tem nada a nos dizer*. Em sua *Histoire naturelle*, Buffon (1707-1788) já o notava: o animal é desprovido de linguagem porque *ele não tem idéias*. Schopenhauer (1788-1860) utilizará uma fórmula parecida em *Le Monde comme volonté et comme représentation*, insistindo sobre a ausência de percepção do tempo pelo animal, que vive "constantemente no presente" e, portanto, "de modo nenhum conhece os conceitos". As aproximações apressadas e as deduções precipitadas de hoje a respeito dos pretensos "macacos falantes" procedem de um reducionismo cientificista fácil de refutar.

Uma pesquisadora, entre outras, dedicou-se a isso. Ela explica que, na realidade, as experiências lingüísticas feitas com chimpanzés finalmente acabaram por fracassar. Estes últimos chegam, de fato, a aprender uma centena de palavras, até o dobro (contra cinqüenta mil a cem mil para um ser humano!). "Eles, portanto, chegam de fato a

---

[45] Jacques Vauclair, *L'Intelligence de l'animal*, op. cit.
[46] Dominique Lestel, *Paroles de singes. L'impossible dialogue*. La Découverte, 1995.

utilizar um símbolo para um conceito. Em contrapartida, o aspecto sintático ou produtivo da linguagem, ou seja, a capacidade de combinar palavras para formar novos sentidos, jamais se verifica".[47]

A mesma observação pode ser feita a respeito da utilização de instrumentos pelos animais. É falacioso disso concluir que, ao fazerem isso, eles chegam a um uso quase humano da técnica. Na realidade, tal perfectibilidade técnica implica não só uma capacidade de abstração que apenas a linguagem pode conferir, mas também, e principalmente, o poder de se abstrair do mundo, de colocá-lo à distância, para pensar sua transformação. Ora, o animal permanece incapaz disso. Certa habilidade instrumental deste último "não retira nada da especificidade humana da *technê*".[48]

Na realidade, é o processo cientificista que procura estabelecer "cientificamente" uma semelhança ou uma diferença entre o homem e o animal que é errôneo *enquanto tal*. A ciência não está equipada para nos fornecer um *critério fundamental* que nos permitiria traçar a fronteira. Ou, mais exatamente, isso não é de sua competência. Nem a etologia, nem a genética, nem a primatologia, que nos fornecem, entretanto, preciosos elementos de conhecimento, são capazes de indicar o lugar ontológico do humano no ser vivo. Constatar isso é interrogar-se sobre o próprio sentido do conceito de humanidade e sobre a definição do *humano*. Não é um dado puramente material, mas uma criação cultural, sempre em curso e jamais acabada. A humanidade não é um estado, um privilégio, uma espécie ou uma característica mensurável. Ela é um projeto (ou um "processo"), uma criação sem cessar inacabada e sempre ameaçada.

---

[47] Anne Christophe, "L'apprentissage du langage. Les bases cérébrales du langage", in *Qu'est-ce que l'humain?*. Université de tous les savoirs, t. 2, Odile Jacob, 2000.

[48] Stanislas Breton, "La technique entre nature et culture", *Esprit*, novembro de 1997.

Neste sentido, podemos dizer, com efeito, que ela não é hereditária, *ainda que ela se apóie sobre capacidades fisiológicas particulares*. O mais inteligente dos macacos não pode "tornar-se homem", ao passo que os deficientes mentais o podem. Nós nascemos "homem possível". Nascemos biologicamente equipados para chegar à humanidade. Mas o caminho que nos leva para nossa "história de homem" jamais é limitado.[49]

Sem contar que nesse acesso ao *princípio de humanidade* entra uma parte de opção ética superior, de vontade, de adesão coletiva assumida. Uma parte que Elisabeth de Fontenay evoca magnificamente quando escreve: "É pelos afetos de piedade e de respeito, para os quais a experiência da história nos forma, e não por uma fé racional-universal *a priori* que nos achamos, na época do pós-moderno, obrigados a nos apegar a essa crença indefectível e mínima, segundo a qual cada ser humano detém uma singularidade de ser único e fazer parte, na igualdade com todos os outros, da humanidade".[50]

François e o lobo

É à luz dessa razão reencontrada que precisamos, portanto, pensar os "direitos" do animal. De modo nenhum é questão de negar que este último possa ter direito ao respeito, à integridade, que ele deva ser juridicamente protegido contra os tratamentos cruéis ou a manipulação abusada. O que merece ser esclarecido não é a legitimidade desses direitos, e sim seu fundamento. Beneficiário de "direitos"

---

[49] Retomo aqui as análises de Jacques Mehler e Emmanuel Dupoux, *Naître humain*. Odile Jacob, 1990.

[50] Elisabeth de Fontenay, "Pourquoi les animaux n'auraient-ils pas droit à un Droit des animaux?", *Le Débat*, op. cit.

indiscutíveis, o animal, com efeito, não pode ser *sujeito de direito*. Ao menos pelo fato de que todo direito implica um dever correspondente. Os animais não têm "dever" em relação a nós. O gato ou o cão não nos "devem" poupar de sua mordida; a vespa ou a pulga não têm o "dever" de não nos aferroar.

Em outros termos, se os animais têm direitos, é de nós, de nossa própria *humanidade*, que esses direitos procedem, e não de um pretenso contrato natural que nos ligaria com sua natureza. Respeitar os animais, na realidade, depende, portanto, de respeitar a humanidade de que somos depositários. O animal só se torna beneficiário de direito *pela consideração do homem* e não, por exemplo, em relação a seus congêneres ou predadores. Os direitos do animal são os correspondentes dos deveres do homem. É neste sentido que Emmanuel Kant podia falar de nossas *obrigações em relação aos animais*, que se enraízam em nossas obrigações em relação a todos os homens. André Comte-Sponville formula muito bem essa diferença: "A humanidade é o único *sujeito* possível do dever e do direito, mas não seu único *objeto* possível: há deveres apenas para o homem, direitos apenas para o homem, mas isso não significa que só haja deveres *sobre* o homem, nem direitos, por conseguinte, apenas *do* homem".[51] Aprendendo a melhor respeitar o animal, o homem constrói e melhora sua própria humanidade. Inversamente, o homem que faz violência ao homem ou ao animal regride ao nível da pura "bestialidade". É o que diz com clareza a passagem do *Gênesis* que descreve Caim, homicida de seu irmão, como "dominado" pela "fera emboscada" nele (Gn 4,7).

O matiz não é uma argúcia jurídica. Ele é "a" fronteira. Ele acarreta uma conseqüência que não podemos perder de vista: o antropocentrismo, no sentido estrito do termo, deve ser reabilitado. Melhor

---

[51] André Comte-Sponville, "Sur les droits des animaux", *Esprit*, dezembro de 1995.

ainda, podemos dizer sem temor o paradoxo de que, "na hora das manipulações genéticas, o antropocentrismo não é mais um direito para o homem, mas um dever".[52]

Poderíamos, a esta altura, passar pelo crivo da crítica todos os ataques rituais contra o antropocentrismo ocidental, seja ele cartesiano ou judaico-cristão. Na maior parte do tempo, esses ataques pecam por irreflexão ou desconhecimento da história das idéias. Inclusive quando elas emanam de certos teólogos críticos como Eugen Drewermann.[53] Esse antropocentrismo, com efeito, está presente em muitas outras tradições, por exemplo, japonesas. Ele se expressava pelo pensamento antigo, quer se trate de Aristóteles, quando explica que "os animais existem para o bem do homem" (*A Política*, I, 8, 1256), ou de Cícero, que apresenta os homens como "os senhores absolutos de [todas as coisas] que a terra apresenta" (*De natura deorum*, L, II). Podemos até dizer que, na realidade, o antropocentrismo que os ecologistas imputam ao cristianismo procede principalmente do pensamento grego.[54]

Quanto à teologia judaico-cristã, é verdade que ela pode ser interpretada no sentido de um triunfalismo humano – principalmente a famosa passagem do *Gênesis* que apresenta para o homem a ordem de "submeter a terra e dominar os animais" –, mas é verdade também que essa dominação do homem sempre teve como corolário uma *responsabilidade claramente afirmada em relação a essa mesma natureza*. O homem é aí apresentado como "o intendente e o gestor responsável" pela criação. João Crisóstomo compara o homem – "cooperador

---

[52] Martine Rémond-Gouilloud, "Entre 'bêtises' et précaution", *Esprit*, novembro de 1997.

[53] Eugen Drewermann, *De l'immortalité des animaux*. Cerf, 1992.

[54] Tomo de empréstimo essas referências de Dominique Bourg, *L'Homme artifice. Le sens de la technique*. Gallimard, 1996.

de Deus", segundo São Paulo, na epístola aos Coríntios – a um governador de província que não pode abusar de seu poder. Para retomar a expressão do teólogo protestante Olivier Abel, o antropocentrismo cristão é "um antropocentrismo da responsabilidade".[55]

Quanto ao mais, até os teóricos mais radicais da ecologia (penso em Lynn White, citado mais acima) são obrigados a poupar certos teólogos ou grandes testemunhas do cristianismo, e principalmente São Francisco de Assis, apresentado por eles como "o maior revolucionário espiritual da história ocidental"; São Francisco, cuja lenda relata que ele soube falar ao lobo de Gubbio nos Apeninos e que celebrou liricamente a natureza e os animais em seus *Fioretti*. É visivelmente nessa tradição franciscana – que, em seu tempo, beirou a heresia – que se refere a Igreja hoje. Francisco de Assis foi proclamado patrono dos ecologistas no dia 29 de novembro de 1979 por João Paulo II. Ao fazer isso, o papa "pretendia convidar os cristãos a lançar sobre o mundo um olhar benevolente e fraterno, respeitoso e convivial, sobre uma natureza que hoje é ameaçada ou acuada pelos mais ricos em detrimento dos mais fracos".[56]

No mesmo espírito, a Comissão social dos bispos da França publicou, no dia 13 de janeiro de 2000, um documento intitulado *Sobre a defesa da Criação*, cuja conotação poderia ser qualificada de ecologista.

Afinal de contas, devemos decididamente rejeitar uma apresentação maniqueísta e dualista de nossa relação com o mundo animal. "É perigoso – notava Pascal em seus *Pensamentos* – fazer que o homem veja demasiadamente como ele é igual aos animais, sem lhe mostrar

---

[55] Olivier Abel, "Humains et animaux, il les créa", *Études*, novembro de 1997.
[56] Luc Mathieu, "La vision franciscaine", *Christus*, n. 185, janeiro de 2000.

sua grandeza. É perigoso também fazer demasiadamente que ele veja sua grandeza sem sua baixeza. E ainda é mais perigoso deixar que ele ignore uma e outra".

A questão não é saber se somos ou não parecidos com os animais, mas se somos capazes de construir uma relação pacífica e respeitosa com eles, capazes de lhes dar um lugar a nosso lado. E isso, *em nome do próprio princípio de humanidade*. Da mesma forma, é preciso rejeitar qualquer nova inscrição rudimentar do homem no seio da natureza. O homem está, sem dúvida, na natureza, mas não está inevitavelmente imerso nela. Entre ela e ele permanece uma distância, uma margem enigmática, mas fundamental. É essa margem que define, no sentido estrito do termo, nossa liberdade e nossa humanidade; liberdade de se evadir dos tropismos naturais, de romper com a mecânica do instinto, de nos construirmos, em suma, "culturalmente", ou seja, fora da natureza. Já no século XV, em um discurso fundador do humanismo da Renascença, publicado em 1488 e intitulado *Sobre a dignidade do homem*, Pico della Mirandola (1463-1494) insistia sobre essa liberdade que pertence ao homem, "escultor de si mesmo", de se arrancar das determinações do mundo sensível.

Hoje, fazer as pazes com a natureza não é, sem dúvida, novamente nos confudirmos com ela, nem nos submetermos a suas leis ou a suas crueldades. Nesse campo, para utilizar a soberba fórmula de um teólogo sensível à ecologia, "nosso futuro é o caminho da doçura...".[57]

---

[57] André Beauchamp, "Création et écologie. Redéfinir notre rapport à la terre", *ibidem*.

Capítulo 3

O homem reduzido à máquina?

Concluamos ousadamente que o homem é uma máquina e que em todo o universo existe apenas uma única substância, diversamente modificada.
Julien Offroy de La Mettrie (1747)

Distante do grande público, longe dos meios de comunicação e da cena política, uma nova "guerra de religião" perdura desde os anos 60. Ela não opõe os membros de uma confissão aos de uma outra. Ela não levanta os racionalistas contra os crentes. Ela dilacera a própria comunidade científica. O mecanismo dessa "guerra" não é anódino. Trata-se de saber se o homem pode ser assemelhado a uma máquina, se seu cérebro se liga ao jogo complexo das conexões neuronais, ou se nele permanece, apesar de tudo, um princípio inatingível: alma, espírito, consciência... Essa primeira questão acarreta uma segunda: poderemos um dia fabricar uma máquina comparável ao cérebro humano ou esse projeto, de fato, é o produto de um reducionismo estreito?

É bem desse modo que podemos apresentar esquematicamente a querela implacável que surgiu há cerca de quarenta anos no quadro das pesquisas sobre a inteligência artificial, rebatizada "IA" nas publicações científicas. Essa querela tornou-se tanto mais viva, ao menos nos primeiros tempos, pelo fato de os partidários mais decididos da inteligência artificial, os defensores da "teoria forte" *(strong AI)*, não terem dado provas de prudência nem de modéstia em suas proclamações. Crendo neles, deveríamos fazer definitivamente nosso luto a respeito de uma pretensa especificidade humana. Essa fronteira metafísica, que pensávamos separar o homem da máquina, explicavam eles, cederá cedo ou tarde, porque doravante se sabe que, de um ponto de vista científico, ela não é fundada. Tal era a mensagem inicial: "Nos alicerces teóricos dessas pesquisas [sobre a inteligência artificial], acha-se a idéia de que não existe diferença ontológica entre os seres humanos ou os organismos vivos, em geral, e as máquinas".[1]

Proclamações triunfais? Citemos algumas pérolas ou ambigüidades de linguagem. Em 1955, o neurofisiologista Warren McCulloch, apressado em desconstruir qualquer idéia de especificidade humana, não hesitava em afirmar: "Os homens não são apenas análogos às máquinas; eles *são* máquinas".[2] Em 1965, o futuro prêmio Nobel de economia, Herbert Simon, declarava que "as máquinas, daqui a vinte anos, [seriam] capazes de fazer tudo aquilo que um homem pode fazer".[3] Outro pesquisador, Marvin Minsky, garantia, sem qualquer cerimônia: "A próxima geração de computadores será tão inteligente que teremos logo a oportunidade, caso consintam, de nos aproximarmos deles como animais de estimação".[4] Um dos primeiros teóricos da inteligência artificial, Christopher Langton, do Centro de estudos

---

[1] Hervé Kempf, *La Révolution biolithique*, op. cit.
[2] Citado por Jean-Michel Besnier, "Les sciences cognitives ont-elles raison de l'âme?", *Esprit*, maio de 1990.
[3] Citado por Hubert L. Dreyfus, *Intelligence artificielle. Mythes et limites*, trad. fr. Flammarion, 1984.
[4] Citado por John Searle, *Du cerveau au savoir*, trad. fr. Hermann, 1985.

não alinhados de Los Alamos, também defendia esse tipo de hipótese. Por sua vez, o inglês Alan Turing (1912-1954), verdadeiro inventor do computador digital, garantia que este último seria um dia capaz de realizar todas as tarefas do pensamento humano. Hoje, alguns dos mais determinados adeptos da robótica aderem ainda a essa visão estritamente maquinista. Certo Hans Moravec, por exemplo, anuncia o aparecimento, "antes de quarenta anos", de máquinas que atingirão a equivalência do homem.[5] Outro adepto da robótica, o britânico Hugo de Garis, vai mais longe: ele anuncia que o ser humano será forçosamente substituído por máquinas inteligentes que ele chama de "artilectos" *(artificial intellect)*.[6]

Aos olhos desses partidários da "teoria forte", os velhos defensores da fronteira homem/máquina, os advogados da irredutível *humanidade do homem* não passam de idealistas fora da moda, nostálgicos da ontologia ou, pior, os guerreiros ocultos de não se sabe qual obscurantismo religioso. Algumas vezes, os argumentos são realmente articulados com esse tom! Sem dúvida, uma parte dos pesquisadores que hoje trabalha com a inteligência artificial renunciou a esse discurso rígido e prefere a relativa modéstia de uma "teoria fraca" *(weak AI)*. Alguns especialistas da inteligência artificial recusam até que suas pesquisas sejam utilizadas como "máquina de guerra" contra o estatuto metafísico do homem. Isso não impede de ser sempre a "teoria forte" que impregna o clima do tempo. É ela que influencia a cada dia os não-especialistas. A opinião pública e os meios de comunicação continuam confusamente a se convencer de que nenhuma grande coisa distingue a máquina do homem. Esporadicamente,

---

[5] Hans Moravec, *Une vie après la vie*. Odile Jacob, 1992.
[6] *Le Monde*, 9 de novembro de 2000.

os jornais, o audiovisual, a literatura fantástica e o cinema agitam essa hipótese "sensacional" e constroem cenários povoados de robôs triunfantes. Acredita-se até que seja conforme com a utopia pós-moderna exaltar nossa felicidade "de viver em uma natureza povoada de novos seres artificiais, com os quais nos devemos sentir 'felizes' por estabelecer e manter um novo gênero de 'relações sociais'".[7] O apego à *humanidade do homem*, nesse clima geral, aparece de fato como uma nostalgia.

Há fogo também nessa fronteira!

A revolução do cognitivismo

A corrente de pesquisa sobre a inteligência artificial se inscreve, na realidade, no quadro muito mais amplo do cognitivismo (do latim *cognoscere*: conhecer). Um quadro ou um território que não é muito fácil de delimitar. Em princípio, as ciências cognitivas se interessam pelos processos mentais que permitem a aquisição de conhecimentos. Elas tomam como objeto de estudo o próprio conhecimento e tudo aquilo que, concretamente, o torna possível, quer se trate do homem, do animal ou da máquina. Para simplificar, digamos que as ciências cognitivas se esforçam para responder à seguinte questão: o que permite a alguém (ou a "alguma coisa") se lembrar, compreender ou conhecer?

Na prática, elas formam uma nebulosa e mobilizam disciplinas tão diferentes como a psicologia, a lingüística, a neurobiologia, a lógica ou a informática (a lista não é limitativa). Essas disciplinas encontram-se, reúnem-se, combinam-se e interpenetram-se, mas conforme configurações mutantes no espaço e no tempo. Esse agrupamento

---

[7] Giorgio Israel, *Le Jardin au noyer. Pour un nouveau rationalisme*. Seuil, 2000.

de pesquisadores é, portanto, eminentemente heterogêneo, múltiplo, dividido em correntes ou fragmentado em castas, entre as quais se tem dificuldade de encontrar o próprio caminho.[8] E isso mais ainda pelo fato de que o cognitivismo já possui uma longa história. Os teóricos do início concordam hoje em uma reavaliação mais fina – e prudente – da análise, com o aparecimento das correntes chamadas de "conexionistas" e, depois, com o sucesso relativo da noção de "enação", popularizada principalmente pelo neurobiólogo chileno Francisco Varela, e que – entre outras análises – promove as interações de um sistema com o meio ambiente.[9] Mas tal mudança teórica não é geral; longe disso.

É preciso saber também que uma enorme literatura cognitivista, principalmente anglo-saxônica, acumulou-se desde os anos 60. Ora, a inclinação para o jargão, o gosto pelas formulações elípticas e a frivolidade semântica não estão ausentes desses textos volumosos, teses, diálogos, trabalhos de laboratório ou corpus inumeráveis, difundidos via internet. Esse emaranhado de conceitos e essa complexidade movediça recordam, guardando as proporções, a situação que prevalecia nas ciências humanas no decorrer dos anos 60 e 70. Aí encontramos muita abertura, curiosidade, criatividade, mas também as mesmas crispações de jargão e as mesmas trincheiras em torno de uma vulgata normativa, até intolerante.

---

[8] Uma das melhores introduções, em língua francesa, sobre a questão do cognitivismo é a coletânea fundada sobre um colóquio de junho de 1987, em Cerisy-la Salle, intitulado "Approches de la cognition". Conjunto reunido e apresentado por Daniel Andler, com o título *Introduction aux sciences cognitives*. Gallimard-Folio, 1992.

[9] Francisco Varela e seus amigos contestam hoje as teorias que descreviam a realidade de um organismo vivo, dizendo que ele devia "adaptar-se" a um meio ambiente preexistente. Na realidade, a influência é recíproca. Essa reciprocidade é a própria definição da vida. Cf. Francisco Varela, Evan Thompson, Eleanor Rosch, *L'inscription corporelle de l'esprit. Sciences cognitives et expérience humaine.* Seuil, 1993.

Tudo isso sempre torna difícil o acesso a esses novos territórios. O curioso que vem de fora arrisca-se muito a julgar bizantinas, até incompreensíveis, as querelas que atravessam o campo do cognitivismo. Este último exerce, portanto, de modo inegável, um *efeito de intimidação*, que mantém a maioria dos intelectuais afastados desses debates – no entanto, essenciais. A mesma abordagem pode ser feita com o poder de intimidação que exerceram, em seu tempo, o pós-modernismo, o estruturalismo, a psicanálise ou, ainda, algumas décadas antes, o marxismo revisto por Louis Althusser. Tanto hoje como ontem, cada um teme aventurar-se nessas disciplinas novas em que o "ingênuo" é logo vítima de zombaria, tachado de simplismo ou suspeito de incompetência. Afastarão facilmente, em nome das grandes obras fundadoras, as objeções que lhe vêm aos lábios. E, então, acrescentando um sorriso complacente... Quanto a reencontrar o próprio caminho no dédalo dos grupos, subgrupos ou castas, nada será mais penoso que isso.

Livres de demonstrar temeridade, queríamos, entretanto, tentar definir aqui, tão simplesmente quanto possível, os principais postulados do cognitivismo. Ainda que apenas para medir os mecanismos (consideráveis) do debate em curso.

O primeiro postulado se atém à nova definição do funcionamento do cérebro, diretamente inspirado na metáfora informática. Para os cognitivistas, essa descrição exige que se distingam dois níveis bem distintos: o do cérebro, entendido como realidade material, física, que depende das neurociências; e o do mesmo cérebro, entendido como um "processo" informacional, ou seja, como uma função que a lógica informática permite analisar. Esses dois "níveis" (a organização material e a função) mantêm entre si relações comparáveis às que unem um computador enquanto máquina *(hardware)* e um computador enquanto sistema de tratamento da informação *(software)*. Alguns teóricos da vida artificial, como Christopher

Langton, insistem, por outro lado, sobre o fato de que é a *organização* que constitui verdadeiramente a máquina e de modo nenhum a matéria de que ela é feita.

Para o que se refere a essa *organização*, o sistema cognitivo do homem é análogo, dizem, ao dos mamíferos superiores. Ele se caracteriza (segundo postulado) por uma série de *estados representacionais* sucessivos; a passagem de um para o outro é governada por *processos* analisáveis. Terceiro postulado: esses *estados* internos sucessivos se ligam a fórmulas semânticas, uma "linguagem" comparável às linguagens formais da lógica. Quanto aos *processos* que os regem, eles são redutíveis a um pequeno número de operações originais, cuja "execução por uma máquina é evidente".[10] Eles são de algum modo decomponíveis em uma seqüência de puros reflexos, que não exigem qualquer interpretação subjetiva. São análogos – e talvez semelhantes! – àqueles que regem o "programa-sistema" de um computador.

Para dizer as coisas de outra forma, os cognitivistas afirmam que, até o presente, aquilo que se chamava de consciência é redutível a um *processo*, tributário unicamente da organização cerebral. Essa organização é dotada, por outro lado, de propriedades auto-organizadoras, comparável em todos os aspectos àquelas que podemos observar em uma rede de autômatos. Aos olhos deles, isso significa que o pensamento humano equivale a uma *fórmula de cálculo* e depende do "mecânico". Eles rejeitam qualquer idéia de intencionalidade, de sentido, de finalidade. Esses conceitos humanistas ou idealistas de anteontem designariam, a seu ver, de fenômenos cerebrais que resultam de processos auto-organizados, puramente físicos. Doravante é possível decompor esses processos *e, portanto, reproduzi-los artificialmente.*

---

[10] Retomo aqui a fórmula e as explicações propostas por Daniel Andler em sua apresentação da coletânea *Introduction aux sciences cognitives*, op. cit.

Lembremo-nos dessas poucas indicações – muito sucintas – que, em uma perspectiva cognitivista, aquilo que outrora considerávamos como uma dimensão essencial da *humanidade do homem* é, desse modo, apagado. Nem espírito, nem consciência, nem alma, nem intenção... Eis o homem, desencantado e arrancado de si mesmo. Ele não é mais que uma mecânica. O homem e a máquina não são de *natureza* diferente. Globalmente, Henri Atlan toma consciência dessa expulsão quando escreve: "A questão da finalidade e da intenção persegue a biologia há quase três séculos. Essa questão parece ter sido liquidada hoje para a biologia físico-química e molecular que conseguiu, finalmente, eliminar as almas do ser vivo".[11]

A aversão decidida pelo religioso

Além disso, o nascimento do cognitivismo está ligado ao da informática e, previamente, da cibernética. Como aval, a influência exercida por esse tipo de análise (e de alguns conceitos como o de *auto-reprodução*) sobre os pioneiros da biologia molecular é inegável. A observação é importante, porque o cognitivismo constitui, desse modo, o exemplo perfeito de uma *interação permanente entre as três revoluções* (econômica, informática, genética) que evocávamos no início deste livro.[12] Ele é um campo de encontro.

Jean-Pierre Dupuy foi, na França, um dos primeiros a salientar esse parentesco direto entre as ciências cognitivas de hoje e a cibernética do imediato pós-guerra.[13] O que ele diz a respeito dessa filiação ajuda-nos a descobrir o que poderíamos chamar de "ideologia

---

[11] Henri Atlan, *Tout, non, peut-être*. Seuil, 1991.
[12] Cf. anteriormente, capítulo 1.
[13] Jean-Pierre Dupuy, *Aux origines des sciences cognitives*. La Découverte, 1994. Podemos citar igualmente, entre as obras recentes, o livro muito minucioso do francês Alain Prochiantz, *Machine-esprit*. Odile Jacob, 2001.

oculta" do cognitivismo. Porque, no ponto de partida pelo menos, havia de fato uma *intenção ideológica*. Não é garantido que ela tenha desaparecido. Uma série de dez reuniões ou conferências, feitas entre 1946 e 1953, no hotel Beekman de New York e no hotel Nassau Inn de Princeton, em New Jersey, desempenharam um papel fundador. Essas reuniões entraram na história das ciências sob o título de "Conferências Macy", do nome da fundação filantrópica Josiah Macy Jr., que as organizava. Elas reuniam matemáticos, logicistas, psicólogos e antropólogos, mas também economistas.

O objetivo combinado desses participantes era ambicioso: construir, de modo transdisciplinar, uma ciência geral do funcionamento do espírito, mas uma ciência puramente fisicalista, distante de qualquer idealismo; uma ciência que permitiria reintegrar no próprio seio da matéria entidades vagas como o espírito. Eles julgavam que seu programa estaria acabado quando tivessem chegado, "do mesmo modo que o suposto Criador do Universo, [a fabricar] um cérebro capaz de manifestar todas as propriedades que são atribuídas ao espírito".[14] Jean-Pierre Dupuy acrescenta que esses pesquisadores, vindos de disciplinas muitíssimo diferentes, tinham em comum uma *aversão decidida pelo religioso* e um desprezo pela antiga metafísica. Um pouco mais tarde, de 1958 a 1976, a cibernética enquanto movimento se diversificará, com a emergência, sob o impulso de Heinz von Forster, da "segunda cibernética", que terá principalmente como quadro o *Biological Computer Laboratory* da Universidade de Illinois, em Urbana-Champaign.

Na mesma época em que aconteceram as "Conferências Macy", dois grandes teóricos, considerados hoje como os pais fundadores da cibernética e, depois, da informática, publicavam seus trabalhos

---

[14] Jean-Pierre Dupuy, "L'esprit mécanisé par lui-même", *Le Débat*, n. 109, março-abril de 2000.

respectivos: Johann von Neumann (1903-1957) e Norbert Wiener (1894-1964). O primeiro, em uma célebre conferência, realizada em 1948, em Pasadena, e intitulada *Teoria geral e lógica dos autômatos*, punha as bases de uma abordagem conceitual entre a máquina de tratamento informacional (ancestral do computador) e os seres vivos. Ele postulava que, por meio dos algoritmos de simulação cada vez mais complexos, chegaríamos um dia ou outro a reproduzir o princípio da vida natural ou ainda de uma vida artificial comparável. Von Neumann designava, por outro lado, e significativamente, o sistema nervoso como um "autômato natural".

O segundo, autor de um livro essencial, publicado em 1954,[15] chegava até a conclusão, mas fazendo intervir a noção de entropia (do grego *entropia*: volta para trás, recuo). Essa noção de entropia é, por outro lado, de um extremo para outro, fundamental. Ela designa a tendência natural de todo sistema organizado – e do próprio universo – a *se orientar para uma desordem crescente*. É o que chamamos de *segundo princípio da termodinâmica*. Em outras palavras, a flecha do tempo dirige inevitavelmente a matéria organizada – e, conseqüentemente, o universo inteiro – para uma entropia, uma desordem, uma degradação crescentes. Uma xícara de café que entorna, uma massa que se desagrega, a decomposição de um corpo animal, a fragmentação de um jogo de cartas são fenômenos que correspondem a um aumento da entropia.

Ora, para Wiener, existe muito extraordinariamente "encravos" em que a evolução tendencial parece estar no oposto da do universo. Para usar uma imagem disso, poderíamos falar de "bolsões de resistência". Neles se manifesta, escreve ele, "uma tendência limitada e

---

[15] Norbert Wiener, *The Human Use of Human Beings. Cybernetics and Society*. Houghton Mifflin, New York, 1954; trad. fr.: *Cybernétique et Société. L'usage humain des êtres humains*. UGE, "10/18", 1962.

temporária ao aumento da organização", ou seja, a uma diminuição da entropia. Ora, essa capacidade de resistir à entropia, a seu ver, é comum aos seres vivos e a certas máquinas. A vida real, sem dúvida, é uma forma de resistência à desordem da morte, simbolizada pela decomposição, que fragmenta a matéria até então reunida. Toda criatura viva constitui, portanto, um desses "encravos". Quanto às máquinas, por meio da retroação, da *emergência* ou da auto-organização, fazem exatamente o mesmo. Elas resistem à entropia de fora ao criar ordem onde há desordem (ou *caos*). Para Wiener, essa semelhança "anti-entrópica" entre o ser vivo e as máquinas é tão forte que torna muito simplesmente obsoleto um conceito como o de... vida!

"Segundo penso – escreve ele – também é preferível evitar todas essas palavras geradoras de problemas, como vida, alma, vitalismo etc. É melhor dizer simplesmente que não há razão para que as máquinas não se possam assemelhar aos seres vivos, na medida em que elas representem bolsões de entropia decrescente no seio de um sistema em que a entropia tende a aumentar".[16] A seriedade imperturbável da proposição, o tom glacial – ou humor irônico – da constatação, tudo isso corresponde muito bem ao estilo de discurso que prevalece (ou prevalecia) nas ciências cognitivas.

Os teóricos e pesquisadores mais recentes, sem dúvida, enriqueceram e matizaram os argumentos cognitivistas, mas permaneceram globalmente na linha dos pais fundadores, citados acima. Podemos evocar, a título de exemplo, os trabalhos do físico dinamarquês Steen Rasmussen ou os do neurobiologista americano Gerald M. Edelman, prêmio Nobel de medicina, que tentou estabelecer uma teoria unificada. Na França, Jean-Pierre Changeux, que suscitou fortes polêmi-

---

[16] Citado por Marc Jeannerod, "La complexité du vivant", em Jacques Hochmann, Marc Jeannerod, *Esprit, où es-tu? Psychanalyse et neurosciences.* Odile Jacob, 1991 (reeditado em formato de livro de bolso em 1996).

cas, em 1983, ao publicar seu livro *L'Homme neuronal*, inscreve-se na mesma corrente de pensamento, ao assemelhar o cérebro humano a um computador. Por outro lado, é espantoso salientar que, no início dos anos 80, esse livro não foi tão isolado nem tão inovador quanto se acreditou. Ele foi precedido ou acompanhado, tanto na França como no estrangeiro, por diversas obras comparáveis. Todos esses textos se inscreviam não no quadro de uma "moda", no sentido pejorativo do termo, mas de uma "tendência". Eles marcavam, com uma simultaneidade perturbadora, o estado provisório de uma reflexão ou de uma abordagem.[17]

Ora, "a conseqüência dessa abordagem é que aquilo que se pode saber a respeito do funcionamento das máquinas pode ser transposto para os organismos vivos e vice-versa. Portanto, deveria ser possível criar a vida nas máquinas".[18] Sobre esse ponto preciso, as próprias ciências cognitivas reatavam, na verdade, com um fantasma recorrente que encontramos ao longo de toda a história das ciências.

Do robô flautista ao homem-máquina

Alguns observadores sugerem que a antigüidade desse fantasma explica o silêncio relativo dos filósofos sobre esses assuntos. Se as provocações dos cognitivistas ou dos fisicalistas, que assemelham o homem a uma máquina, não suscitaram mais críticas do lado da filo-

---

[17] Entre os livros mais próximos, no fundo, do de Jean-Pierre Changeux, podemos citar: Marc Jeannerod, *Le Cerveau-machine*. Fayard, 1983; Douglas R. Hofstadter, *Gödel, Escher, Bach: An Eternal Golden Brain*. Vintage Books, New York, 1980, trad. fr. de J. Henry e R. French: *Gödel, Escher, Bach. Les brins d'une guirlande éternelle*. Inter-Éditions, Paris, 1985; Geoff Simons, *Are Computer alive? Evolution and New Life Forms*. The Harvest Press, Brighton (Sussex).

[18] Hervé Kempf, *La Révolution biolithique*, op. cit.

sofia, é justamente porque essas provocações não eram novas. Apenas a amnésia contemporânea autoriza a considerá-las "revolucionárias". "Sempre existiram concepções mecanicistas do sistema nervoso – observa o célebre neurologista nova-iorquino Oliver Sacks. No século XVII, Leibniz o comparava a um moinho; no século XIX, comparavam-no freqüentemente com uma central telefônica; hoje, com um computador".[19]

Sem remontar à antigüidade greco-latina, encontramos de fato, na história do pensamento europeu, numerosos exemplos dessa visão mecanicista do homem. No século XVII, o livro do filósofo e chanceler Francis Bacon, *A Nova Atlântida*, recende uma artificialização geral da natureza, inclusive do nível cerebral dos homens. O materialista inglês Thomas Hobbes (1588-1649) já descrevia o pensamento como um cálculo. No século seguinte, o filósofo e historiador escocês David Hume (1711-1776), ateu militante e aluno de Newton, apresenta a inteligência humana como uma simples associação mecânica de idéias, obedecendo a leis comparáveis às que submetem os planetas à gravitação. Por sua vez, o mecanicista francês Jacques de Vaucanson (1709-1782), que se tornara conhecido por construir três autômatos famosos, entre os quais o Tocador de Flauta transversa (1737), tinha como ambição confessa construir um verdadeiro "homem artificial". Em uma outra perspectiva, o violento adversário do cristianismo, Paul Henri Thiry, barão d'Holbach (1723-1789), publicou em 1770 um *Sistema da natureza*, no qual ironizava os defensores da "alma" ou do "espírito".

Mas é sem nenhuma dúvida o médico e filósofo francês Julien Offroy de La Mettrie (1709-1751) que aparece como o precursor mais direto – e mais dogmático – dos fisicalistas ou cognitivistas de hoje. É ele o verdadeiro "ancestral" de Jean-Pierre Changeux... Ele

---

[19] Oliver Sacks, "La neurologie de l'âme", em *Esprit*, julho de 1992.

publicou duas obras importantes para demonstrar que o pensamento humano era tão-somente um fenômeno material: *L'histoire naturelle de l'âme* (1745), e principalmente *L'Homme-machine* (1747), que foi proibida. La Mettrie não hesitava em aplicar ao homem as famosas teorias de Descartes sobre o animal-máquina. Ele punha nisso uma energia militante que lhe valeu ser perseguido, perder seu posto de médico, e o obrigou a se exilar junto de Frederico da Prússia. Um outro livro de La Mettrie, *Politique de médecine* (1746), também foi proibido e queimado por ordem do Parlamento.

A tese de La Mettrie é, sem qualquer dúvida, a menos matizada (e também, em certos aspectos, a mais chocante). Em seus livros, ele recusa qualquer distinção entre o homem e a máquina: "O corpo humano, escreve ele, é uma máquina que monta seus próprios motores; imagem viva do movimento perpétuo". Mas ele recusa igualmente qualquer descontinuidade entre o homem e o animal. Adiantando-se aos militantes atuais da "libertação animal" e os êmulos de Peter Singer,[20] La Mettrie afirma, sem hesitar um segundo, que "os surdos, os imbecis, os loucos, os homens selvagens", menos inteligentes que certos animais, não merecem pertencer a uma "classe particular", ou seja, beneficiarem-se com o estatuto de homem.[21]

Por vezes se diz que, pensando desse modo, La Mettrie interpreta as teses de Descartes sobre o animal-máquina, mas as radicalizando. A expressão é fraca. Na verdade, ele faz de Descartes uma leitura muito grosseira e deliberadamente seletiva. Como observa Luc Ferry, "Descartes foi menos exagerado que seus discípulos: o animal permanecia [para ele] uma criatura de Deus".[22] Descartes, com efeito, postula a existência de um Deus fabricador, o que La Mettrie

---

[20] Cf. capítulo precedente.

[21] Retomo aqui, em substância, uma observação de Dominique Bourg, *L'Homme artifice. Le sens de la technique*, op. cit.

[22] Luc Ferry e Claudine Germé, *Des animaux et des hommes*, op. cit.

evidentemente recusa. Além disso, o animal-máquina de Descartes continuava animado por um sopro vital, o que relativizava a hipótese puramente maquinária. Quanto a estender ao homem a comparação maquinária, Descartes sem dúvida nem imaginava isso...

Em todo caso, de modo nenhum é preciso pesquisar muito tempo no passado para perceber que muitas querelas "cognitivistas" de hoje reproduzem, por vezes palavra por palavra, debates muito antigos. Compreendemos então que elas tenham apenas suscitado até o presente "entre os filósofos uma indiferença polida".[23] Ao menos na Europa.

Veremos que essa "desculpa" hoje não é mais válida.

Galatéia, Afrodite e o golem

A ciência não foi, por outro lado, a única, na história ocidental, a levar em conta esse fantasma mecanicista. A mitologia e a tradição religiosa ou poética carregam igualmente sua pegada, uma pegada corrente como um fio vermelho através de nossa cultura. Nossa memória coletiva é, desse modo, povoada de criaturas fabulosas, robôs transfigurados ou autômatos que cobram vida, que os poetas e os romancistas não cessaram de pôr em cena. Todas essas figuras participam de uma mesma fascinação pela "fronteira" indizível e impalpável, que é considerada separar o humano da máquina. Lembremos alguns exemplos.

Um mito grego nos mostra que o rei Pigmalião, que reinava na ilha de Creta, certo dia se apaixonou por uma estatueta de marfim que ele esculpira e que representava uma mulher. Escultor famoso, Pigmalião tinha batizado de Galatéia sua estátua, que representava a

---

[23] Jean-Michel Vencer, "Les sciences cognitives ont-elles raison de l'âme?", op. cit.

mulher ideal. Consumido de desejo por ela, ele se esforçou para aperfeiçoá-la e refinar seus traços e as curvas de seu corpo, a fim de que ela chegasse, *in fine*, à vida. Mas foi em vão. A matéria não se animava. Pigmalião teve de solicitar o auxílio de Afrodite, deusa tutelar de Chipre. O que foi feito. Na linguagem corrente, Pigmalião designa hoje o mentor de um ser que o ajuda a se educar, a se construir. Na origem, ele traduzia uma relação de fascinação pela matéria inanimada com *forma* humana. Ele faz, principalmente, conservar do mito de Pigmalião uma impossibilidade para o homem de insuflar vida na matéria sem o socorro dos deuses. É uma lição antimaterialista.

Em um dos célebres contos de Hoffmann, *L'Homme au sable*, que foi abundantemente comentado por Freud,[24] um jovem se apaixona por uma mulher-autômato chamada Olímpia, que ele sonha desesperadamente fazer chegar à vida. No conto, a boneca fora criada pelo "grande físico Spallanzani", mas ela será destruída por Coppelius, um ser maléfico. Foi observado que Hoffmann não havia escolhido ao acaso o nome de Spallanzani. Com efeito, é o nome de um naturalista italiano, Lazzaro Spallanzani (1729-1799), que foi o primeiro a realizar, em 1777, uma fecundação *in vitro*.[25]

Encontramos sinal do mesmo imaginário em numerosas obras literárias. O *Dom Juan* de Molière, por exemplo (cujo subtítulo é *Le Festin de Pierre*), afronta, no ato IV, a estátua do comandante, que acabará por se animar e o levar à morte. Molière, para esse tema, inspirou-se em diversos predecessores, entre os quais o escritor espanhol Tirso de Molina, autor do *Trompeur de Séville et l'invité de Pierre*,

---

[24] Sigmund Freud, "L'inquiétante étrangeté", em *Essais de psychanalyse appliquée*. Gallimard, col. "Idées", 1975. Nessa análise, bastante cientificista, Freud considera que, se a técnica e o maquinismo nos amedrontam, é porque eles nos recordam uma situação infantil superada.

[25] Citado por Michel Tibon-Cornillot, *Les Corps transfigurés*, op. cit.

cuja mais antiga edição data de 1630. Uma temática comparável é apresentada na famosa *Vénus d'Ille* (1837), considerada por Prosper Mérimée "sua obra-prima", que põe em cena uma estátua que chega à vida. É notório que Mérimée também reinterpretou uma lenda muito mais antiga, relatada no século XII pelo historiador inglês Guillaume de Malmesbury em sua *Chronique des rois d'Angleterre*.

Mas é sem dúvida no simbolismo judaico do *golem* que esse sonho da matéria que cobra vida é expresso mais fortemente. Em hebraico, a palavra *golem* significa "embrião" e, no Antigo Testamento (Sl 139,16), ele designa um homem inacabado. A lenda pretende que o profeta Jeremias tenha criado um golem que, logo que foi animado, teria censurado seu criador por tê-lo concebido porque, por causa dele, encontrava-se abolida a diferença entre um homem, criatura de Deus, e uma máquina, criatura do homem. O golem simbolizava, portanto, uma *transgressão*, e Jeremias resolveu destruir sua criação.

Esse tema do golem reaparecerá diversas vezes no pensamento judaico, principalmente nos textos mágicos do século XII, em que o golem é um bloco de argila que figura um animal ou um homem, mas que cobra vida quando o mágico escreve sobre sua fronte o nome de Deus. Encontramos a mesma figura na história legendária do *maharal* de Praga, rabi Yehudah Loew, que viveu no século XVI. O *maharal*, auxiliado por seus discípulos, teria modelado um golem de argila, antes de lhe dar a vida, inscrevendo em sua fronte o signo divino, o Tetragrama. Ele lhe atribuiu a tarefa de proteger os judeus contra as perseguições. De início aliado fiel do rabi Yehudah na sinagoga Altneuschul de Praga, o golem acabou por se emancipar, numa sexta-feira à tarde, de seu criador, que teve de destruí-lo. Essa lenda recorrente inspirou diversos romances, entre os quais o de Gustav Meyrink, *Golem* (1915), em que vemos uma estátua de argila cobrar vida graças à imposição de sinais cabalísticos.

Mais recentemente – e isso não é um acaso –, diferentes ensaios e relatos foram publicados, reexaminando essa lenda à luz das ciências do ser vivo. Citamos a volumosa obra erudita de Moshe Idel, especialista na mística judaica e na cabala, obra prefaciada pelo biólogo e filósofo Henri Atlan. "Eis que a questão de fabricar seres vivos e talvez logo homens – escreve ele, não sem malícia, em seu prefácio – não pertence mais à lenda ou à ilusão dos magos. Ela se torna atual em nossos laboratórios e nossas clínicas".[26]

Domesticar logiciais selvagens

Fabricar seres vivos? A fórmula de Atlan é, sem dúvida, prematura. Ela nos convida, no entanto, a medir o caminho realizado hoje pela ciência aplicada e pela técnica na direção desses confins, dessas margens, dessas fronteiras incríveis, em que a vida e a máquina parecem reunir-se. Sem ter sempre clara consciência disso, estamos já cercados por experiências-limite, maquinários animados, criações virtuais e artefatos, cuja onipresença contribui para confundir nossos pontos de referência. Em relação ao passado, tudo mudou. A "máquina viva" se tornou banal. Ela habita nosso cotidiano. Vivemos, em suma, no meio de golems. Eles proliferam como nunca na História. São tão numerosos que seríamos incapazes de propor uma enumeração exaustiva deles. Mas podemos, ao menos, designar algumas categorias.

Poderíamos, em primeiro lugar, classificar no capítulo das *simulações* informáticas as numerosas experiências que visam a reconstituir os procedimentos virtuais que se aproximam de modo perturbador daqueles que regem o ser vivo. Desde a época das primeiras "redes de autômatos", estudados há cerca de vinte anos, principalmente por Henri Atlan, a técnica caminhou. Já éramos capazes, desde as experi-

---

[26] Moshe Idel, *Le Golem*, trad. do inglês de Cyrille Aslanoff. Cerf, 1992.

ências de Warren McCulloch e Walter Pitts (em 1943) de criar "redes de neurônios informáticos" ou "neurônios formais", reproduzindo as células nervosas verdadeiras. Graças a um método regulado por John Holland, chegamos hoje a combinar essas redes com aquilo que se chama de algoritmos genéticos, que lhes possibilitam adquirir uma verdadeira autonomia. Esses algoritmos permitem, em poucas palavras, aplicar os princípios da seleção natural em milhões de informações codificadas, de modo que seja mantida a solução mais apta. Isso significa que o comportamento dessas redes de neurônios virtuais torna-se imprevisível e não mais determinado previamente por um operador. Elas adquirem uma forma de inteligência e de "liberdade" (as aspas se impõem). A título de exemplo, são citados os bancos de peixes virtuais criados por Demetri Terzopoulos e que, sobre o monitor do computador, evoluem de modo aleatório e autônomo.

Em janeiro de 1990, um engenheiro ecologista, Tom Ray, trabalhando em um laboratório japonês, foi mais longe nesse caminho, recriando um ecossistema virtual. Ele transformou de algum modo a memória de um computador em um "território" que equivalia a um meio ambiente vivo. Esse ecossistema artificial foi batizado como *Tierra* (a terra) por seu criador. Este último, em seguida, introduziu programas complexos nesse espaço informático, programas que possuem a capacidade de se duplicar, de aumentar, de se diversificar, de se combinar etc. Ora, muito extraordinariamente, esses programas, que podem adotar estratégias de sobrevivência ou de conquista, colonizaram em menos de uma noite toda a memória do computador. Apoiado nessa experiência, Tom Ray não hesita mais em predizer a criação futura de "fazendas de criação de logiciais", explicando que deveremos aprender um dia a "domesticar alguns desses organismos selvagens".

Com efeito, as "criaturas" desse tipo aparecem um pouco em todo lugar. Pesquisadores japoneses conseguiram criar um ídolo virtual, batizado como Kyoko Date, vestindo os traços de uma perturbadora jovem, capaz de cantar, dançar, responder a emissões de televisão ao lado de "verdadeiros" convidados. Podemos prever uma multiplicação desses "seres vivos" do terceiro tipo na internet, em que será difícil distingui-los dos homens ou das mulheres verdadeiras.

Um passo suplementar foi transposto com as novas gerações de robôs, dos quais os meios de comunicação gostam tanto de celebrar, periodicamente, as façanhas. Eles, com efeito, não são mais virtuais, mas concretos. Essa nova robótica se inspira diretamente nas pesquisas realizadas no domínio da inteligência artificial, principalmente as feitas por Rodney Brooks em nome do MIT. Em relação à antiga, essa nova robótica renuncia à idéia de programação ou representação prévia que, outrora, governava as reações de um robô, para substituí-la por um procedimento de *adaptação* permanente, graças à multiplicação de "módulos programáticos", entre os quais o robô pode "escolher". Com o auxílio dos progressos do imaginário de síntese e da sensibilidade dos captadores sonoros, alguns robôs se tornam capazes de reconhecer e de identificar não só uma linguagem humana, mas também emoções simplesmente decifráveis em um rosto. A primeira experiência desse tipo foi realizada pela equipe de Fumio Hara, da universidade das ciências de Tóquio.

Durante o ano 2000, os japoneses se entusiasmaram por Aibo, um robô-cão, capaz de trazer de novo uma bola e de obedecer às ordens de seu dono. Os dirigentes da filial da Sony, que produziu esse "cão", vendido por 10.000 francos, explicavam que os cães-robôs eram mais bem adaptados ao meio ambiente urbano do Japão do que os "cães naturais".

Outros cientistas inspiram-se nos ensinamentos da entomologia para criar enxames de insetos virtuais, que chegam a estabelecer entre si modos de comunicação que desembocam em comportamentos coletivos coerentes. Mais espantoso ainda, esses "insetos" se revelam capazes de organizar estratégias de cooperação que lhes permite sobreviver e assegurar, desse modo, a perenidade do enxame. Ora, essa cooperação *de modo nenhum fora programada*. É uma "emergência", uma "auto-organização" do sistema informático, que se aproxima, desse modo, da vida real.[27]

Um pesquisador da universidade da Califórnia do Sul, Michael Arbib, chegou a criar uma "rã virtual", batizada como *Rana computatrix*. Ela é munida de microcâmeras aperfeiçoadas, de uma verdadeira retina artificial e de um pseudo-sistema nervoso. Graças a esses instrumentos, ela pode contornar obstáculos e reconhecer "presas". Outros pesquisadores estudam "modelos informáticos de gafanhotos ou lesmas do mar, utilizando esses simulacros para obter previsões comportamentais que são, em seguida, testadas com animais reais, colocados em condições particulares de experiência".[28]

A máquina "no" homem

Mas essa confusão perturbadora entre a máquina e o ser vivo pode também tomar outros caminhos, completamente diferentes. Em vez de serem elaboradas para simular ou reconstituir a vida, as máquinas podem ser concebidas para serem colocadas, implantadas, *dentro do próprio ser vivo*, até aderir a ele. O encontro entre a máquina e o ser vivo não se faz mais por *imitação*, mas por *imbricação*. Abre-se aqui o campo imenso, constituído pela aparelhagem do corpo humano, as próteses, os implantes de todos os tipos. Cada vez mais aperfeiçoados, eles servem para paliar uma função biológica deficiente ou melhorar os desempenhos de um órgão. O mito,

---

[27] A maioria desses exemplos são tomados de empréstimo de Hervé Kempf, *La Révolution biolithique*, op. cit.
[28] Daniel Parrochia, "Le statut épistémologique de la 'vie artificielle'", em *Ordre biologique, ordre technologique* (ed. por Frank Tinland). Champ-Valon, 1994.

desta vez, não é mais o de um golem, mas do *cyborg*, versão moderna do homem-máquina, cujo corpo incorporou "extensões" eletrônicas ou informáticas que decuplicam suas capacidades físicas ou mentais.[29] Ele é homem *e* máquina, esperando tornar-se máquina *e* homem. Não estamos mais diante de um problema de *fronteira*, e sim de *proporção* ou de dosagem. Qual parte para o homem, qual parte para o maquinário?

É preciso saber que, no decorrer destas cinco últimas décadas, essas possibilidades de aparelhagem do corpo humano foram multiplicadas e complexificadas de modo espetacular. Isso se fez passo a passo. No início dos anos 40, realizavam-se os primeiros transplantes de aparelhos capazes de suprir, de início, o rim, depois outros órgãos. Chegou-se, em seguida, à instalação de estimuladores cardíacos – os *marcapassos* –, cujo uso rapidamente se espalhou pelo mundo. Depois chegaram, em 1989, as primeiras bombas de insulina e os estimuladores musculares, que permitem restabelecer tal ou tal função deficiente. Citam-se freqüentemente os implantes chamados de cocleares,[30] eletrodos e circuitos eletrônicos ligados ao cérebro e que permitem curar certas formas de surdez profunda. "A sociedade americana *House Ear Institute* desenvolve até eletrodos implantados diretamente no cérebro, junto dos núcleos cocleares".[31]

A imprensa científica constantemente ecoa novas inovações ou pesquisas, sem cessar mais promissoras. Dois neurocirurgiões americanos, Roy Bakay e Philip Kennedy, da universidade Emory, em Atlanta, instalaram no córtex de um paralítico minúsculos implantes

---

[29] Tratei sobre o *cyborg* em *La Refondation du monde*. Seuil, 1999.

[30] O termo "coclear" designa a parte do ouvido interno, enrolada em espiral, contendo as terminações do nervo auditivo.

[31] Laurence Plévert, "Cyborg. L'Homme augmenté", em *Eurêka*, n. 53, março de 2000.

eletrônicos que lhe permitem – em certa medida – comandar pelo pensamento um computador, enviando-lhe sinais codificados. O deficiente em questão, Johnny Ray, que vive com um eletrodo implantado no crânio, tornou-se uma vedete dos meios de comunicação nos Estados Unidos. Também se pensa em fabricar um verdadeiro olho artificial, dotado de uma câmera e de um microprocessador capaz de alto desempenho, que seria ligado diretamente ao cérebro e devolveria a visão a um cego.

Outros pesquisadores refletem ousadamente na possibilidade de fabricar, ao menos parcialmente, um cérebro artificial, que seria constituído de milhares de microprocessadores capazes de ter um "comportamento emergente" e que substituiriam os neurônios. Projeto ainda inatingível, sem dúvida. Mas nada impede! "A sofisticação futura dos implantes – considera Hervé Kempf – permitirá um controle ao menos parcial de certas funções mentais: a visão, a audição, o controle dos membros, mas também funções do humor ou do intelecto".[32] A máquina coloniza o homem, penetra-o, completa-o e, talvez, por fim, o abole... É nesse contexto perturbado – e perturbador – que se inscrevem doravante os debates sobre o homem-máquina.

Há outros casos em que esses implantes, incorporados em torno ou dentro do corpo humano, não substituem um órgão doente, mas *acrescentam* uma função à do organismo. Citemos o caso do computador-veste – o *wearcomp* – munido de biocaptadores ou tecido com fios condutores, que permitem beneficiar permanentemente possibilidades de memória, de cálculo ou de comunicação de um computador. Citemos também os *chips* eletrônicos, diretamente implantados sob a pele, que dotam os corpos das mesmas capacidades de identificação ou de estocagem informática que as de um cartão com *chip* (abrir o acesso a um estacionamento, pagar uma transação

---

[32] Hervé Kempf, *La Révolution biolithique*, op. cit.

etc.). "Kevin Warwick, professor de cibernética na universidade de Reading (Grã-Bretanha), enxertou um *chip* sob sua pele em agosto de 1998. Ele se servia desse *chip* como de um sésamo em uma 'construção inteligente'".[33]

Evoquemos, por fim, em uma palavra, os progressos espetaculares na fabricação de tecidos, substâncias ou órgãos, suscetíveis de substituir seus equivalentes orgânicos. Para eles apenas se justificariam páginas inteiras de descrição. Sabemos doravante cultivar células da epiderme destinadas a enxertos de pele. Aprendemos a fabricar implantes ósseos com base de coral, recolonizado em seguida pelas células ósseas do organismo. Reconstituímos artificialmente diferentes formas de hemoglobina para as transfusões. São feitas ativas pesquisas sobre a regeneração artificial dos nervos, e não está excluído que estejam a ponto de, em um futuro próximo, fabricar um fígado artificial.

O marfim de que era feita Galatéia se confunde hoje com o corpo vivo...

A lamentação dos Tamagotchi

Esse triunfo do maquinal, essa engenhosidade na hibridação entre o ser vivo e a máquina, esses "recordes" de implantação sem cessar ultrapassados, tudo isso gera um discurso tecnocientífico habitado por uma infatigável jubilação esportiva. A crônica contemporânea (meios de comunicação, ensino, discurso político...) celebra essa ficção científica realizada. Ela evoca os "limites recuados", a "onipotência" técnica, ou então a marcha para a "saúde perfeita". O impacto dessas proezas, por outro lado, é tal, que o efeito de anúncio,

---

[33] *Eurêka*, n. 53, março de 2000.

como vimos, determina cada vez mais a atividade dos laboratórios. Rivaliza-se em rapidez para anunciar (ainda que prematuramente) um novo método de aparelhagem ou um novo tipo de implante eletrônico. Não nos preocupamos mais, em troca, com as significações simbólicas, ideológicas ou éticas da questão. Elas são, no entanto, consideráveis.

"Novos termos investiram a língua, pondo em muita evidência que os critérios de delimitação do humano hoje se encontram abalados. [...] Indivíduos 'ciberassistidos' são seres humanos débeis, pouco vigorosos, votados a uma vida curta, e que não podem chegar a certa funcionalidade social, senão a preço de muletas tecnológicas: sistemas de estimulação, *biochip* em fase líquida, ciberóptica, circuitos de bioplástica, drogas modificadas, amplificadores de influxos nervosos, membros e órgãos artificiais, sistemas de memorização, tomadas de interface neuronal, e outros dispositivos do mesmo gênero".[34]

Concordar preguiçosamente com esse abalo dos critérios do humano, tomar o partido de uma confusão progressiva entre o homem e a máquina, não deixa, todavia, de ter suas conseqüências. Até no plano imediato. Um professor do departamento "Ciência, tecnologia e sociedade" do Massachusetts Institute of Technology (MIT), Sherry Turkle, salienta que a "ciberconsciência" das crianças os leva a "ver os sistemas informáticos como seres 'quase vivos', a passar de um conceito explicativo para outro, e a brincar com as fronteiras entre o ser vivo e o objeto". As pesquisas sobre a inteligência artificial, explica ela, contribuíram para degradar o termo "inteligência". As crianças integraram espontaneamente essa desvalorização do conceito. Elas falam indiferentemente da "inteligência" de seus jogos eletrônicos ou de seus companheiros, sem poder fazer a me-

---

[34] Dorothy Nelkin e Susan Lindee, *La Mystique de l'ADN*, op. cit.

nor distinção. Mais perturbador ainda, assistimos ao mesmo desvio lingüístico no campo afetivo. As crianças empregam o termo "vivo" em relação a seus animais virtuais *ou* seus cães e gatos verdadeiros, *sem notar mais qualquer diferença*. Para Sherry Turkle, "os debates tradicionais sobre a inteligência artificial se ligavam às capacidades técnicas das máquinas. Os novos dirão respeito à vulnerabilidade emocional dos seres humanos".[35]

Do mesmo modo, descobrimos certos efeitos induzidos pela comercialização maciça de animais virtuais destinados às crianças – os Tamagotchi. Esses pequenos seres que devemos alimentar, cuidar, distrair sob pena de vê-los deteriorar-se contribuem para uma desrealização do ser vivo, freqüentemente desastrosa. Na Alemanha, a sociedade protetora dos animais protestou contra os Tamagotchi, acusados de des-responsabilizar as crianças diante de um "verdadeiro" ser vivo. Acontece o mesmo com o jogo eletrônico *Criaturas*, que apareceu em 1996, pondo em ação criaturas computadorizadas aperfeiçoadas, os *Norns*. Essas criaturas, de aparência humana, agem em um cenário virtual (ruas, apartamento etc.) e dependem da atenção que o usuário do jogo lhes dá. Esse jogo sugere à criança certa idéia de sua onipotência, que não é sem risco, porque ela não é compensada por nenhuma espécie de responsabilidade, limites ou sanção. "A tendência do jogo – observa um pesquisador do Instituto de genética de Estrasburgo – deseja que, se uma criatura é atingida por uma deficiência, é preciso fazê-la passar pela eutanásia, para que essa falha não se perpetue".[36]

Percebemos, finalmente, que um princípio de morte obseda, na realidade, o mundo das máquinas. Os robôs simbolizam

---

[35] Sherry Turkle, "Câlins électroniques pour cyberenfants", *Courrier de l'UNESCO*, setembro de 2000.

[36] *Le Monde*, 10-11 de novembro de 1996.

uma existência sem sofrimento, sem fragilidade, sem sintomas. É por isso que eles geram confusamente a angústia. É a tese de um pesquisador como Jean-Claude Beaune, para quem o autômato pretensamente "inteligente" *introduz definitivamente a morte na vida*. Ele oferece ao olhar do homem a imagem de um corpo fragmentado e congelado; a idéia de uma presença morta no próprio coração do ser vivo. Nesse sentido, ele é uma "máquina de morte", de modo nenhum porque seja capaz de perpetrá-la ou porque seja perigoso, mas porque ele representa e "faz viver" a morte em nosso cotidiano.[37]

Tudo acontece como se, a respeito das fronteiras do humano, a técnica tivesse caminhado muito mais depressa que a reflexão e até simplesmente mais que o pensamento. Aí se encontra, sem dúvida, o elemento novo em relação à época de Vaucanson ou de La Mettrie, cujas provocações cientificistas não tinham conseqüências. Se a ciência é por vezes prudente, a tecnociência não o é. Essa "novidade" deveria despertar os filósofos. É ela, é esse contexto mudado e frenético que torna mais necessário que nunca uma reflexão crítica sobre todas as hipóteses – e as imprudências – em relação ao "homem-máquina".

É urgente voltar à terra...

Fale-me chinês!

Na realidade, as críticas ao cognitivismo sempre foram mais numerosas, mais argumentadas, por vezes mais decisivas do que imaginamos. Se elas de fato não triunfaram, é sem qualquer dúvida porque o contexto tecnocientífico (poderíamos falar de

---

[37] Jean-Claude Beaune, *L'Automate et ses mobiles*. Flammarion, 1980.

ideologia) não lhes era favorável. Algumas dessas críticas participam do humanismo tradicional. Elas vêm de filósofos ou de economistas, ou seja, de fora. É nessa categoria que poderíamos classificar as advertências do economista e filósofo Friedrich von Hayek, referência obrigatória dos neoliberais contemporâneos, mas que freqüentemente citamos menos, infelizmente, quando se trata de suas críticas ao cientificismo. Ora, elas são vigorosas. Para Hayek, o reducionismo que as ciências cognitivas testemunham é uma "ilusão tirânica". Não há qualquer dúvida a seu ver que, por esse motivo, a tecnociência está condenada a encalhar socialmente.[38]

Uma crítica comparável foi feita por Karl Popper, cantor da sociedade aberta e defensor reconhecido de um materialismo moderado. Popper também considera que o reducionismo – nesse estágio – volta-se contra o ideal racionalista que ele invoca a seu favor e contribui para destruir qualquer ética humanista. A ciência cessa de ser razoável quando é dominadora. Em um artigo publicado em 1991, ele ironiza aqueles que pensam poder comparar o cérebro a um computador. A este último, diz ele, sempre faltará aquilo que é próprio à criatura viva: a iniciativa.[39]

Mas outras críticas, desde a origem, foram formuladas dentro mesmo da comunidade científica, digamos que pela filosofia das ciências. Elas obrigaram uma parte dos cognitivistas a renunciar à "teoria forte" do início. O mais célebre desses críticos, John

---

[38] Friedrich von Hayek, *Scientisme et Sciences sociales. Essai sur le mauvais usage de la raison*. Plon, 1986.

[39] Karl R. Popper, "Meccanismi contro invenzione creativa: brevi considerazioni su un problema aperto", *L'automa spirituale. Menti, cervelli e computer*. Laterza, Roma-Bari, 1991. Artigo citado por Giorgio Israel, *Le Jardin au noyer. Pour un nouveau rationalisme*, op. cit.

Searle, professor no instituto de filosofia de Berkeley, zombou da pretensa "inteligência" de um computador.[40] Para fazê-la, ele usou um raciocínio que toma a forma de piada ontológica: o famoso argumento da "câmara chinesa", que lhe permitia criticar a pretensa inteligência da "máquina de Turing", metáfora do computador que empanturramos de "dados" e que fornece "respostas". Esse argumento se tornou banal para qualquer reflexão crítica sobre a inteligência artificial.

Searle supõe que está fechado em uma câmara escura e que se pode comunicar como exterior por meio de um teclado dotado de caracteres... chineses. Ele não conhece o chinês, mas dispõe de instruções apropriadas, ou seja, de um "guia" que lhe indica as seqüências de ideogramas a dar como resposta a tal ou tal questão, igualmente em chinês. Se as instruções forem corretamente estabelecidas, ele poderá "responder" às questões, mas "sem ter compreendido o que quer que seja". "Tudo o que eu teria feito – explica Searle – é manipular símbolos que, para mim, não têm nenhuma significação. Um computador se encontra exatamente na mesma situação que eu na câmara chinesa: ele dispõe apenas de símbolos e de regras que regem sua manipulação".[41]

Em outras palavras, Searle recorda que, se o cérebro humano é de fato um "mecanismo" (e, portanto, em certa medida, uma "máquina"), é um mecanismo causal que "tem a propriedade extraordinária de produzir consciência", ao passo que o computador "não

---

[40] Cf. o livro maior de John Searle, *La Redécouverte de l'esprit*. Gallimard, 1992. Seis outras obras do filósofo estão disponíveis em francês, entre as quais é preciso citar *La Construction de la réalité sociale*. Gallimard, 1998; *Le Mystère de la conscience*. Odile Jacob, 1999.

[41] John R. Searle, "Langage, conscience, rationalité" (entrevista com Philippe de Lara), *Le Débat*, n. 109, março-abril de 2000.

produz absolutamente nada, a não ser a etapa seguinte da execução do programa".[42] Quanto à questão de saber se o cérebro é "intrinsecamente um computador", ela lhe parece absurda, porque "um computador *nada* é intrinsecamente, se não houver um ser consciente que faz computações. Um computador é tão-somente alguma coisa à qual foi atribuída uma interpretação. É possível atribuir uma interpretação computacional ao funcionamento do cérebro da mesma forma que a qualquer outra coisa".[43]

Se as críticas de Searle abalaram a suficiência dos primeiros cognitivistas, é sem dúvida graças a sua luminosa simplicidade, acompanhada em acréscimo de uma ponta de humor. Mas é também porque elas não eram feitas em nome de um idealismo que os colegas de Searle teriam rejeitado imediatamente. O filósofo de Berkeley apresenta-se sempre como um naturalista decidido. Se ele crê na existência da consciência humana, diz ele, é porque ela parece "natural e real, da mesma forma que a digestão ou a fotossíntese". Afastando-se do antigo dualismo cartesiano, que opõe o corpo e o espírito, ele parece, portanto, recusar eliminar a consciência como o faz a maioria dos cognitivistas.

O computador é emotivo?

As críticas do filósofo Hubert L. Dreyfus, colega de John Searle em Berkeley, são expressas em si de modo menos imagístico, mas são talvez ainda mais decisivas.[44] Dreyfus contesta totalmente os postulados fundamentais do cognitivismo. Para ele, é inteiramente falso dizer que o cérebro funciona como um computador; falso acreditar

---

[42] *Ibid.*
[43] *Ibid.*
[44] Hubert L. Dreyfus, *Intelligence artificielle. Mythes et limites*. Flammarion, 1984.

que tal computador possa ajudar-nos a compreender a *psique* humana; falso acreditar que possamos formalizar – ou numerizar – todo conhecimento; ingênuo pensar que possamos analisar as informações que nos fazem agir como se elas fossem grandezas mensuráveis e fixas, *ao passo que elas próprias dependem das situações*.

É a partir desse último ponto que Dreyfus se reúne com a crítica chamada de "humanista". Diversamente do computador, diz ele, o homem não é definido de uma vez por todas. Ele está em perpétuo devir. O homem não é um estado, mas um projeto. Sua "natureza" está em movimento permanente, tendendo para um fim, transformado sem cessar por seu "interesse último" *(ultimate concern)*. É o próprio do homem, de sua *humanidade*, ser capaz de se construir *para além de si mesmo*. Sem dúvida, pode acontecer que um homem regrida, a ponto de se comportar tão mecanicamente quanto um computador, mas o contrário é impossível.[45] Um computador não pode ir além de seu programa.

Esse tema da intencionalidade está igualmente presente em um outro adversário reputado da inteligência artificial, Joseph Weizenbaum. Mirando os limites evidentes do computador, ele duvida que a análise de seu funcionamento possa ser de qualquer ajuda para o homem. Qual sentido pode ter a própria idéia de inteligência artificial diante de certos problemas ou situações – esperança, sofrimento, temor, amor – que o homem sozinho deve enfrentar? As pretensas "decisões" de um computador procedem no máximo da razão instrumental e ignoram qualquer idéia de *responsabilidade*. A questão não é, portanto, saber se podemos programá-lo para decidir em nosso lugar, mas se *devemos* fazê-lo. "O indivíduo – escreve ele – está em um estado de permanente

---

[45] Apóio-me aqui nas análises inteiramente notáveis de Peter Kemp, *L'Irremplaçable. Une éthique de la technique*, op. cit.

devir. A preservação desse estado, ou seja, de sua humanidade e de sua vida, depende essencialmente daquilo que ele próprio considera e daquilo que seus semelhantes consideram o que significa ser um ser humano".[46] Dreyfus considera, na realidade, que a pesquisa científica não autoriza a fazer não importa o quê, porque o homem é dotado de *responsabilidade*. O computador, em si, é incapaz de responsabilidade e de intencionalidade.

Da intenção ao sentimento, a distância é pequena. Ora, é pouco dizer que um computador é desprovido de sentimentos. Somos gratos por Weizenbaum nos lembrar disso. Sobre esse ponto preciso, alguns críticos do cognitivismo vão mais longe que ele. Eles se perguntam se o sentimento, as emoções humanas, não desempenham um *papel decisivo na própria racionalidade*. Se tal fosse o caso, o conceito de inteligência artificial deveria ser completamente reexaminado. É a tese estimulante do neurobiologista Antonio R. Damasio, diretor do departamento de neurologia da universidade de Iowa nos Estados Unidos. "Ser racional – escreve ele – não é se separar de suas emoções. O cérebro que pensa, que calcula, que decide não é diferente daquele que ri, que chora, que ama, que experimenta prazer e desconforto. O coração tem razões que a razão... está longe de ignorar".[47]

Damasio apóia sua argumentação sobre uma extraordinária história, bem conhecida nos Estados Unidos: a de Phinéas P. Cage, com a idade de vinte e cinco anos em 1848, chefe de equipe em um canteiro de obras de vias férreas, no Vermont, perto da cidade de Cavendish. Com a explosão prematura de uma carga de ex-

---

[46] Joseph Weizenbaum, *Puissance de l'ordinateur et raison de l'homme*. Éditions d'informatique, 1981.

[47] Antonio R. Damasio, *L'Erreur de Descartes. La raison des émotions*. Odile Jacob, 1995.

plosivo, ele teve o crânio atravessado por uma barra de ferro que penetrou obliquamente sua face esquerda e saiu do lado direito de seu crânio, depois de ter destruído uma parte de seu cérebro. Ora, Cage não só não morreu, como também não perdeu a consciência, e chegou a se curar rapidamente. Nenhuma de suas funções vitais (motricidade, linguagem, equilíbrio, memória) foi afetada. Em compensação, seu comportamento social mudou completamente. Ele se tornou grosseiro, imprevisível em suas decisões, aparentemente incapaz de tomar uma decisão refletida. Damasio aproxima esse caso ao de um de seus próprios pacientes, "Elliot" (é um pseudônimo), que, nos anos 1970, teve uma mudança de atitude social comparável por causa da ablação de um tumor, um meningioma cujo crescimento havia lesado uma parte dos tecidos cerebrais. Por causa dessa intervenção, "Elliot", assim como Cage um século e meio antes, conservou suas faculdades cerebrais, mas se tornou incapaz de se comportar de modo razoável.

Exames mais aprofundados mostraram que Elliot, na realidade, *não sentia mais emoções*. "Ele parecia encarar a vida de modo neutro – comenta Damasio. [...] Poderíamos definir em poucas palavras a infeliz condição de Elliot dizendo que estava, doravante, em grau de *conhecer, mas não de sentir*".[48] Damasio considera que tal já fosse o caso de Phinéas P. Cage. Ele deduz, então, que a emoção, contrariamente ao que acreditamos em geral, não desempenha um papel "perturbador" em relação à razão (o delírio das paixões, a irracionalidade afetiva, o *pathos* romântico etc.), *mas que a emoção faz parte dela*. Para ele, a emoção é um dos componentes da racionalidade humana. Essa funcionalidade das emoções poderia ser muito bem o produto da evolução, assim como a

---

[48] *Ibid.*

descreve Darwin. Ela provaria a incrível complexidade dos mecanismos cerebrais humanos, complexidade diante da qual, segundo Damasio, devemos ficar "maravilhados". "A percepção das emoções – acrescenta ele – está na base daquilo que os seres humanos chamam, há milênios, de alma ou de espírito".[49]

Imaginaríamos um computador emotivo?

Uma espécie de autismo

Em suma, é a *subjetividade*, entendida em todos os sentidos do termo, que faz a verdadeira diferença. E dessa subjetividade nenhum estudo neurobiológico pode dar conta. Nem para o animal nem, *a fortiori*, para o homem. Abordando uma questão diferente, mas vizinha, o filósofo americano Thomas Nagel havia redigido um artigo célebre, em 1974, para explicar que podíamos, sem dúvida, estudar a fundo o sistema nervoso de um morcego, mas que ninguém jamais poderia saber que tipo de sensação ele experimentava. Seu artigo se chamava, por outro lado: "O que é como ser um morcego?" *(What is it like to be a bat?)*. Um computador poderia compreender "o que é como ser um ser humano"? Claro que não. O pesquisador de quem tomo de empréstimo essa imagem tem razão ao escrever que "as teorias neurobiológicas da consciência apresentam uma lacuna maior, que é a de não poder compreender o aspecto interior, subjetivo, da 'vida do espírito'".[50]

---

[49] *Ibid.*
[50] Jean-Noël Missa, "Le cerveau, l'ordinateur et les modèles de la conscience", em *Ordre biologique, ordre technologique* (ed. Por Frank Tinland). Champ-Vallon, 1994.

Sobre esse ponto, não nos admiraremos de que alguns psicanalistas sejam ainda mais severos. No quadro de um apaixonante diálogo epistolar com um neurobiologista, um deles não hesita em falar de *autismo* a respeito dessa pretensa "inteligência artificial". "Outro dia, eu olhava funcionar a máquina de imprimir de minha secretária – diz ele. Sem se preocupar com o sentido, a impressora imprimia com a mesma rapidez uma linha da direita para a esquerda, e depois uma linha da esquerda para a direita. *Do mesmo modo fazia uma criança autista de meu conhecimento*, que lia com tanta facilidade um livro para a frente e para trás, sem se preocupar com a significação daquilo que lia".[51]

Sem pretender repisar a polêmica, podemos perguntar-nos se o termo *autismo* não poderia ser aplicado a alguns dos próprios cognitivistas que, no silêncio de seus laboratórios, chegam a perder o contato com o que há de mais evidente nas paragens da verdadeira vida. É possível que, inconscientemente, esses pesquisadores permaneçam mentalmente influenciados por aquilo que um universitário de Carolina do Norte, David Bolter, chama de "tecnologia definidora". Com essa expressão, ele designa as diferentes tecnologias que, ao longo de nossa história, forneceram metáforas e imagens que tomamos, de modo durável, como "explicações".[52]

Platão usava a metáfora do oleiro para evocar o criador do mundo, metáfora retomada na Bíblia, que fala de um Deus que fabrica ou modela sua criatura; na Idade Média, é a fabricação do primeiro relógio e a invenção da micromecânica que incitou – durante séculos, até Descartes – a falar do universo como que movido por me-

---

[51] Jacques Hochmann, "La rupture et les analogies neuro-psychiques", em Jacques Hochmann, Marc Jeannerod, *Esprit, où es-tu? Psychanalyse et neurosciences*. Odile Jacob, 1991 (reed. em formato de bolso em 1996).

[52] Citado por Peter Kemp, *L'Irremplaçable. Une éthique de la technique*, op. cit.

canismos e criado por um "grande relojoeiro" etc. Cada invenção técnica produz, desse modo, um modelo descritivo da realidade, um modelo provisório, metafórico, mas que confundimos de bom grado com a "verdade", por fim descoberta. Hoje, ainda que ele próprio seja o produto de uma revolução conceitual, o próprio computador se tornou, sem dúvida, uma tecnologia definidora. A maioria das metáforas científicas (programa, codificação etc.) inspira-se, doravante, na informática. E esquecemos de bom grado que se trata *apenas* de metáforas.

Ora, esse novo reducionismo *não deixa de ter conseqüência para nossa visão do homem*. Peter Kemp tem razão ao observar, com uma ponta de inquietação, que, "se o computador se tornou uma 'tecnologia definidora' para nossa compreensão do homem, este se arrisca muito a ficar fechado nesse modelo".[53] Em outras palavras, quando comparamos ou permitimos comparar o homem a uma máquina, não é porque isso seja verdadeiro, e sim porque *queremos* que assim o seja. Isso não é uma constatação, mas uma opção.

E essa opção é louca...

---

[53] *Ibid.*

Capítulo 4

O homem reduzido à coisa?

> *O homem teria chegado, no termo de uma evolução*
> *inevitável da sociedade mercantil,*
> *a esse resultado incrível de se produzir*
> *a si mesmo como mercadoria?*
> Bernard Edelman[1]

É difícil não sentir vertigem diante da enormidade dessa outra ruptura. Desta vez ela é jurídica. Há vinte anos, juridicamente, rompemos pouco a pouco com uma idéia do ser vivo e do homem, que parecia adquirida há séculos. Não só uma idéia, mas também um estatuto mil vezes reafirmado na História: o de um corpo humano inviolável e do ser vivo subtraído à posse. Ora, essa ruptura se realiza etapa por etapa, sem projeto preciso ou verdadeira consciência do acontecimento. Nossas sociedades parecem levadas confusamente por uma promessa tecnocientífica ilimitada, tetanizadas pela força desse desmoronamento ontológico.

---

[1] *La Personne en danger*, op. cit.

Elas se acham prisioneiras de uma lógica de competição que lhes proíbe assumir o menor atraso no terreno das biotecnologias. A rivalidade comercial e o mimetismo são leis. Mas até onde? Com a exceção de alguns grupos marginais e alguns cientistas alarmados, o discurso dominante não se comove mais com essa cavalgada. Diríamos que ele fala de outra coisa. A rotina democrática não está – ou está pouco – perturbada por esse deslizamento de terreno simbólico. Apostamos que, em um futuro próximo, nós nos colocaremos uma questão retrospectiva: como *isso* foi possível? E por que com tão grande indiferença?

Isso? Quero falar dessa lenta regressão da vida ao estatuto de mercadoria e do abaixamento anunciado do homem ao estado de coisa. Penso nessa privatização do ser vivo e, *ipso facto*, do próprio homem, em nome de um "realismo ingênuo"[2] e de um frenesi tecnológico embriagado consigo mesmo. Porque essa é de fato a incomparável dialética que doravante prevalece: o ser vivo inteiro, do vegetal ao animal, e depois o homem, arrisca-se a se tornar um *objeto* de apropriação, de comércio e de lucro.

O imperativo categórico

Para apreender a imensidão do mecanismo, lembremo-nos de qual era, ainda ontem, a regra. Quando se evoca o estatuto do ser vivo, é costume – nos debates ou nos comitês de ética – citar piedosamente um texto de Emmanuel Kant, a famosa "terceira formulação do imperativo categórico", que define o princípio de humanidade. O texto é assim redigido: "Age de modo tal que trates a

---

[2] Tomo de empréstimo essa expressão de Michel Henry, *C'est moi la Vérité. Pour une philosophie du christianisme*. Seuil, 1996.

humanidade tão bem em tua pessoa quanto na pessoa de qualquer outro sempre ao mesmo tempo como um fim, e *jamais simplesmente como um meio*".[3] A fórmula de Kant significa que o homem – tanto em seu corpo como em seu ser – não pode ser instrumentalizado. Isso é próprio de seu estatuto e de sua identidade. Ele não pode ser nem apropriado, nem vendido, nem utilizado como matéria-prima para uma outra finalidade além de si mesmo. O homem é seu próprio fim; ele não poderia ser – apenas – um *meio*. O ser humano, definitivamente, é único e, por isso, nem intercambiável nem *substituível*.

Notemos que, se Kant define com solenidade particular a *humanitas* do homem, ele o faz em um período histórico muito particular, em 1785, no momento em que a industrialização nascente condena alguns homens, mulheres ou crianças, arrancados de sua pertinência camponesa, para serem tratados como objeto, como força de trabalho. O imperativo categórico tem, portanto – também –, valor de advertência. É uma formulação inspirada nesse mesmo humanismo kantiano que Karl Marx utilizará sessenta anos mais tarde para denunciar a exploração do homem pelo homem e a coisificação do trabalhador. Mas esse imperativo, que Kant extrai em 1785 da linguagem da Igreja, inscreve-se, ele próprio, em uma muito antiga tradição judaico-cristã.

Ele também significa que, no mundo, nem tudo pode ser apropriado ou monopolizado. Uma parte da realidade deve necessariamente escapar da partilha, ou seja, do comércio. (O homem e o ser vivo estão, evidentemente, incluídos nessa "parte" não-partilhável.) No Antigo Testamento, encontramos essa idéia expressa por meio de uma magnífica metáfora, a da "parte de Deus" (Dt

---

[3] Emmanuel Kant, *Fondements de la métaphysique des moeurs*, trad. fr. De V. Delbos. Livre de poche, 1993.

32,9). Ela é subtraída à apropriação. Ela deve ser retirada antes da partilha do resto. O papel dessa "parte" é capital, pois ela funda um princípio de integridade. Graças a ela, subsiste "a gratuidade absoluta do mundo, que "não pertence", em princípio, a ninguém, a não ser ao criador".[4]

Quando Spinoza, na *Éthique*, expõe que a razão leva a considerar que "o homem é um Deus para o homem", ele não diz algo diverso para aquilo que se refere à humanidade. De modo geral, toda a filosofia ocidental poderá definir a especificidade estatutária do homem, ou seja, que ele não está simplesmente *no* mundo como um puro objeto manipulável estaria. Ele é também capaz de *pensar* o mundo, o que significa que ele não *está* passivamente no mundo, na medida em que seu pensamento o engloba e o ultrapassa. Sua presença terrestre em nada se compara à de uma coisa. É por isso que ele não pode ser *objeto* de troca ou de comércio.

A lei e a jurisprudência também formalizam essa *diferença*, essa sacralização do ser vivo, que não procede, portanto, unicamente (como, por vezes, acreditamos) do religioso. O direito romano, por exemplo, fazia dessa indisponibilidade da pessoa uma das distinções estatutárias entre o homem livre e o escravo. A partir da abolição da escravatura, essa qualidade foi estendida ao conjunto do gênero humano. O corpo humano não pode ser objeto de comércio, incluindo nisso também seu proprietário. Em outras palavras, não posso desmembrar meu próprio corpo para vender seus órgãos. Não posso voluntariamente me mutilar, exceto para ser passível do código penal. "Para afastar a possibilidade de que um sujeito de direito possa tomar seu corpo, sua pessoa como objeto de comércio, seguindo o modelo de um proprietário, que poderia usar e abusar de seu bem – nota

---

[4] Shmuel Trigano, *Le monothéisme est un humanisme*. Odile Jacob, 2000.

um jurista – a doutrina jurídica francesa afirma, a partir do século XIX, que o corpo humano é indisponível".[5] O motivo é simples: se o corpo humano não pode estar *no comércio* como uma coisa, é porque ele encarna a própria pessoa. Ele participa intrinsecamente da *humanidade do homem*.

A antigüidade e a força dessa tradição jurídica ajudam a compreender por que os diversos comitês de ética europeus, desde sua criação, no início dos anos 80, haviam feito dessa indisponibilidade do corpo humano um princípio intangível. O Comitê consultivo nacional de ética francês (CCNE), em seu parecer n. 20, intitulado *Parecer sobre a não-comercialização do corpo humano*, reafirmava: "A dignidade do homem está ameaçada a cada vez que [sua] liberdade tende a ser negada ou rejeitada, ou seja, a cada vez que se perfila uma coisificação do homem ou sua instrumentalização, principalmente sob o efeito de considerações financeiras". Denunciando – já! – o peso do comércio nessa questão, o Comitê acrescentava: "O dinheiro coisifica tudo o que compra e põe uma marca de igualdade entre tudo o que ele coisificou, não por acidente, mas por essência". Ele julgava, portanto, urgente "preservar com todas as nossas forças o ser humano da indignidade de qualquer coisificação".[6]

Ora, esse princípio está a ponto de naufragar; esse ferrolho arrisca-se a saltar sob a pressão do imperativo técnico – e comercial. O ser vivo, em sua própria essência, torna-se pouco a pouco objeto de comércio: primeiro o vegetal, depois o animal e, por fim, o homem. Aqui se trata de não se enganar. Sem dúvida, tanto os animais

---

[5] Danièle Lochak, "Diagnostic prenatal: le difficile pasaje de l'éthique au droit", em *Vers un antidestin. Patrimoine génétique et droits de l'humanité* (François Gros e Gerard Huber, eds.). Odile Jacob, 1992 (diálogo de outubro de 1989 em Jussieu).

[6] Citado em *Vers un antidestin. Patrimoine génétique et droits de l'humanité*, op. cit.

como as plantas sempre foram comercializados, trocados, vendidos. Isso até foi durante muito tempo a base da economia. Em contrapartida, uma espécie animal ou uma variedade vegetal *enquanto tais* não podiam ser apropriadas e comercializadas. Ninguém jamais foi proprietário da espécie "jumento" ou da espécie "cavalo"; apenas jumentos ou cavalos particulares eram apropriáveis. Quando se fala hoje da progressiva "privatização do ser vivo", é preciso de fato conservar essa distinção no espírito. Porque tudo está a ponto de mudar, com efeito. Os progressos na instrumentalização do ser vivo, nota um economista, são favorecidos hoje por uma distinção importante da pura casuística entre "material vivo" e "sujeito vivo". O primeiro seria instrumentalizável, mas não o segundo. "Essa distinção – acrescenta ele – fará saltar logo a interdição, reiterada pelo Comitê consultivo nacional de ética, da comercialização do corpo humano".[7]

A predição é exageradamente alarmista? Isso não é tão garantido.

A bactéria, a ostra e a ratazana

Em todo caso, aí se acha de fato a aposta do debate – considerável – em relação àquilo que hoje se chama de "patenteação do ser vivo". Trata-se de saber se o autor, de um achado ou de uma invenção genética, concluindo a criação de um novo organismo vivo, tem o direito de patentear sua invenção. E de dela tirar proveito. A obtenção de uma patente corresponde, com efeito, à apropriação, não só de um ser vivo particular (eu compro um cão ou um cavalo), mas de uma espécie específica, de uma "identidade" viva (eu compro tal raça de cão...). No ponto de partida, isso era inconcebível.

---

[7] Étienne Perrot, "Les gènes et l'argent", em *Études*, março de 2000.

Depois as coisas evoluíram pouco a pouco. Em uma lógica industrial, liberal e globalizada, como se poderiam financiar as pesquisas se a patenteação das descobertas não permitisse rentabilizá-las? Tal é a regra que se impôs.

Quando reconstituímos as etapas desse lento deslizamento, ficamos fascinados pelo modo progressivo com o qual foram corroídas, uma depois da outra, as fronteiras que separavam a matéria inanimada da vida vegetal, depois esta última da vida animal e, por fim, o mundo animal da própria humanidade. Em todas as etapas, a influência da jurisprudência americana pesou gravemente. Apesar dos deslocamentos e das resistências (européias, principalmente), tudo aconteceu como se a América pilotasse sozinha uma revolução jurídica mundial.

No ponto de partida, a patenteação de um produto "natural" é proibida pelo direito, tanto nos Estados Unidos como em outros lugares. Podemos, sem dúvida, patentear uma invenção que diz respeito à matéria inanimada (uma nova liga metalúrgica, um aparelho mecânico, um motor etc.), mas não aquela que implica uma matéria viva, ainda que vegetal. A produção de uma variedade de planta, obtida por cruzamento e seleções sucessivas, por exemplo, não é patenteável. A natureza está rigorosamente fora de comércio. Outras limitações são impostas ao direito de patentear, fundadas em si sobre considerações de ordem pública ou de bons costumes.

O primeiro atentado formal a essa regra data de 1930, com o voto de uma lei americana importante referente aos produtos vegetais: o *Plan Act*. Na época, essa lei de inspiração utilitarista visava a responder à demanda – ao *lobbying* – dos semeadores, que queriam patentear e comercializar as primeiras variedades de milho ou de soja híbridos, dos quais eles garantiam que melhorariam os rendimentos agrícolas. A aposta econômica era importante. Para termos uma idéia, basta saber que os primeiros milhos híbridos experimentados a partir de 1922 permitiram *multiplicar por quatro ou por cinco a produção por hectare*. Por outro lado, é em 1926 que fora criada, por Henry A. Wallace, a sociedade Pioneer, que produz sementes híbridas.[8] Além disso, essas novas sementes híbridas têm a particularidade de não se reproduzir (ou mal) e, de algum modo, de viver apenas uma vez. Elas devem ser renovadas – e, portanto, novamente compradas – a cada semeadura. "O milho híbrido – escreve o agrônomo Jean-Pierre Berlan, pesquisador no INRA – é a vaca sagrada da pesquisa agronômica – e a vaca de lucro dos semeadores". Meio século mais tarde, essa questão da confiscação das sementes repercutirá em grande escala com a questão dos organismos geneticamente modificados (OGM). Voltaremos a isso.

Permaneçamos, no momento, no *Plan Act* de 1930. É claro que essa lei marcava – já – uma ruptura jurídica importante. "Doravante, não opúnhamos mais a natureza 'viva' à natureza 'inanimada', mas os produtos da natureza – viva ou não – à atividade inventiva do Homem".[9] O vegetal e o mineral eram classificados, em suma, pela primeira vez, dentro de uma mesma categoria jurídica: a das coisas apropriáveis e comercializáveis. Uma primeira fronteira era transposta.

A segunda o será cinqüenta anos mais tarde, com a famosa sentença *Diamond x Chakrabarty*, pela qual, no dia 16 de junho de 1980, a Corte Suprema dos Estados Unidos – por cinco votos contra quatro! – concedia a dois pesquisadores o direito de patentear uma bactéria geneticamente modificada. A Corte apoiou sua argumentação sobre o fato de que esse organismo vivo não era o produto da natureza, mas da engenhosidade humana. Era uma *nova espécie* de bactéria.

---

[8] A sociedade Pioneer foi resgatada recentemente pela DuPont, por 10 bilhões de dólares, e constitui, sob o nome DuPont-Pioneer, um dos gigantes da indústria biotecnológica.

[9] Bernard Edelman, *La Personne en danger*, op. cit.

O homem reduzido à coisa?

Ela salientava, além disso, que a bactéria apresentava uma utilidade social – no caso, tratava-se de uma bactéria destinada a lutar contra as marés negras, por "degradar" os produtos petrolíferos.

Com essa sentença, é um pouco como se começasse a se desmoronar a segunda fronteira jurídica e simbólica. Sem dúvida, na origem, era visado apenas o ser vivo sob sua forma mais rudimentar: a de uma bactéria. Em princípio, a patenteação permanecia proibida para o animal mais evoluído e, *a fortiori*, para o homem. Mas, conforme salienta Bernard Edelman, "a Corte Suprema não era ingênua sobre sua decisão". De fato, sete anos mais tarde, uma transgressão suplementar é realizada pelo Ofício de patentes americanas, quando aceitava que fosse patenteada... uma ostra transgênica. Ainda se dirá que a ostra é um animal elementar e que o ser vivo em seu conjunto não está em questão. Paciência... A última etapa será transposta no dia 12 de abril de 1988, quando o mesmo Ofício aceitará que seja patenteada uma ratazana transgênica, "fabricada" no quadro das pesquisas contra o câncer.

Desta vez, aconteceu! O estatuto jurídico do ser vivo foi definitivamente mudado. Conforme nota Marie-Angèle Hermitte, uma das melhores especialistas francesas sobre a questão: "No plano do imaginário, o direito das patentes significava que, de seu ponto de vista, os seres vivos eram invenções assemelháveis aos corpos químicos, os genes humanos equivalentes aos genes das outras espécies, que as fronteiras entre o ser vivo e o inerte e entre os diferentes reinos do ser vivo estavam abolidas".[10] A influência americana é tão forte, a concorrência internacional tão imperiosa que, pelo viés da Organização Mundial do Comércio (OMC), a Europa seguirá logo o exemplo americano e, com ela, o resto do mundo.

---

[10] Marie-Angèle Hermitte, "Pouvoirs sur la vie, pouvoirs sur la mort, le rôle du droit", em *Qu'est-ce que l'humain?*, op. cit.

A corrida às patentes vai tornar-se geral, mundial, frenética. Ela é hoje o motor principal da "corrida para o ouro" das indústrias biotecnológicas. Um jurista – e ele não é o único – convida-nos a tomar a medida dessa transformação fundamental de nossa relação com o mundo. "Ela supera – diz ele – o projeto cartesiano: fazer dos homens os 'senhores e proprietários da natureza', pois ela leva progressivamente a considerar a vida como um objeto comercial e, portanto, os seres vivos como 'coisas'".[11]

As estratégias de *Terminator*

Para melhor compreender os princípios que estão em ação e os riscos que deles decorrem, é preciso que nos detenhamos por um momento na questão do "vegetal", ou seja, nos organismos geneticamente modificados (OGM). O que acontece há dez anos no domínio das sementes agrícolas prefigura o que, inevitavelmente, acontecerá para o ser vivo em seu conjunto. E talvez para o próprio homem... A rapidez com a qual as inovações genéticas e sua patenteação favoreceram enormes concentrações de poder é impressionante. Na origem, um inegável progresso: as modificações genéticas de algumas espécies (milho, soja, couve-flor, batatinha...) conferem a estas o poder de resistir a inimigos naturais, como o piralídeo do milho ou o vírus da batatinha, mas também a herbicidas, como o famoso *Round Up*, da firma Monsanto. Outras modificações genéticas poderiam permitir cultivar espécies nas zonas áridas ou consideradas até o presente como impróprias para a agricultura. Vamos criar cereais miraculosos! A promessa científica é estimulante. Seria absurdo minimizá-la.

---

[11] Pierre-Benoît Joly, "Le matériel vegetal est-il un bien public?", em *Vers un antidestin. Patrimoine génétique et droits de l'humanité*, op. cit.

Mas essa promessa recorrente ("alimentar o terceiro mundo!"),[12] anunciada com ênfase, serve principalmente para justificar, desde o início, uma corrida para o lucro e uma dominação com efeitos devastadores: "Concentrações, privatização de recursos genéticos, submissão da melhoria das plantas aos objetivos da indústria química etc.".[13] Uma dominação tanto mais implacável pelo fato de as grandes firmas produtoras de sementes, aplicando a técnica utilizada desde 1922 com os híbridos, produzirem variedades estéreis. Mais espantoso ainda é o fato de que certas sementes geneticamente modificadas são doravante dotadas de um gene que serve como mecanismo autodestruidor, aniquilando a semente ao cabo de certo tempo. Fala-se de "gene repressor" ou de "toxina-suicida". Seu funcionamento é análogo ao de um cartão telefônico com *chip*, cujo crédito se esgota. A semente é geneticamente programada para morrer depois de um primeiro funcionamento. A mais conhecida foi a da sociedade Monsanto, batizada, com humor macabro, com o nome de *Terminator*.[14] Essas variedades, chamadas de "biocidas", obrigam os camponeses a se proverem de novo a cada ano junto ao produtor de sementes. A lógica é, portanto, a de uma *confiscação progressiva da agricultura mundial* por algumas grandes sociedades, que se tornam cada vez menos numerosas por causa do jogo das concentrações.

"Parece justificado falar de revolução das práticas agrícolas – nota um especialista – com a fabricação de tecnologias "biocidas" do tipo *Terminator* e logo, sem dúvida, *Verminator*. Essas tecnologias impe-

---

[12] Esse argumento é em grande parte falacioso: a luta contra a fome no hemisfério Sul passa essencialmente por uma repartição mais eqüitativa das riquezas.

[13] Jacques Mirenowicz, "Les organismes génétiquement modifiés", em *Esprit*, fevereiro de 1999.

[14] Essa patente chamada *Terminator* fora atribuída, em março de 1998, à sociedade americana Delta and Pine Land Co., que foi resgatada dois meses mais tarde pela Monsanto.

dem que a semente, seja ela qual for, germine depois da colheita, o que obriga o agricultor a voltar ao comerciante para comprar novas sementes ou coquetéis químicos, capazes de desativar os genes biocidas, a fim de que eles não destruam a semente".[15] Coquetéis químicos que, não é preciso dizer, são vendidos pela mesma firma...

O mais espantoso é que esse aspecto – na verdade, crucial – do debate sobre os OGM foi relegado ao segundo plano, em favor de uma querela de saúde pública ou de uma polêmica convencional (embora séria) sobre o risco ecológico, o princípio de precaução etc. Os meios de comunicação geralmente aventaram o "mal leve" ou a eventual contaminação do meio natural pelos OGM, sem insistir sobre os formidáveis mecanismos de poder, ligados à apropriação do ser vivo. Ora, paradoxalmente, *essa focalização sobre os riscos por vezes faz o jogo justamente daqueles que se pretendia combater*. As grandes sociedades agroalimentares não deixaram de exaltar os méritos ecológicos de suas sementes que se autodestroem na primeira geração. Não seria o melhor meio de eliminar os riscos? Uma semente estéril ou programada para se autodestruir não constituiria a melhor proteção imaginável para o meio natural?

Desse modo, uma estratégia era transformada em virtude. E *Terminator*, graças à ingenuidade dos grandes meios de comunicação, foi apresentado como uma resposta às inquietações ecológicas. Na realidade, ele era principalmente um instrumento de apropriação e de dominação. Desde 1998, ano de sua invenção, dois cientistas salientavam que "*Terminator* era apenas o ponto de chegada de um longo processo de confiscação do ser vivo, iniciado a partir do momento em que a herança biológica começa a tomar a forma de uma mercadoria".[16]

---

[15] Jacques Mirenowicz, "Les organismes génétiquement modifiés", op. cit.
[16] Jean-Pierre Berlan e Richard C. Lewontin, "Racket sur le vivant. Les menaces du complexe génético-industriel", em *Le Monde diplomatique*, dezembro de 1998.

Falar de confiscação não é termo vazio. Algumas firmas como Monsanto, Novartis, Limagrain Pioneer-Dupont, DeKalb ou Asgrow constituem o que podemos chamar de complexo genético-industrial. O ensaísta americano Jeremy Rifkin descreveu em um livro combativo o funcionamento e a onipotência desse novo complexo.[17] Os métodos que essas sociedades empregam para fazer respeitar suas patentes pelos agricultores procedem por vezes do mais sinistro cenário de ficção científica. A firma Monsanto, por exemplo, que sonha tornar-se o "Microsoft do ser vivo", utiliza os serviços de agências de detetives privados para "caçar" os camponeses que, sem pagar seu dízimo, semeariam variedades de soja patenteadas. A mesma firma publica cartazes publicitários na imprensa agrícola americana para lembrar aos camponeses que, em caso de infração, isso pode custar-lhes mais de 1.200 dólares por hectare.[18]

Pior ainda: "Para melhor garantia, Monsanto convida os agricultores a denunciar seus vizinhos 'piratas' e põe à disposição deles uma linha telefônica gratuita para a delação".[19] Conseqüência lógica: cada vez mais agricultores são arrastados aos tribunais pelas firmas proprietárias das patentes. Somente a sociedade Monsanto teria perseguido judicialmente quase quinhentos agricultores americanos, acusados de terem "pirateado" a semente *Terminator*. A privatização da agricultura desemboca em uma lógica policialesca. A sacrossanta defesa da propriedade inclui doravante o próprio reino vegetal, arrancado de sua antiga gratuidade.

À distância, teremos sem dúvida dificuldade de compreender por que os governos democráticos, a opinião pública e os meios de

---

[17] Jeremy Rifkin, *Le Siècle biotech. Le commerce des gènes dans le meilleur des mondes*. La Découverte, 1998.
[18] Jean-Pierre Berlan e Richard C. Lewontin, "Racket sur le vivant...", op. cit.
[19] Apelo do Conselho científico do movimento ATTAC, de junho de 1999.

comunicação terão levado tanto tempo para reagir. Um universitário suíço especializado em biologia vegetal não esconde sua perplexidade. "Na aurora do terceiro milênio – escreve ele – o mercado mundial das sementes de grande cultura se encontra nas mãos de um muito pequeno grupo de empresas multi ou transnacionais. Estas últimas investiram muito e, com toda lógica e sob a pressão de seus acionários, procuram obter o mais rapidamente possível seus retornos sobre investimentos. Coloca-se, então, a questão de saber por que governos e *experts* cientistas permitiram e permitem isso".[20] O mesmo biologista acrescenta que, diante dessa subida de poder das grandes firmas, os políticos e os cientistas pareceram "ora impotentes, ora inocentes, ora falsos".

Coragem, fujamos... para frente!

As lógicas e as relações de força que podemos descobrir nessa questão de OGM mereceriam ser descritas mais em detalhe. Limitemo-nos a constatar que elas nos fornecem um modelo perfeito, uma simulação em grandeza real daquilo que acontecerá amanhã (e já acontece) a respeito das biotecnologias animais e, depois, humanas. Os efeitos de nossas três revoluções – econômica, informática e genética – conjugam-se perfeitamente aqui, a fim de engajar nossas sociedades em um sentido único, cuja única escapatória é a fuga para frente. O paradigma informático permite, por exemplo, ligar o conceito de semente – ou seja, uma reserva de vida – à figura do logical informático. Uma semente é tão-somente uma seqüência de

---

[20] Henri Thiellement (professor do departamento de biologia vegetal da universidade de Genebra), "Variétés transgéniques, biologie et société", *La Revue de la CFDT*, n. 27 de janeiro de 2000.

informações codificadas, estocáveis, transmissíveis e patenteáveis. Na França, o Instituto Nacional da Pesquisa Agronômica (INRA) não cessa, por outro lado, de exaltar esse "matrimônio da biologia com a informática".

O agrônomo Jean-Pierre Berlan, diretor de pesquisa no INRA, desenvolveu uma apaixonante análise sobre a passagem da semente tradicional para a semente-logicial que as firmas, graças às patentes, arrogam-se o direito de proteger contra qualquer "cópia". O gesto do camponês semeando a semente, na esperança de que ela germine, é assemelhado à pirataria de um logicial. Se o logicial não é de "direito público", o semeador será considerado como um fraudador. Eis o camponês simbolicamente transformado em pirata... Essa passagem do biológico para o informático tem também como conseqüência des-realizar a vida vegetal, retirando-a de qualquer carga afetiva. É pouco dizer que a vida se acha dessacralizada, e muito mais comercializável.

Quanto à revolução econômica mundial, ela condena os Estados a entrar no jogo de uma concorrência desenfreada. Mais do que pesar em favor de não se sabe quais moratórias, controles ou regulamentações, eles se sentem obrigados a aumentar a luva da competição. Mais do que favorecer um paciente debate democrático, ou socrático, em torno de questões pelo menos tão graves quanto as levantadas outrora pela indústria nuclear, eles preferem invocar o necessário "dinamismo industrial". Um terreno sobre o qual ninguém quer estar na rabeira. O poder político tem, portanto, tendência de pôr debaixo do alqueire – em nome de uma imperiosa razão industrial – as questões éticas ou filosóficas embaraçantes. A única lógica que se impõe a todos é a do *sprint* [rapidez] na agenda comercial.

Na França, o governo criou em 1999 uma estrutura *ad hoc*, batizada como Genoplanta, que reúne tanto alguns organismos públicos (INRA, ORSTOM etc.) como sociedades sementeiras, filiais de

Rhône-Poulenc. O objetivo dessa nova entidade, instalada em Évry e em Montpellier, é "promover a genômica vegetal e criar a propriedade industrial no quadro de uma parceria público-privada". Trata-se de evitar que o menor atraso em matéria de biologia vegetal se traduza por "uma perda de competitividade da comunidade científica, das indústrias de sementes da França e das firmas agroalimentares de aval". A mensagem é clara.

Os pesquisadores e os agrônomos – raramente consultados – foram convidados a participar da "guerra econômica". Mais ainda, eles são encorajados doravante a criar suas próprias empresas ou *start-up* [iniciativa] para melhor participar nessa corrida para o ouro. Esse conselho "a la Guizot" ("Enriquecei-vos!") participa do mesmo estado de espírito que o artigo significativo da revista americana *Nature* que, dirigindo-se aos pesquisadores, não hesitava em lhes dizer: "*If you can't patent it, don't do it!*" (Se vocês não puderem patentear o resultado de suas pesquisas, não pesquisem!).[21] "A tendência pesada desses últimos anos de pilotagem da pesquisa pelo aval e pela indústria se tornou obrigatória".[22]

O raciocínio, sem dúvida, tem sua coerência. A pesquisa científica é uma necessidade, e seu financiamento – cada vez mais custoso – não poderia depender apenas do Estado. Salvo exceção, ninguém está mais nessa lógica industrial estatal ou burocrática. Ora, a partir do momento em que aceitamos o livre jogo do mercado em matéria tecnocientífica, é forçoso admitir a rentabilidade das descobertas. Alguns defensores desse princípio neoliberal lamentam por outro lado

---

[21] Citado por Gregory Benichou, "Une réflexion philosophique sur la privatisation du génome humain", *Les Cahiers du Comité consultatif national d'éthique*, setembro de 2000.

[22] Henri Thiellement, "Variétés transgéniques, biologie et société", *La Revue de la CFDT*, op. cit.

que os pesquisadores europeus, diversamente de seus homólogos americanos ou japoneses, não tenham ainda adquirido esse reflexo. Eles vêem nisso uma causa possível de atraso ou um fator de inferioridade na competição. É o caso de Alain Gallochat, diretor jurídico do Institut Pasteur.[23]

Os outros grandes países agrícolas criaram organismos ou programas comparáveis ao Genoplanta, entre os quais podemos citar o *Plant Genome Initiative* americano, ou o *Rice Genome Research Program* japonês. No momento atual, os Estados Unidos conservam um sério avanço. Estima-se que a sociedade americana Monsanto já detém sozinha setenta por cento das patentes mundiais em biotecnologias vegetais. Os países concorrentes, principalmente na Europa, têm o sentimento de estarem engajados em uma "corrida de rapidez", para retomar a expressão de Michel Boucly, vice-presidente do diretório da Genoplanta.[24] Podemos compreender a preocupação de manter seu lugar diante de uma concorrência planetária tão viva. Isso não impede que se fique perturbado por esse jogo implacável de uma racionalidade comercial que recruta sem dificuldade a pesquisa científica sob a bandeira do mercado total. Em relação à Genoplanta, diversos pesquisadores do INRA protestaram contra o caráter mercantil e a opacidade do procedimento. Quanto à associação ATTAC, ela viu nisso uma etapa suplementar na direção da "sociedade biototalitária". Isso não impediu que se continuasse em frente.

Nestes últimos anos, uma resistência a essa manipulação da agricultura mundial começou, apesar de tudo, a se organizar. Ela

---

[23] Eu me fundamento no relatório de uma mesa redonda organizada pela Association Génétique et Liberté, intitulada "Les enjeux industriels de la génétique humaine" e difundida pela internet (www.genelib.claranet.fr).

[24] Revista *Science Actualité*, abril de 1999.

é feita por organizações não governamentais, cientistas dissidentes, um punhado de jornais ou de sindicatos agrícolas, como a Confederação camponesa francesa. Todos utilizam eficazmente a internet para difundir textos, apresentar textos de contra-*experts*, informações por vezes confidenciais. Uns e outros se esforçam para suprir as deficiências das estruturas tradicionais da deliberação democrática. Essas mobilizações esparsas testemunham, na realidade, uma transformação, em profundidade, da própria política. Elas por ora já permitiram conseguir algumas vitórias. Desse modo, a ofensiva comercial das firmas americanas exportadoras de OGM foi seriamente barrada, na Europa, graças à sensibilização das opiniões públicas. Desse modo, a semente *Terminator* foi – no momento – abandonada por seu conceitista depois de um verdadeiro clamor planetário. Resultados ainda limitados, mas promissores.

Podemos prever que esse "front" se tornará mais quente nos anos futuros. Ao menos pelo fato de que, muito simplesmente, já foi transposta essa lógica da semente, essa apropriação do ser vivo sobre o terreno da biologia. Os raciocínios são os mesmos, as prioridades são comparáveis, a competição é idêntica. Mas apenas um detalhe: desta vez, não é mais questão de milho ou de couve-flor, e sim... do corpo humano.

O genoma em oferta?

Há diversos anos, o Office europeu de patentes e seu equivalente americano, o *Patents and Trademark Office*, são o teatro de uma severa competição jurídica, para não dizer de uma luta violenta. Dia após dia pesquisadores, sociedades biotecnológicas e juristas especializados neles depositam dossiês complexos com a finalidade de patentear o mais rápido possível tal "achado" genético ou uma porção de genoma. Conforme Alain Gallochat, muitos milhares de fragmentos de DNA humano já foram depositados nos Estados Unidos.[25] Coisa extraordinária: a patenteação não se refere mais apenas às "invenções" genéticas, mas se estende às simples "descobertas". É feita, portanto, uma interpretação sem cessar mais extensiva da noção de patente, acentuando aquilo que é preciso chamar de "derivação" da jurisprudência (o termo é freqüentemente empregado pelos juristas).

Nos Estados Unidos, essa derivação se tornou quase regra, para não dizer obsessão. Uma geneticista do Estado de Washington descreve do seguinte modo essa imensa derrapagem: "Suponham que uma pessoa tenha patenteado um microscópio e decida, em seguida, que tudo aquilo que é visto através desse microscópio lhe pertence. Isso é impensável; no entanto, é o que está a ponto de acontecer hoje. A corrida louca foi iniciada. [...] Uma sociedade privada que procura patentear um gene não tem freqüentemente a menor idéia de sua função. Ela quer simplesmente se garantir das oscilações econômicas da identificação do gene".[26]

Poderíamos acreditar que essa busca precipitada do *copyright* é um efeito, algo totalmente folclórico, do juridismo e do pragmatismo americano. Nada disso. A Europa não terá resistido por muito tempo a essa corrida "impensável". Podemos considerar que o alinhamento simbólico do Velho Continente sobre a América do Norte para a patenteação do ser vivo se tornou efetivo desde 1998, depois da adoção, em Bruxelas, de uma diretiva inaudita (a diretiva 98-40-CE). O geneticista Axel Kahn, freqüentador dos debates e consultas organizados pelo Ofício europeu de patentes,

---

[25] Association Génétique et Liberté, "Les enjeux industriels de la génétique humaine", op. cit.

[26] Marie-Claire King, citada por Caroline Glorion, *La Course folle. Des généticiens parlent*, op. cit.

havia freqüentemente expresso sua indignação diante dessa adesão progressiva às lógicas americanas. Ele via nisso a marca de uma influência ideológica incoercível. "É muito revelador – dizia ele em 1995 – do peso da ideologia dominante no mundo ocidental: a ideologia anglo-saxônica, utilitarista e pragmática".[27] Em relação à diretiva de 1998, ele observa que a pressão direta dos *lobbies* foi mais determinante ainda que a da ideologia. "A última fase da preparação dessa diretiva – escreve ele – foi mais ou menos confiscada, nos Estados membros e em Bruxelas, pelos especialistas da propriedade industrial, apoiados pelo *lobbying* dos industriais da genômica. Todos aqueles que se opunham há muito tempo a essa espécie de banalização das seqüências de DNA assimiladas a invenções químicas foram cuidadosamente afastados".[28] Entre as sociedades que haviam praticado esse *lobbying*, podemos citar Human Genome Science, Incyte, Millenium ou Genset.

Alguns anos antes, ninguém teria imaginado que a apropriação do ser vivo avançaria tão rapidamente. A adoção desse texto cominatório foi uma *catástrofe ética*, cuja opinião deveria ter sido mais bem percebida. Essa diretiva – na redação alambicada – vai, com efeito, muito longe, pois autoriza os laboratórios privados e as sociedades de biotecnologia a patentear suas descobertas, incluindo aquilo que se refere ao *patrimônio genético do homem*. Ela salta, desse modo, a última fronteira. Ela se liberta alegremente das últimas reservas. Pouco tempo antes, um pesquisador como Bernard Edelman já evocava tal possibilidade, sem nela crer demasiadamente. "De modo cada vez mais próximo – escrevia ele – podemos temer que o homem, de um

---

[27] Axel Kahn, *Société et Révolution biologique. Pour une éthique de la responsabilité*, op. cit.

[28] Axel Kahn, em Caroline Glorion, *La Course folle. Des généticiens parlent*, op. cit.

ou de outro modo, torne-se ele próprio objeto de patente, ainda que pelo viés de seu genoma".[29] É muito exatamente a barreira que a diretiva européia realmente transpunha.

Durante o verão de 2000, diversos milhares de personalidades científicas, morais e universitárias européias manifestaram sua indignação ao assinar uma petição lançada pelo professor Jean-François Mattei, deputado europeu. O Comitê Nacional Consultivo de Ética francês também protestou (um pouco tarde, na verdade!) e exigiu que um amplo debate fosse realizado. Instituições como a Cruz Vermelha, a Liga dos Direitos do Homem ou a Ordem dos Médicos igualmente protestaram. Élisabeth Guigou, então Chanceler, acabou por declarar durante esse mesmo ano de 2000 que essa diretiva era "incompatível com o direito francês". Ela atraiu uma resposta severa da Comissão Européia, ameaçando a França de sanções financeiras. Diversos outros Estados europeus – Deus seja louvado! – recusaram integrar essa diretiva em seus direitos nacionais, pois a isso eram teoricamente obrigados antes de julho de 2000.

Essa diretiva parecia tanto mais chocante por desprezar diversas declarações oficiais a respeito do genoma. Citemos, por exemplo, a Declaração Universal sobre o Genoma Humano e os Direitos Humanos, adotada pela UNESCO no dia 11 de novembro de 1997, que pretendia salientar a unidade fundamental de todos os membros da família humana e a pertença do genoma ao "patrimônio comum da humanidade".[30] Citemos ainda as declarações análogas do presidente americano Bill Clinton e do Primeiro-ministro britânico Tony Blair. Declarações ditadas, na verdade, não tanto por uma preocupação ética, e sim pelo temor de um abuso de posição dominante da parte

---

[29] Bernard Edelman, *La Personne en danger*, op. cit.

[30] Eu me fundamento sobre a análise de François Ost, "Générations futures et patrimoine", em *Les Clés du XXIe siècle*, op. cit.

de uma sociedade de biotecnologia como *Celera Genomics*, dirigida por Craig Venter e muito ativa em matéria de seqüenciamento do genoma. Seja o que for, a diretiva européia de 1998 trazia a prova de que havia um abismo entre as intenções humanistas exibidas publicamente e a realidade dos comportamentos.

O vigor das reações e a amplitude da cólera eram fundados. Diante desse levante de escudos que intervinha, ai!, a contratempo, os *lobbies biotech* – conforme o costume – gritaram contra o obscurantismo, denunciando um "bloqueio" possível da pesquisa caso a diretiva não fosse aplicada; inquietavam-se principalmente (mas sem o dizer) com seus benefícios. A bem dizer, raramente a pressão do dinheiro não havia sido tão gritante, até angustiante. E isso em uma questão crucial e junto a uma instância representativa. O projeto europeu em seu conjunto não tem como objetivo primeiro salvaguardar os valores do continente? Essa apropriação da vida e essa coisificação do homem – que denunciam prêmios Nobel tão pouco contestáveis quanto François Jacob ou Jean Dausset – não correspondem a uma transgressão caricatural desses mesmos valores?

Essa diretiva, sem dúvida, provavelmente jamais será integrada, sob sua forma inicial, aos diferentes direitos nacionais europeus. Podemos pensar que, por um tempo ao menos, ela permanecerá letra morta. O episódio não permanece menos *revelador de uma incrível vulnerabilidade de nossas democracias*. Em 1998, no momento em que essa diretiva foi preparada, discutida, redigida diante do Parlamento e do Conselho europeu, nem os órgãos deliberativos nem os contrapoderes terão preenchido suas funções. Onde estavam os eleitos? O que fazia a imprensa? O que diziam os *experts* e os juristas preocupados com o humanismo? É à luz dessas perguntas sem respostas, é sonhando com essa extrema fragilidade democrática que é preciso evocar os outros riscos da coisificação do corpo humano.

Eles são mais numerosos – e mais sérios – do que acreditamos.

Os órgãos para vender

Por mais escandalosa que tenha sido, a diretiva européia, depois de tudo, apenas se referia aos genes, entidades biológicas que permanecem abstratas, difíceis de definir e, portanto, de apreender. Acontece de modo diferente quando a comercialização se refere não mais aos genes, mas *aos próprios órgãos humanos*. Ora, hoje é de fato essa perspectiva que inquieta numerosos juristas, especialistas de ética ou filósofos.

No ponto de partida, é preciso, evidentemente, fazer uma constatação positiva. Os progressos realizados pela medicina no decorrer das últimas décadas permitiram – principalmente – generalizar a prática de transplantes, estendendo-as a órgãos cada vez mais complexos: coração, fígado, rim, pulmão, medula óssea etc. Quem não se felicitaria com tal avanço, que permite a homens e mulheres estarem vivos até hoje?[31] Ora, se a extensão dos transplantes ainda se encontra freada, é não tanto por motivos de técnica médica, e sim por uma penúria de certos órgãos. Entre doadores e receptores virtuais, a aritmética se inverteu. Agora há uma falta. A sobrevivência de alguns pacientes à espera de transplante se acha, portanto, algumas vezes condicionada por um efeito de loteria: o doador oportuno no momento oportuno. Durante o ano de 1999, na França, trezentos e trinta e três pessoas morreram, à espera de um transplante...

Desde meados dos anos 70, para remediar essa penúria crescente, julgou-se que era preciso adaptar a legislação. O senador Caillavet, autor de uma lei de 1976 que leva seu nome, sugeriu modificar em

---

[31] Na França, contando todos os órgãos, foram transplantadas 2.857 pessoas em 1995, 2.907 em 1996, 2.997 em 1997, 3.116 em 1998 e 3.018 em 1999. Cifras fornecidas pelo professor Didier Roussin, diretor do Estabelecimento francês dos transplantes (entrevista na *Libération*, 22 de novembro de 2000).

um sentido mais liberal as regras que autorizam a coleta parcial de órgãos de cadáveres. Até então, essas coletas só eram permitidas em caso de acordo formal (e testamentário) do defunto, ou do acordo, explícito, de sua família. A nova lei colocava o princípio do acordo tácito. Em caso de silêncio das famílias, o acordo era de algum modo presumido. A mudança era brutal, mas, na maioria dos casos, os médicos desempenharam um papel moderador. Eles se esforçaram para captar, apesar de tudo, o acordo dos próximos e respeitaram as eventuais recusas. Tudo passava, com efeito, por uma relação de confiança e de pudor, em um contexto de luto, delicado para gerir.

A lei foi reorganizada em 1994, no quadro das leis chamadas de bioéticas, e a antiga lei Caillavet foi corrigida. Certa sabedoria prevaleceu. A coleta parcial *post mortem* nela se achava de novo condicionada pelo consentimento das famílias,[32] salvo que este pode ser objeto de uma interpretação minimalista. A respeito da doação de órgãos entre pessoas vivas, as novas disposições permanecem prudentes, limitando a doação às pessoas ligadas por laços familiares restritivamente enumerados.[33] Tratava-se, evidentemente, de impedir qualquer desvio comercial nesse domínio. A comercialização de órgãos humanos é, por outro lado, proibida pela referida lei e por um tratado internacional. Na teoria, o princípio da gratuidade absoluta permanece.

Na teoria...

Nos fatos, as coisas são já bem menos claras. Um primeiro exemplo: existe hoje, mundo afora, milhares de estabelecimentos públicos ou privados que são chamados de biobancos. Sua existência é desconhecida do grande público. Neles são estocadas coleções de peças de organismos humanos: tecidos, células, órgãos, gametas etc. "A fonte

---

[32] Cf. capítulo seguinte.
[33] A reforma das leis de bioética, decidida na França em 2001, prevê estender ao conjunto a autorização das doações de órgãos recíprocos.

principal dos biobancos consistiu até o presente na coleta de 'resíduos' ou 'detritos' cirúrgicos ou de biópsias, ou seja, a conservação de coisas abandonadas porque julgadas sem interesse."[34] Ora, tudo está a ponto de mudar com os progressos da biologia genética. Um fragmento humano que ontem ainda apresentava pouco interesse direto poderá revelar-se precioso depois de tal ou tal avanço científico. Precioso e rentável. Por conseguinte, o acordo gratuito concedido por um paciente no momento da colheita de algumas células ou de um pouco de tecido pode revelar-se um mercado enganador. Sem saber, esse paciente terá dado "material" biotecnológico possivelmente gerador de lucro. Desse modo, acham-se abaladas, ao mesmo tempo, a natureza do consentimento e a própria idéia de gratuidade.

Em julho de 1998, os conselheiros para a ética da biotecnologia da Comissão de Bruxelas advertiram esta última sobre a ambigüidade do estatuto dos biobancos. Todas as derrapagens se tornam possíveis, tanto em um sentido comercial como no quadro da proteção da vida privada. Através do DNA, o menor fragmento humano é portador de numerosas informações a respeito do doador; informações que têm seu preço, em todos os sentidos do termo. Os biobancos, com efeito, estão "cada vez mais associados à Pesquisa e Desenvolvimento Tecno-Científico (PDTC ou, em francês, RDTS) e aos interesses econômicos a eles ligados".[35] À luz do que acontece a respeito do genoma, a constatação não deixa de inquietar.

Periodicamente, por ocasião de um fato diverso ou de uma declaração, a opinião pública e os meios de comunicação parecem redescobrir com espanto essa prática de "estocagem" de órgãos humanos. Este foi o caso no fim de janeiro de 2001, na Grã-Bretanha,

---

[34] Gilbert Hottois, *Essais de philosophie bioéthique et biopolitique*. Vrin, 1999.
[35] *Ibid.*

depois da entrega de um relatório oficial que revela que mais de cem mil órgãos diversos estavam estocados nos hospitais e nos institutos universitários de medicina do país. Isso já havia acontecido no ano precedente, quando explodira "a questão Van Velsen", nome desse médico neerlandês designado como o principal coletor de órgãos, principalmente por ocasião de autópsias de crianças sem o conhecimento das famílias. Tudo leva a crer que os escândalos desse tipo se multiplicarão.

Outras inquietações se manifestam a respeito da busca de órgãos em nível planetário. Conforme sabemos, os meios de comunicação e, às vezes, até as polícias ocidentais evocam esporadicamente a hipótese de tráficos que seriam controlados por organizações mafiosas. Casos isolados foram descritos, mas essas informações não são totalmente probatórias. Sabemos, no entanto, que alguns países totalitários, como a China, coletam os órgãos de seus condenados à morte sob a responsabilidade dos dignitários do regime. O dissidente chinês Harry Wu publicou no decorrer do ano de 2000 um livro no qual ele denuncia essa prática. Sob a forma de uma carta dirigida a Bernadette Chirac (e, por meio dela, aos governos ocidentais), Harry Wu, um geólogo de sessenta e dois anos, que vive refugiado nos Estados Unidos depois de dezenove anos no gulag chinês, afirma até que a China pós-maoísta se tornou o centro de um imenso comércio de órgãos.[36] Exemplo de limite, mas ainda isolado.

A prática do "turismo de órgãos", em contrapartida, é um fenômeno cuja generalização não deixa mais qualquer dúvida. A imprensa médica regularmente se torna eco dele. De que se trata? Da compra, pelos emergentes dos países ricos do Norte, de órgãos humanos vendidos, em desespero de causa, por pobres do Sul. Sabemos, por

---

[36] Harry Wu, *Lettre ouverte à Bernadette Chirac*, trad. do inglês de Marie Costa. Éd. Indigène, 2000.

exemplo, que existem na Ásia ou no mundo árabe centros de transplantes e que pacientes, vindos do Norte, neles são recebidos e transplantados, por alto preço. Por vezes, encontramos na internet sites que propõem do mesmo modo órgãos humanos, e diversas ONGs já se tornaram eco desse escândalo humanitário de novo tipo.

No clima de frenesi comercial, que prevalece em todo o planeta, na lógica de coisificação progressiva do ser vivo, com a qual pouco a pouco as democracias consentem, essas práticas só se podem estender e se generalizar. No fim, conforme salienta justamente Hervé Kempf, não vemos, por outro lado, em nome de qual "outra" lógica recusaríamos uma justa retribuição dos doadores, principalmente quando se trata de pobres.[37] Todavia, ao fazer isso, aceitaríamos *ipso facto* que o corpo humano seja definitivamente assemelhado a uma mercadoria e submetido a todas as formas possíveis de tarifação.

Todas essas contradições insuperáveis entre ética e lei do mercado, essas inquietações recorrentes e esses desvios explicam o estilo passional que assumem entre nós certos debates como o – explosivo – que se refere ao estatuto do embrião.

O enigma do embrião

O estatuto a ser dado ao embrião durante seus primeiros dias ou semanas é uma questão debatida há séculos. Podemos dizer até que, em todo o tempo, ela mobilizou sacerdotes e intelectuais, poderes temporais e espirituais, juristas e filósofos. Essa interrogação não é o próprio da civilização ocidental. Encontramos vestígios da mesma questão – o mesmo *enigma* – tanto no Oriente como na Ásia ou na África. Inumeráveis tratados (Aristóteles, Descartes etc.) foram

---

[37] Hervé Kempf, *La Révolution biolithique*, op. cit.

escritos a respeito. O embrião é uma simples coisa? Então se torna difícil compreender como essa "coisa" traz consigo todas as virtualidades de um ser humano, porque "o ovo tem em si todo o futuro do organismo, e contém tudo em potência, até o destino da espécie".[38] Esse "aglomerado de células, que ontem não existia" (para retomar a expressão de France Quéré) seria então uma *pessoa*, que merece o estatuto ontológico de ser humano? Para usar uma terminologia antiga, volta a questão de se perguntar se o embrião tem uma alma. E, em caso positivo, a partir de qual estágio de desenvolvimento?

Pergunta muito antiga, de fato, mas não resolvida no decorrer dos séculos. Aristóteles distinguia, por exemplo, três estágios: a alma *vegetativa*, a alma *sensitiva* e a alma *intelectiva*. Entre os cristãos, contrariamente ao que se crê, "a discussão durou séculos, e ainda continua. Os pensadores se dividiram entre os defensores da animação precoce e os defensores da animação tardia. As autoridades da Igreja jamais decidiram terminantemente entre as duas teses".[39] Uma divergência que opõe principalmente os padres gregos – como Gregório de Nissa –, partidários da animação precoce (no momento da concepção), e os padres latinos, partidários da animação tardia. Para Santo Tomás, que se inspira em Aristóteles nesse ponto, a animação acontece ao cabo de quarenta dias para os meninos e noventa dias para as meninas. Os padres latinos foram aprovados no século XVI pelo magistério romano.

Desde a origem, em todo caso, o debate sobre o estatuto do embrião foi considerado tanto mais importante por induzir certa idéia sobre o próprio homem. "Os pensadores da antigüidade cristã – escreve Patrick Verspieren – percebiam de fato que suas posições sobre

---

[38] Étienne Wolf, artigo "Embryologie", da *Encyclopaedia Universalis*, ed. 1989, citado por René Frydman, *Dieu, la médecine et l'embryon*. Odile Jacob, 1999.

[39] Olivier de Dinechin, *L'Homme de la bioéthique*. Desclée de Brouwer, 1999.

o começo da vida humana eram indissociáveis de afirmações em relação ao homem em geral, sobre sua unidade bio-espiritual, sobre a dignidade de seu corpo, sobre sua capacidade de transmitir o mal de geração em geração..."[40]

No judaísmo, o Talmude considera, em todos os casos, o prazo de quarenta dias antes da animação. Para o Islã, esta acontece depois de quarenta ou de cento e vinte dias, conforme os textos. "Entre os muçulmanos, a 'vida' enquanto tal começa apenas no momento em que o broto embrionário se torna visível – ou seja, conforme as observações realizadas por Avicena, depois do vigésimo primeiro dia após a fecundação ou, segundo outros observadores, a partir do trigésimo dia".[41] Mas, desde antes dessa data, a vida é sagrada – mesmo que ela ainda seja "inanimada" por Deus – e deve ser respeitada.

Ora, esse debate imemorial fora posto entre parênteses quando as sociedades ocidentais, em sua maioria, renunciaram a penalizar a interrupção voluntária da gravidez. Os adversários da IVG – minoritários – foram os únicos a levantar ainda essa questão, tanto para o embrião de alguns dias quanto para o feto de algumas semanas. Hoje, o estatuto do embrião volta a ser uma imensa questão. Ela alimenta, mas com novos custos, um severo debate. Um debate amplamente falseado, tangencial, pelo temor de que ele faça mecanicamente ressurgir a questão do aborto.

Duas ocorrências particulares, ligadas uma e outra aos progressos da biogenética, explicam essa volta estrondosa. Em primeiro lugar, o problema dos embriões chamados de *supernumerários*. Com o desenvolvimento da procriação medicamente assistida (PMA), a fecundação *in vitro* e o diagnóstico pré-implante (DPI), foram criados, e depois descartados, numerosos embriões inutilizados, que são

---

[40] Patrick Verspieren, "Énigmatique embryon", em *Études*, fevereiro de 1996.
[41] René Frydman, *Dieu, la médecine et l'embryon*, op. cit.

estocados em estado de congelamento. Em 1997, a Direção da saúde considerava que os congeladores dos hospitais franceses continham cerca de cinqüenta mil embriões. Oito mil deles não eram mais o objeto do menor "projeto parental".[42] Salvo exceção, as leis bioéticas de 1994 proibiam destruir aqueles que haviam sido concebidos depois dessa data. O que se faria, no futuro, com esses "estoques vivos"? Conservá-los indefinidamente? Jogá-los fora? Nenhuma resposta pode ser dada a essa questão se não houver acordo prévio sobre o estatuto desses "acúmulos de células", que são, ao mesmo tempo, "pessoas potenciais", conforme a terminologia – ambígua – adotada pelo Conselho Consultivo Nacional de Ética francês.

Segunda questão, conseqüência da primeira: a das eventuais experimentações, da pesquisa científica e até da instrumentalização biogenética sobre (e de) esses embriões. Para os cientistas, o embrião supernumerário não constitui apenas um precioso objeto de estudo; ele é também um material biológico utilizável, uma espécie de máquina para fabricar substâncias, tecidos e porções de órgãos. A esse respeito, distinguem-se duas espécies de células: as células ES (abreviatura de *embryonic stem cell*), coletáveis alguns dias depois da concepção *in vitro*, e as células EG (abreviatura de *embryonic germ cell*), que só podem ser coletadas de fetos abortados na oitava semana. "As células-tronco embrionárias podem dar nascimento a todos os tipos celulares de um organismo ou, em todo caso, à maior parte deles. Elas poderiam, portanto, serem utilizadas para regenerar partes inteiras do corpo prejudicadas por acidentes ou pelo envelhecimento.[43] Compreenderemos facilmente o interesse que hoje se dá a esses "filões" de vida.

E de lucros?

---

[42] Números citados por Olivier Blond, *La Recherche*, n. 329, março de 2000.

[43] *La Recherche*, ibid.

Pessoa ou não-pessoa?

É portanto a pesquisa científica e a biotecnologia que, juntas, trouxeram de novo esse dilema para o proscênio. Ele é hoje debatido em um clima de urgência jurídica e principalmente industrial, que não favorece a serenidade. Nem a altura de visões. No plano dos princípios, é verdade, as posições de uns e de outros são muito distantes. Na margem extrema do utilitarismo científico, cita-se geralmente o grande filósofo e bioeticista pós-moderno Tristram H. Engelhardt, cujas pesquisas e posições (mais cientificistas) influenciaram muito a bioética americana. Para ele, as coisas são relativamente simples porque, diz ele, "a tecnologia modificou nossa avaliação da condição humana". A espécie humana, acrescenta ele, não é imutável e, em longo prazo, ela pode perfeitamente ser "remodelada". Engelhardt considera que, entre os seres humanos, alguns ainda não são – ou não são mais – "pessoas" no pleno sentido do termo. Nessa categoria de "não-pessoas", ele faz entrar os bebês, os velhos impotentes e, sem dúvida, os embriões.[44] A utilização desses últimos para a pesquisa ou para a cultura celular não lhe apresenta, portanto, nenhum problema de princípio.

Essa visão pragmática e dessacralizante do corpo humano em geral é substituída, na Europa, por alguns ensaístas ou filósofos muito favoráveis aos avanços da biotecnologia. É o caso do belga Gilbert Hottois, para quem o corpo é um "produto factual e contingente [...], modificável e operável conforme finalidades determi-

---

[44] Tristram H. Engelhardt, *The Foundation of Bioethics*. Oxford University Press, 1986.

nadas pelos homens". Ele rejeita qualquer idéia do corpo "que se deveria respeitar como tal em virtude de uma necessidade e de uma obrigação ontoteológicas".[45]

No exato oposto desse pragmatismo sem matizes, podemos agrupar alguns pontos de vista restritivos, como o da Alemanha, em que o embrião é considerado uma pessoa desde a fusão do óvulo e do espermatozóide, uma pessoa que não pode, portanto, ser o objeto de qualquer pesquisa ou manipulação. Posição rígida, que é também, como sabemos, a das autoridades católicas romanas. Essa doutrina foi muitas vezes reafirmada no decorrer das últimas décadas, principalmente no dia 22 de fevereiro de 1987, pela famosa Instrução *Donum Vitae*, da Congregação para a Doutrina da Fé. "O fruto da geração humana – diz ela – desde o primeiro instante de sua existência, ou seja, a partir da constituição do zigoto, exige o respeito incondicional, moralmente devido ao ser humano, em sua totalidade corporal e espiritual. O ser humano deve ser respeitado e tratado como uma pessoa desde sua concepção e, portanto, desde esse momento devemos reconhecer-lhe os direitos da pessoa, entre os quais, em primeiro lugar, o direito inviolável de todo ser humano inocente à vida".[46]

Esse rigor doutrinal é cotidianamente denunciado. Ele forma um contraste, de fato, com o pragmatismo que tateia, circunspecto e incerto, mas freqüentemente de boa-fé, que prevalece em outros lugares. Esse contraste leva, por vezes, a achados paradoxais. Acontece, com efeito, que os adversários mais decididos do ponto de vista católico lhe concedem o mérito da coerência. É o caso de François Da-

---

[45] Gilbert Hottois, *Essais de philosophie bioétique et biopolitique*, op. cit. Devemos notar que, em seus primeiros livros, Gilbert Hottois apresentava-se mais como discípulo de Gilbert Simondon e mostrava-se decididamente crítico em relação à técnica e às tecnociências. Ele parece ter mudado de opinião...

[46] *Questions actuelles. Le point de vue de l'Église*, n. 13, maio-junho de 2000.

gognet, um dos filósofos franceses contemporâneos mais favoráveis às diversas transgressões biogenéticas (clonagem etc.). "Prestemos uma sincera homenagem à Igreja católica – escreve ele: ela condena igualmente os três meios (contracepção, o IVG e a esterilização). Com efeito, ou aceitamos os três, ou então os recusamos em bloco. Não permitamos que o casuísta ou o moralista hábil tolere uns e exclua os outros, uma vez que os três são apenas um".[47] Um ginecologista como Claude Sureau, membro da Academia das Ciências, faz a mesma constatação quando escreve: "Notaremos a coerência da atitude católica em dois domínios em que ela foi freqüentemente criticada, inclusive por mim mesmo: a contracepção e a fecundação *in vitro*. [...] Seria falacioso desconhecer a realidade do problema e injusto negar a coerência conceitual de uma atitude restritiva a esse respeito".[48]

Como justificar, com efeito, que protejamos um embrião de alguns dias, recusando que ele se torne o objeto de pesquisas ou de experiências, ao passo que consentimos com que um feto de diversas semanas seja eliminado no quadro do IVG? A pesquisa sobre o embrião voltaria a instrumentalizar este último de modo mais deliberado, mais sistemático e mais escandaloso do que nos contentássemos de "eliminá-lo"? Alguns se esforçam para argumentar a partir dessa distinção. Outros – e principalmente a Igreja – vêem nisso uma hipocrisia inaceitável.

Diante disso, entre posições simétricas tão opostas, é pouco dizer que a reflexão contemporânea e os juristas procuram desesperadamente um caminho razoável, que não entravaria a pesquisa científica e, ao mesmo tempo, respeitaria o *princípio*

---

[47] François Dagognet, *La Maîtrise du vivant*. Hachette, 1988.
[48] Claude Sureau, "L'embryon: une entité spécifique?", em Forum Diderot, *L'Embryon humain est-il humain?*, PUF, 1996.

de humanidade. Quem poderia indicar o caminho? Somos, evidentemente, tentados a nos voltarmos para a própria ciência, para lhe pedir que resolva um problema que ela contribuiu para reavivar. É forçoso constatar que essa expectativa é – e será – vã. Em primeiro lugar, porque as especulações científicas sobre os diferentes estágios de desenvolvimento do feto e sobre as primeiras divisões celulares (blastócito etc.) se parecem, de um ponto de vista ético, com argúcias abstrusas. A ciência, na verdade, não está armada para fornecer definições ou para fixar "limiares" que não provoquem observação. Sempre erramos, confundindo o "descritivo" com o "prescritivo". Um biologista agnóstico tão experimentado como René Frydman é o primeiro a reconhecer: "O ser do embrião – escreve ele – não pertence à biologia: ela pode apenas descrevê-lo, porque ele é, fundamentalmente, da ordem da metafísica".[49]

Os manipuladores da linguagem

Todavia, a verdadeira razão do embaraço dos cientistas se encontra em outro lugar. Ela está dentro da própria ciência. A respeito do embrião, os progressos tecnocientíficos – e as reformas jurídicas que os acompanham – desembocaram em uma contradição objetiva, raramente lembrada. Ela, no entanto, é surpreendente. De um lado, por mil caminhos, a ciência e o direito nos levaram a uma *personificação sem cessar mais avançada do feto*. A ecografia permite "vê-lo"; a genética permite identificá-lo e, de algum modo, "auscultá-lo"; globalmente, a reflexão científica o distingue doravante da mãe, com a qual ele era, outrora, mais ou

---

[49] René Frydman, *Dieu, la médecine et l'embryon*, op. cit.

menos confundido. Ao mesmo tempo, o direito reconhece doravante o feto como uma pessoa, titular de direitos, principalmente terapêuticos. De acordo com a ideologia dos direitos da criança,[50] uma sensibilidade nova se desenvolveu, que *visa a proteger o feto, caso necessário, contra sua própria mãe*.

Conforme diz um prático, o "feto-paciente" fez seu aparecimento. Essa extraordinária personificação do feto pode até ir muito longe. Em Atlanta (Geórgia), por exemplo, a uma mulher foi imposta, por via de justiça, uma cesariana que ela recusava por motivos religiosos. "Os médicos americanos puderam ler em *The American Journal of Obstetrics and Gynecology* que suas responsabilidades para com o feto *enquanto paciente* poderiam autorizá-los a praticar a cirurgia em uma mulher grávida, ainda que esta não consentisse com isso. O caso de Atlanta produzirá jurisprudência."[51]

No oposto, o direito ao aborto, considerado como uma aquisição na maioria dos países desenvolvidos, e, agora, a vontade de pesquisa sobre o embrião fazem deste último um "objeto" à disposição da mãe em um caso e da ciência, no outro. A contradição é, portanto, total, insuperável. Exceto para manipular espertamente com a linguagem. É o que mais freqüentemente se faz. "Analisando o discurso de diversos práticos – escreve Michèle Fellous – é paradoxal constatar que, segundo a pesquisa continuada, o feto é qualificado como pessoa humana ou que tal estatuto lhe é negado. [...] Algumas técnicas induzem uma 'personificação' do feto, ao passo que outras o desumanizam".[52]

---

[50] Tratei amplamente dessa questão em *La Tyrannie du plaisir*. Seuil, 1998.
[51] Citado por Michèle Fellous, "Échographie, foetus, personne", em Simone Novaes (ed.), *Biomédecine et Devenir de la personne*. Seuil, 1991.
[52] *Ibid.*

Esse recurso à esperteza semântica torna-se uma escapatória corrente, e é significativo.[53] Alguns biólogos, por exemplo, preferem falar de *concebido*, para não utilizar o termo "feto", demasiadamente carregado de sentido. Outros tentaram fazer prevalecer o conceito de "pré-embrião", o que correspondia a objetivos tão manifestamente estratégicos que a esperteza foi muito rapidamente descoberta. "A noção de pré-embrião (ou qualquer noção semelhante) deve, portanto, *corresponder a fins operacionais*, que visam principalmente a dispor do produto da concepção humana no decorrer dos catorze primeiros dias, sem ter de se colocar os mesmos problemas éticos que depois."[54] Essa invenção oportuna do "pré-embrião" foi denunciada até nos jornais científicos americanos. "Aqueles que estão a ponto de introduzir 'pré-embrião' no vocabulário [...] manipulam as palavras para influenciar o debate ético. A utilização de espertezas de linguagem não ajuda a resolvê-lo."[55]

Contudo, é essa esperteza que ainda prevalece em alguns textos. A lei inglesa, por exemplo, torna seu esse conceito mentor de "pré-embrião" para decidir que antes do décimo quarto dia não se trata de um ser humano. Os outros direitos ocidentais se comprometem irresistivelmente com o mesmo caminho do pragmatismo e da acrobacia lingüística. É o que, na França, foi feito pelo Conselho Consti-

---

[53] No dia 28 de novembro de 2000, o Primeiro-ministro Lionel Jospin quis usar esse estratagema, propondo substituir a expressão "clonagem não reprodutiva" por "transferência de células somáticas", a fim de não dramatizar a opção – discutível – que fazia de autorizar este último processo.

[54] Paolo Parisi, "Pré-embryon: concept scientifique ou notion pratique", em *Vers un antidestin. Patrimoine génétique et droits de l'humanité*, op. cit.

[55] J. Kelly, *The Lancet*, 13 de janeiro de 1990, citado por Marie-Angèle Hermitte, "L'embryon aléatoire", em *Le Magasin des enfants* (Jacques Testard, ed.). Bourrin, 1990.

tucional, afirmando que o respeito devido aos seres humanos não se aplicava aos embriões concebidos *in vitro*, colocando-os, desse modo, fora da comunidade dos seres humanos. Cedeu-se "ao pedido dos cientistas, em nome do direito dos doentes de se beneficiarem dos progressos terapêuticos. [...] O sinal de alerta não foi entendido".[56]

Foi ainda esse pragmatismo que presidiu, em 2001, à reforma das leis bioéticas francesas, destinada, entre outras coisas, a autorizar a pesquisa sobre o embrião. Por si só esse pragmatismo indeciso é a prova de que o enigma do embrião não foi resolvido; longe disso. Tanto hoje como ontem, ela remete cada um de nós à esmagadora responsabilidade da escolha. Esmagadora, de fato. A História nos ensina que o estatuto que se atribui ao embrião reflete aquele que se concede ao homem. O embrião transformado em coisa? Isso não é de bom augúrio. "Faltar com o respeito pelo embrião, por causa da ausência de suas capacidades, é se colocar no caminho da falta de respeito em relação ao 'homem sem qualidades'.[57]

Essa é a questão. Ela nos consome.

O pior de tudo, a suprema covardia seria deixar aos novos corsários e financistas do "*biotech*" a preocupação de a ela responder...

---

[56] Marie-Angèle Hermitte, "Pouvoirs sur la vie, pouvoirs sur la mort, le rôle du droit", em *Qu'est-ce que l'humain?*, op. cit.

[57] Patrick Verspieren, em "L'Embryon entre chose et personne humaine", debate do Centre Rachi, novembro de 1995.

Capítulo 5

O homem reduzido a seus órgãos?

> *Trata-se de amarrar juntos o biológico,*
> *o social e o inconsciente subjetivo [...], ou seja,*
> *aquilo que constitui o homem como homem,*
> *e não unicamente como carne viva.*
> Pierre Legendre[1]

Partamos de uma constatação simples, para não dizer de um lugar comum: a medicina está, hoje, atormentada por sua própria tecnicidade. Os progressos fulgurantes realizados nestas últimas décadas transformaram insidiosamente a prática médica. Os médicos não são os últimos a se inquietarem com isso. Ultra-especializada, pesadamente aparelhada, infinitamente precisa em suas intervenções, tanto químicas como cirúrgicas, a medicina explode hoje em uma infinidade de disciplinas tão competitivas quanto particulares. Ela mira, doravante, seu trabalho sobre os tecidos, vasos, ossos, as partes do corpo, os órgãos. Ela é ajudada nisso por uma tecnologia sem cessar mais refinada – do imaginário médico à informática, do laser aos infra-sons – que refina

---

[1] *Le Monde*, 22 de abril de 1997.

até o infinitesimal o porte do gesto terapêutico. Sem falar da procriação medicamente assistida (PMA) ou das próximas terapias gênicas, que provêm de um procedimento ainda mais tecnológico.

A contrapartida dessa tecnicidade é a atenção principalmente colocada sobre os órgãos. São eles que são cuidados ou "reparados". O médico se torna mecânico. A pessoa do doente é relegada ao segundo plano. A nova técnica médica induz uma inclinação pelo mensurável, quantificável, analisável. O exame médico se encontra irresistivelmente *objetivado*. Quanto ao paciente, ele desaparece por trás da infinita complexidade de sua anatomia. Os parâmetros analisados e supervisionados por máquinas substituem a pessoa que sofre por uma avalanche de dados matemáticos. Desse modo, encontra-se minimizada, até esquecida, essa dimensão subjetiva, que outrora se chamava de o *vivido real.*

Muitos práticos estão conscientes dos riscos acarretados por esse desvanecimento do paciente-sujeito em favor de um corpo fragmentado. Isso faz com que esse temor, há muito tempo, cá e lá se expresse. Não é tão simples conjurá-lo. Com a melhor boa vontade do mundo, cada médico – e também o não especializado – não é levado a privilegiar uma objetividade instrumental em detrimento de uma "escuta" qualitativa? O rigor do diagnóstico e a eficácia dos tratamentos não a exigem? Calmamente, entretanto, um médico previne que nos arriscamos a passar de um procedimento já demasiadamente objetivista para uma prática que claramente transforma o corpo do doente em *pura matéria viva*. Se esse for o caso, acrescenta ele, "temos que os médicos, enquanto corpo social, não sobrevivam a isso, e que a era do técnico biomédico não seja a do desaparecimento da figura social do médico".[2]

---

[2] Dr. Jean-Christophe Mino, "La biomédecine entre biologie et médecine", em *Études*, maio de 1998.

O sucesso do livro *La Maladie de Sachs*, escrito por um clínico geral, expressou bem a intensidade de certa expectativa social em relação à prática médica (escuta, linguagem, presença, humanidade do diálogo), expectativa que hoje frustra a evolução tecnicista da profissão.[3] Esse temor já é antigo. Lembremo-nos das sempiternas discussões de ontem sobre a humanidade insubstituível do médico de família, progressivamente suplantada pela fria competência do especialista. Michel Foucault já descrevia o hospital como uma "máquina de curar", no seio da qual o paciente, cercado de aparelhos e de mostradores luminosos, era apenas uma reunião de órgãos que deviam ser perscrutados. Hoje, a nova *doxa* biológica e genética torna mais terrível que ontem essa abordagem naturalista. A biologização da vida transforma inteiramente nossa percepção do próprio corpo humano. Imaginemos os diferentes transplantes, enxertos ou aparelhagens que vêm a medicina avaliar o estado funcional das diferentes partes do corpo percebidas como "peças" substituíveis. Essa abordagem nos acostuma pouco a pouco "à idéia de que somos 'homens celulares', uma espécie de receptáculos de órgãos".[4]

Os psicanalistas são evidentemente os primeiros a deplorar essa nova miopia cientificista. "É banal constatar – diz um deles – mas tivemos a tendência de nos preocuparmos menos com a individualidade do doente e de considerá-lo mais como um amontoado de órgãos a reparar ou a substituir, do que como uma pessoa com uma história e sentimentos".[5] É apenas em data muito recente que tomamos consciência da necessidade imperativa de uma preparação ou de um seguimento psicológicos, antes e depois de certas intervenções,

---

[3] Marin Winckler, *La Maladie de Sachs*. POL, 1998.
[4] Bernard Edelman, *La Personne en danger*, op. cit.
[5] Jacques Hochmann, "La pensée métaphorique", em Jacques Hochmann, Marc Heannerod, *Esprit, où es-tu? Psychanalyse et neurosciences*, op. cit.

como o transplante ou a ablação de um órgão. Uma psicanalista, Geneviève Delaisi de Parseval, salienta que acontece o mesmo com as intervenções relacionadas com a procriação medicamente assistida, e teme que os médicos se contentem, no caso, em propor "soluções técnicas". Mas o acompanhamento humanizante que ela exige é ainda a exceção. O esquecimento do paciente em favor de seus órgãos permanece uma tendência tanto mais grave pelo fato de a biologização ganhar o conjunto da medicina, incluindo a psiquiatria.

Um corpo com olhos furados

Há um outro modo de medir esse esquecimento do sujeito e esse desinteresse pela nebulosa de afetos e de dados não materiais que, tanto quanto seus órgãos, o constituem. Preocupamo-nos não mais com o tratamento que a medicina reserva ao sujeito vivo, mas com o modo como uma sociedade percebe e trata um corpo sem vida. É com essa interrogação em mente que podemos retomar, por exemplo, a prática da coleta de órgãos *post mortem*. A nova lei (1994) deu novamente um lugar, como dizem, ao consentimento das famílias. Em contrapartida, *ela não fixa limite quantitativo para as coletas*. Portanto, ela abre teoricamente a porta para um desmembramento do defunto. Ora, entre alguns outros fatos, um doloroso processo judiciário – "o caso de Amiens", de 1992 – veio lembrar que não podíamos impunemente retrogradar o corpo humano, ainda que morto, à situação de simples estoque de órgãos.

Um jovem ciclista de dezoito anos, esmagado em julho de 1991 por um automóvel e gravemente ferido, foi transportado para o hospital de Dieppe, e depois para o CHU de Amiens, onde a morte cerebral foi constatada. Respondendo ao pedido dos médicos, os pais do jovem Christophe, muito favoráveis ao princípio de doação dos órgãos, aceitaram que diversas coletas precisas fossem realizadas no corpo de seu filho. O que foi feito. Alguns meses mais tarde, por causa de uma indiscrição, os pais souberam que essas coletas haviam sido mais numerosas que as anunciadas, pois "oito atos de cirurgia e dois atos não cirúrgicos ou exames" haviam sido praticados, entre os quais a recuperação de duas córneas. Escandalizados por não terem sido previamente informados, eles abrem uma ação judiciária. Esta lhes permite, em 1992, ter a medida exata do desmembramento de seu filho morto. Descobrem que as coletas foram ainda mais numerosas: "A dos olhos (e não apenas a das córneas), mas também as da aorta descendente, de artéria ilíaca e femoral direita, de duas veias safenas e da veia femoral direita. Eles disso tiram 'uma visão de pesadelo'".[6]

Detenhamo-nos neste último termo: pesadelo. Ele é portador de uma lição. No espírito de famílias enlutadas, como no de qualquer ser consciente, o corpo não pode ser reduzido pura e simplesmente ao estado de material. Ele é portador de significações simbólicas, de um "aspecto" de humanidade que não podemos afastar com um gesto de mão. É a complexidade dessa relação com o cadáver, mesmo em uma sociedade materialista e laicizada, que outrora levava em conta a legislação francesa, que punha o princípio da *liberdade dos funerais*. A lei de 1887 havia tirado da Igreja o privilégio de organizar a topografia dos cemitérios. Ela deixa a cada um o direito de decidir o que acontece com seu despojo mortal. É esse princípio de soberana liberdade que viera derrotar a lei Caillavet de 1976, ao *presumir* o consentimento do morto a respeito de coletas em seu corpo.

Em relação ao corpo de um parente próximo, o magnífico princípio de solidariedade humana que preside a doação de órgãos se choca, portanto, queiramos ou não, com um limite intransponível: *a*

---

[6] Tomo de empréstimo essa análise de Patrick Verspieren, "Les limites du tolérable. À propos des prélèvements de tissus et organes humains", em *Études*, novembro de 1994.

representação do corpo como "algo diferente" de um simples aglomerado de tecidos e órgãos. Nos anos que se seguiram à lei Caillavet, conforme salienta a jurista Marie-Angèle Hermitte, "famílias demonstravam a impossibilidade de aceitar esses cadáveres sem olhos, vazios de órgãos, despojados de sua pele e doravante desmembrados. Elas atualizavam o combate das qualificações: cadáver que perpetua alguma coisa da pessoa morta, bem comum da família, material terapêutico? Elas relembravam o princípio esquecido".[7] A materialidade das coisas – necessidade de órgãos para implante, compatibilidade dos tecidos ou dos *Rh*, tecnicidade das coletas, prazo de conservação etc. – não pode fazer esquecer o outro aspecto *daquilo que está em jogo* nesse tipo de questão. Essa "alguma coisa" procede do simbólico e talvez seja, afinal, mais importante que tudo o mais.

Avancemos um pouco mais a análise. Com efeito, dois imaginários, duas representações se acham confrontadas quando se trata de coletar órgãos de uma pessoa em estado de morte cerebral. Em primeiro lugar, em favor do dom, aquele que alimenta o imperativo de solidariedade. Haveria uma expressão mais poderosa da solidariedade humana do que esse dom de carne reutilizável? Nessa prodigiosa troca de uma pessoa para outra, nessa circulação orgânica que reúne os vivos e os mortos, nessa ligação estranha, estabelecida entre o corpo sem vida do doador e o, palpitante, do receptor, alguma coisa acontece que, evidentemente, não depende mais apenas da medicina. Essa "colocação em comum de um sofrimento" evoca algo como *a constituição de uma nova comunidade de seres humanos,* cujos laços seriam, ao mesmo tempo, biológicos e simbólicos.

---

[7] Marie-Angèle Hermitte, "Pouvoirs sur la vie, pouvoirs sur la mort, le rôle du droit", em *Qu'est-ce que l'humain?*, op. cit.

Um pesquisador da École des Hautes Études en Sciences Sociales, Michel Tibon-Cornillot, escreveu páginas pertinentes sobre essa nova configuração coletiva e essa "doação de carne". A seu ver, tudo isso se liga com certas formulações cristãs. Ele vê nisso até "um cristianismo realizado". Por meio da doação de órgãos, diz ele, estabelece-se "uma nova comunidade que, entre o ato da doação, da recepção e da presença muito real das partes do corpo, evoca irresistivelmente a comunidade eclesial católica [que] se afirma como Corpo Místico, o de Cristo ressuscitado, do qual cada crente constitui espiritualmente *e realmente* uma parte da carne e do sangue".[8] Poderemos achar abusiva ou "pega pelos cabelos" essa interpretação teológica, mas ninguém pode negar a força do imaginário que domina essas novas solidariedades biológicas. A doação de órgãos é tudo, menos uma troca anódina.

No oposto disso, é um outro imaginário – contrário, mas também legítimo – que vem desordenar a coleta de órgãos. Esse imaginário tem uma parte ligada com as relações que cada ser humano mantém com seu próprio corpo e com o de seus próximos. Ora, essas relações são modeladas por ambigüidade e carregadas de simbolismo. O homem, com efeito, não *possui* seu corpo, propriamente falando, mas *é* também seu corpo. A caminhada fenomenológica de um Maurice Merleau-Ponty colocou às claras esse paradoxo. Ele explica que qualquer abordagem reducionista do corpo humano abala coisas muito mais profundas do que acreditamos.

Não podemos desmembrar abusivamente um cadáver identificado, que mil laços ligam ainda a uma presença, a uma lembrança, a um afeto. Não podemos fazer "como se" esse despojo não fosse mais nada. Digamos que *isso não é tão simples...* O uso que, vivo ou morto,

---

[8] Michel Tibon-Cornillot, *Les Corps transfigurés. Mécanisation du vivant et imaginaire de la biologie*, op. cit.

fazemos do corpo humano não é, por outro lado, neutro em relação ao tipo de sociedade que escolhemos instituir. O grande Marcel Mauss chamava de "técnicas do corpo" esses modos específicos pelos quais habitamos e utilizamos nosso corpo. Por meio delas se transmitem, com efeito, normas sociais, valores compartilhados, certa idéia da relação com o outro e consigo mesmo.[9] Desse ponto de vista, o corpo não é apenas matéria ou órgãos.

Uma "psicologia de animais"

Essa presença do simbólico nas relações que mantemos com a carne nos remete a uma evidência muito freqüentemente esquecida: a pessoa não se reduz à materialidade funcional de seu corpo, nem de seu cérebro, nem *a fortiori* de seu genoma. Um "algo mais" intervém na identidade humana. Conforme salienta justamente Dominique Bourg, a existência pessoal não é redutível apenas à individualidade biológica. "Existimos apenas fora de nós mesmos, por causa de nossa participação mútua em um universo de signos e de símbolos, cujo universo é intrinsecamente histórico."[10]

Ora, essas redes simbólicas, das quais procede a pessoa, são gravemente negligenciadas por um processo estritamente biológico. Eles são até, por vezes, negligenciados pela própria bioética, apesar de sua boa vontade humanista. Quando ela intervém para proibir qualquer comercialização dos órgãos humanos – sob o pretexto de que eles têm um caráter sagrado –, a bioética sustenta um discurso que não é tão

---

[9] Tomo de empréstimo essa citação de Marcel Mauss em Simone Novaes, "Don de sang, don de sperme: motivations personnelles et sens social des dons biologiques", em Simone Novaes (ed.), *Biomédecine et Devenir de la personne*, op. cit.

[10] Dominique Bourg, *L'Homme artifice*, op. cit.

claro assim. Alguns consideram que a única insistência colocada em descrever o corpo como um conjunto de órgãos utilizáveis maltrata perigosamente nossas referências simbólicas. "O fato de utilizar correntemente a expressão 'materiais biológicos' dá a entrever e cauciona de antemão uma representação do corpo como conjunto de partes 'construídas' [...]. Essa visão minimalista e fragmentária do sagrado contribui para velar a representação do corpo humano como todo indecomponível, animado pelo sopro da vida, e como fundamento primeiro das relações simbólicas."[11]

Toda a monumental obra de um grande historiador do direito como Pierre Legendre é consagrada, no fundo, a essa imensa questão. Legendre não tem palavras suficientemente duras para fustigar o reducionismo biológico, denunciar o que ele chama de "psicologia de animais". Ele vê até na "chegada progressiva da idéia, segundo a qual a verdade da filiação seria biológica", um dos fundamentos dos totalitarismos modernos, sempre impregnados de cientificismo. "O hitlerismo – acrescenta ele – foi o triunfo desse absurdo, o extermínio dos judeus foi a realização de uma concepção coisificada, 'açougueira', da filiação".[12] Para ele, as coisas são claras: nenhuma descrição ou realidade científica – seja biológica ou genética – pode ser suficiente para fazer de nós sujeitos humanos. Para o devir, devemos ser *instituídos*, ou seja, inscritos em uma *história*, e "entrar, conforme certas condições, no discurso fundador".[13] É essa necessidade instituidora que Legendre designa quando evoca o "princípio genealógico", princípio em torno do qual ele constrói há anos uma reflexão de excepcional riqueza.

---

[11] Marie-Dominique Perrot, Gilbert Rist, Fabrizio Sabelli, *La Mythologie programmée. L'économie des croyances dans la société moderne*. PUF, 1992.

[12] Pierre Legendre, *Sur la question dogmatique en Occident*. Fayard, 1999.

[13] Idem, *L'Inestimable Objet de la transmission. Études sur le principe généalogique en Occident. Leçons IV*. Fayard, 1985.

O que dizer, porém? Para Legendre, a genealogia, ou seja, a inscrição em uma história, a ancoragem em *fundamentos* e em processos normativos fixados pelo direito (entre os quais a proibição do incesto), é muito simplesmente aquilo que transforma em ser humano aquilo que permaneceria, na falta disso, uma "carne viva". Para retomar sua própria expressão, é isso que faz com que a vida seja a vida. "Para o ser humano – acrescenta ele – a vida da *representação* prima sobre a vida animalesca, e a ficção é sua especialidade".[14] Em outros termos, a biologia ou a genética – ainda que mais eruditas e de grande desempenho como nunca – não esgotam a definição do homem. Depender de seus discursos, postulados e métodos, é dissolver o princípio de humanidade e abrir o caminho para perigosas regressões.

Hannah Arendt não diz algo diverso quando evoca a vida humana como uma obra jamais terminada. A seu ver, levar o homem novamente à pura animalidade do ser vivo, à "vitalidade" da espécie, é muito simplesmente lhe retirar os instrumentos de sua resistência à opressão.[15] O que é a liberdade humana, a não ser o privilégio de uma existência "construída" e de uma primazia do simbólico? Um outro filósofo alemão, Ernst Cassirer, contemporâneo de Hannah Arendt, expressava um ponto de vista muito parecido em seu famoso *Essai sur l'homme*. Para ele, com efeito, a sociedade humana se distingue da sociedade animal pelo fato de estar fundada sobre a linguagem, o sentimento, as produções culturais e as formas simbólicas.[16]

---

[14] Entrevista em *Télérama*, 30 de dezembro de 1998.

[15] Retomo aqui uma excelente análise de Monique Castillo, "De la bioéthique à l'éthique", em *Esprit*, julho de 1995.

[16] Ernst Cassirer, *Essai sur l'homme*. Minuit, 1975.

A importância para o ser humano de sua inscrição em uma história é igualmente salientada por alguns neurólogos, inclusive por aqueles que estão, por outro lado, afastados das posições de Legendre. É o caso, em geral, dos neurólogos hostis aos postulados demasiadamente mecanicistas do cognitivismo.[17] Podemos citar, particularmente, o americano Oliver Sacks. Para nos atermos ao cérebro humano, este último afirma que este é o produto de uma "história" pessoal e específica. O fato de tratar de uma perturbação cerebral, por conseguinte, termina sempre em uma "reorganização psicossomática" diferente. O neurólogo não trata de um corpo sem história, de um "órgão", mas de uma "pessoa" em sua totalidade. Como ilustração de suas observações, ele cita o caso de um de seus pacientes que era, ao mesmo tempo, assolado por dores de cabeça e apaixonado pelas matemáticas. "Quando 'curei' esse homem de suas dores de cabeça, ele também se achou 'curado' de suas matemáticas: a criatividade havia desaparecido com a patologia, o que demonstrava claramente que seria necessário levar em conta a economia global da pessoa."[18]

O crime genealógico

O sentido comum compreende intuitivamente a força dessa *inscrição simbólica* e a necessidade de uma *instituição* do ser humano enquanto tal. A vida cotidiana de nossas sociedades não está povoada por essas buscas ansiosas de uma filiação, por essas pesquisas obstinadas de uma pertença ou uma genealogia? Poderíamos até dizer do indivíduo moderno que, quanto mais autônomo, liberado das tradições e liberto das disciplinas coletivas, mais ele experimenta a

---

[17] Cf. capítulo 3.
[18] Oliver Sacks, "La neurology de l'âme", em *Esprit*, julho de 1992.

necessidade de encontrar seu lugar em uma *história*. A multiplicação dos clubes de pesquisas genealógicas, a nova moda da genealogia na internet, a presença obsessiva do tema da filiação na literatura, na canção popular e no cinema contemporâneos são outros tantos sinais. Eles traem uma carência e uma vertigem. Quanto aos práticos da psicanálise, eles confessam que essa interrogação sobre a origem e sobre a identidade genealógica (de quem sou filho ou filha?) suplantou a angústia da "falta" ou do "pecado" no capítulo da dor íntima.

O princípio genealógico implica, em todo caso, uma idéia de *transmissão* e de elaboração paciente, de uma geração para a outra, dessa *humanitas* que a biologia é impotente para apreender. É ela que faz do ser humano "algo diferente", e não uma simples reunião de órgãos. Ninguém descobre por si mesmo os preceitos do Decálogo, escreve Paul Valadier com um fio de ironia, mas *ele o herda*. "Na falta de tal encontro heterônomo, custoso e até ofensor para o narcisismo – acrescenta ele – o indivíduo não chegaria sequer a se estruturar, a ordenar seus afetos e a surgir para si mesmo como sujeito relativamente senhor de seu destino".[19]

Os juristas, por sua vez, insistem sobre a importância de categorias como pai, mãe, irmão ou tio, que não se enraízam apenas no parentesco biológico, mas são *instituídas* pela cultura. Tal é, de fato, o paradoxo do individualismo contemporâneo: à força de se libertar das pertenças e das filiações, o indivíduo chega a se despojar... de si mesmo. Desse modo, o sujeito de direito dá por vezes a impressão, conforme diz Bernard Edelman, de "perecer por causa de seu próprio triunfo".[20] Numerosos debates contemporâneos sobre o que se convencionou chamar de "costumes" (PACS, adoção, mãe de aluguel, procriação *in vitro* etc.) giram vertiginosamente em torno do doloroso paradoxo:

---

[19] Paul Valadier, *Un christianisme d'avenir. Pour une nouvelle alliance entre raison et foi*. Seuil, 1999.

[20] Bernard Edelman, *La Personne en danger*, op. cit.

como emancipar mais o indivíduo sem precipitar seu desaparecimento? Como reconstruir um laço social desfeito ou uma pertença simbólica desconstruída, uma genealogia humanizadora, sem renunciar, no entanto, à emancipação ou à autonomia de si mesmo, que são verdadeiras conquistas? A partir do momento em que abordamos uma ou outra dessas questões, medimos em todo caso a fraqueza da abordagem puramente biológica. Por outro lado, é pelo fato de essa contradição ser difícil de resolver, para não dizer insolúvel, que esses debates são também passionais.

Basta que examinemos dois problemas aparentemente isolados, mas, na realidade, idênticos: o incesto e a clonagem. Na proibição do incesto – essa constante antropológica –, o que é visado, não é apenas a "falta" libidinosa ou a violência moral, criminal, exercida por um ascendente. O crime, indiscutível, não é redutível à sexualidade, ao prazer tomado indevidamente, ao egoísmo do fruidor etc. Se tal fosse o caso, uma permissividade um pouco mais impulsiva não chegaria a seu termo, cedo ou tarde? (Na multidão de maio de 1968, por outro lado, alguns militantes libertários chegaram até a exigir uma despenalização do incesto.)[21] Na realidade, é o princípio genealógico, caro a Pierre Legendre, que nos permite compreender a verdadeira natureza do crime em questão.

O jurista Denis Salas, coanimador, com Antoine Garapon, do Institut des Hautes Études sur la Justice, qualifica significativamente o incesto de *crime genealógico*. A gravidade do ato, explica ele, referindo-se a Pierre Legendre, vem do fato de que ele abole a lógica instituidora da filiação; ele falsifica o laço genealógico. Um laço que, por essência, é *descendente*, pois se inscreve na temporalidade. Nós "descendemos" de alguém, não só de modo biológico, mas como herdeiros e como transmissores de uma humanidade em estado de elaboração perpétua. Toda a aventura humana, desde a hominização

---

[21] Abordei longamente essa questão em *La Tyrannie du plaisir*, op. cit.

original, está resumida por essa imagem do encaixamento geracional: nós viemos de mais longe...

Ora, o pai que possui sexualmente o corpo de sua criança cede a um desejo desumano, no sentido mais preciso do termo. Ele rompe o curso do tempo. Ele apaga o parentesco. Ele proíbe à vítima – e à eventual criança a nascer – "tomar lugar na corrente das gerações". O incesto é primo-irmão do genocídio, pelo fato de que acaba por "destruir o indivíduo ao destruir seu laço de parentesco". O que ele violenta, em suma, não é apenas o corpo da criança, ou um de seus órgãos, mas exatamente *aquilo que funda sua humanidade*. "Os clínicos – observa Denis Salas – mostram bem as conseqüências dessa colocação fora de geração, conseqüente a uma infância mergulhada no terror de uma família des-parentalizada: suicídio, depressão grave, vida afetiva perturbada, em poucas palavras, impossibilidade de viver em qualquer um dos lugares atribuídos pelo parentesco".[22]

Quanto ao mais, Salas faz observar que o direito se mostra infinitamente prudente em matéria de incesto, porque ele está encarregado de uma missão terrível: conjugar a necessidade de punir com a de manter, apesar de todos os obstáculos, o laço simbólico. Desse modo, o incesto cometido por um ascendente com um menor é considerado como um crime, ao passo que o incesto entre irmão e irmã, ou entre parente e ascendente maior, não é censurado penalmente. O direito, em suma, atém-se a perpetuar a *ficção* do laço de filiação, na medida em que este funda uma identidade genealógica. Ele procura salvar um princípio, ainda que falsificado, mesmo que desnaturado. O que ele pune é o uso transgressivo do parentesco. Em sua prudência precavida, "o direito enuncia uma interpretação da proibição que autoriza a manutenção da filiação, apesar da transgressão incestuosa".

---

[22] Denis Salas, "L'inceste, un crime généalogique", em *Esprit*, dezembro de 1996.

A desordem do clone...

Essas poucas observações sobre o incesto tinham apenas a única finalidade de nos ajudar a refletir melhor sobre a questão da clonagem. Tirada do grego *klôn*, que significa "broto, renovo", a clonagem designa, conforme sabemos, a reprodução de um ser vivo (vegetal, animal ou humano) a partir de uma de suas células, inserida em um óvulo cujo núcleo foi suprimido. Essa reprodução, independentemente da sexualidade, pode igualmente dispensar a conjugação macho/fêmea. Um ser vivo – em todo caso, fêmea – pode ser reproduzido de modo idêntico sem recurso a um "outro". Ele é, geneticamente, uma *re-cópia* do mesmo a partir do mesmo. Desde o anúncio estrondoso, no dia 27 de fevereiro de 1997, pela equipe do biólogo escocês Ian Wilmutt, da primeira clonagem bem-sucedida da ovelha Dolly, o problema da clonagem humana está na ordem do dia. Não me deterei aqui nas questões referentes a sua factibilidade ou ao futuro de sua proibição – que, teoricamente, permanece a regra –, e sim no debate que ela já fez nascer.

É pouco dizer que a clonagem, como técnica vitoriosa e como fantasma, obseda o espírito do tempo e alimenta a *discussão* cotidiana. As imaginações ficam de tal modo perturbadas por essa hipótese, tantas referências se acham abaladas, que a discussão é, na maioria das vezes, marcada pela incoerência. Pontos de vista se confrontam, e sua nitidez simétrica deixa as pessoas pensativas. Juristas como Mireille Delmas-Marty vêem nela um crime contra a humanidade,[23] ao passo que outros, intelectuais ou filósofos (como François Da-

---

[23] "A humanidade – escreve ela – parece encontrar-se na intersecção de dois eixos indissociáveis: o da singularidade de cada ser humano e o de sua igual pertença à família humana. E o crime contra a humanidade se declina segundo cada um dos dois eixos. [...] Podemos perguntar-nos se a clonagem sistemática de seres humanos não poderia ser proibida pela mesma razão". Mireille Delmas-Marty, "Quel avenir pour les droits de l'homme?", em *Les Clés du XXI siècle*, op. cit.

gognet), evocam-na com uma espécie de entusiasmo "progressista". Na imprensa, a perspectiva da clonagem humana é freqüentemente evocada de modo divertido. Citemos, a título de exemplo, a apresentação de uma exposição/debate, por outro lado, muito interessante, organizada dia 6 de dezembro de 2000 na Cité des Sciences et de la Industrie. O cartaz que anunciava a exposição, ilustrado com um belo rosto de mulher, colocava a questão traquinas: "Improvisar o ser vivo. Mudamos de corpo ou nos fazemos clonar?" Citemos ainda esse editorialista da revista médica *Lancet*, que anuncia, no dia 9 de fevereiro de 2000, com alegre desenvoltura, que o filho clone era para amanhã.[24] Por vezes, é citado também o projeto extravagante da seita dos Raëliens, que organiza desde já um dispositivo associativo, destinado a clonar seres humanos. Vale como piada...

Devemos convir que o contraste dos pontos de vista é perturbador. Como uma mesma perspectiva pode ser ao mesmo tempo qualificada de crime contra a humanidade por juristas sérios e de hipótese "zombeteira" por outros? Essa telescopia de sentido e essa incongruência dos julgamentos são, por si mesmas, significativas. É perturbador ver a que ponto esse debate recorrente é dominado por erros de perspectivas e de falsos temores. Poremos na conta de um fantasma imemorial essa fascinação inquieta por causa da gemelidade absoluta que a clonagem instaura: o mesmo, mas duplicado! Reunimo-nos aqui com as antigas mitologias, que atribuem na maioria das culturas um valor maléfico à duplicação de um mesmo, ao aparecimento dos duplos, a esse abismo do mimético. A antropologia nos mostra que o duplo é freqüentemente assemelhado a um monstro; ele expressa, acredita-se, um desregramento da ordem das coisas, uma indiferenciação portadora de não se sabe qual ameaça. René Girard escreveu muito sobre esse tema da gemelidade diabolizada pelos mitos, sobre

---

[24] Citado por René Frydman, *Dieu, la médecine et l'embryon*, op. cit.

o fato de ela encarnar um apagamento da diferença, uma interferência fantasmática na alteridade.

Na realidade, contudo, não é por causa disso que a clonagem, se podemos dizer, peca. Enquanto tal, a gemelidade perfeita que ela institui não é nova. Do ponto de vista genético, ela é comparável à que une gêmeos homozigóticos. Ora, ainda que idênticos no plano genético, os gêmeos adquirem, entretanto, uma individualidade que lhes vem do cultural, e não do biológico. Que eles partilhem laços singulares, uma proximidade afetiva ou intelectual forte, isso é inegável. Contudo, instituídos tanto um *como* o outro por uma *história*, os gêmeos não deixam de ser diferentes. Ninguém pensaria em dizer hoje que se trata de monstros. A similitude genética induzida pela clonagem é da mesma ordem. Nem mais nem menos. Um audacioso que decidisse, no futuro, fazer-se clonar não se encontraria diante de um outro igual a ele mesmo, mas diante de um outro, pura e simplesmente.

É por outras razões que a clonagem se torna um problema, razões que têm diretamente a ver com o princípio genealógico. Quando ele esvazia a intervenção do outro no processo de reprodução – esse não é forçosamente o caso –, *a clonagem é tão-somente um incesto absoluto*. Ele impele a seus limites a lógica transgressiva do incesto: nós não temos um parente mais próximo do que nós mesmos! Auto-reproduzir-se equivale a realizar uma figura perfeita do incesto. A clonagem, desse modo, põe fim à famosa incompletude do ser humano que, até nova ordem, tem necessidade de um outro além de si mesmo, ou seja, de um *encontro*, para se perpetuar. Satisfazendo obscuramente um fantasma de onipotência, a clonagem despede esse estranho encontrado e amado, esse parceiro inaudito, esse co-parente amoroso. A clonagem produz curto-circuito na loteria fundadora da sexualidade. Por meio dela, a criação de um ser a nenhum outro parecido, pois ele é o fruto aleatório de um *encontro*, cede o lugar a uma simples reprodução por meio da muda de órgãos... O lugar e o posto do "acontecimento" que a procriação representa é substituído, conforme diz justamente Patrick Verspieren, pela vontade egocêntrica de *inscrever suas próprias escolhas no corpo de um futuro ser humano*.[25]

Apreendemos facilmente as conseqüências dessa eliminação do outro. Tudo aquilo que podíamos imputar ao incesto enquanto crime genealógico é transponível, termo por termo, para a clonagem. O apagamento do parentesco se realiza. A interferência no encadeamento das gerações – essa "onda em cascata", de que fala Tertuliano e na qual Platão via um verdadeiro "projeto de imortalidade" – é detido em seu curso. A clonagem induz uma reprodução *lateral*, que – assim como o incesto – perturba qualquer genealogia. Alguns falam de "gemelidade a-sincrônica" para designar essa hipótese insensata: gêmeos que não são da mesma geração. O Comitê nacional de ética francês não se engana a respeito, quando afirma: "No fundo, desse modo seria esvaziada de sentido a própria idéia de filiação".[26] Uma psicanalista como Monette Vacquin descreve do seguinte modo o parentesco aberrante que dela resulta. Quais são os laços familiares que, por exemplo, uniriam aos seus o clone de um homem? "De seu pai, ele é o filho e o irmão gêmeo. Ele é o filho e o cunhado de sua mãe, que é também sua cunhada. Ele é, ao mesmo tempo, o filho e o neto de seus avós. O irmão de seu tio. O tio de seus irmãos. Ele se tornará pai e tio-avô de seus filhos. A menos que estes não sejam por sua vez clonados, e nesse caso serão irmãos de seu pai e de seu avô, e de novo cunhados de sua avó."[27]

É claro que todas essas questões colocadas pela clonagem escapam à biologia. Aqui, de modo nenhum se trata de um problema de

---

[25] Patrick Verspieren, "Le clonage humain et ses avatars", em *Études*, novembro de 1999.

[26] Citado por Patrick Verspieren, *ibid.*

[27] Monette Vacquin, *Main basse sur les vivants*, op. cit.

órgãos mais ou menos bem "copiados". Podemos legitimamente nos perguntar como um ser humano chegaria a construir sua identidade nesse labiríntico jogo de espelhos. A temporalidade da filiação é pulverizada. Ora, os psicanalistas já sabem o que custa tratar as perturbações de uma criança nascida do incesto, as neuroses de um paciente incerto de sua filiação, o sofrimento de um adulto nascido sob X etc. Eles estão bem situados para imaginar – com espanto – o que poderia ser amanhã a psicanálise de um clone...

Quanto a Pierre Legendre, ele não mastiga suas palavras para denunciar a loucura dessa hipótese. "Iremos arrastar o direito civil para a generalização do incesto? Quem pagará fantasmaticamente? Iremos produzir crianças loucas, que serão a moeda com a qual regularemos a conta de nossos desejos de onipotência?"[28]

O assalto contra a psicanálise

A esta altura, é preciso ampliar a reflexão. As fulminações de um Pierre Legendre contra o reducionismo de curta visão dos biólogos – esses manipuladores de "carne viva" – participam de um conflito muito mais grave. E geral. Um conflito que poderia, também, ser assemelhado a uma guerra de religião: aquele que opõe as biociências em seu conjunto à psicanálise e à psiquiatria tradicional. No nível mais trivial, esse conflito se expressa por ocasião de diferentes debates em relação aos costumes ou à bioética. Os partidários decididos da "grande transgressão" contemporânea (biogenética, filiação, parentesco, sexualidade etc.) consideram de bom grado que o famoso princípio simbólico do qual Pierre Legendre se faz – com outros! – o guardião severo é nada mais que a veste nova da velha ordem

---

[28] Pierre Legendre, *L'Inestimable Objet de la transmission*, op. cit.

burguesa ou cristã de outrora. Uma ordem que estaríamos errados de acreditar imutável ou sagrada.

Para contestar essa ordem, encontramos, muito curiosamente aliados, tanto cientistas defensores da biotecnologia como militantes da permissividade pós-68. Todos estão de acordo em recusar a idéia de autolimitação, de precaução ou de proibição estruturante, que implica a referência a uma ordem simbólica. Uns o fazem em nome da liberdade de pesquisa, os outros em nome da revolução dos costumes. (Como se as duas coisas caminhassem juntas!) O conflito, nesse estágio, apresenta-se como eminentemente político; ele se torna caricatural: ordem contra movimento, conservação contra reforma, transgressão contra moral etc. Na imprensa, encontramos, desse modo, de vez em quando, ataques dirigidos contra a psicanálise em geral e contra a problemática lacaniana em particular. Nela se denuncia, por vezes sob a pena de psicanalistas dissidentes, a antropologia conservadora e a "nova ordem familiar psicanalítica". Esta seria apenas o último avatar de uma ordem moral desprezada. Jacques Lacan é nela apresentado até como o artífice de uma "captação da herança paternalista cristã, acompanhada pela reunião dos messianismos políticos desacreditados depois de 1968".[29]

De modo ainda mais extremado, alguns advogados da tecnociência e das biotecnologias englobam em sua condenação a própria fenomenologia, culpada por ter perpetuado uma visão demasiado sacralizante do corpo humano. Nesse sentido, explica, por exemplo, Gilbert Hottois, "a fenomenologia é a estratégia atual mais sutil da ontologia".[30] Ora, é preciso saber que, nos meios cognitivistas ou biocentíficos, a menor menção da ontologia, ou seja, do sentido e da finalidade, é hoje considerada como uma incongruência. Tanto

---

[29] Artigo assinado por Michel Tort, *Le Monde*, 15 de outubro de 1999.
[30] Gilbert Hottois, *Essais de philosophie bioéthique et biopolitique*, op. cit.

ontologia como idealismo se tornaram "termos grosseiros". De fato, desde Husserl, seu pai fundador, a fenomenologia sempre se levantou contra o dogmatismo da tecnociência, em nome de uma verdade "diferente", de uma experiência vivida, indizível, que a racionalidade científica seria incapaz de apreender. Maurice Merleau-Ponty, ao fazer do corpo humano a sede nobre dessa experiência viva, disso deduzia que o corpo era definitivamente inacessível à racionalidade científica e rebelde ao reducionismo. A seu ver, em suma, a verdade do corpo escapava necessariamente das estreitas categorias da biologia. Ainda nisso, na crítica dirigida à fenomenologia, vemos que se aponta uma interpelação indireta ao cristianismo. "A abordagem fenomenológica – escreve Hottois – não deixa de ter ressonâncias com a valorização cristã católica da encarnação e de seu mistério, tão inatingível quanto os entrelaçamentos ou a carne de Merleau-Ponty".[31]

Para autores tão decididos, as coisas se tornam, portanto, límpidas: herdeiros e prolongadores do cristianismo, a fenomenologia e a psicanálise pesam hoje de modo abusivo sobre a reflexão bioética. E em sentido restritivo. Elas seriam – com o religioso em geral – a verdadeira explicação das reticências, das resistências humanistas, dos escrúpulos, das inquietações "temerosas" que se manifestam, na Europa, diante dos empreendimentos conquistadores da biotecnologia. Principalmente nessa vontade psicanalítica de inscrever necessariamente a pessoa, para além de seu corpo, em uma genealogia e em uma ordem simbólica, condições de sua *humanidade*.

A seu ver, esses escrúpulos residuais devem capitular diante do imperioso dinamismo biotecnológico que nos arrasta na direção de uma pós-humanidade fascinante. Considerando qualquer ligação com a ordem simbólica um sinal de tecnofobia ou de obscurantismo, esses partidários da tecnociência fazem, ao caminhar,

---

[31] *Ibid.*

o elogio do niilismo que, pelo menos, nos autoriza uma absoluta liberdade experimental. Evocando a crise atual da ontologia e do sentido, Hottois escreve, por exemplo: "O niilismo que a ela está associado apresenta muitos aspectos positivos, emancipadores, diversificadores: criatividade que desabrocha em possibilidades e esperança".[32] Voltaremos a esse tipo de defensores tecnocientificistas, cujo excesso se presta com freqüência ao sorriso, mas que, por vezes, apavora.[33]

Para o que se refere às relações entre a biologia e a psicanálise, esses discursos extremados têm apenas um interesse muito marginal. Em primeiro lugar, porque eles se apóiam sobre uma interpretação errônea da psicanálise e da herança de Freud. Na França, por razões históricas, devidas à influência do surrealismo ou da fenomenologia, tendemos por vezes a considerar a posteridade freudiana como hostil, por princípio, à técnica, flertando com a poesia e a advogada do espírito diante das ameaças cientificistas. Na realidade, o próprio Freud era muito influenciado pelo darwinismo e, longe de ser hostil à biologia, projetava fazer da psicanálise um de seus ramos.[34]

Mas essa querela ideológica, muitas vezes grandiloqüente, opondo uma ordem simbólica, forçosamente tecnófoba, a um niilismo, forçosamente tecnófilo, tem um outro inconveniente: ela desvia a atenção de um confronto mais particular, que põe doravante em luta as neurociências, de um lado, e a psiquiatria ou a psicologia, do outro. Seu verdadeiro fulcro é certa definição do homem, que nos ocupa aqui: o homem é redutível ou não a seus órgãos?

---

[32] *Ibid.*
[33] Cf. mais adiante, capítulo 9.
[34] Inspiro-me aqui nas análises de Jacques Hochmann e Marc Jeannerod, *Esprit, où es-tu? Psychanalyse et neurosciences*, op. cit.

Mergulhar no sentido

Há cerca de vinte anos, as neurociências não cessam de ganhar terreno. Ciências "duras" contra ciências "moles": a neurologia do tipo Jean-Pierre Changeux julga, não sem triunfalismo, que sua interpretação do funcionamento cerebral invalida o procedimento psiquiátrico ou psicanalítico. Se o cérebro humano é tão-somente a interconexão de bilhões de neurônios, se a realidade de seu funcionamento se reduz a um jogo complexo de influxos e de impulsos elétricos, então a psiquiatria não tem outra saída, a não ser ela própria tornar-se neurocientífica ou puramente biológica. Para esses neurofisiologistas, existe uma continuidade entre o estado neurológico e o estado mental, continuidade que é – ou será um dia – descritível cientificamente. Nessa óptica, uma perturbação mental – neurose, psicose, paranóia, depressão etc. – é nada mais que uma espécie de curto-circuito ou de tempestade neurológica, se assim podemos dizer; em todo caso, uma disfunção puramente orgânica. Ela deve ser tratada, não pelo "discurso" ou pelo intercâmbio verbal, mas pela química ou pela cirurgia.

Vimos, portanto, desenvolver-se no decorrer das últimas décadas uma psiquiatria biológica com encaminhamento conquistador e com palavra definitiva. Ela reivindica para si um rigor científico e, nisso, ela está em ressonância com o discurso dominante. Aos olhos de seus promotores, as elucubrações freudianas sobre o inconsciente, sobre a transferência ou a libido são velharias que convém remeter o mais rápido possível para os arquivos da História. A pretensa ordem simbólica ou o princípio genealógico de um Pierre Legendre dependem, segundo eles, do mesmo arcaísmo. Essa biopsiquiatria se apresenta de bom grado como uma figura irrecusável da modernidade. Daí, talvez, os favores de que ela se beneficia na imprensa, e até no ensino ou na prática hospitalar. O psicanalista Jacques Hochmann cita o exemplo de um manual célebre, o *Diagnostic statistique des maladies mentales*, que todos os psiquiatras americanos utilizam doravante, e que começa a se impor em todo lugar no mundo. Ora, acrescenta ele, esse manual, que reivindica para si uma absoluta neutralidade, é, na realidade, de inspiração decididamente cientificista.[35]

É conhecida até pelo grande público a propensão da medicina moderna a obedecer conscientemente ou não às injunções desse tipo de terapêutica. Pensemos na utilização maciça dos neurolépticos, soníferos, ansiolíticos de todos os tipos, especialmente na França; pensemos igualmente no reino da camisola química e dos tranqüilizantes nos hospitais psiquiátricos, reino opressivo que era bem descrito pelo filme *Vol au-dessus d'un nid de coucou*. Os psiquiatras ou psicólogos se lamentam, por vezes, dessa inspeção de sua disciplina por um procedimento neurocientífico desumanizante, que considera como negligenciável aquilo que constitui a humanidade do homem: subjetividade, história, linguagem etc.

Uma delas, Françoise Parot, pressente claramente nessa inspeção a morte anunciada da psicologia. O triunfo das neurociências lhe parece ser a forma nova de um frouxo abandono à natureza em detrimento da cultura. "E é aí – acrescenta ela – que começou o processo mortífero da psicologia de laboratório, é aí que ela se expôs a sua própria devoração por baixo, pela redução".[36] Ora, diz ela, se a ciência do humano chegasse, desse modo, a se dissolver na *natureza*, isso teria um custo que ninguém deveria minimizar. "Com esse discurso naturalista – acrescenta ela – a psicologia de laboratório nos naturaliza, e até nos desumaniza". A essa fria biopsicologia, ela opõe a experiência cotidiana dos clínicos, confrontados, na "verdadeira vida", com as di-

---

[35] Jacques Hochmann, "Deux réalités", em *Esprit, où es-tu? Psychanalyse et neurosciences*, op. cit.

[36] Françoise Parot, conferência realizada no dia 1º de abril de 2000, na Université de Tous les Savoirs, parcialmente publicada em *Le Monde*, 4 de abril de 2000.

ficuldades vitais das pessoas, com a solidão ou com esses sofrimentos cotidianos sob o peso dos quais a razão vacila.

Ela evoca esse amontoado confuso de que é feita essa experiência vivida dos psicólogos, que se encontram mais bem situados que ninguém para saber que o homem não é apenas uma questão de conexões sinápticas. Ela insiste sobre a função humanizante e apaziguadora da linguagem, função que é realizada pelos psicólogos que tratam de pacientes. "Estes – diz ela de modo belo – tomam banhos de palavras que contam o sofrimento psíquico ou que o balbuciam; segundo a fórmula de Heidegger, eles *mergulham no sentido*, eles têm uma função e um dever, eles devem dar um sentido a essas palavras, a esse sofrimento, ou seja, integrá-lo em uma história pessoal ou coletiva, acalmar, humanizando".[37]

A maioria dos psicólogos ou psicanalistas, hostis à curta visão da biologia, põe também em evidência essa importância da linguagem como "instrumento da intersubjetividade e da relação social". Eles insistem, ao mesmo tempo, sobre a importância da *relação com o outro para a construção da pessoa e do próprio processo de humanização*. Essa é de fato a questão central que colocam, afinal de contas, as novas técnicas de procriação medicamente assistida (PMA) que, para além dos processos, põem em jogo a identidade da criança que irá nascer. Essa identidade a construir não é da competência da biologia.

Nesse confronto, salientam com razão dois psicanalistas, tudo se reduz, no fundo, à *definição da vida*. Essa definição cabe à biologia ou à psicanálise? Em outras palavras, a vida se reduz à vida dos órgãos ou passa necessariamente pela identidade e pela subjetividade? "Tudo indica – escrevem eles – que não basta ter um corpo, um cérebro e órgãos sexuais intactos para ser um sujeito sexuado e livre".[38]

---

[37] *Ibid.*

[38] Christophe Dejours, Évelyne Abdoucheli, "Biologie et psychanalise: les enjeux", em *Vers un antidestin. Patrimoine génétique et droits de l'humanité*, op. cit.

A mesma alternativa, como vemos, ressurge irresistivelmente. Seria ela insuperável, a não ser pela derrota de um dos dois campos? Isso não é impossível. Em vez de uma guerra de religião exterminadora entre essas duas abordagens, podemos imaginar um diálogo conciliador entre neurociências e psicanálise. Mais que uma injunção a escolher entre branco e preto, entre tudo e nada, entre ciência e idealismo, talvez fosse necessário lutar por uma complementaridade mínima entre os dois procedimentos, com a condição de que renunciem, todavia, a disputar o mesmo território. É o que se esforçam para fazer, em um rico diálogo diversas vezes citado aqui, Jacques Hochmann e Marc Jeannerod. O primeiro, psicanalista, adverte o segundo contra essa teimosia desdenhosa, que arrisca reservar às neurociências e às ciências cognitivas o mesmo destino funesto que o do behaviorismo (comportamentalismo) anglo-saxônico. Essa corrente, que foi dominante na psicologia científica até os anos 50, insistia também – e não sem triunfalismo – na importância dos fatores fisiológicos e interações mecânicas com o meio ambiente.

A psicanálise sem dúvida se extraviaria, caso negligenciasse totalmente a contribuição das neurociências, em favor de uma espécie de psicologismo anticientífico. As neurociências, em contrapartida, se permanecessem na visão redutiva de um "homem neuronal", desembocaria rapidamente em uma "minável psicologia de senso comum".[39]

O retorno do rei dos Amieiros

Refletindo nos avanços biogenéticos, experimentamos por vezes uma ligeira vertigem diante do número de problemas não resolvidos que, hoje, nos remetem a esse diálogo – possível ou não – entre

---

[39] *Ibid.*

duas definições do homem: organização de órgãos ou consciência subjetiva, material biológico ou resultado de uma *história*? São esses problemas que, com toda a pressa, pedimos aos diversos comitês de ética para examinar e resolver. Como se o sentido dado à vida humana dependesse das deliberações de um comitê, e consultivo, além do mais! Problemas não resolvidos? A maioria – mas não todos –refere-se à procriação medicamente assistida. Citemos alguns deles.

A doação de gametas (esperma ou óvulo), em primeiro lugar. O anonimato é ainda a regra, mas alguns casais desejariam agora conhecer a identidade do doador ("doação dirigida"). Imagina-se que essa presença/ausência do pai ou da mãe biológica, "desconhecidos", não deixaria de ter algumas conseqüências psicanalíticas.

A transferência de embrião *post mortem* ("o filho do luto") em seguida. Essa expressão designa a vontade de algumas viúvas de conceberem um filho do marido falecido, graças ao implante de um embrião congelado, do qual ele é o pai. Essa transferência é, em princípio, proibida, mas alguns consideram que a proibição deve sofrer algumas exceções. É o caso do Comitê de ética, que se sugere alinhar, a esse respeito, sobre a legislação americana. Aí, ainda, concebemos a inquietação dos psicanalistas a respeito desses futuros filhos, gerados por um morto, independentemente da vontade particular – e reafirmada de modo diverso do modo geral e testamentário – deste último. Essa inquietação é tanto mais fundada por se desenvolver, nos Estados Unidos, uma prática de que ainda se fala pouco na Europa: a extração do esperma de um homem moribundo ou já morto! Esse esperma é imediatamente congelado e poderá servir à viúva, à dona, a quem quer que... No além-Atlântico, catorze clínicas em onze Estados já procederam a esse gênero de coletas. "Isso já se tornou tão comum – nota Jean-Jacques Salomon – que a Sociedade americana de medicina reprodutiva estabeleceu um protocolo intitulado 'Reproduções póstumas', e é um 'bioeticista', do Colégio de medicina da universidade de Illinois, o Dr. Timothy Murphy, que encontrou o nome adequado para designar esse novo tipo de pais: 'Sperminator'".[40] Não, a inquietação dos psicanalistas não é infundada.

Citemos ainda o estatuto das mães de aluguel, a propósito do qual alguns já exigem que ele seja assimilado ao de um prestador de serviços e, enquanto tal, remunerado e socialmente reconhecido. Essa banalização/tarifação eventual das mães de aluguel faz, também, fremir os psicanalistas, os obstetras e os pediatras, que conhecem toda a riqueza das trocas que unem a mãe e o feto, muito antes do parto, trocas que já são o esboço do *vínculo*. Sobre essa "ligação" que nasce muito antes até do nascimento, autores como Boris Cyrulnik escreveram páginas magníficas e convincentes.[41]

Citemos enfim, de modo mais geral, o acesso à procriação medicamente assistida. Até o presente, esta é exclusivamente reservada aos casais infecundos. Vozes se elevam para denunciar uma excessiva rigidez da regra. Ela não mereceria ser aliviada? Cada vez mais, arriscamo-nos assim a fazer da PMA uma prática banal, até uma rotina, o que acabaria produzindo uma medicalização da procriação, que se veria definitivamente liberta da sexualidade e, portanto, do amor. Ou, mais exatamente, substituiríamos esse "velho" conceito de concepção amorosa pelo, infinitamente mais "moderno", de *projeto parental*. Quanto ao vocábulo "filiação", caro a Pierre Legendre, alguns propõem já substituí-lo pelo de "traçabilidade", tomado de empréstimo do universo da agricultura e do comércio. Sem brincadeiras!

---

[40] Jean-Jacques Salomon, *Survivre à la science. Une certaine idée du future*, op. cit.
[41] Boris Cyrulnik, *Sous le signe du lien: une histoire naturelle de l'attachement*. Hachette-Pluriel, 1992; cf. também Hubert Montagner, *L'attachement et les débuts de la tendresse*. Odile Jacob, 1988.

Poderíamos acrescentar a esses poucos casos milhares de outros exemplos desses "possíveis" procriativos que o espírito do tempo acolhe com uma mistura de incredulidade, excitação e ansiedade. Esses "possíveis" têm ao menos duas características em comum: em primeiro lugar, eles são apresentados como soluções para um sofrimento ou para a satisfação de um direito; em seguida, sua eventual aceitação deveria depender, com efeito, de uma clara definição da vida humana. Não sabemos de nenhum comitê de ética, pelo mundo afora, que tenha jamais chegado a essa clareza. E então? A definição do humano poderia ser o produto de um compromisso passível de revisão e de emenda, como as moções de um congresso radical-socialista? Alguns pensam que sim. E essa é toda a questão.

Ela é tanto mais delicada pelo fato de ser naturalmente a criança que, na maioria dos casos, é o resultado final dessas alquimias temerárias. A criança, cujo destino posterior, o equilíbrio e, afinal de contas, a felicidade serão forçosamente tributários (em proporções que ignoramos) dos "procedimentos" empregados. Ora, se a sociedade contemporânea fez da defesa dos direitos da criança sua nova prioridade (luta contra a pedofilia, denúncia do trabalho de menores, proteção contra as violências domésticas etc.), ela parece paradoxalmente desatenta ao *sofrimento da criança que irá nascer*.

Não nos deteremos aqui sobre essa concepção consumista da criança e da procriação, que se torna cada vez mais a regra. A criança tende a se tornar o objeto de uma encomenda, associada a um custo e acompanhada de opções a definir e de garantias esperadas. A criança encomendada é, portanto, instrumentalizada já no ponto de partida, na medida em que a conformidade de seus órgãos e de seu corpo deve corresponder aos desejos, às preferências ou até aos fantasmas dos pais. Entre a "defesa dos direitos da criança", solenemente proclamada, e esse desvio fabricador e consumista, o menos que podemos dizer é que há um contraste. Uma socióloga expressa muito bem isso, quando escreve: "É de fato uma concepção consumista dos direitos da liberdade que surge no setor da saúde, assimilando o feto a um paciente e a um consumidor, em nome do qual se manifestarão os distintos defensores de sua mãe..."[42]

Podemos compreender, a esta altura, as iras de um Jacques Testart, quando ele denuncia esses procedimentos procriativos, cujo objetivo é "fabricar um filho para o lar". Ele precisa: "Aqueles que exaltam as concepções veterinárias, assistidas pelo banco de sêmen, tomaram a medida de sua crença miserável, que pretende reduzir a filiação ao líquido esbranquiçado que sai do pênis ou da seringa? Não vêem eles que o esperma, justamente porque ele é o do pai, do amante da mãe, veicula imagens e interferências que estariam deslocados na porção médica de sêmen descongelado?"[43] De qual coerência simbólica esses filhos serão os herdeiros? Preocupamo-nos em escutar, por antecipação, seus soluços futuros?

Para designar – e denunciar – esse estranho absurdo coletivo, o psicanalista Pierre Babin evoca com muita sensibilidade a poesia de Goethe, *Le Roi des Aulnes*, do qual ele faz uma perturbadora metáfora. Nesse poema, lembremo-nos, o filho está apavorado por causa da noite. Ele está nos braços do pai que cavalga no meio das trevas, e pergunta se as formas que aparecem não são as do rei dos Amieiros, que vem prendê-lo. Ele tem medo. Ele quer parar. O pai responde que aquilo não é nada, nada mais que um pouco de bruma. Em outros termos, *ele permanece surdo à queixa do filho*. Ele não a leva a sério. Quando chega ao castelo, ele finalmente pára seu cavalo, mas, em seus braços, o filho está morto.

Transpondo para os problemas de hoje o simbolismo desse poema, Pierre Babin faz o seguinte comentário: "Com o tempo, per-

---

[42] Laurence Gavarini, em *Le Magasin des enfants*, op. cit.
[43] Jacques Testart, *Des hommes probables. De la procreation aléatoire à la reprodution normative*, op. cit.

cebo melhor as molas da destruição do mundo humano: um *Rei dos Amieiros* generalizado, uma ameaça permanente". Em outras palavras, não podemos permanecer surdos a essas queixas obscuras, a esses terrores difusos, ao sofrimento das crianças que estão por nascer em detrimento dos quais teremos "arrancado os filhos do simbólico". E ele acrescenta, como se falasse com voz branca: "Tenho o sentimento de uma acumulação, cá e acolá, de algo irreparável: as dívidas aumentam de todos os lados, sem que jamais possamos pagá-las. [...] A pergunta que ouço na maioria das vezes é: 'Há alguém?' ou 'Há lugar para mim?'"[44]

O sofrimento das origens

Muito extraordinariamente, acontece que essas duas lógicas, essas duas percepções do homem – pacote de órgãos ou subjetividade construída – interpenetram-se. E de modo tão brutal que o debate se realiza então em uma confusão significativa. O exemplo mais espantoso disso é a discussão em relação ao parto sob X. Essa disposição, como sabemos, permite a uma mulher dar à luz sem que jamais seja revelada ou registrada sua identidade. Destinado, entre outros, a limitar o número de abortos, esse tipo de parto termina, evidentemente, em uma adoção. O princípio de anonimato se justifica pelo fato de que se privilegiará o parentesco construído (o dos pais adotivos) e não o parentesco biológico (o da mãe anônima).

Ora, o parto sob X é hoje novamente posto em questão. Ele o é em nome de um sofrimento do qual julgamos que ele era ontem gravemente minimizado: o desses filhos abandonados por sua mãe e que povoa o mistério das origens. Quando se tornam adultos – e

---

[44] Pierre Babin, *La Fabrique du sexe*, diálogo com Philippe Petit. Textuel, 1999.

apesar do amor dos pais adotivos –, os "nascidos sob X" são atormentados pela existência desse buraco enigmático em sua filiação, essa opacidade original, que lhes proíbe inscrever-se no famoso princípio genealógico. É em nome dessa falta, dessa vertigem, que a reforma legislativa é visada. Ao direito da mãe ao anonimato opõe-se, em suma, o direito do filho à identidade e à transparência da geração. Tal reforma é assim apresentada – não sem motivo – como um dos avanços que se inscrevem na defesa dos direitos da criança.

Exceto que a ambigüidade do raciocínio que ela pressupõe torna-se evidente desde que examinemos calmamente a argumentação. Com efeito, reivindicar um "direito de conhecer suas origens", evocar o sofrimento dos seres que um mistério original impede de encontrar seu lugar como elo de uma cadeia genealógica, é pôr à frente a ordem simbólica. Raciocinando assim, reconhecemos *ipso facto* toda a importância da história de um ser na construção de sua identidade. Recusamos a idéia cientificista, segundo a qual essa ordem simbólica e esse princípio genealógico seriam sem grande importância. Recusamos reduzir a verdade de um ser humano a seus órgãos. Desse ponto de vista, fazemos um grande passo na direção de Pierre Legendre e da psicanálise; afastamo-nos decididamente do "tudo genético" e de uma concepção "animalesca" da filiação. Conforme escreve Jacques Testart, hostil ao parto sob X, "a necessidade de cada um saber de onde ele vem é muito anterior ao imaginário molecular, que pretende resumir a pessoa às particularidades de seu DNA".

Do outro lado, essa condenação do parto sob X se expressa em nome de uma *verdade biológica* que se trata de estabelecer. Ela postula que, em um momento ou outro, essa verdade biológica deve ter primazia sobre a verdade afetiva da adoção. Em outras palavras, privilegiamos deliberadamente a *natureza* sobre a *cultura*, o que é rigorosamente contraditório com a importância atribuída ao posicionamento simbólico. Apoiamo-nos principalmente sobre os novos processos que permitem, graças ao DNA, estabelecer cientificamente uma identidade e uma filiação. Sensível aos argumentos psicanalíticos de um lado, submetemo-nos às ordens do biológico do outro. E isso em um mesmo movimento.

Os comentários e as tomadas de posição a respeito dessa reforma deixam claramente transparecer essa contradição fundamental. Com uma precipitação dos meios de comunicação, algumas vezes cômica, os adversários do parto sob X se apresentam como defensores dos direitos do homem contra a violência simbólica, induzida por esse possível anonimato. Eles se irritam ainda mais por suspeitar que existe por trás dessa tradição do parto sob X não se sabe qual influência religiosa que coincide com a rejeição do aborto. Ao defender o "direito de saber", eles reconhecem, em suma, toda a importância do princípio genealógico. Ora, eles decididamente rejeitam o *diktat* desse mesmo princípio quando se trata de inseminação artificial, de homoparentesco ou – no limite – de clonagem. Prontos para todas as transgressões a esse respeito, eles fustigam o peso de uma "ordem simbólica" que eles, contudo, invocam em seu auxílio a respeito do parto sob X. Concordam com a intrepidez manipuladora da biologia de um lado (sem se preocuparem muito com sofrimentos futuros), mas, do outro lado, combatem vigorosamente a indiferença em relação ao simbólico. Cientificista de um lado e de acordo com François Dagognet para fustigar as inibições "tecnófobas"; psicanalista do outro, e sensível ao sofrimento dos filhos que irão nascer: é menos fácil do que nunca alguém se pretender "progressista".[45]

A precipitação contemporânea por vezes aparece com toda a transparência.

---

[45] Sobre a dimensão ideológica desses debates, cf. mais adiante, capítulo 12.

Capítulo 6

O homem em vias de desaparecimento?

Aprendamos a não ser mais que os neurônios da terra.
Joël de Rosnay

A humanidade do homem – essa frágil evidência – é, portanto, assediada dos quatro lados ao mesmo tempo. As quatro fronteiras, como vimos nos capítulos anteriores, tornaram-se porosas: com a animalidade, com a máquina, com as coisas, com o puramente biológico. Apenas porosas ou já obsoletas? Esses limites, que circunscreviam e definiam o ser humano, alguns os consideram definitivamente arruinados. Segundo estes, deveríamos renunciar a defendê-los. Eles são, a seu ver, os últimos vestígios de uma "humanidade eterna" que precisaríamos deixar para trás. Adeus o indivíduo! A morte do homem, anunciada em 1966 por Michel Foucault em *Les Mots et les Choses*,[1] verdadeiramente se rea-

---

[1] "Estamos tão enceguecidos pela recente evidência do homem – escrevia Michel Foucault – que nem sequer guardamos mais em nossa lembrança o tempo, entretanto pouco recuado, em que existiam o mundo, sua ordem, os seres humanos, mas não o homem", *Les Mots et les Choses*, Gallimard, 1996.

lizaria sob o efeito das tecnociências, da rede digital, da genética e das ciências cognitivas. Hoje soaria a hora de uma total "desconstrução da subjetividade", ou seja, do fim do "eu" e da superação dessa humanidade egocentrada que foi inaugurada outrora por Descartes.[2] "As feições do rosto humano estão a ponto de se apagar",[3] escreve Shmuel Trigano, com inquietação.

Inquietação? Alguns se alegram com esse inevitável apagamento do homem, invocando os progressos do conhecimento. Em tom premente, convém a nós a alegria de uma singular aventura: a do homem, não mais expulso do paraíso terrestre, mas definitivamente "liberto" de si próprio. Gilbert Hottois é um deles. "O que resta do homem – pergunta ele – do qual possamos garantir que isso escape e escapará aos possíveis construtores e reconstrutores da tecnociência? A humanidade não aparece mais como um dado a servir e a perfazer, mas como uma matéria indefinidamente plástica".[4]

Essas constatações nos parecem bizarras? Perigosas? Irracionais? O fato é que elas se multiplicam há alguns anos para celebrar intrepidamente o desaparecimento do indivíduo, desaparecimento apresentado não mais como uma catástrofe, mas como uma promessa escatológica. Ficamos espantados ao descobrir, à margem do grande público, dos meios de comunicação e do mundo político, tantas análises convergentes. Ficamos surpresos pelo fato de que elas sejam, até o presente, tão raramente aproximadas uma da outra e tão pouco criticadas. Contudo, elas o deveriam ser. Sob o pretexto de erudição tec-

---

[2] É, substancialmente, a reflexão feita por Jean-Pierre Dupuy, "L'essor de la première cybernétique (1943-1953)", *Cahiers du CREA*, n. 7.

[3] Shmuel Trigano, *Le monothéisme est un humanisme*, op. cit.

[4] Gilbert Hottois, "Éthique et technoscience: entre humanisme et évolutionnisme", em *Science et Éthique*, Éd. De l'Université de Bruxelles, 1987.

nológica, muitos roçam a extravagância. Outros, porém, participam de um anti-humanismo deliberado, que não pressagia nada de bom. Essas análises se fundamentam sobre saberes diferentes, manipulam retóricas e linguagens distintas, por vezes se ignoram, mas todas elas se dedicam a anunciar a mesma "notícia": *o homem tradicional está em vias de desaparecimento*. Para proclamar esse parecer, os novos exegetas da tecnociência usam de bom grado essa arte da pregação, que era outrora empregada pelos utopistas, convictos de que deveriam acelerar a vinda da cidade feliz.

Para predizer a próxima dissolução do ser humano, alguns se apóiam sobre a informática e saúdam o aparecimento de um ciberespaço que interliga a humanidade inteira. Outros impelem até o extremo as metáforas da genética e substituem o indivíduo, escalão "superado", pelo pulular autônomo de suas próprias moléculas. Outros, por fim, prolongam as intuições e os postulados cognitivistas, para anunciar uma *nova síntese* entre o animado e o inanimado, que tornaria caduca a irredutível diferença humana.

O homem que se tornou enzima

As primeiras dessas pregações tecnocientíficas giram em torno de um mesmo conceito: o de um cérebro planetário, do qual o homem seria tão-somente um modesto neurônio. É a tese, entre numerosas outras, do vulgarizador científico Joël de Rosnay, autor de dois livros sobre o assunto.[5] Para ele, a aparelhagem cibernética do homem futuro e o desenvolvimento de uma rede planetária de comunicação correspondem ao aparecimento de uma nova forma

---

[5] Joël de Rosnay, *Le Macroscope: vers une version globale*. Seuil, 1975, e *L'Homme symbiotique. Regards sur le IIIe millénaire*. Seuil, 1995.

de vida: a "vida híbrida". Esta, escreve ele, é "ao mesmo tempo biológica, mecânica e eletrônica". Em outras palavras, ela conjuga e até sintetiza a matéria viva e o artefato, em geral, e o ser humano e a máquina, em particular. Ela participa da emergência de um novo organismo planetário, que Rosnay propõe chamar de *cibionte* (contração de cibernética e de biologia). Um organismo cujas redes de comunicação e as auto-estradas da informação constituiriam seu sistema nervoso. Imerso nessa realidade macroscópica, o homem de amanhã, que ele sugere chamar de *homem simbiótico*, será o equivalente de uma célula, nem mais nem menos.[6]

Se a chegada desse *cibionte* povoado de *homens simbióticos* é anunciada para o prazo de dois ou três séculos, "esse macroorganismo já existe em estado primitivo e vive em sua globalidade". Para Rosnay, estaríamos muito enganados se ficássemos amuados diante do modesto destino "celular" atribuído ao ser humano. Precisamos, ao contrário, participar na elaboração desse "superorganismo adotivo, que vive da vida de suas células, esses neurônios da Terra que estamos a ponto de nos tornar". Ele vê nisso um projeto exaltante. Por outro lado, a metáfora é ainda menos agradável, pois, de "neurônios", nós nos tornamos "enzimas": "Enzimas de uma protocélula com as dimensões do planeta, trabalhamos sem plano de conjunto, sem intenção real, de modo caótico, na construção de um organismo que nos ultrapassa".[7]

Esse gigantesco organismo planetário, ao mesmo tempo cibernético, biológico, societário, no qual estamos convidados a nos fundir como as abelhas de uma colméia, será evidentemente dotado – graças à interconexão perfeita das memórias e dos "logiciais" humanos – de uma inteligência coletiva junto à qual nosso entendimento individual, no qual ainda estamos aprisionados, parecerá retrospectivamente enfermo. "Sistemas

---

[6] Id., *L'Homme symbiotique*, op. cit.
[7] *Ibid.*

adaptados de retroação societária podem fazer emergir uma inteligência coletiva *superior* à dos indivíduos isolados."[8] Precisamos, portanto, aprender a renunciar à estreiteza de nosso "eu". Na realidade, tudo acontece como se Rosnay tomasse ao pé da letra – mas tornando-as positivas – as inquietações premonitórias expressas em meados dos anos 60 pelo grande pré-historiador André Leroi-Gourham (1911-1986), que temia que a exteriorização do corpo humano por meio da técnica transformasse pouco a pouco cada ser humano em "célula despersonalizada" de um organismo estendido às dimensões do planeta.[9]

Por meio da ambigüidade conquistadora de suas metáforas e pela solenidade de seu propósito, tal desenvolvimento poderia provocar o sorriso. Ele lembra, até em seu entusiasmo futurista, algumas *coisas curiosas* da literatura utópica dos séculos XVII e XVIII. Pensamos no célebre romance de Cyrano de Bergerac (o verdadeiro): *L'Autre Monde: l'histoire comique des États et Empires de la Lune* [*O Outro Mundo: a história cômica dos Estados e Impérios da Lua*] (1650), ancestral do romance de ficção científica. Quanto a essa descrição das forças planetárias conjugadas e que englobam o projeto humano, ela nos remete a alguns relatos animistas ou a esses mitos melanésios da "pedra sagrada", cujo poder poético não deixa qualquer dúvida.[10] Alguns detalhes, porém, inclinam-nos, no caso de Rosnay, a sentir certa inquietação.

Em primeiro lugar porque, diversamente das fantasias de Cyrano de Bergerac, essas prospectivas não se classificam como literatura ou

---

[8] *Ibid.*

[9] André Leroi-Gourhan, *Le Geste et la Parole*, t. II, *La Mémoire et les Rythmes*. Albin Michel, 1965. Tomo de empréstimo essa referência de Dominique Bourg, *L'Homme artifice*, op. cit.

[10] Penso na surpreendente acuidade dos mitos da ilha de Tana, no arquipélago do Vanuatu, mitos descritos e comentados pelo geógrafo Joël Bonnemaison em *La derrière Île*. Arléa, 1987.

poesia, mas reivindicam, em alto e bom som, um estatuto científico. É desse modo que elas são percebidas e apresentadas nos meios de comunicação, o que é revelador de nossa relação contemporânea com a tecnociência. Ora, por mais imaginosas e sugestivas que elas sejam, as prospectivas de Joël de Rosnay têm como particularidade serem resoluta e absolutamente *a-críticas*. Passando em revista, em quatrocentas páginas, todas as inovações ou experimentações tecnocientíficas destes últimos trinta anos, o autor – salvo breves exceções ou protestos de princípio – não as submete a qualquer mínimo questionamento. Permanecemos na efusão da predição.

Cognitivismo, inteligência artificial, realidade virtual, manipulações genéticas, aparelhagem cibernética do ser humano: tudo é evocado *pelo modo da aprovação entusiasta*. A caminhada é, ao mesmo tempo, simpática e apavorante. Raciocina-se como se nada disso apresentasse, jamais, qualquer problema; como se não houvesse, de fato, história humana ou política. Constrói-se, cada vez mais, uma descrição lisa e não problemática da realidade. Uma realidade purgada dos conflitos humanos, das relações de força, das dominações, injustiças ou contradições. Estamos em um espetáculo feérico, em que o otimismo a-ideológico é, em todos os sentidos do termo, encantador. Quem desejaria perturbar esse encantamento? Quem gostaria de ser um desmancha-prazeres diante de tão agradável ciber-bem-aventurança? Na segunda parte deste livro, no entanto, procuraremos mostrar que, por trás desses discursos "arrebatadores", circula – também – o *ideológico* e se dissimulam pressupostos por vezes terríveis.

O ciberparaíso?

Permaneçamos nas promessas. Essa prospectiva alegre não é o apanágio apenas de Rosnay, tomado aqui como simples exemplo. Ela se inscreve em uma corrente de pensamento relativamente espalhada hoje, e que conta com muitos outros representantes. Estes são apresentados, freqüentemente, para simplificar, como os "novos gurus" do ciberespaço. É o caso do universitário canadense Derrick de Kerckhove, diretor do programa McLuhan da Universidade de Toronto e apóstolo lírico da "rede".[11] Também é o caso de Philippe Quéau, filósofo, conselheiro na UNESCO e fundador do salão *Imagina*. Assim como os outros missionários da "tela", ele assimila de bom grado o homem à máquina, e o mundo interconectado a um cérebro coletivo em vias de emergência.[12] O mesmo ciberentusiasmo é significativamente partilhado por antigos marxistas, que não hesitam em ver na conjugação da nova economia com a internet uma realização – diferida – da utopia comunista. O que é a inteligência planetária senão um coletivismo com rosto humano, uma forma de holismo reinventado? O filósofo Dan Sperber é daqueles que se felicitam com o desaparecimento anunciado, graças à internet, das "identidades coletivas localizadas", em favor de um novo internacionalismo planetário.[13]

Esse otimismo é também o do pesquisador e perito em informática Pierre Lévy, que foi um dos primeiros a tentar teorizar o aparecimento de uma cibercultura, muito diferente das antigas culturas humanas, individualistas e territorializadas.[14] De modo ao mesmo tempo técnico, mais lírico e mais profético do que Joël de Rosnay, ele anuncia a unificação inevitável da humanidade sob uma forma totalmente imprevista até então. Para Pierre Lévy, essa unificação

---

[11] Derrick de Kerckhove, *L'Intelligence des réseaux*, trad. do inglês (Canadá) de Ferry de Kerckhove. Odile Jacob, 2000.

[12] Philippe Quéau, *La Planète des esprits*. Odile Jacob, 2000.

[13] Cf. o ponto de vista específico de Dan Sperber na obra escrita com Roger-Pol Droit, *Des idées qui viennent*. Odile Jacob, 2000.

[14] Pierre Lévy, *La Cyberculture*. Odile Jacob – Éd. Du Conseil de l'Europe, 1997.

planetária não tomará o caminho de um novo império nem de uma dominação qualquer. Ela será – e já é – o produto de um "processo coletivo e multiforme que brota de todo lugar". Ela é, diz ele, um evento providencial, porque participa de uma "expansão da consciência".[15]

Com febre e entusiasmo, inesperados sob a pena de um cientista, Pierre Lévy se inflama ao descrever a convergência de diversos processos: globalização e desregulamentação da economia, expansão da internet, generalização das redes, dissolução dos "territórios", elevação do poder das tecnociências e das biotecnologias. "Esse movimento se acelera desde a última década do século XX, com o início da unificação política do planeta, o sucesso das abordagens liberais, a fusão da comunidade universitária e da indústria, a explosão do ciberespaço e da virtualização da economia. Algumas dezenas de anos depois da descoberta da expansão do Universo, nós nos descobrimos, com embriaguez misturada com espanto, participando da expansão indefinida do mundo das formas no seio de uma consciência humana que ainda hesita em decididamente se comprometer."[16]

Uma coisa chama a atenção nessa visão e a distingue das outras: a vontade obstinada de Pierre Lévy – que é também filósofo e familiar à mística judaica – de creditar esse processo com um conteúdo espiritual que poderíamos resumir em duas palavras: reconciliação e altruísmo. Uma espécie de fé habita seu discurso. Daí, por exemplo, a insistência com a qual ele põe à frente a capacidade de auto-regulação voluntária dos utilizadores da internet e a polidez em vigor nos *chatrooms* (fóruns virtuais): "Os participantes das comunidades virtuais – escreve ele – não sem ingenuidade, desenvolveram uma forte moral

---

[15] Id., *World philosophie*. Odile Jacob, 2000.
[16] *Ibid.*

social, um conjunto de leis costumeiras – não escritas – que regem suas relações: a 'netiqueta'. [...] A moral implícita da comunidade virtual é, em geral, a da reciprocidade".[17]

Mas as perspectivas espirituais, oferecidas pelo cibermundo, vão muito além. Para Pierre Lévy, o fim dos territórios (e dos Estados-nação) anuncia o fim dos egoísmos; a mobilidade permanente do homem planetarizado – que muda constantemente de profissão, de domicílio, de amor, de crença – é sinônimo de liberdade absoluta; a ruptura dos antigos laços (família, nação, empresa, tradição...) abre espaços ilimitados para nosso nomadismo; a tecnociência nos convida à "criação contínua de um mundo em indefinida expansão"; o mercado, que substitui as antigas regulamentações, "torna-se o principal provocador da criatividade"; o próprio dinheiro, logo unificado sob a forma de uma moeda mundial, não é mais que uma expressão da fluidez existencial e da "passagem" libertadora. A todas essas predições, Pierre Lévy acrescenta outra: o inevitável desaparecimento das fronteiras e uma liberdade de imigração, finalmente total e permanente. "Avançamos a grandes passos para a proclamação da confederação planetária – exclama ele. Imaginem a festa que acontecerá!"

Tudo isso, garante ele, concorre principalmente para acelerar uma "metamorfose da consciência humana", que desembocará, cedo ou tarde, sobre essa inteligência coletiva, apresentada como o horizonte último de nossa história. Ela marcará o fim de uma consciência individual demasiadamente fechada sobre si mesma. Essa inteligência coletiva nascerá não só da colocação em comum das capacidades humanas de reflexão, mas também se apoiará sobre "o hiperdocumento planetário da Web, que integra progressivamente a totalidade das obras do espírito". Desse modo se constituirá uma gigantesca "memória", consultável a qualquer momento, utilizável e mobilizável

---

[17] Pierre Lévy, *La Cyberculture*, op. cit.

a partir de não importa qual ponto da terra. É a essa inteligência coletiva, indefinidamente criativa, que Pierre Lévy nos convida de modo premente. "Aqueles que não participarem nos processos de competição cooperativa de troca e de inteligência coletiva, distribuídos no ciberespaço – escreve ele – serão os "camponeses" da nova era. Aqueles que habitarem um 'país' em vez de habitar a cidade planetária".[18]

Para além da simpatia que inspira tão fogoso profetismo, podemos – e pode-se – sorrir diante dessa ingenuidade, que também se inscreve no registro do maravilhoso. Pelo menos Lévy tem o mérito de impelir até o ponto limite os argumentos habituais (mas sem "visão") dos cantores do grande mercado planetário e da globalização, dos advogados da internet civilizadora e dos arautos da tecnociência emancipadora. Ele nos permite entrever, com toda a boa fé, qual tipo de imaginário está por vezes presente por trás desses novos catecismos.

A falsa lição de Babel

O sonho imenso e fusionista, presente nessas prospectivas, traz irresistivelmente à memória as análises propostas, há mais de meio século, pelo paleontólogo e teólogo Pierre Teilhard de Chardin (1881-1955). Por outro lado, não é por acaso que hoje se manifesta a volta de uma curiosidade atenta em relação a seus escritos.[19] Os conceitos de inteligência coletiva e de ciberespaço remetem ao que Teilhard chamava de "noosfera" e ao movimento de uma humanidade conver-

---

[18] Id., *World philosophie*, op. cit.

[19] Cf., por exemplo, a notável conferência pronunciada no dia 13 de novembro de 1999 por Xavier Sallantin, por ocasião da sessão anual dos "Amis de Teilhard de Chardin", sob o título: "La mondialisation est-elle au service de l'homme?"

gente na direção de um "ponto Omega", que corresponde a um estágio de espiritualidade perfeita, ou seja, no espírito dele, ao reino de Deus. Um detalhe, todavia, é com demasiada freqüência esquecido: embora posto no Index por Roma, Teilhard não deixava de ser um homem de fé e um cristão fervoroso. Não é freqüentemente o caso dos prosélitos contemporâneos da cibercultura.

No caso destes últimos, o imaginário liricamente mobilizado corresponde mais a uma visão rejuvenecida e laicizada do mito de Babel, a torre alta que, segundo o livro do Gênesis, os descendentes de Noé tentaram construir para escalar o céu, mas que a multiplicidade das línguas humanas os impediu de terminar. É até com essa referência explícita a Babel que cá e acolá as coisas são por vezes apresentadas. A dissolução da individualidade humana em um *grande todo* cibernético corresponderia ao projeto de Babel, desta vez vitoriosamente realizado.

Ora, essa metáfora babélica, que participa de um otimismo inabalável, repousa sobre uma interpretação errônea do mito veterotestamentário. No Gênesis, o ensinamento que o narrador bíblico quer transmitir com o relato de Babel, não é que um "bom" projeto fracassou por causa do desentendimento humano. É o contrário: o próprio projeto era "mau". As análises de Shmuel Trigano, bom especialista em hermenêutica judaica, são esclarecedores a esse respeito. Se o dilúvio submergiu a humanidade, explica ele, é porque esta última não soubera manter a *diferenciação*, tanto entre ela e o mundo como em seu próprio seio.

O que o dilúvio sancionava era *a confusão e a mistura generalizada*. Essa mistura implicava uma indiferenciação entre o homem e o animal, assim como entre os homens distintos uns dos outros: "Toda criatura pervertera seu caminho sobre a terra" (Gn 6,12); ela implicava igualmente uma confusão entre o humano e o divino ("Os filhos de Deus se misturavam com as filhas dos homens e lhes davam filhos": Gn 6,4). Ora, o empreendimento de Babel corresponderá a uma segunda tentativa de massificação, tentativa que a intervenção do "Deus Uno" vem sancionar pela segunda vez, *a fim de salvar a diferença e a individualidade irredutível de cada ser humano*. "Esses dois fracassos sucessivos da humanidade apresentam [portanto] a mesma característica: a massificação magmática. A geração do dilúvio, assim como a de Babel, aniquila as pessoas, o rosto individual, o próprio princípio da separação dos seres que os faz aquilo que eles são, distintos da natureza, do divino, de seus semelhantes."[20]

Nessa interpretação, o fracasso, desejado por Deus, do empreendimento babélico é considerado como punição do próprio projeto, e de modo nenhum a multiplicidade lingüística dos construtores. O que se trata de salvar de uma indiferenciação geral é muito simplesmente a pessoa humana, seu rosto, sua linguagem própria. Recuperamos aqui uma exigência insuperável – a pluralidade –, muitas vezes reafirmada, principalmente por Raymond Aron, que via nisso a garantia da "humanidade do homem". A lição implícita do relato veterotestamentário é, portanto, que a unidade e a fraternidade de Babel *participam da ilusão e também da mentira*. Os construtores míticos da torre de Babel são condenados por terem "desejado suprimir o princípio de separação, a diferenciação, que é a garantia da presença possível do outro e do nascimento futuro". Também são condenados por terem desejado igualar-se a Deus e, definitivamente, "colonizar o céu". Para Trigano, "a separação da humanidade em línguas e, portanto, em povos, depois da destruição da torre, irá restabelecer o projeto da criação, fundado sobre a multiplicidade e sobre a diferenciação".

Como vemos, um imaginário expulsa o outro, e os relatos do Antigo Testamento não têm forçosamente o sentido que lhes

---

[20] Shmuel Trigano, *Le monothéisme est un humanisme*, op. cit.

queremos dar. Acontece o mesmo com essa idealização apressada do ciberespaço, bem no espírito do tempo, que se torna logo o objeto de críticas tão diversas quanto argumentadas.[22] Para Philippe Breton, por exemplo, longe de corresponder à emergência de uma convivialidade planetária, o ciberespaço favorece, na realidade, o florescimento de pequenas comunidades fechadas sobre si mesmas. A comunicação *via* computador não é mais que uma [substituição] de ligação social, e as famosas redes desenvolvem principalmente a inaptidão para o encontro direto. Quanto à transparência, novo dogma da rede, ela arruína, em seu próprio princípio, a interioridade do homem, interioridade que funda sua *humanidade*.[23]

Jean Baudrillard vê, em sua opinião, nessa vinda de um mundo unificado, mas "virtual", nesse "fantástico empreendimento coletivo de abstração do mundo", a edificação de um gigantesco *alias* (no sentido informático do termo), no qual se viria fundir e se submergir a humanidade verdadeira, de carne e de sangue. Ele descreve essa emergência como a de um "enorme clone, no qual a espécie humana se projeta para se imortalizar, ou seja, reproduzir-se do mesmo para o mesmo e escapar, enfim, à incerteza de uma existência mortal e sexuada".[24] Ela corresponderia, portanto, a uma inevitável consumação do homem vivo, ou seja, a uma desumanização do mundo...

---

[21] *Ibid.*

[22] Cf. a síntese que delas apresentei em *La Refondation du monde*, op. cit.

[23] Philippe Breton, *Le Culte de l'Internet. Une menace pour le lien social*. La Découverte, 2000.

[24] Jean Beaudrillard, "L'immatériel, le cyberespace, le clone: avons-nous cessé d'être réels?", em *Les Clés du XXIe siècle*, op. cit.

O egocentrismo das partículas

Em seu lirismo cósmico, Pierre Lévy flerta, entretanto – e de muito perto –, com uma versão completamente diferente do pretenso desaparecimento do homem, desaparecimento não mais fundado sobre a informática, como anteriormente, mas sobre a genética. Quando ele observa que "os átomos de que são construídas nossas células foram forjados no próprio coração de estrelas talvez mortas há bilhões de anos"; quando ele acrescenta que "o DNA que comanda e regula o funcionamento de nosso organismo só possui dois por cento de genes especificamente humanos", ele sugere um possível apagamento do homem por trás da realidade imanente das partículas que o compõem. Por mais surpreendente que ela seja, essa formulação não tem nada de excepcional. É uma interpretação relativamente espalhada que hoje é proposta pelos adeptos da "genética evolutiva" e pelos militantes da sociobiologia.

Para esses ultradarwinianos decididos, o escalão pertinente da seleção natural não é mais o homem enquanto tal, mas *os genes que o habitam*. Em outras palavras, o ser humano deve ceder "o lugar para os genes, dos quais ele é tão-somente o avatar" temporário e instrumental.[25] Essa vertigem anti-humanista e essa desconstrução do indivíduo não passam mais pelo infinitamente grande, e sim pelo infinitamente pequeno. A idéia corresponde a uma espécie de antropomorfismo invertido, tal como fora propugnado desde 1945 pelo sueco G. Ostergren, que propunha considerar o gene como um organismo autônomo que "se serve" do homem para se perpetuar e chegar a seus fins.

---

[25] Cf. a obra coletiva de três agrônomos e geneticistas, Pierre-Henri Gouyon, Jean-Pierre Henry e Jacques Arnould, *Les Avatars du gène. La théorie néodarwinienne de l'évolution*. Belin, 1997.

Essa hipótese desenfreada é hoje retomada e amplificada pelo sociobiologista Richard Dawkins. Para ele, os seres humanos não passam de "artifícios" inventados pelos genes para se reproduzir. "Somos – escreve ele – máquinas para a sobrevivência, robôs programados às cegas para preservar as moléculas egoístas, conhecidas pelo nome de genes".[26] Sem dúvida, Dawkins atenua levemente o que esse anti-humanismo corpuscular teria de apavorante ao acrescentar que não somos "obrigados" a obedecer ao egoísmo de nossos genes (por exemplo, em assunto de procriação), e que podemos sempre "frustrar seus planos" para chegar a um "resultado ao qual nenhuma espécie jamais chegou: tornar-se um indivíduo altruísta". Nada impede! Esse breve protesto de humanismo não retira nada do caráter glacial do processo. Ele também não atenua o niilismo jubiloso das formulações e das metáforas empregadas.

Essa forma de raciocínio volta a conferir aos genes ou aos cromossomos um estatuto autônomo, uma espécie de individualidade e de liberdade. Pior ainda, ela pressupõe que "tenhamos confiança" nessas partículas elementares para organizar e perpetuar a vida fora de qualquer projeto consciente. Desse modo, encontram-se silenciosamente abolidos os últimos lugares da liberdade e da vontade humanas. Guardadas as devidas proporções, a atitude desses sociobiologistas não deixa de ter analogia com a dos economistas liberais, que nos premem a confiar no egoísmo e no interesse individual para abandonar a regulação de nossas economias à "mão invisível" do mercado. Em sua estrutura, o raciocínio é o mesmo: ele privilegia a eficácia de um egoísmo organizador mais do que a trapalhada imperfeita da vontade humana.

Os genes se tornam os agentes sobrecarregados de uma espécie de "mão invisível" biológica. Seu agitado egocentrismo sela nosso

---

[26] Richard Dawkins, *Le Gène égoïste* (1976), trad. fr. de L. Ovion. Armand Collin, 1970.

destino melhor que o poderia fazer o antigo humanismo. Esse paralelo tocante entre o "cada um por si" dos atores econômicos e o de nossos próprios genes não é talvez devido ao puro acaso. Ele põe às claras uma ideologia implícita fundada, nos dois casos, sobre a demissão do homem em favor de um processo sem sujeito. Em outro de seus livros, Dawkins emprega, por outro lado, uma metáfora com conotação explicitamente econômica, pois ela remete à "função de utilidade", cara aos economistas. Para ele, "a função de utilidade da vida, aquela que a natureza maximiza, é a sobrevivência do DNA".[27] Nessa obra, ele compara a evolução do ser vivo a "um rio digital", "um rio de DNA" – e daí o título escolhido. Desse ponto de vista, as teses de Dawkins nos dizem mais sobre os pressupostos de seu autor e sobre o espírito do tempo do que sobre a realidade.

Alguns comentadores de Dawkins concedem que, de fato, não é inteiramente anódino atribuir o egoísmo a um gene. Eles consideram isso como "estratégia da provocação" e nos convidam a não nos determos no que ela pode ter de chocante. Eles acrescentam – imprudentemente, a meu ver – que, além dessa provocação, devemos admitir, apesar de tudo, que "as descobertas sucessivas de biólogos podem apenas desarranjar a concepção clássica do mundo vivo e a confiança no lugar que a humanidade nele ocupa".[28] Não subscreveremos, evidentemente, essa argumentação. Ela suporia que aceitássemos de uma vez por todas que cabe à ciência, e apenas a ela, "fazer" alguma coisa da espécie humana, de "pensar" o que é o homem e de "fixar" seu lugar na escala do ser vivo.[29] Em outras palavras, que subscrevêssemos os postulados do cientificismo.

---

[27] Richard Dawkins, *Le Fleuve de la vie. Qu'est-ce que l'évolution?* Hachette-Littérature, 1995.

[28] Pierre-Henri Gouyon, Jean-Pierre Henry e Jacques Arnould, *Les Avatars du gène. La théorie néodarwinienne de l'évolution*, op. cit.

[29] Cf. mais adiante, capítulo 12.

O homem em vias de desaparecimento?

Essa fantasmagórica individualização dos genes, proposta por Dawkins, é retomada, de modo mais provocador ainda, por alguns microbiologistas que se tornaram autistas por seu fechamento ultra-especializado em sua disciplina. Citaremos, a título de exemplo, a hipótese de Lynn Margulis e Dorion Sagan, que descrevem os microorganismos (micróbios, bactérias etc.) como "utilizadores" do homem, que se servem deste último para se espalharem no universo. Desse modo, a humanidade, suas obras e suas técnicas (principalmente espaciais) seriam tão-somente um meio estratégico, uma espécie de navio tomado de empréstimo por esses agentes corpusculares para colonizar os espaços intersiderais. Nós seríamos, no final das contas, os instrumentos inconscientes de uma entidade vaga, a biosfera, composta de partículas, as únicas a serem os verdadeiros "sujeitos" do mundo.[30]

A esta altura, a descrição pretensamente microbiológica se reúne diretamente com as hipóteses adiantadas pela ecologia profunda, nos confins da ciência e da espiritualidade *new age*, em alguns de seus componentes. Pensamos, sem dúvida, na *hipótese Gaia*, de James Lovelock, que descreve a terra e a biosfera como um gigantesco ser vivo do qual seríamos apenas um componente entre outros.[31] Para a mitologia grega, tal como o grande poeta Hesíodo a relata em sua *Teogonia* (século VIII a.C.), Gaia personifica a terra que se une a Urano (o céu) para dar nascimento a seis Titãs e seis Titânidas, que constituem a primeira geração dos deuses do céu e da terra. Reinterpretando esse mito fundador, Lovelock designa Gaia, a terra, como uma criatura

---

[30] Lynn Margulis e Dorion Sagan, *L'Univers bactériel. Les nouveaux rapports de l'homme et de la nature*, trad. do inglês de Gérard Blanc e Anne de Beer. Albin Michel, 1989.

[31] Cf. James Lovelock, *Les Âges de Gaïa*. Robert Laffont, 1990, e *La Terre est un être vivant. L'hypothèse Gaïa*. Flammarion, 1993.

viva, que sofre e se vê mutilada hoje pelos empreendimentos humanos. Invocar Gaia, mãe nutriz e criatura ferida, é convidar o homem a uma nova modéstia ecológica. Designado como um simples escalão na organização cósmica da matéria viva – a meio-caminho entre os corpúsculos e Gaia –, o homem é convidado a se re-naturalizar, a se fundir em uma biosfera que o engloba, a quase se apagar por trás de uma "criatura" planetária, da qual os direitos primam sobre os seus. Direitos dos animais, das florestas, dos oceanos, dos rochedos, dos lagos ou dos rios...

Não discutiremos aqui a respeito do anti-humanismo que aflora nos discursos da *deep ecology*, e já evocado a propósito da defesa dos animais.[32] Limitemo-nos a registrar aqui uma primeira e significativa convergência entre cientificismo e mística da *new age*, reunidos aqui em uma mesma negação do *princípio de humanidade*. Há outras...

Do "eu" sofredor ao "não-si-mesmo" tranqüilo

O encontro entre algumas pesquisas neurocientíficas e o budismo constitui, com efeito, um segundo exemplo de convergência. Este é, sem dúvida, o mais estimulante para a reflexão, o que não o impede de ser discutível em suas implicações. O interesse acentuado manifesto, a partir de sua disciplina, por um neurobiologista como Francisco Varela pela espiritualidade budista é sua melhor ilustração. Por quais caminhos ele passa? A resposta torna-se clara a partir do momento que tenhamos na memória os principais postulados cognitivistas, aos quais Varela adere.

O desaparecimento da individualidade humana em favor de outras realidades (corpusculares ou neurológicas) é uma das hipóteses

---

[32] Cf. mais acima, capítulo 2.

avançadas pelas ciências cognitivas. Essa desconstrução do sujeito está até no centro de seu procedimento. Por meio desse viés, elas tomam literalmente de assalto esse território que elas tinham até o presente deixado para a filosofia: o espírito humano. Segundo os próprios cognitivistas confessam, "elas vão tão longe nesse sentido que nos permitem pensar o espírito fora de qualquer referência com a noção de sujeito".[33] Em outras palavras, *a inexistência da individualidade humana* é apresentada como uma constatação de tal modo "evidente" que tornaria caducos, ao mesmo tempo, tanto o humanismo ocidental como a filosofia cartesiana. Os progressos no conhecimento do cérebro humano, aliados a uma reflexão teórica nova, teriam chegado a "demonstrar" que o espírito é uma realidade problemática, e que, em todos os casos, o espírito, tal como é estudado nos laboratórios, é desprovido de "si mesmo". *Sai da cena* o indivíduo!

De bom grado é citado o humor do neurobiologista americano Daniel Dennet, que vai muito além de simples piada: "Vocês entram no cérebro pelo olho, sobem pelo nervo óptico, rodeiam o córtex, olhando por trás de cada neurônio e, antes até que se dêem conta, vocês se encontram à luz do dia sobre a crista de um impulso nervoso motor, coçando a cabeça e se perguntando onde se encontra o si mesmo".[34] Por trás do tom friamente irônico da questão se expressa uma espécie de embaraço: a ciência de hoje nos apresenta a obrigação de renunciar a nosso eu soberano, voluntarista, embarricado, em favor de realidades genéticas e neuroquímicas. Eis-nos, órfãos de nós mesmos, em luto por nossa consciência, obrigados a nos aliar a um novo *niilismo*. Não nos admiraremos de que este último conceito tenha novamente se tornado onipresente na reflexão contemporânea.

---

[33] Francisco Varela, Evan Thompson, Eleanor Rosch, *L'Inscription corporelle de l'esprit. Sciences cognitives et experience humaine*, op. cit.
[34] *Ibid.*

Contrariamente ao que cremos – e repetimos fastidiosamente – com demasiada freqüência, não é simplesmente a conseqüência de um pretenso "fim" das ideologias ou da História; também não é mais o testemunho passageiro de um vago pessimismo. Seu enraizamento é mais profundo: *ele se apóia sobre nossa dificuldade crescente em definir ontologicamente a humanidade do homem.*

Ora, esse niilismo teria de particular o fato de que ele é, ao mesmo tempo, inelutável e inabitável. Inelutável, porque "demonstrado" pela ciência; inabitável, porque destruidor do sentido, da finalidade, daquilo que outrora se chamava de "razões para viver". Ele colocaria o homem da modernidade e do desencantamento diante de uma contradição maior, um impasse existencial que ninguém é capaz de superar. Eis-nos, esquartejados entre o vazio e a necessidade de sentido, cativos de uma situação invivível e impensável. "Nossa cultura está minada pelo fato de que somos condenados a crer em alguma coisa da qual sabemos que ela não pode ser verdadeira."[35] As neurociências dizem ter definitivamente dissipado o homem, sua humanidade e seu antigo *ego* cartesiano. Elas, desse modo, tornaram-se, pela força das coisas e pelo encadeamento lógico de suas descobertas, *teorias do não-si-mesmo*, mas que não propõem nenhuma alternativa.

Ora, se o não-si-mesmo é um conceito incompreensível para um ocidental, ele é familiar para algumas tradições, entre as quais o budismo. Tal é a razão essencial – e lógica – de uma convergência. Varela toma consciência do caráter desesperador do niilismo, ao qual as neurociências fatalmente nos conduzem. Contudo, uma coisa é "constatar" cientificamente o não-si-mesmo, e outra é renunciar a esse "elã habitual" que nos leva a defender nosso sentimento de existir como consciência individual, como "eu". O dilema é teoricamente insolúvel, exceto se nos desinteressarmos pela experiência humana,

---

[35] *Ibid.*

falha autista que ronda, como vimos, o pensamento cognitivista, e que Varela se recusa, por sua vez, a confirmar. É o motivo pelo qual ele se volta, e insiste que nos voltemos também, para o pensamento oriental. A seu ver, apenas o budismo nos permite educar nossa experiência e tornar nosso, *sem angústia*, um pensamento do não-si-mesmo. O perito em informática Pierre Lévy, citado mais acima, partilha essa tentação asiática e se diz pronto para renunciar à ilusão do eu, "esse truque" que, a seus olhos, "perdeu uma parte de sua utilidade".

Para a tradição búdica da via média, o "si mesmo" não é apenas uma ilusão, mas está na própria origem do sofrimento humano. É nossa obstinação em querer construir um sentimento de individualidade, uma reserva ciumenta de sua própria diferença, que é a causa de nossas dores e de nossas angústias. É por que o espírito se apega, ou até se agarra, a esse falso semblante que ele é habitado pela angústia. Essa ilusão do si mesmo "serve como base intelectual para as paixões, que são essencialmente ligações entre um sujeito e um objeto exterior, que é freqüentemente também um sujeito. Ele reforça a necessidade que o indivíduo tem de se apropriar dos seres e das coisas, de objetivá-los, em vez de vê-los como são em si mesmos, fora do campo estreito de seus desejos e de seus pressupostos. Essas paixões são freqüentemente designadas como os três venenos: a cobiça, o ódio e o erro ou ilusão".[36]

O meditador budista aprenderá justamente a se desfazer dessas falsas expectativas e desses impulsos vãos. Ele se dedicará a isso ao passar pelas duas etapas da prática meditativa: a pacificação ou domesticação do espírito (em sânscrito: *shamatha*) e o desenvolvimento do discernimento (em sânscrito: *vipashyana*). Para escapar ao

---

[36] Paul Magnin, "Le bouddhisme et la dépossession du Soi", em *Études*, abril de 1997.

niilismo, o meditador apela igualmente para a distinção búdica entre "verdade relativa" (*samvrti*), que designa a aparência das coisas, e "verdade última" (*paramartha*), que é justamente a ausência de fundamentos. Desse modo, ele aceitará pacificamente o não-si-mesmo ou a ausência de si mesmo (*anâtman*). Tanto os indivíduos como as coisas, ensina o Buda, são desprovidos de natureza própria, de substância. A ilusão de um eu individual, de um princípio pessoal, é tão-somente o fruto da ignorância (*avidyâ*). O meditador aceitará também a impermanência, ou seja, o caráter transitório e perecível de todos os fenômenos que compõem nosso universo.

Notaremos que, em sua descoberta do budismo, Francisco Varela testemunha um entusiasmo que confina com o proselitismo. Ele não hesita em escrever que a redescoberta da tradição búdica pelo pensamento moderno é uma "segunda Renascença na história cultural do Ocidente", Renascença que ele compara com a redescoberta do pensamento grego no fim do período medieval, por ocasião da primeira Renascença ocidental. O não-si-mesmo pacífico e a impermanência serena, ensinados por essa tradição meditativa vinda do Oriente, seriam nosso caminho último? Tal é a questão colocada hoje por alguns teóricos da desconstrução.

Os quatro erros

Essas demasiadamente breves observações nos mostram que o interesse manifesto no Ocidente pelo budismo não é apenas o efeito de uma moda (ainda que, dúvida, esta se verifique). Certa quantidade de fatores – nem sempre inocentes – conjuga-se para explicar essa nova e forte tentação oriental que não deixa de relembrar a que a Europa conheceu no século XIX. Em um notável e volumoso trabalho (em dois volumes distintos), fruto de muitos anos de pesquisa e fundamentado sobre inumeráveis testemunhos de "convertidos", o sociólogo Frédéric Lenoir procurou principalmente fazer um recenseamento das motivações desses homens e mulheres que escolhem "se refugiar" (é a expressão consagrada) no budismo.

Conhecemos suas principais motivações, na lista das quais é preciso classificar uma lassidão, até um desgosto pelo consumismo desenfreado que se tornou regra nos países ocidentais, uma rejeição do economismo a todo custo, e um sentimento de frustração diante do desencantamento do mundo ou da ausência de vida espiritual. Detecta-se em um número crescente de ocidentais, escreve Lenoir, a necessidade "de reencontrar um pensamento mítico e mágico, aos quais o racionalismo moderno lhes proibiu o acesso".[37] Eles experimentam no budismo a rejeição de qualquer transformação coletiva do mundo, em favor da única transformação de si mesmo. Quanto a isso, o conceito de *carma* (causalidade) substitui as idéias cristãs de Providência, ou o voluntarismo das Luzes. Desse ponto de vista, o budismo chega no momento oportuno a esse "imenso campo de ruínas utópicas e ideológicas" que se tornou o mundo ocidental.[38]

A tudo isso, é preciso acrescentar a crise incontestável das grandes religiões bíblicas (cristianismo e judaísmo), percebidas hoje como excessivamente dogmáticas, burocráticas ou moralizantes. "Os ocidentais, que censuram as Igrejas por não transmitirem mais que um discurso dogmático e normativo, são particularmente sensíveis a esse caminho espiritual inteiramente centrado sobre a experiência individual. À figura do sacerdote, do pastor ou do rabino, que transmite aquilo que é preciso crer e não crer, fazer e não fazer – em poucas palavras, o dogma e a norma –, eles opõem a figura do mestre oriental, que ensina as modalidades de uma experiência que ele próprio realizou."[39] Com este último – o "lama-origem", conforme a terminologia consagrada –, os

---

[37] Frédéric Lenoir, *La Rencontre du bouddhisme et de l'Occident*. Fayard, 1999.
[38] *Ibid.*
[39] Frédéric Lenoir, *Le Bouddhisme en France*. Fayard, 1999.

novos adeptos estabelecem relações pessoais, acedem a um intercâmbio socrático, encontram uma disponibilidade atenciosa e um frescor que dizem não encontrar mais nos representantes de suas próprias tradições religiosas.

Ao dogma que vem de cima, eles preferem a sabedoria sugerida de modo reconciliador e desembaraçado, dizem eles, de qualquer culpabilização. A maioria dos relatos individuais coletados por Frédéric Lenoir insiste nessa idéia de doçura ou de equanimidade budista, que lhe parece mais diretamente em sintonia com a sensibilidade contemporânea. Daí uma benevolência instintiva – e nem sempre fundada – da opinião pública e dos meios de comunicação a respeito de uma sabedoria individualizada, percebida como eminentemente tolerante. "Ainda que sem conhecer bem [o budismo], reconhecemos nele os valores principais da modernidade: liberdade deixada a cada um de seguir seu próprio caminho espiritual, religião mais fundada sobre a experiência e a razão individual do que sobre uma teologia dogmática, eficácia da prática que tem implicações concretas na vida de todos os dias, tolerância, ausência de discurso moral normativo etc."

A atração do exotismo não está, evidentemente, ausente desse novo elã pelo Oriente. Digamos que, no mínimo, ele se acrescenta a todo o resto. A imagem do Tibet, lugar inacessível e inviolado, mítico "teto do mundo", ao abrigo das corrupções consumistas, incontestavelmente desempenhou um papel. Além do mais, a agressão chinesa contra o Tibet nos anos 50 e, depois disso, a destruição da cultura tibetana, planificada por Pequim, fizeram desse povo *a encarnação exemplar do país mártir, opondo à barbárie de seus conquistadores a imperturbável doçura de seus lamas*. Tudo parece acontecer, aos olhos dos ocidentais, como se os tibetanos se tivessem refugiado em uma temporalidade "diferente", em uma espécie de eternidade, tanto mais fascinante pelo fato de nos sabermos, tanto na Europa como na América do Norte, destinados ao curto termo da modernidade. É assim que a figura do Dalai Lama, veiculada pelos meios de comunicação, tornou-se, progressivamente, a imagem invertida do papa: modéstia tolerante contra o "esplendor da verdade", sábio expulso de sua terra contra a majestade pontifical, sorriso eterno do sábio contra cenhos franzidos do prelado etc.

Todos esses motivos que explicam a atração pelo budismo são conhecidos e até fastidiosamente repetidos. Talvez até demasiadamente, a tal ponto que negligenciamos uma outra, mais abstrata, mas, no entanto, essencial: *a suposta adequação entre algumas "transgressões" tecnocientíficas contemporâneas e a tradição budista*, ao menos do modo como a percebem e a reinterpretam os europeus. A negação do conceito clássico do indivíduo, o desaparecimento possível da humanidade do homem, a ruína do eu, a dissolução do princípio genealógico e a rejeição da ordem simbólica: todas essas ocorrências que são vividas como outros tantos *lutos*, até como uma catástrofe mental, pela filosofia ocidental, parecem estranhamente compatíveis com a meditação budista.

No espírito daqueles que são tentados a nele se refugiar, o budismo não só irá consolá-los da perda do eu, mas também vai libertá-los dessa funesta obsessão. Ao abolir a dualidade entre o eu e o "grande todo", ele os convida à doce e pacífica fluidez de um retiro consentido. A aceitação de uma ausência de fundamentos e a renúncia à falsa individualidade ocidental devem libertá-los, ao mesmo tempo, da "fadiga de ser a si mesmo", para retomar a expressão de Alain Ehrenberg, e do temor de não mais poder sê-lo.[40] O budismo, em suma, rejeita providencialmente os quatro erros que são considerados como presentes na fonte do mal-estar contemporâneo: "Não há – diz ele – nem permanência, nem duração na fruição das coisas e dos seres, nem princípio absoluto que seja

---

[40] Alain Ehrenberg, *Le Culte de la performance*. Calmann-Lévy, 1991.

nomeado como um Si mesmo, nem algo não composto que seja nomeado como pureza".[41] É nisso que o historiador anticlerical Edgar Quinet, membro do Collège de France no século XIX, podia designar o Buda como "esse grande Cristo do vazio".

Tal é também o motivo pelo qual tais escolas de pensamento oriental, mais próximas de uma sabedoria do que de uma religião revelada, são percebidas como miraculosamente concordes com a modernidade. Elas parecem dar razão, se o podemos dizer, às reflexões científicas mais avançadas e curam, de suas próprias descobertas, os pesquisadores, cognitivistas ou outros, que põem em questão a humanidade do homem. Francisco Varela, evidentemente, é um deles.

Ora, é aqui, sem dúvida, que a albarda machuca...

Um budismo imaginário

Como todos os engasgos, o de que o budismo é hoje objeto não deixa de ter suas ambigüidades nem mal-entendidos. Estes últimos se devem não tanto ao conteúdo do budismo, e sim à interpretação que os ocidentais, de boa-fé, dele apresentam. Ela é flagrante na visão simplificadora, propagada pelos meios de comunicação, simplificação que os mestres budistas são os primeiros a deplorar. Notemos, em primeiro lugar, que a extrema variedade, a multiplicidade de "vias" budistas é, na maioria das vezes, subestimada ou até ignorada. Quando o Dalai Lama é apresentado como uma espécie de autoridade moral universal, esquecemo-nos de que ele é o mestre espiritual apenas de uma escola, a dos "virtuosos", fundada no século XIV por Tsong-kha-pa, e dominante no Tibet desde o século XVII. Do mesmo modo, são minimizadas as profundas diferenças que existem entre os três principais ensinamentos

---

[41] Paul Magnin, "Le bouddhisme et la dépossession du Soi", op. cit.

budistas representados no Ocidente: o budismo antigo ou *Theravâda* (Pequeno Veículo), provindo do Sri Lanka e hoje dominante nos países do sudeste asiático, exceto o Vietnã; o do *Mahâyâna* (Grande Veículo), presente por meio de diversas escolas japonesas (Zen, Nichiren, Shoshu) e vietnamita; o do *Vajrayâna* (Veículo de diamante), essencialmente representado pelos centros tibetanos. Estas duas últimas escolas são as mais ativas na França, pois elas contam cada uma com cerca de cem centros, ou até mais.

Fazendo do budismo "uma" sabedoria universal, passível de se opor às diversas intolerâncias das religiões reveladas, cometemos o mesmo erro que aquele que apresenta a tradição abraâmica (judaísmo, cristianismo, islamismo) como uma única e mesma religião. Desse modo, chegamos a comparar um budismo idealizado, até imaginário, com as piores caricaturas de um judeu-cristianismo ou de um islamismo identificado com seus desvios temporais.[42] Na realidade, a história do budismo é também marcada por confrontos crispados, lutas e desvios intolerantes, inclusive no Tibet. "As injustiças sociais eram [aí] gritantes e legitimadas pela lei do carma. Os abades dos mosteiros se comportavam por vezes como verdadeiros tiranos feudais. As lutas de poder entre linhagens, escolas e mosteiros foram incessantes e, às vezes, homicidas. Querer ignorar ou negar isso de nada serve para a causa do Tibet, conforme pensam alguns discípulos ocidentais."[43]

A segunda reinterpretação falha refere-se à pretensa cientificidade, ou ao racionalismo muito "moderno" do budismo, que se promove apagando sua parte de maravilhoso, até de magia, que essa tradição encerra. Existe, por outro lado, um paradoxo insólito: enquanto a magia desempenhou um papel indiscutível na atração exercida pelo budismo

---

[42] Tomo de empréstimo essa observação de Frédéric Lenoir, *Le Bouddhisme en France*, op. cit.

[43] Frédéric Lenoir, *La Rencontre du bouddhisme et de l'Occident*, op. cit.

nos ocidentais, estes tiveram a tendência, imediatamente depois, de esquecer essa dimensão, para insistir sobre uma pretensa modernidade que só existe em sua imaginação. Por outro lado, a história antiga dessa grande tentação oriental já fora marcada por algumas extravagâncias ou fraudes que falam por si mesmas. Pensemos nesse gosto pelo ocultismo e pelo paranormal partilhado, no século XIX, pelos fundadores da Sociedade teosófica, que desempenhou um papel importante no sucesso do budismo no Oeste. Entre esses primeiros teósofos, a história conservou os nomes do coronel Henry Steel Olcott e de Helena Blavatsky, de origem russa, nascida em 1831, e autora de diversas obras, entre as quais *A chave da teosofia* (1889). Sua hostilidade pelo cristianismo só se equiparava a seu ódio pelo judaísmo.

Quanto às fraudes espirituais *e* literárias, elas não faltaram no século XX. Lembremo-nos do relato – delirante – de Baird T. Spalding, *A vida dos mestres*, publicado nos anos 20 nos Estados Unidos e que vendeu milhões de exemplares em diversas línguas (entre as quais o francês). Também não nos esqueçamos do livro de Lobsang Rampa, *O terceiro olho*, publicado em Londres em 1956 e traduzido na França no ano seguinte. Esse livro, pretensamente escrito por um lama, exerceu imensa influência na Europa e no além-Atlântico. Suscitou debates febris e entusiasmos apaixonados, antes que fosse descoberta a verdadeira identidade de seu autor: o filho de um soldador de Plympton, no Devonshire: Cyril Hoskin, nascido no dia 8 de abril de 1910. Pressionado pelos jornalistas, ele acabou por se refugiar no Canadá, onde publicou cerca de vinte obras, desta vez, pura e simplesmente esotéricas.

O não-si-mesmo revisitado pelo individualismo

Há outros erros cometidos a respeito do budismo. Eles procedem de uma reinterpretação menos pitoresca, porém mais cheia de conseqüências. É preciso ao menos citar duas delas, que nos remetem diretamente ao *princípio de humanidade*. Evoquemos, em primeiro lugar, a questão muito embaraçosa do "progresso" ou da evolução orientada para algo "melhor". Para alguns adeptos ocidentais do budismo, a garantia de reencarnações sucessivas, em função dos méritos acumulados por cada um durante sua vida terrestre, corresponde a uma espécie de princípio evolucionista. Alguns não hesitam em ver nisso, *mutatis mutandis*, um equivalente de nossa idéia ocidental do progresso. Esse princípio permite, com efeito, que o Bem seja reconhecido e recompensado à medida que se prossegue a *transmigração*, essa viagem temporal dos seres que habitam suas vidas sucessivas ao longo do grande *samsâra* (o desenrolar da vida, o ciclo das existências).

Ora, essa descrição evolucionista do *samsâra* é puramente ocidental. É uma reinterpretação européia do budismo, diretamente influenciada pela idéia de progresso, assim como foi expressa pelos filósofos das Luzes e, muito antes deles, pelo judeu-cristianismo, portador da idéia de salvação ou de esperança. No budismo original, a transmigração não implica nenhuma orientação ou encaminhamento linear do "menos" para o "mais". O budismo é uma sabedoria do tempo curvo e não do tempo reto; sabedoria que exclui a idéia de progresso ou de voluntarismo histórico, ao menos como o entendemos. Essa acepção evolucionista do *samsâra* foi a dos teósofos do século XIX. Ela equivale verdadeiramente a uma ocidentalização do budismo, da qual a maioria dos novos adeptos de hoje não tem a menor consciência.

Poderíamos fazer a mesma observação a respeito do pretenso individualismo do budismo, que o espírito do tempo assimila de bom grado aos preceitos *new age* que preconizam o aperfeiçoamento – ou a "realização" – de si mesmo. Essa visão *zen* e californiana é também um absoluto contra-senso. Ela é abertamente criticada por alguns mestres budistas que vêem nisso a marca de um incurável egocentrismo ocidental. "É a mensagem essencial do budismo que é esquecida – diz por exemplo Droukchen Rinpoche, líder dos Droukpa Kargyu, uma linhagem tibetana. Essa mensagem essencial – acrescenta ele – é que, seja o que for que vocês façam, façam-no para todos os seres. A mentalidade dos ocidentais os leva a pensar apenas em si mesmos para se libertar, para obter a libertação, porque eles tendem a procurar alguma coisa diferente, como a paz interior, o que é bom, sem dúvida, mas eles a concebem apenas para si mesmos".[44]

O erro se torna claramente cômico quando evocamos o budismo para justificar uma permissividade oponível à pudicícia judaico-cristã. Isso significa esquecer que a ética búdica – por exemplo – condena a falta de pudor (décimo primeiro dos "vinte fatores malsãos derivados") e recomenda "a responsabilidade sexual", ou seja, o fato de "não ter relações sexuais sem amor ou compromisso em longo prazo" (terceiro treinamento para a plena consciência).[45]

Tais contra-sensos recorrentes a respeito de um budismo individualista, que se oporia, de modo muito moderno, a um judeu-cristianismo comunitário ou holista é uma escamoteação. Ela permite acomodar ao oriental uma disposição de espírito – o "eu em primeiro lugar!" – que é tudo, menos oriental. O budismo, conforme dissemos, não exalta o "eu", mas afirma sua inexistência, o que não é a mesma coisa. Interpretar a meditação budista como uma receita que permite desabrochar pacificamente seu ego é um procedimento no mínimo paradoxal. Em um livro famoso, publicado nos anos 70, o americano Harvey Cox ironizava já a respeito da incapacidade dos ocidentais de compreender e de aceitar essa "inexistência de si mesmo", que está no próprio fundamento do ensino do Buda. "Os neófitos – escreve ele – iniciando com dificuldade seu périplo, tropeçam

---

[44] *Sangha*, n. 10, outubro de 1994, citado por Frédéric Lenoir, *Le Bouddhisme en France*, op. cit.

[45] Thich Nhat Hanh, *Changer l'avenir. Pour une vie harmonieuse*. Albin Michel, 2000.

nesse conceito e acabam vendo nele algo que seria o contrário do egoísmo ou ainda do egocentrismo. Eles reencontram, desse modo, um conceito familiar que lhes é repetido desde a infância. Muito poucos compreendem a estranheza radical e a profundidade terrível da inexistência de si mesmo em sua realidade nua".[46]

Com efeito, essa releitura do budismo à luz do individualismo ocidental permite escapar ao *double bind*, à contradição impossível de ser vivida de uma sabedoria que sugere o abandono do ego justamente àqueles que se voltariam para ela a fim de "realizar" o ego. Reinterpretado desse modo, o não-si-mesmo se torna principalmente o álibi superficial de uma demissão social e de um egocentrismo pós-moderno. Desse ponto de vista, Paul Valadier não errou ao ironizar a respeito desse arremedo intelectual ao qual se entregam alguns cientistas – entre os quais Francisco Varela – que procuram, para apoiar suas teses, a caução de "uma sabedoria imemorial, que é reabilitada ou reciclada, vestindo-a com a última moda da pós-modernidade californiana".[47]

Nem homem nem direitos humanos?

Esse arremedo intelectual, essa acomodação do budismo ao modo ocidental permite principalmente esvaziar uma imensa questão, ao mesmo tempo ética e política. Ela se resume em poucas palavras: a incompatibilidade absoluta entre o não-si-mesmo – o das ciências cognitivas ou o do budismo – e os direitos humanos. Se o si mesmo é uma ilusão, se o homem enquanto indivíduo está em vias de desapa-

---

[46] Harvey Cox, *L'Appel de l'Orient*. Seuil, 1979.
[47] Paul Valadier, *Un christianisme d'avenir. Pour une nouvelle alliance entre raison et foi*. Seuil, 1999.

recimento, como iremos fundar o respeito por sua integridade ou por sua liberdade? Por mais admirável que ela seja, a *maitri* (compaixão) budista, que por vezes é aproximada à *ágape* (caridade) cristã, não implica necessariamente uma ação ativa (prestar socorro) em favor do outro. Se meu "si mesmo" é uma ilusão, o do outro também o será. E então? "Os que admiram tanto a compaixão budista – acrescenta Valadier – deveriam interrogar-se também sobre os efeitos sociais de uma atitude que pode compor bom arranjo com a resignação com a miséria humana, conseqüência inevitável, depois de tudo, do mundo da ilusão que seria vão e, sem dúvida, inútil, fazer recuar".[48]

Essa contradição entre a definição ocidental – mas universalista – dos direitos do homem e o não-si-mesmo budista é ainda mais difícil de resolver do que freqüentemente imaginamos. A lei do *carma*, com efeito, leva a imputar às faltas cometidas em uma vida precedente o infortúnio de uma situação presente ou de uma deficiência física. Mas como, nessas condições, analisar a injustiça de que são vítimas as crianças do terceiro mundo? Como "se unir com aqueles que proclamam que essas crianças têm o direito, *inerente a sua qualidade de ser humano*, de nascer em condições melhores"?[49]

Frédéric Lenoir relata, a esse respeito, uma anedota significativa, e que esteve na origem de um vivo debate no seio das comunidades budistas européias. Há alguns anos, Glen Hoddle, então selecionador da equipe de futebol da Inglaterra e convertido ao budismo, foi demitido por ter afirmado que "os deficientes pagavam faltas cometidas em vidas anteriores".[50] A emoção suscitada por essa questão, acrescenta Lenoir em substância, mostra bem que os ocidentais fazem mal, e isso é melhor, em aceitar uma concepção – científica ou budista – que contradiz

---

[48] *Ibid.*
[49] Denis Gira, "Les bouddhistes français", *Esprit*, junho de 1987.
[50] Frédéric Lenoir, *Le Bouddhisme en France*, op. cit.

sua ligação com os direitos do homem e com a justiça social. Exceto para renunciar, ao mesmo tempo em que ao homem, a seus direitos e a sua dignidade. Alguns, visivelmente, estão prontos a isso.

A respeito do budismo, a contradição, por outro lado, não data de ontem. Ela esteve presente, recorrente, controvertida ao longo de toda a história das relações entre o Ocidente e o Oriente. No passado, a referência às religiões orientais foi por vezes utilizada como arma contra o cristianismo e o clericalismo, então onipotentes. Ela é manifesta no século XVIII entre os enciclopedistas, em Diderot ou Voltaire, que viam na existência e na antigüidade de outras religiões a prova de que o cristianismo não é detentor exclusivo "da" verdade. É mais flagrante ainda, no século seguinte, em um filósofo como Arthur Schopenhauer (1788-1860), grande defensor do hinduísmo e do budismo, cuja influência sobre Nietzsche será considerável, pelo menos no início. É perceptível igualmente no historiador Jules Michelet (1798-1874), também muito interessado pelas lições vindas do Oriente. Para todos eles, a referência ao Oriente era considerada servir ao ideal das Luzes, alargando o horizonte do humanismo.

Mas o inverso foi igualmente verdadeiro. E aí se encontra todo o problema. O romantismo alemão e a tradição contra-revolucionária francesa encontrarão no pensamento oriental as armas para lutar contra a ideologia das Luzes, seus direitos humanos e seu materialismo. É nesse sentido que se pôde falar, já no século XIX, de uma "Renascença oriental", explicitamente dirigida contra as Luzes. Um Friedrich von Schlegel ou um Johann Gottfried Herder, iniciadores do *Sturm und Drang*,[51] não deixarão de exaltar a poesia, o maravilhoso, a magia e o primitivismo da Índia milenar, para opô-la ao racionalismo insensível das Luzes européias. Eles serão tentados a ver nos *Vedas*, os quatro grandes relatos fundadores do hinduísmo, um docu-

---

[51] Literalmente, *Tempête et Passions*, título de um drama de Friedrich Maximilian Klinger (1776), que deu seu nome ao movimento romântico alemão.

mento indo-germânico. Muito antes dos gurus ou dos cognitivistas da Califórnia, eles estão entre os primeiros a reinterpretar ideologicamente as religiões orientais para as necessidades de um combate. Na França do século XIX, um teórico da desigualdade como Joseph Arthur, conde de Gobineau (1816-1882), extraiu do mito ariano e do modelo das castas uma parte dos argumentos utilizados em seu famoso *Essai sur l'inegalité des races humaines* [*Ensaio sobre a desigualdade das raças humanas*].

Existe, portanto, desde o início, o que poderíamos chamar de um "orientalismo de extrema direita", de inspiração anti-humanista. Ele também se "reencarnará" diversas vezes no século XX, e continua muito presente.[52] Os prosélitos de hoje dão, com demasiada freqüência, a impressão de tê-lo esquecido. O fato de recordar essa ambigüidade não implica, evidentemente, nenhum julgamento sobre o budismo ou sobre o hinduísmo enquanto tais, nem sobre as neurociências ou o cognitivismo, designados como disciplinas científicas.

Não é a "santidade do vazio", a teoria do "não-si-mesmo", a existência dos genes ou a utilidade do ciberespaço que se trata de contestar, e sim o consentimento irrefletido em relação ao desaparecimento do homem. Um consentimento de hoje que, muito perigosamente, nos remete aos consentimentos de ontem.

---

[52] Eu o evoquei amplamente em *La Refondation du monde*, op. cit.

Segunda Parte
A Modernidade Regressiva

Um perfume muito à século XIX...

> *Não somos mais confrontados com o perigo*
> *de uma submissão geral do homem às ciências e às técnicas,*
> *mas ao de uma manipulação de alguns homens por outros.*
> Dominique Bourg[1]

Eis uma esquisitice que temos dificuldade de conceber: o ar do tempo, tão modernista, carrega também perfumes de outrora. Existe arcaísmo na pós-modernidade! A maior parte dos mal-entendidos provém disso. Entrando em um novo milênio, surpresos por invenções e tecnologias, acontece-nos, apesar de tudo, de nele encontrar, de modo fugitivo, alguns aspectos do... século XIX. Não gostamos muito de falar disso, porque recusamos instintivamente crer que a História possa caminhar por recuos. Preferimos celebrar a tecnociência triunfante – suas promessas, seus avanços, suas estranhezas – a encarar a hipótese de alguma regressão histórica que a acompanha. Nós nos embriagamos com prospectiva futurista, ficção científica e ebriedades cibernéticas. Não somos os filhos da

---

[1] "Bioéthique: faut-il avoir peur?", em *Esprit*, maio de 1991.

internet, da "rede", do digital e do novo mundo? A hipótese de um recuo histórico nos embaraça.

Erramos. A História, até a científica, jamais avança com a majestade de um rio. Ela também serpeia e por vezes se torce. Ela gagueja ou se dobra, como acordeão. Ela tem suas astúcias, dizia Hegel. Por conseguinte, ela enrola em seus turbilhões o novo e o velho, misturados. Em outras palavras, ela pode abrigar em seus recantos ou saliências *pedaços de passado postos novamente em estado de movimento*. O fato é que, nas confusões das revoluções contemporâneas, algumas remanescências de fato nos levam novamente ao século XIX. O de Dickens, de Guizot, de Schopenhauer, de Gobineau ou de Camille Flammarion, profeta do "fim do mundo".[2] Na verborréia contemporânea, aparecem retóricas e projetos que facilmente podemos identificar. E situar com precisão na história das idéias.

Isso é flagrante no front da geopolítica européia. Depois de 1989 e do grande naufrágio comunista, vimos com incredulidade ressuscitar micronacionalismos europeus e querelas de fronteira de imediatamente antes ou depois da Grande Guerra. A desordem dos Bálcãs, assim como a inquietação que perpassa a Europa Central, remete-nos *ipso facto* aos tratados de Versailles ou de Trianon e, muito antes deles, a essas instabilidades nascidas do desmoronamento de dois impérios: o austro-húngaro e o otomano. Na época, repetiu-se muito que, logo que se derretesse o iceberg comunista, a história antiga, por tanto tempo congelada, de novo se colocaria em movimento. Escreveu-se muito que iriam então brotar de novo, sob o gelo, os problemas não resolvidos de outrora. Nacionalismos mortíferos ou novas "primaveras dos povos"? Houve debate a esse respeito, e esse

---

[2] É o título de um famoso artigo "científico" de Camille Flammarion, publicado em 1905, na revista *Je sais tout*. Nesse artigo, o astrônomo anunciava a possível destruição da Terra depois de sua colisão com um cometa.

debate nos levava de novo muito longe para trás. Houve até alguns nomes próprios, jamais pronunciados entre nós durante um bom século, que se tornaram novamente familiares a nossos ouvidos de ocidentais: Bósnia-Herzegovina, Sarajevo, Modávia, Tchetchênia. Esse espantoso *revival* não era uma questão desprezível.

Sobre o campo da economia e do "social", o paradoxo foi também totalmente perturbador. Vimos reaparecer – sob a capa de progresso – um capitalismo à antiga, aquele sem freios e sem escrúpulos, da Revolução Industrial e de Adolphe Thiers. Germinal esteve na moda. A explosão estrepitosa das desigualdades, o esfacelamento das leis sociais e a depressão do Estado-providência faziam renascer entre nós injustiças não tão distantes das que denunciavam os Gavroches de 1871 ou Karl Marx em seu *Manifesto do partido comunista* (1848). Ao mesmo tempo, reapareciam na paisagem ocidental as "grandes famílias" de posse, os multibilionários mirabolantes, os impérios financeiros mais fortes que os Estados, os poderes incomensuráveis, as lógicas dos marajás ou de castas vindas de outro tempo. Como os pobres de Victor Hugo ou de Charles Dickens olhavam com cobiça as vitrinas das padarias, os pobres de hoje aprenderam a contemplar a riqueza dos poderosos nas telas de televisão. Onde estava a diferença? Aqui, ainda, o "velho" atravessava por baixo do novo.

Essa ambivalência futurismo/regressão do novo século é mais singular ainda no campo do conhecimento e nas visões do mundo que ela induz. Basta pensar nesse novo parentesco à moda do século XIX do cientificismo com a irracionalidade. Eis que volta a nós essa mesma coabitação entre positivismo sentencioso e ocultismo, recolocados no estilo atual: ciências exatas e adivinhação descomplexada, econometria e videntes superlúcidas em *prime time*. Como no século XIX, a arrogância cientificista reinventa em seu campo a ingenuidade peremptória zombada por Flaubert, ao passo que o espírito do tempo aclimata novamente, em contrapartida, um consolador "para além do real". Tecnociência pela manhã, *X Files* e mesa branca pela tarde...

Havíamos esquecido que as duas coisas caminhavam juntas e que *a superstição cientificista provoca novamente, cedo ou tarde, a superstição pura e simples*. Esse fenômeno não deixa de lembrar a reação romântica do século XIX, quando demasiado cientificismo já ameaçava matar a razão, e o *sentimento* pôde aparecer como um contra-veneno. Um contra-veneno mais perigoso que o veneno... "Pelo fim do século XIX – escreve Giorgio Israel – notamos uma indiferença progressiva em relação à especificidade do homem. [...] É de fato o romantismo que, apesar de seu antropocentrismo e de seu interesse obsessivo pelo indivíduo, havia lançado as bases da decadência".[3]

Mas há algo mais espantoso, e desta vez em um campo que poderíamos qualificar de ideológico. Abandonado a si mesmo e aplicado à espécie humana, o projeto tecnocientífico vem reconstituir modos de dominação, justificar renúncias morais, fundar um anti-humanismo que são o eco direto de um passado reconhecível. Nesse campo, a estranheza da regressão torna-se propriamente surpreendente. Colonialismo, racismo, escravatura, eugenia, niilismo: eis o que volta a nós – sob o verniz de uma maquiagem *new look* – configurações morais, projetos ou falsas fatalidades *que, evidentemente, nos levam para trás.*

Hoje, portanto, estamos imersos em uma paisagem mental mais coagulada, contraditória e paradoxal do que parece. Nela, o novo se emparelha com o *dejà vu*. O pior arcaísmo nela encontra lugar no coração de tecnologias avançadas; ele se insinua por vezes nas profissões de fé mais científicas. Aprendemos de novo uma velha evidência demasiadamente esquecida: progresso técnico e progresso moral não caminham forçosamente juntos. "Não há ligação necessária entre a pertinência científica e a pertinência jurídica ou moral".[4] E isso é dizer pouco. A hipótese da clonagem humana não reinventa as categorias

---

[3] Giorgio Israel, *Le Jardin au noyer. Pour un nouveau rationalisme*, op. cit.

[4] Marc Augé, em *Vers un antidestin. Patrimoine génétique et droits de l'humanité*, op. cit.

mentais da escravidão? As biotecnologias não podem favorecer uma reconquista colonial ou a genética gerar um racismo de terceiro tipo? Sem dúvida. É por esse motivo que o discurso contemporâneo sobre a ciência falha seu objetivo quando usa a injunção do tudo ou nada.

Nosso problema não é aceitar ou recusar a revolução científica; a urgência do momento não é ser rigidamente tecnófilo ou tolamente tecnófobo; a opção a fazer não está entre o conhecimento e o obscurantismo. A tarefa que incumbe para quem quer permanecer de olhos abertos é a de *só aceitar o discurso científico sob a reserva de verificação*. O imperativo é o de conservar a ciência sob o controle da razão humanista. A lucidez mínima consiste em desemboscar a regressão por trás do progresso, em mirar a capitulação ideológica sob a adesão devota à tecnociência, em denunciar a injustiça disfarçada em "mudança". Trata-se, em uma palavra, de estar mais atento às astúcias da História e às dos homens.

É essa triagem necessária entre o suportado e o escolhido que desejaríamos esboçar nos capítulos seguintes.

Capítulo 7

Figuras novas do arcaísmo

As noções antigas, ligadas à concepção de uma "ontologia progressiva" que se expressou nas teorias da escravatura, do direito da conquista, do direito da colonização, poderiam, se não estivéssemos atentos, encontrar novamente um campo de aplicação.
Marc Augé[1]

Ao ler a enorme literatura consagrada às novas revoluções tecnológicas, ao examinar as promessas que se exprimem e os temores que se exibem, ficamos por vezes surpreendidos com o vocabulário empregado. Nessa nova guerra de palavras, a convocação inquieta do passado é permanente. Íamos escrever *obsessiva*. De fato. A terminologia escolhida hesita constantemente entre os amanhãs que cantam ou o horror que retorna. Esse contraste não é devido ao acaso. Podemos ver nisso um sintoma. Ele merece ser levado a sério. As coisas voltam, com efeito...

---

[1] *Ibid.*

Um novo pacto colonial?

Escolhamos um primeiro termo: o de "colonialismo". Em primeiro lugar, não viria à mente de ninguém imaginar que ele estaria de volta. Não só saímos do ciclo amargo das guerras coloniais e das lutas de libertação, mas concordamos, pouco a pouco, com uma forma de *arrependimento* histórico sincero. A América a respeito do Vietnã, a França a respeito da Algéria ou do continente negro, a Inglaterra em relação ao Oriente Próximo, a própria Rússia em relação às atitudes de seu antigo império. Na Europa, a geração que está nos comandos – os *babybooners* – é a do remorso ocidental e do "soluço do homem branco". Não há nada que ela recuse com mais força do que sua antiga aventura colonial ou seu imperialismo passado. Quanto à nova ordem mundial, que cada um evoca e que as conferências internacionais exaltam ritualmente, ela se pretende isenta de qualquer neocolonialismo. É banalidade relembrar isso.

Ora, pela interpretação das biotecnologias, uma nova prática mundial se estabelece, não deixando de lembrar, *mutatis mutandis*, a lógica colonial de outrora. O mecanismo em ação é relativamente fácil de demonstrar. As indústrias biotecnológicas, conforme dissemos, são o poder de amanhã. Elas representarão, dentro de alguns anos, um mercado de muitas centenas de bilhões de dólares, e muito mais ainda nas décadas seguintes. "Aquele que controlar os genes controlará o século XXI", garante Jeremy Rifkin.[2] Dizem por vezes que os genes são "o ouro verde" do futuro. Essas biotecnologias operam tanto na agroalimentação como na saúde ou no *pharming* (criação de animais de laboratórios). *As matérias-primas, sobre as quais se fundamenta sua atividade, não são mais o cobre, o ferro ou o fosfato, mas os genes.* Quer se trate do

---

[2] Jeremy Rifkin, "Biotechnologies: vers le meilleur des mondes?, em *Les Clés du XIe siècle*, op. cit.

vegetal (sementes, biodiversidade etc.), do animal (espécies transgênicas) ou do humano (seqüenciamento do genoma).

Uma gigantesca corrida para os genes foi, portanto, encetada em todo o planeta. Ela põe em confronto algumas grandes sociedades que se procuram apropriar, graças à patenteação do ser vivo, do gene raro, da bactéria útil, da semente eficaz, da espécie animal preciosa. Aquele que ainda ontem participava da bela gratuidade do mundo (as *res nullius* do direito romano) hoje se torna privatizável. Trata-se de partilhar o mais rápido possível esse novo Eldorado genético, enquadrando-o com barreiras jurídicas, perímetros privativos, marcas comerciais etc. Ora, o que a genética permite confiscar, por exemplo, por meio de uma semente vegetal ou de uma espécie animal, é uma experiência humana acumulada há séculos.

Essa experiência é a dos camponeses dos dois hemisférios, dos cultivadores africanos ou dos rizicultores asiáticos que, de geração em geração, adquiriram um saber empírico concretizado pela seleção paciente das sementes ou das espécies, das quais o genoma se tornou seqüenciável e, portanto, patenteável e comercializável. Essa apropriação se tornou possível por uma estranheza jurídica, para não dizer de um racismo inconsciente. É o seguinte: a experiência acumulada dos camponeses do Sul não vale como um "direito de propriedade intelectual", ao passo que o trabalho de alguns geneticistas de bata branca é imediatamente patenteável. Dois pesos e duas medidas. Com efeito, os novos "colonialistas" do Norte tratam a biodiversidade do Sul como se ela se tratasse de um dado bruto, um material primitivo que data da Idade da Pedra e, portanto, sem valor. A seu ver, o "valor" só começa de fato com a intervenção tecnocientífica. Esse contra-senso surpreendente é tão absurdo – e iníquo – quanto, por exemplo, a assimilação dos aborígenes da Austrália a animais, feita pelos primeiros *convicts* (prisioneiros condenados ao trabalho forçado) que vieram da Inglaterra.

Poderíamos acrescentar que essa nova injustiça feita ao Sul implica que nos esquecemos deliberadamente da simples verdade histórica. Conforme freqüentemente o relembra a Organização Mundial contra a Fome (FAO), os países do Norte aproveitaram amplamente, para seu próprio desenvolvimento, o patrimônio biológico e, portanto, o saber camponês acumulado no Sul. "A agricultura americana se construiu graças a esses recursos genéticos importados livremente do mundo inteiro, uma vez que a única espécie importante, originária da América do Norte, é o girassol".[3] Com toda a lógica, a América deveria sentir-se obrigada a reembolsar sua dívida genética para com o resto do mundo. Acontece, porém, o contrário. Apenas nosso entusiasmo de princípio pela tecnociência nos impede de tomar a verdadeira medida de tal injustiça. Diante dessa iniqüidade, as bravatas dos grandes produtores de sementes que juram querer lutar contra a fome no mundo graças a seus organismos geneticamente modificados (OGM) dão azo ao sorriso.

Os países do ex-terceiro mundo começam a compreender a nova dependência que os ameaça. Não são mais suas matérias-primas que arriscam tornar-se o objeto de um novo pacto colonial, e sim o patrimônio imaterial de seus genes. Uma semente agrícola provinda da África pode ser seqüenciada e melhorada, para se tornar *propriedade* de um grande laboratório biotecnológico, e ser revendida por alto preço – sob a forma de patente de exploração – ao próprio país de onde ela provém. Isso é, portanto, uma verdadeira "biopirataria" de natureza colonial que se tornou possível. As regiões tropicais da Ásia, da África e da América constituem hoje imensos reservatórios de diversidade biológica que incitam os grupos privados do Norte a uma nova forma de conquista.

Se ela fosse levada até seu fim – ou seja, se as coisas caminhassem em seu ritmo –, a colocação sob tutela dos países pobres, sob outras

---

[3] Jean-Pierre Berlan et Richard C. Lewontin, "Racket sur le vivant", *Le Monde diplomatique*, dezembro de 1998.

formas, não teria nada a invejar da dos séculos XVIII e XIX. "O que será de todos aqueles que perderão seus meios de subsistência, quando o cacau, a baunilha, os edulcorantes não terão mais nada de exótico e serão fabricados como o levedo e o iogurte? Qual será a 'autonomia' de centenas de milhares de camponeses que dependem inteiramente de multinacionais produtoras de sementes e de agroquímicos ao mesmo tempo?"[4]

Desde o fim dos anos 80, alguns dirigentes do Sul se inquietaram com isso. Na época, tratava-se principalmente de sementes vegetais. "Uma verdadeira política de dominação sobre as sementes se instalou depois, declarava em 1987 o ministro da Pesquisa Científica da Costa do Marfim, da qual "o coração e o cérebro" se encontram nos países industrializados e que, em seu desenvolvimento, levará o terceiro mundo a depender ainda mais estreitamente do exterior para sua alimentação".[5] Hoje, as sementes vegetais não são mais as únicas em questão. Todas as formas de vida são atingidas.

A reconquista do mundo

Essas formas insidiosas de colonialismo são, de fato, regularmente evocadas nas grandes conferências internacionais, como a de Bratislava, em 1998, consagrada ao regime das patentes. Elas são, igualmente, o objeto de ásperas negociações diante das instituições mundiais, como a Organização Mundial do Comércio (OMC), o Fundo Monetário Internacional (FMI) ou o Programa das Nações Unidas para o Desenvolvimento (PNUD). Diante de todas essas instâncias,

---

[4] Otta Schäfer-Guigner, "Dignité de l'humain et dignité de la diversité", em *Vers un antidestin. Patrimoine génétique et droits de l'humanité*, op. cit.

[5] Citado por Bakary Touré, "L'exploitation des ressources végétales des pays du Sud", em *ibid*.

garante-se querer "humanizar" a globalização, lutando contra o neocolonialismo. Em relação à biodiversidade, é uma preocupação dessa natureza – um princípio de eqüidade – que inspirava o texto assinado em junho de 1992 por ocasião da Conferência de Cúpula da Terra do Rio (Brasil), texto que entrou em vigor no dia 24 de dezembro do ano seguinte. Mas a gravidade das idéias dominantes – desregulação, privatização, liberdade do comércio – torna essas tentativas suficientemente vãs e essas declarações generosas de fato inoperantes. Uma vez mais, encontramos conjugados os efeitos das três grandes revoluções do momento (econômica, informática, genética), conjugação diante da qual o humanismo democrático está quase desarmado.

Basta ouvir as vozes vindas do Sul para nos convencermos disso. Todas constatam – para denunciá-la – a pregnância irresistível das leis do mercado na nova organização do mundo. "A ideologia da globalização – nota com certa ponta de ironia um universitário argentino – significa, afinal de contas, uma privatização do poder. Esta não é muito sensível ao diálogo intelectual. Desse modo, o hipercapitalismo que alimenta a globalização rejeita qualquer 'revisionismo histórico' [...]; ele condena ao ostracismo qualquer idéia nobre que não tenha apoio econômico'.[6] Grandes perdedores da globalização econômica,[7] os países mais pobres, não têm evidentemente os meios para resistir aos novos apetites "genéticos" das grandes sociedades.

Exceto o de fechar suas fronteiras, como o faz parcialmente a Índia, proibindo a exportação dos recursos genéticos – o que os colocaria fora do comércio mundial –, eles não têm por vezes outras so-

---

[6] Luis Eugenio Di Marco (Universidade de Córdoba, Argentina), "La globalisation vue du Sud", *Project*, n. 262, junho de 2000.

[7] Um relatório sobre o desenvolvimento humano do Programa das Nações Unidas para o Desenvolvimento (PNUD) indicava em 1999 que, em setenta países, a renda da população diminuiu 20% nos últimos cinco anos.

luções a não ser vender-se ao comprador que oferece o melhor preço. Eles o fazem de bom ou de mau grado. Ora, agindo desse modo sob o império da necessidade, eles validam os princípios jurídicos da patenteação e da apropriação, aprovados pelo Norte. Eles colaboram de algum modo para sua própria subordinação. Desse modo se criam, em matéria de patentes, desequilíbrios prodigiosos entre o Norte e o Sul, *sendo que o primeiro se torna proprietário do segundo*. Conforme indicações dadas em 1996 pela Organização Mundial da Propriedade Intelectual (OMPI), os particulares e as firmas dos países industrializados, confundindo todos os campos, detêm 95% das patentes da África e 70% das da Ásia.[8] É difícil não reconhecer nessa lógica uma forma inédita de colonização, não sendo esta mais a obra dos Estados, mas da iniciativa privada.

Esse neocolonialismo é particularmente chocante quando se trata da indústria farmacêutica. Ele acaba, graças ao direito das patentes, privando os países do Sul do acesso aos medicamentos de primeira necessidade. Vimos nascer, desse modo, conflitos jurídicos que opõem alguns países pobres da África ou da América Latina (Brasil, principalmente) a firmas privadas que possuem um monopólio sobre medicamentos contra a aids. Esses conflitos exemplares arriscam a se multiplicar. Militantes americanos empenhados na luta contra essa injustiça legal inventaram, por outro lado, um termo específico para qualificar os "açambarcadores" de genes. Eles estigmatizam aquilo que chamam de *privateers*, termo sem tradução, que remete tanto à noção de "privatizador" quanto de "corsários". Um deles descreve em termos crus a situação nova assim criada: "As pessoas fora do mundo desenvolvido têm verdadeiramente necessidade, para sua agricultura

---

[8] Números citados por Jean-Paul Maréchal, "La biodiversité assimilée à une marchandise", em *Manière de voir – Le Monde diplomatique*, março-abril de 2000.

e sua medicina, de serem isentas de todos esses monopólios. Elas têm necessidade de serem livres para fabricar medicamentos sem pagar *royalties* para as multinacionais. Elas têm necessidade de serem livres para cultivar e criar todas as espécies de plantas e de animais para a agricultura, e de utilizar o gênio genético que corresponda a suas necessidades".[9]

Essa temática volta com cada vez maior freqüência – e com razão – nas discussões, nos fóruns ou debates organizados por ocasião das contraconferências de cúpula que marcam o nascimento de uma nova cidadania mundial: em Seattle em 2000 ou em Porto Alegre em 2001. Ela voltará tanto mais pelo fato de que, tetanizadas pela *doxa* liberal, as grandes organizações internacionais (OIT, UNESCO, OMS) não têm mais dinheiro para distribuir nem discursos libertadores para apoiar. Conforme observa um jurista, "hoje nós nos inclinamos sobre reivindicações mínimas, que foram as dos primeiros filantropos sociais do século XIX: confinar as epidemias, limitar o trabalho das crianças etc.".[10] As inumeráveis organizações não governamentais que agem nesse front reinventam, portanto, as mobilizações anticoloniais e antiimperialistas de outrora. Elas retomam, em suma, a mesma bandeira. Os métodos mudaram, os adversários igualmente, mas o protesto é da mesma natureza.

O problema é que uma desconfiança se desenvolve muito logicamente no Sul. Ela torna cada vez mais difíceis de realizar os – raros – programas internacionais que não provenham de um procedimento mercantil, mas obedeçam a uma vontade científica desinteressada. Acontece desse modo com o vasto projeto internacional que visa a

---

[9] Richard Stallman (fundador da Fundação para o logicial livre: *Free Software Foundation*), "Pirates ou biocorsaires?", em *Multitudes*, n. 1, março de 2000.

[10] Alain Supiot, "La contractualisation de la societé", em *Qu'est-ce que l'humain?*, op. cit.

estudar e a proteger a diversidade genética humana. Trata-se de examinar o perfil genético de dez a cem mil indivíduos repartidos em quinhentas das cinco mil populações humanas repertoriadas em função das diferenças lingüísticas ou culturais. Junto a esses indivíduos, coletas sanguíneas ou celulares, análises do DNA deveriam permitir – com toda transparência – um melhor conhecimento das diferentes situações genéticas e sanitárias do planeta. Ora, esse projeto se choca com fortes resistências locais. Podemos deplorá-las ao mesmo tempo em que as compreendemos.

Até a promessa de uma partilha dos eventuais benefícios ligados à exploração possível de amostras não bastou para vencer essa desconfiança. As populações em questão "têm o sentimento de que seus recursos genéticos serão explorados em seu detrimento, como foi o caso, no passado, das plantas e sementes de que as firmas industriais do mundo ocidental se apropriaram".[11]

Assim como a moeda falsa, também as más intenções expulsam as boas.

Uma saga genética na Islândia

Acontece também que países relativamente ricos ou comunidades humanas que não estão em necessidade aceitam participar coletivamente em empreendimentos que misturam inextricavelmente conhecimento científico e apropriação comercial. Levando em conta a rapidez vertiginosa dos avanços biotecnológicos, esses grupos o fazem sem saber exatamente o que eles "vendem" de si mesmos. Entre os casos mais freqüentemente citados há o da Islândia, empenhada desde 1998 no surpreendente projeto *DeCode genetics*.

---

[11] Charles Auffray, *Le Génome Humain*. Dominos-Flammarion, 1996.

Do que se trata? De aproveitar a excepcional homogeneidade de uma população de duzentos e setenta mil pessoas, há muito tempo fechada às influências exteriores, e que oferece uma base de dados genéticos de grande interesse. O iniciador do projeto é um homem de negócios americano de origem islandesa, Karl Stefansson, durante muito tempo professor de neurologia na Harvard Business School, especialista em esclerose com placas. Tratava-se de outorgar a um laboratório especializado o direito exclusivo de repertoriar e de arquivar as características genéticas e genealógicas da população islandesa.

Esse direito foi efetivamente cedido por duzentos milhões de dólares. Karl Stefansson adquirira, graças a seu prestígio científico local e a sua capacidade de persuasão, a colaboração de uma centena de médicos locais. Todo o mundo não compreendeu muito bem do que se tratava, e as resistências foram fracas, confinadas essencialmente aos representantes das Igrejas. A autorização oficial do *Althing* (o Parlamento islandês) foi obtida pelo voto de uma lei de 17 de dezembro de 1998. Alguns jornais locais de fato deram a entender que jarras de vinho tinham podido ser derramadas para membros do governo, mas seu protesto não teve continuidade. Desse modo, a Islândia cedeu o acesso a seus genes e a sua genealogia por menos de mil dólares por cabeça de habitante. Apenas o futuro dirá o que virá desse estranho comércio, que acreditaríamos ser imaginado por um autor de ficção científica.

Os contratos desse tipo se multiplicaram no fim dos anos 90 e se multiplicarão no futuro. Desse modo, uma firma australiana, *Autogen LTD*, já fechou um acordo com o ministro da Saúde do arquipélago oceânico dos Tonga, acordo que lhe dá direitos exclusivos sobre os genes dos homens, das mulheres e das crianças dessas ilhas perdidas entre as Fidji e as Cook. É verdade que Tonga, país relativamente pobre, especializou-se nesse tipo de cessão, pois seu governo já havia vendido sua porção de órbita geoestacionária, criada e arrendada ao que oferecia melhor preço na internet.[12]

Numerosas outras comunidades pelo mundo, pelo fato de seu isolamento e da "pureza" de seu patrimônio genético, interessam hoje aos caçadores de genes. É o caso de diversos grupos tibetanos, neozelandeses ou outros. Não conseguimos ver como eles resistirão a propostas financeiras que, no momento, parecem tão providenciais como um maná. A comunidade dos mórmons, ciosa da genealogia, já havia concordado, por exemplo, em ser o objeto de um estudo prospectivo, realizado pela sociedade *Myriads Genetics*. Esse acesso privilegiado à genealogia dos mórmons, na base de dados da universidade de Utah e no registro do câncer desse mesmo Estado americano, deu à *Myriads Genetics* uma preciosa vantagem competitiva sobre seus concorrentes. "Isso permitiu à firma, podemos ler na revista francesa *La Recherche*, obter uma patente sobre a seqüenciação do gene BRCA1, cobrindo todos os usos industriais imagináveis desse gene. Em seguida, a *Myriads Genetics* conseguiu resgatar uma licença exclusiva da patente que protegia os usos do BRCA2 e que era detida por uma *start-up* concorrente (*Oncormed*)".[13]

A nova era do racismo?

Se a reinvenção do colonialismo é uma das figuras possíveis da regressão, poderíamos dizer o mesmo do racismo. Deus sabe, contudo, se o discurso contemporâneo e o "politicamente correto" dos meios de comunicação fizeram – com razão – desse princípio discriminató-

---

[12] Source: "Dossier spécial génétique", em *Sciences et Avenir*, n. 636, fevereiro de 2000.

[13] Jean-Paul Gaudillière, "Le vivant à l'heure de la génomique", em *La Recherche*, n. 329, março de 2000.

rio um horror absoluto. Isso é tão verdadeiro que essa hierarquização dos homens em função de sua cor de pele ou de cabelos nos parece não só cientificamente estúpida mas moralmente abominável. Nós a consideramos o cúmulo do arcaísmo, do ódio e da ignorância. E nisso temos, evidentemente, razão.

Hoje, todavia, um racismo novo aparece em nossas sociedades. Ele não está mais fundado sobre a cor da pele ou a forma dos olhos, mas sobre o perfil genético de cada um. O melhor conhecimento do genoma humano, a confiabilidade cada vez maior dos testes genéticos, seu menor custo e, portanto, sua generalização, tudo isso nos acostuma à idéia de que a ciência permite estabelecer com precisão crescente o genótipo ou o fenótipo de cada ser humano.[14] Essa "identificação genética" infalível – já utilizada, como sabemos, pela polícia criminal para confundir um suspeito – torna possível uma relativa predição quanto às predisposições de cada um para certa doença, assim como a famosa Coréia de Huntington ou ainda a síndrome do X frágil. Em outras palavras, podemos doravante fazer uma distinção – mais ou menos fundada – entre os indivíduos dotados de um "bom" perfil genético e aqueles que são menos bem dotados.

É fácil compreender que essa inovação dá novamente ao eterno debate sobre a desigualdade um toque explosivo. Desse modo, haveria homens e mulheres melhor providos, mais resistentes, menos sujeitos às doenças do que outros... Estamos longe das desigualdades de salário ou de patrimônio imobiliário. Quando a genética intervém para fornecer critérios de avaliação, não estamos mais no campo da desigualdade, mas no da discriminação, ou seja, do racismo. A questão que se coloca é de formulação muito simples: como iremos gerir,

---

[14] O *genótipo* designa o que está inscrito no DNA e o *fenótipo* o que é o estado de saúde de uma pessoa em um momento determinado de sua história, levando em conta a influência de fatores exteriores ao genoma.

no futuro, esse novo conhecimento? Aceitaremos dele tirar friamente as conseqüências, renunciando, de uma vez por todas, ao princípio de humanidade (que exclui justamente a discriminação)? Saberemos, ao contrário, civilizar, regulamentar, disciplinar essa nova tecnologia, colocando-a sob um estrito controle ético e democrático? Esse é o debate.

Ele não é abstrato nem etéreo. Ele intervém desde já em questões muito concretas, em que todas apelam à intervenção do legislador. A respeito da generalização dos testes genéticos, e de eles serem levados em conta, citamos dois campos de aplicação imediata: o direito das assistências e o direito do trabalho. Nos dois domínios, um vivo debate já opõe há diversos anos os partidários do "*laissez-faire*" liberal para os defensores de um humanismo exigente. Coisa extraordinária: esse debate é raramente levado até o grande público, ou seja, raramente é veiculado pelos meios de comunicação o quanto deveria ser.

Tomemos o direito das assistências. A questão colocada é simples: os testes genéticos podem ser utilizados para avaliar mais precisamente o risco a cobrir, por exemplo, em questão de garantia de vida ou de convênio de saúde? Um assegurado dotado de um "mau" perfil genético representará, por definição, um risco mais grave. Em toda lógica de seguros, ele deve pagar uma taxa mais elevada. Se o fenótipo dele é mais "mau" ainda, o assegurador poderá recusar totalmente assumir esse risco. O caráter implacavelmente prognosticável (ou supostamente tal) da avaliação genética evoca a imagem de um cutelo que reparte os homens em categorias definitivas e hierarquizadas.

Na teoria, as coisas parecem claras e o debate parece resolvido em favor da igualdade de tratamento. Essa eventual discriminação transgrediria com efeito as regras limitativas muitas vezes reafirmadas a respeito da genética. Por exemplo, pela Declaração Universal da ONU sobre os Direitos Humanos e o genoma humano, que estipula que "ninguém se tornará o objeto de qualquer discriminação, fundada sobre suas características genéticas"; ou ainda a Convenção sobre os direitos do homem do Conselho de ministros do Conselho da Europa, que condena "qualquer forma de discriminação de uma pessoa sobre a base de sua herança genética".[15] Diante de tão solenes proclamações, a causa parece entendida: a utilização discriminatória dos testes genéticos é proibida, e assim permanecerá.

Nos fatos, porém, a situação é muito mais confusa. Podemos até adiantar que, apesar das declarações garantidoras, a tendência é para a banalização desse novo racismo. A utilização discriminatória do "quociente genético"[16] está na ordem do dia.

Os "maus riscos" genéticos

Nos Estados Unidos, a questão se coloca com acuidade particular, na medida em que o voluntariado e o individualismo prevalecem em questão de seguro. Não existe cobertura universal de saúde, e os projetos nesse sentido, que foram avançados no início da "era Clinton", foram rapidamente abandonados. O seguro privado e a lógica comercial permanecem a regra. Ora, a utilização dos testes genéticos pelas companhias de seguro não é verdadeiramente regulamentada em nível federal. As únicas leis em vigor procuram salvaguardar a confidencialidade dos testes, mas sem colocar novamente em questão o papel central do mercado nessas questões. Quanto ao mais, cada Estado legiferou de modo diferente. Desde 1997, cerca de trinta Estados (entre os quais o da Califórnia) tinham adotado legislações que limitam, na teoria, o recurso aos testes genéticos. Elas não impediam

---

[15] Citado por Diane B. Paul, "Tests génétiques: à qui profite le débat?", em *La Recherche*, n. 329, março de 2000.

[16] Tomo de empréstimo essa expressão – que fala – de Gregory Benichou, *Le Chiffre de la vie. Essai philosophique sur le code génétique*, op. cit.

as sociedades americanas que cobrem todo o território americano de contornar facilmente essas proibições. Nos fatos, os asseguradores exigem cada vez mais freqüentemente de seus clientes que forneçam os resultados de testes genéticos antes de fixar o montante da taxa. É forçoso constatar que os "esforços para fazer votar leis federais antidiscriminatórias falharam, e [que] as duas leis existentes, que se referem direta ou indiretamente ao problema, pululam de lacunas".[17]

Vemos, portanto, multiplicar-se nos Estados Unidos casos flagrantes de discriminação. E isso há muito tempo. Desde junho de 1991, uma mãe de família americana podia relatar no jornal da associação *National X Foundation* que seu assegurador havia rescindido um contrato de convênio de saúde depois de saber que um de seus filhos fora atingido pela síndrome do X frágil. A seguir, ela havia tido muita dificuldade de encontrar uma companhia que aceitasse conveniá-la, ainda que excluindo do contrato o filho demasiadamente "frágil".[18]

Àqueles que ficam escandalizados por se levar em conta de modo tão brutal a suposta desigualdade genética, opõe-se uma multidão de argumentos, entre os quais alguns não são desprezíveis. Fazem valer, por exemplo, a relativa banalidade das informações genéticas em relação ao que se pratica desde sempre em questão de seguros. Numerosos dados médicos entram com efeito em conta no estabelecimento de um contrato: doenças já contraídas, antecedentes familiares, hábitos pessoais como o uso do tabaco etc. Os dados genéticos, acrescentam, não são de natureza fundamentalmente diferente. Não se vê por quais motivos seria proibido levá-los em conta. O saber genético, dizem ainda, é um saber como os outros, e não pode ser eternamente deixado de lado. Melhor ainda, alguns não hesitam em

---

[17] Diane B. Paul, "Tests génétiques: à qui profite le débat?", em *La Recherche*, op. cit.
[18] Exemplo citado por Bertrand Jordan, *Les Imposteurs de la génétique*, op. cit.

afirmar que a proibição dos testes genéticos poderia revelar-se contraproducente ao complicar, por exemplo, uma reforma necessária do sistema de saúde.

Mas os argumentos mais freqüentemente apresentados fundam-se sobre a lógica individualista e liberal dominante. Na maioria das sociedades industrializadas, a tendência que pesa, com efeito, está na privatização desenfreada dos riscos de saúde, da aposentadoria etc. Ora, nessa perspectiva, a proibição de testes genéticos levaria *de facto* os "geneticamente bem nascidos" a suportar taxas comparativamente demasiado elevadas, ou seja, a pagar pelos outros. Além disso, ela arriscaria introduzir uma "assimetria de saber" entre os asseguradores, assimetria que levaria inevitavelmente à falência os asseguradores menos bem informados. "Há mais, porém: certas companhias poderiam utilizar o diagnóstico genético para propor àqueles que a ele se submetessem e que apresentassem resultados negativos taxas sensivelmente reduzidas, o que seria um ganho, ao mesmo tempo para os indivíduos com boa saúde e para a companhia que os atraísse."[19]

A mesma evidência se impõe, portanto, mais uma vez: não é o saber genético enquanto tal que apresenta problema ou merece ser condenado (isso seria um absurdo), mas sua instrumentalização pelo mercado e pela ideologia individualista que o acompanha. Em outras palavras, é ainda a conjugação de três revoluções (econômica, informática, genética) que se revela portadora de perigos inéditos. Em teoria, o único modo de resolver eqüitativamente o dilema dos testes genéticos seria o de *voltar ao princípio intangível da coletivização dos riscos*, ou seja, da segurança social "à moda antiga". Bom número de especialistas americanos são, por outro lado, partidários dessa solução e se surpreendem com as hesitações – e as tentações liberais – às quais sucumbe a Europa em questão de saúde. "A maioria dos *experts*,

---

[19] Gilbert Hottois, *Essais de philosophie bioéthique et biopolitique*, op. cit.

mesmo nos Estados Unidos, admite que o seguro universal de saúde é a única solução: a igualdade na repartição integral que ela põe em ação evita penalizar aqueles que herdaram riscos mais elevados que a média."[20]

Ora, é uma evolução exatamente contrária que se configura sobre o Velho Continente.

Os deserdados do genoma

Na Europa, a situação hoje é bastante confusa. Alguns países, como a Grã-Bretanha, de tradição menos solidária ou mais liberal, não apresentam divisões: aceitam sem reação a discriminação genética. Em Londres, por exemplo, a advertência de uma comissão especial, a *Human Genetics Advisory Commission* (HGAC), que exigia uma moratória de dois anos sobre a utilização de testes genéticos pelos asseguradores, foi rejeitada pelo governo. Desde fevereiro de 1997, a Associação dos Asseguradores Britânicos fixou como regra exigir os resultados de testes genéticos antes de estabelecer um contrato de seguro de vida ou de cobrir certos riscos em longo prazo. Em setembro de 2000, a Grã-Bretanha até decidiu oficialmente permitir que as companhias de seguro utilizassem esses testes.

Essa legislação, de fato, é mais ou menos temperada por uma prática de caso por caso, conforme testemunha um geneticista britânico. "Antes de exigir alguma informação genética de seus clientes, os asseguradores têm agora a obrigação de argumentar sua exigência de modo preciso. Quando são confrontados com essa obrigação, 95% das exigências caem por si mesmas, por estarem fora de propósito."[21]

---

[20] Bertrand Jordan, *Les Imposteurs de la génétique*, op. cit.
[21] Testemunho de Angus Clarke, pesquisador no *Institut of Genetics* de Cardiff (Grã-Bretanha), em Caroline Glorion, *La Course folle. Des généticiens parlent*, op. cit.

Disso não deixa de restar que, doravante, a regra comum é decididamente discriminatória.

Na França, o contraste é marcante entre a solenidade das proclamações e a ambigüidade dos textos ou das práticas. Se nos detivermos nos textos, a utilização dos testes genéticos pelos asseguradores será formalmente proibida. A lei chamada de bioética, de 29 de julho de 1994, precisava que esses testes podiam ser praticados apenas para fins médicos ou científicos. Ela tornava até passível de punição "o fato de desviar de suas finalidades médicas ou de pesquisa científica as informações coletadas de uma pessoa por meio do estudo de suas características genéticas". As companhias de seguro, por sua vez, haviam aceitado uma moratória de cinco anos, que foi prolongada. Por seu lado, o Comitê Nacional de Ética constantemente relembrou que era preciso manter "a atual proibição legal na França de fazer tal uso dos testes genéticos". Aparentemente, a França parece, portanto, resistir tanto bem como mal ao grande vento liberal. Por quanto tempo?

A legislação, com efeito, é menos clara que parece. As contradições que o direito francês sobre seguros esconde frisam até a incoerência. De um lado, a utilização dos testes genéticos é proibida, mas, ao mesmo tempo, cada assegurado tem a obrigação de informar seu assegurador de qualquer elemento de avaliação que possa modificar a natureza do risco, e isso sob pena de invalidação do contrato. Na verdade, os testes genéticos são proibidos, mas... cada assegurado deve imperativamente comunicar a seu assegurador os resultados dos testes aos quais se submeteu. Não poderíamos imaginar situação mais cínica.

De tal modo que uma evolução se esboçava há alguns anos... em favor de um alinhamento puro e simples da França sobre as práticas anglo-saxônicas. No dia 25 de novembro de 1999, o Conselho de Estado, em seu parecer sobre a revisão das leis bioéticas, abria a porta para essa mudança. Argumento empregado: as discriminações genéticas não são fundamentalmente diferentes das já autorizadas, que se fundam sobre os antecedentes familiares: a hipercolesterolemia, a hipertensão arterial etc. Para o Conselho de Estado, não se pode proibir duravelmente as discriminações genéticas sem fazer cair ao mesmo tempo na ilegalidade a prática dos questionários de saúde, corrente e admitida em questão de seguros.

Impõe-se a impressão de que, irresistivelmente, os ferrolhos jurídicos cedem um depois do outro. Diversos fatores de natureza diferente entram em ação nesse sentido: em primeiro lugar, a banalização progressiva dos testes genéticos que, em um futuro próximo, serão tão facilmente acessíveis como não importa qual análise médica (isso já acontece nos Estados Unidos); em seguida, o aumento permanente das despesas de saúde, que compromete a viabilidade do Estado-providência nas sociedades que envelhecem; por fim, o *lobbying* muito ativo dos asseguradores privados, que aproveitam o clima pró-liberal para pôr novamente em questão o conjunto dos sistemas públicos de solidariedade. (Pensemos no debate, na Europa, sobre as aposentadorias e sobre os fundos de pensão!) Trata-se de saber até onde esse pragmatismo pode-nos levar. Todos os temores são permitidos.

Com efeito, o direito dos seguros não é o único a ser referido; o direito do trabalho o é igualmente. A questão que se coloca, explosiva entre todas, é a dos testes genéticos no recrutamento para o trabalho. Podemos aceitar que, ao lado dos critérios habituais (diploma, idade, experiência, perfil pessoal, análises grafológicas etc.), a "dotação genética" entre em conta no recrutamento dos assalariados? Mais uma vez, um abismo foi cavado entre proclamações virtuosas e uma realidade que o é muito menos.

Nos Estados Unidos, estima-se que 30% dos recrutamentos são realizados depois de pesquisa de informações genéticas.[22] Sem dúvida, uma lei de janeiro de 1992 sobre "os americanos afetados de

---

[22] Cf. Dorothée Benoît Browaeys e Jean-Claude Kaplan, "La tentation de l'apartheid génétique", *Le Monde diplomatique*, maio de 2000.

incapacidade" apenas autoriza esses testes prévios ao recrutamento para avaliar as aptidões ou inaptidões reais e concretas para exercer um emprego. Mas a lei é vaga e a prática cada vez mais transgressiva. Cerca de apenas vinte Estados proibiram essa discriminação, mas apenas sete deles previram penalidades. Nos fatos, a crônica política e judiciária americana começa a ser alimentada de peripécias e conflitos nesse campo. Um dos últimos em data opunha, em fevereiro de 2001, a Comissão Federal pela igualdade de tratamento no trabalho a uma companhia de estradas de ferro, a *Burlington Northern Santa Fe Railroad* (BNSFR), suspeita de ter submetido seus assalariados a testes genéticos.

Na Dinamarca, para citar outro exemplo, um acordo foi realizado na primavera de 2000 entre os parceiros sociais, acordo que declara pertinentes os testes genéticos para o recrutamento. Na França, se a proibição continua, as pressões são fortes em favor de uma revisão dessa regra. O biologista Axel Kahn não errou ao colocar – melancolicamente – a questão: "No dia em que [os] empregadores tiverem a sua disposição testes genéticos de valor preditivo, de uma cientificidade tão importante quanto a dos procedimentos precitados [habituais, ou seja, grafologia, numerologia etc.] poderão eles fazer diversamente do que utilizá-los, com a pressão econômica internacional sendo o que ela é?"[23]

Desse modo, tanto no direito trabalhista como em questão de seguros, tudo conspira a pôr novamente em questão um dos princípios fundadores de nossa visão do mundo: a igualdade dos homens diante da lei. Esse postulado, componente essencial da Declaração dos Direitos Humanos – "Os homens nascem livres e iguais perante o direito" –, procede daquilo que parecia até o presente uma evidência: o *prin-*

---

[23] Axel Kahn, *Société et Révolution biologique. Pour une éthique de la responsabilité*, op. cit.

cípio de humanidade, ou seja, a pertença plena, integral e indiscutível de cada homem e mulher *a uma humanidade comum*. Esse princípio exclui, evidentemente, qualquer gradação ou discriminação. Não poderia haver subumanidade, meia-humanidade ou humanidade incompleta. A humanidade do homem, repitamos, é um absoluto; ela não é divisível nem melhorável. Ora, para além das negociações legislativas ou jurisprudenciais mesquinhas, constatadas a propósito dos testes genéticos, é essa intangibilidade que está em questão.

Nessa questão, a falta de firmeza, de convicção ou de coragem dos conselheiros ou decisórios políticos não é aceitável. Nesse ritmo, mal vemos como se impedirá que se generalize uma discriminação genética "global". Ela justificará que abandonemos pouco a pouco a sua sorte aqueles que Jacques Testart já chama de "deserdados do genoma". Se tal for o caso, então não teríamos combatido o antigo racismo a não ser para instalar em seu lugar um novo, ainda mais terrível.

A volta do "homem criminoso"

É verdade que o temor de que a genética possa fundar novas discriminações não é recente. Ela se expressou no início dos anos 90, quando foi lançado, a som de trombeta, o "Projeto genoma humano". Na época, garantiu-se que essa imensa aventura científica era comparável à conquista espacial. Alguns temeram, no entanto, que esse projeto correspondesse à aplicação irrefletida de uma verdadeira "ciência das desigualdades". Eles se espantaram de que tal empreendimento pudesse ser financiado por fundos públicos. Embora tenham sido rapidamente eliminados, esses temores e escrúpulos não eram totalmente infundados.

Se ainda duvidarmos disso, bastará examinar o que acontece hoje em um terceiro terreno jurídico: o do direito penal. É sem dúvida nele, apesar de tudo, que os desvios são mais visíveis e mais chocantes. Relembremos primeiro o contexto. Nossas sociedades conhecem uma penalização crescente. Os termos da análise são doravante conhecidos: à medida que se enfraquecem os limites morais, que desaparecem as filiações coletivas, que estão arruinados os grandes sistemas de crença, que a ligação social se desfaz, a "sanção penal" aparece como a última regulação possível. Ela tende mecanicamente, portanto, a se reforçar e a se agravar. Quanto mais uma sociedade for atomizada, mais ela se tornará repressiva.[24] Tal é o paradoxo com o qual é confrontada a maioria das democracias modernas.

É nos Estados Unidos, como sabemos, que essa penalização é, ao mesmo tempo, a mais brutal e a mais espetacular. Em cerca de trinta anos, a taxa de encarceramento foi multiplicada por seis ou sete. O número de detentos saltou para quase dois milhões hoje, e a pena de morte, restabelecida em 1976 pela Corte suprema, conhece um novo ganho de aplicação (98 execuções em 1999, ao passo que 4.000 condenados esperam atualmente sua execução nos corredores da morte). Ao mesmo tempo, a doutrina penal evoluiu, tornando-se mais rígida. Hoje se avança o conceito de "tolerância zero". Essa nova política, "impulsionada pelo prefeito de Nova York, mais comumente conhecida no além-Atlântico sob o termo de teoria do "vidro quebrado" e que consiste em fazer do menor delito o objeto de sanções penais imediatas, eleva à posição de política social a criminalização da pobreza e a eliminação das classes perigosas".[25] Desse modo, para retomar a expressão do sociólogo Loïc Wacquant, professor na Universidade de Berkeley, "O Estado-penitência substitui o Estado-providência".[26] A expressão diz bem o que ela quer dizer.

---

[24] Tratei longamente essa questão em *La Tyrannie du plaisir*, op. cit.

[25] Patrícia Osganian, "Ce vent punitif qui vient d'Amérique", *Mouvements*, La Découverte, maio-junho de 2000.

[26] Loïc Wacquant, *Les Prisons de la misère*. Liber-Raisons d'agir, 1999.

Nos Estados Unidos, assim como em menor medida na Europa, a idéia de periculosidade e a exigência de segurança pouco a pouco sobrepujaram o antigo trinômio sanção-correção-reinserção. Hoje, não se trata mais de corrigir o delinqüente, mas de pô-lo afastado, de excluí-lo de uma vez por todas. Daí o retorno disfarçado de uma prática arcaica como a da relegação; daí, principalmente, os efeitos devastadores daquilo que poderíamos chamar de nova ideologia genética ou do fantasma do "tudo genético". É ele que nos interessa aqui. Ao insistir de modo obsessivo sobre a importância dos genes – ou seja, do inato e até do inevitável na construção da personalidade, *chegamos a suspeitar da existência de uma predestinação para a delinqüência*. Alguns observadores, por outro lado, fazem observar que esse retorno da predestinação como crença é favorecido pela marca deixada pelo calvinismo nos países anglo-saxônicos. Haveria, em poucas palavras, um "gene do crime", contra o qual as antigas boas vontades humanistas e reeducativas perderiam todo o sentido.

Esse pretenso cromossomo do crime mobiliza de modo periódico a atualidade e o discurso dos meios de comunicação, incluindo nisso os mais sérios. Desde o fim dos anos 60, por ocasião de uma questão criminal particularmente sórdida – certo Richard Speck havia assassinado nove enfermeiras em uma só noite –, evocava-se a eventual presença no DNA do assassino de um cromossomo XYY. O próprio criminoso pretendia que esse gene o exoneraria de sua responsabilidade, e as revistas *Time* e *Newsweek* rivalizaram títulos chocantes sobre o tema do "criminoso-nato". A literatura policial e o cinema, em seguida, embelezaram esse pretenso impulso genético inevitável.

Hoje, uma idéia louca se impõe: os delinqüentes mais perigosos estão geneticamente fora da humanidade e devem, portanto, ser tratados como tais. "Mais do que lhes infligir uma pena pretensamente corretiva na primeira falta, a razão exige que reduzamos já de início sua liberdade, e isso de modo definitivo, se não dispusermos de um remédio para prevenir seus malefícios. [...] Os Estados modernos, ricos em geneticistas, serão tentados a prevenir a expressão dos comportamentos sociais cuja origem é encontrável no DNA."[27] Na atmosfera de obsessão securitária que hoje conhecem nossas sociedades desenvolvidas, o recurso a uma ilusória genética preventiva em matéria de delinqüência é uma tentação constante. Em novembro de 1982, por exemplo, a revista americana *Science Digest* se perguntava seriamente se não devíamos repertoriar as crianças geneticamente predispostas à delinqüência para isolá-las do resto da sociedade ou tratá-las medicamente.[28]

Ora, essa categorização prévia dos seres humanos (delinqüentes ou não) pelo viés da genética parece "moderno" apenas para aqueles que perderam a memória. De fato, ela também *nos remete diretamente ao século XIX*. Naquela época, sobre o fundo da industrialização e da urbanização, as sociedades européias conheceram uma obsessão em relação às classes perigosas. A política criminal havia então encontrado no cientificismo um ambiente de argumentos inevitáveis para justificar um afastamento daqueles que eram considerados como potencialmente delinqüentes. Um nome permanece ligado a essa doutrina penal, fundada sobre a eliminação, o de Cesar Lombroso, criminólogo italiano que inventou o conceito de "criminoso-nato". Esse conceito envenenará literalmente a ciência criminal européia, que levará um século para dele se desfazer. E eis que os profetas do "tudo genético" o ressuscitam hoje com uma pitada de irresponsabilidade.

O cientificismo de Lombroso iria com efeito muito mais longe do que imaginamos. Em seu famoso tratado, *O Homem criminoso*, ele não se contentava em afirmar a existência de uma predisposição para o crime, *mas chegava a recusar o estatuto de humano para aquele*

---

[27] Jacques Testart, *Des hommes probables. De la procréation aléatoire à la reproduction normative*, op. cit.
[28] Citado por Dorothy Nelkin e Susan Lindee, *La Mystique de l'ADN*, op. cit.

que ele chamava de "degenerado". Em seu tratado, ele usa a esse respeito uma retórica que prefigura estranhamente a que utilizam hoje os geneticistas mais radicais. Aos olhos de Lombroso, a recaída do "degenerado" pode arrastar este a uma profundidade vertiginosa, que dele faz o equivalente de um ser não-humano. "Desse modo – escreve Lombroso – no melhor dos casos, ele renova intelectualmente como degenerado superior o tipo do homem primitivo da idade da pedra bruta; no pior dos casos, como idiota, o de um animal muito anterior ao homem".[29]

É precisamente para um delírio anti-humanista comparável que nos podem levar, caso não estejamos atentos, as proclamações ingênuas de alguns cientistas. Aqueles que aceitam que seja mais ou menos posta novamente em questão a não-divisibilidade do princípio de humanidade. Pensamos, por exemplo, nas estranhas suposições de um Tristram H. Engelhardt, papa da bioética americana, para quem deveríamos claramente distinguir entre os "humanos pessoas" e os "humanos não-pessoas" (na situação dos quais ele classifica os comatosos ou os senis profundos). Bastaria um pequeno passo para nisso classificar também os delinqüentes e – por que não? – os pobres...

A escravidão reinventada

Os pobres? Esse deslocamento cientificista do princípio de humanidade torna imagináveis, com efeito, regressões históricas ainda mais revoltantes que o colonialismo ou o racismo. A razão disso é evidente: o conceito de humanidade é relativamente recente em nossa história e, portanto, mais frágil do que acreditamos. É em seu nome que fo-

---

[29] Cesar Lombroso, *L'Homme criminel*, citado por Anne Krams-Lifschitz, "Dégénerescence et personne, migrations d'un concept au XIXe siècle", em Simone Novaes (ed.), *Biomédecine et Devenir de la personne*, op. cit.

ram pouco a pouco combatidas e depois abolidas as desigualdades e as dominações mais extremas, como, por exemplo, a escravidão. Se este último de modo nenhum escandalizava um contemporâneo de Aristóteles ou um cidadão do Império Romano, é porque *o mundo greco-romano ignorava a natureza universal do homem*, ou seja, o princípio de humanidade. O pensamento da antigüidade só percebia os seres humanos por meio de categorias jurídicas particulares (cidadão, pai, escravo, liberto etc.) que estabeleciam entre eles diferenças de natureza, excluindo qualquer definição do homem "em geral". Os romanos, relembra Bernard Edelman com pertinência, "ignoravam eles próprios que o homem era único, feito à semelhança de Deus. Seu politeísmo governava necessariamente uma pluralidade de estatutos jurídicos em relação à pessoa humana".[30] Quanto a Aristóteles, ele não se contenta em afirmar a existência de uma diferença de natureza entre os gregos e os bárbaros, mas acrescenta, na *Política*, que os primeiros nasceram para a liberdade e os segundos para a escravidão.

O monoteísmo judaico-cristão, e depois o humanismo da Renascença e das Luzes nos permitiram construir o conceito de humanidade, que funda a igual dignidade de todos os seres humanos. Que esse princípio volte a ser pulverizável ou seja cientificamente contestado, e nada mais impedirá que a estrutura conceitual da escravidão ressurja entre nós. O erro do cientificismo, neste caso preciso, consiste em querer alinhar servilmente a ética, ou até o direito, sobre a ciência.[31] Exagero? Temor abusivo? É forçoso constatar que a referência à figura da escravidão volte constantemente nos textos e nos debates bioéticos contemporâneos, e isso a propósito de sujeitos tão diferentes quanto a clonagem, o estatuto do embrião, a patenteação do ser vivo etc. Encontramos essa menção inquieta sob a pena de pesquisadores dos quais ninguém pode suspeitar a menor hostilidade em relação à ciência.

---

[30] Bernard Edelman, *La Personne en danger*, op. cit.
[31] Cf. mais adiante, capítulo 13.

François Gros, por exemplo, contestava vigorosamente há mais de dez anos – e com razão – o conceito de "pré-embrião", porque ele introduzia uma idéia de grau, de plataforma, no acesso de um ser à humanidade. "Essa vontade – escrevia ele – reconduzir-nos-ia de aquém da idéia moderna de universalidade do homem para a de uma humanidade em graus, sobre a qual se fundavam outrora as teorias da escravidão".[32] Marie-Angèle Hermitte faz a mesma observação a respeito da reconstrução do homem como objeto técnico pelo viés das tecnociências. "A pessoa, doravante, é, portanto, sujeito e objeto – acrescenta ela; o que reconstitui a estrutura da escravidão".[33] Patrick Verspieren evoca também uma possível "reinvenção da escravidão", mas desta vez a propósito da clonagem e da programação do genoma de um futuro ser humano, desse modo remetido à posição de "meio".[34] Étienne Perrot se refere ao mesmo conceito de escravidão para denunciar a coisificação mercantil dos genes humanos. "A concepção do direito romano frisa doravante cada vez mais freqüentemente – escreve ele – que fazia entrar no conceito de coisa muitos seres vivos, até crianças e escravos, com a única exceção do cidadão romano".[35]

Henri Atlan utiliza espontaneamente a mesma referência à escravidão para estigmatizar qualquer forma de planificação genética de um ser humano que leve a fazer dele o "meio" de um projeto qualquer (inclusive terapêutico). "Isso voltaria de novo – diz ele – à

---

[32] François Gros, em *Patrimoine génétique et droits de l'homme: livre blanc des recommandations*, diálogo. Paris, 25-28 de outubro de 1989. Osíris, 1990.

[33] Marie-Angèle Hermitte, "Pouvoirs sur la vie, pouvoirs sur la mort, le rôle du droit", em *Qu'est-ce que l'humain?*, op. cit, t. 2.

[34] Patrick Verspieren, "Le clonage humain et ses avatars", *Études*, novembro de 1999.

[35] Étienne Perrot, "Les gènes et l'argent", em *Études*, op. cit.

instituição de uma nova forma de escravidão e de criação de descendência de escravos, na qual os indivíduos seriam condicionados desde seu nascimento a serem objetos de desejos explícitos – e não apenas de desejos inconscientes, como é sempre o caso". Quanto à significação última de tal transgressão, Atlan acrescenta: "É não só a pessoa desses indivíduos que seria negada, mas a realidade da Humanidade fundada sobre a Declaração dos Direitos Humanos que voaria em cacos".[36]

Essas convergências são tanto mais chocantes pelo fato de os temores que elas expressam não serem abstratos. O mais surpreendente é até que, em seu fluxo cotidiano, a atualidade já carrega fatos diversos ou "casos-limite" que os concretizam. Registra-se em geral essas peripécias com vago temor, mas sem de fato compreender o que elas representam. O termo "escravidão", utilizado a torto e a direito, desde sempre, assim como o de genocídio ou de barbárie, foi demasiadamente desvalorizado para que aconteça diversamente. É lamentável. Isso nos impede de compreender que se trata desta vez da *verdadeira* escravidão, aquela que estabelece uma diferença ontológica entre os seres humanos. Quanto aos exemplos, sentimos apenas embaraço para escolhê-los.

É assim que um bio-sociólogo propôs, sem gozação, que as mulheres ocidentais adquirissem o hábito de mandar implantar seus embriões, contra-pagamento, no ventre das mulheres do terceiro mundo, que desempenhariam desse modo o papel de mães de aluguel. Elas assumiriam, no lugar das mulheres mais ricas e mais ocupadas do Norte, as inconveniências da gravidez e as dores do parto. Oferecer a essas mulheres deserdadas algumas dezenas de milhares de francos para cada "aluguel" permitiria atenuar sua miséria. Para o Norte,

---

[36] Henri Atlan, "Personne, espèce, humanité", em *Vers un antidestin. Patrimoine génétique et droits de l'humanité*, op. cit.

isso ajudaria a resolver os problemas da diminuição de nascimentos e da imigração: exportação de embriões congelados e re-importação de bebês perfeitamente adaptáveis e assimiláveis.[37] Os liberais mais extremistas não vêem objeção na instauração desse comércio internacional.

Poderemos objetar que aqui se trata de um caso-limite, que beira a extravagância, mas isso não é tão garantido. Na internet ou nos jornais do mundo inteiro, encontramos vestígios de empreendimentos ou de projetos dessa espécie. Durante o verão de 1995, relata Jacques Testart, uma publicidade que apareceu na versão inglesa da revista russa *Aeroflot* indicava que a sociedade AIST de São Petersburgo oferecia os serviços de mulheres voluntárias para serem inseminadas e, assim, dar à luz a crianças pré-vendidas. Garantia-se que a procriadora possuiria as características físicas desejadas (cor dos olhos etc.) e disporia de um quociente intelectual devidamente avaliado. A sociedade prometia, além disso, regular os problemas de visto e de transporte relacionados com a futura repatriação do recém-nascido, depois da verificação genética de sua filiação com o doador-comprador.

Esse novo "mercado de escravos", inimaginável e até monstruoso, está depois de tudo na linha direta do tráfico de órgãos, do qual a realidade, como vimos, é atestada.[38] Essa regressão escravagista é tanto mais significativa pelo fato de tirar argumento de uma absolutização muito "moderna" do mercado. Se a regra é que, decididamente, tudo se avalia e tudo se vende, em nome do que se proibiria a esses novos párias vender não só seu trabalho ou suas prestações sexuais, mas também seu próprio corpo em peças destacadas ou a hospitalidade de seu ventre? De fato, garante Gilbert Hottois, "uma parte considerável da bioética liberal com tendência libertária arrisca-se a

---

[37] Citado por François Dagognet, *La Maîtrise du vivant*, op. cit.
[38] Cf. mais acima, capítulo 4.

levar a situações em que não se veria mais objeções a que no seio do grande mercado mundial um pobre venda 'livremente' um rim para um rico".[39] O resto seria do mesmo modo...

Mais uma vez, não é à biologia genética que é preciso imputar tão trágicas guinadas para trás, e sim para a conjunção das "ofertas" da tecnociência e do tudo-mercado globalizado. É o ar do tempo, o pensamento dominante, a rejeição espontânea das regras e dos limites em nome de um liberalismo-libertário inconseqüente que favorecem esse estranho objeto histórico que eu chamo aqui de modernidade regressiva. O reaparecimento da escravidão *stricto sensu*, graças aos avanços tecnocientíficos, não seria imaginável, com efeito – ou seria mais vigorosamente combatida –, caso os espíritos não estivessem preparados para isso pelo grande retorno das desigualdades em nossas sociedades. Isso é porque tomamos nosso partido de uma "banalização da injustiça social"[40] e desaprendemos a reconhecer o velho sob as vestes do novo que essas regressões são possíveis.

Ao abandonar no terreno desigualdades econômicas e sociais, nós nos condenamos a deixar de ter influência sobre os outros...

Uma lógica feudal?

Não nos lançaremos aqui em uma nova análise detalhada do projeto desigualitário, trazido, conscientemente ou não, pelo neoliberalismo.[41] A explosão das desigualdades em escala planetária, mas também no interior dos países do Norte e do Sul, é uma evidência

---

[39] Gilbert Hottois, *Essais de philosophie bioéthique et biopolitique*, op. cit.

[40] Retomo aqui o subtítulo do livro de Christophe Dejours, *Souffrances en France. La banalisation de l'injustice sociale*. Seuil, 1998.

[41] Consagrei – com esse título – um capítulo inteiro a essa questão em *La Refondation du monde*, op. cit.

muitas vezes demonstrada. A atomização social que o acompanha, dopada pelo individualismo e pela sede de autonomia, volta-se paradoxalmente contra o indivíduo. Este último é sem dúvida mais autônomo do que jamais foi na História, mas é, ao mesmo tempo, precarizado, desafiliado, privado das antigas estruturas coletivas ou legislativas, que lhe garantiam uma proteção mínima.

Numerosos observadores da vida econômica põem à frente o pesado tributo pago pelos assalariados em contrapartida a essa autonomia. Os novos modos de gestão da empresa-rede, que substituíram as antigas hierarquias, são mais leves, mais sutis. Mas não são menos desagradáveis que elas. Escamoteando a visibilidade do poder hierárquico, eles o tornam até mais difícil de combater. Conhecemos os inconvenientes dessa falsa "doçura" da nova gestão: normas individualizadas, rendimento por tarefa e avaliação permanente, precariedade ligada à generalização do tempo parcial,[42] desenvolvimento exponencial do estresse, controle obsessivo – para não dizer "vigilância" – de cada assalariado, graças à informática etc.

"Os ganhos dos assalariados são, sem dúvida, sete vezes mais elevados do que no início do século – garante o economista Daniel Cohen – mas esse enriquecimento, que é acompanhado por uma responsabilização crescente, é pago com uma fadiga psíquica considerável. [...] A verdadeira doença dos tempos modernos é, portanto, mais a depressão, o medo de si mesmo, o de não estar à altura, de cair, de escorregar. A fadiga psíquica substituiu a fadiga física".[43] O economista americano Robert Reich, antigo conselheiro de Bill

---

[42] Os assalariados em tempo parcial passaram de 730.000 em 1971 (dos quais 601.000 mulheres) para 3,7 milhões em 1997 (dos quais 3 milhões de mulheres). Mais da metade ganham menos de 4.300 francos por mês. Fonte: Piere Veltz, *Le Nouveau Monde industriel*. Gallimard, 2000.

[43] Entrevista na revista *L'Expres*, 20 de janeiro de 2000.

Clinton, evoca a esse respeito a emergência de uma "classe ansiosa". Christophe Dejours, citado mais acima, vê na "volta do medo na empresa" um fenômeno central. De seu lado, Robert Castel, especialista do mundo do trabalho, fala da "desestabilização dos estáveis". Quanto à ensaísta americana Juliet Schor, sua análise insiste sobre o "supertrabalho" (*overworking*) ao qual são doravante obrigados os assalariados americanos menos pagos, caso queiram manter seu poder aquisitivo.

É nesse contexto que se restabelecem estranhamente as condições favoráveis para um novo tipo de feudalismo. Com a ajuda da privatização e da desregulamentação, o que prevalece, com efeito, não é mais a lei abstrata e geral, mas o contrato individual e privado. Um contrato que organiza, na maioria das vezes, uma pura dependência. Como na Europa medieval, troca-se a garantia de uma proteção – ou de um serviço – contra um consentimento com a subordinação. Desse modo se pôde comparar à antiga feudalidade européia a sujeição que liga pouco a pouco os camponeses do mundo às grandes firmas produtoras de sementes não renováveis. As multinacionais em questão, aproveitando o enfraquecimento dos Estados, procuram repartir entre si em tantos *feudos* o espaço agrícola mundial. Essa corrida para a privatização é por vezes comparada à irresistível privatização das terras comuns na Inglaterra do século XVI. "O capitalismo do século XXI poderia desse modo voltar aos ritos, aos usos e às práticas jurídicas associadas à feudalidade."[44]

Esse contexto global e essas possíveis regressões justificam que se dê a maior importância aos debates contemporâneos sobre a contratualidade da sociedade. Ora, esses debates são com demasiada freqüência confusos, evocados pontualmente, pela tangente. Salvo

---

[44] Jean-Jacques Salomon, *Survivre à la science. Une certaine idée du futur*, op. cit.

exceção, são remetidos de bom grado a obscuras querelas sindicais ou políticas.[45] O patronato europeu – principalmente o Medef francês – fez dessa pretensa revolução liberal seu cavalo de batalha. A seus olhos, o movimento geral de contratualidade, que tende a substituir o contrato legal, é um avanço indiscutível e um fator de modernização. O que não é inteiramente falso. A liberdade de contratar, a negociação pacífica entre parceiros sociais, não é preferível à rigidez da lei? Não garantiria à máquina econômica maior flexibilidade de funcionamento, ao mesmo tempo oferecendo um acréscimo de liberdade ao conjunto dos atores sociais? Não podemos negar, com efeito, que a prevalência do livre contrato esteja *em harmonia com o individualismo contemporâneo*. O pensamento neoliberal dominante, por outro lado, faz do contrato um dos elementos do tríptico mágico – contrato, opinião, mercado – que se considera organizar a nova ordem democrática do século XXI. Essa é a antífona.

Ela, porém, não é inteiramente convincente. Sem dúvida, o projeto de contratualidade da sociedade é uma tese menos nova do que se diz. No século XIX, historiadores e juristas já apresentavam o triunfo do contrato sobre o "estatuto" como uma garantia de liberdade. Sujeição de um lado, livre adesão do outro: um mundo verdadeiramente emancipado, diziam, é aquele em que o homem não carrega outras cadeias além das que ele escolheu para si mesmo. Nos fatos, as coisas não são tão simples. A virtude emancipadora do contrato supõe, com efeito, um contexto social e político igualitário, do qual seriam excluídas as relações de força por demais desequilibradas e as dominações sem recurso. Sem isso, conforme observa o jurista Alain Spot, o direito dos contratos *se torna um instrumento de dominação das pessoas*. Adaptemos a esse respeito a velha metáfora superconheci-

---

[45] Entre essas exceções, indicamos o excelente dossiê "Entre la loi et le contract", publicado em fevereiro de 2001 pela revista *Esprit*, principalmente com as contribuições de Nicole Notat, Xavier Gaullier, Jean-Pierre Faudin e Alain Supiot.

da: é preciso garantir às raposas e às galinhas uma igual "liberdade de negociação" dentro do galinheiro? A questão vale como resposta.

Ora, a nova economia globalizada não é caracterizada – é o menos que podemos dizer – por relações igualitárias entre parceiros sociais, até nos países, como a Alemanha, em que os sindicatos são ainda relativamente poderosos. A desigualdade e o crescente desequilíbrio dos poderes são neles a regra. Os contratos de dependência ou os contratos dirigidos que se multiplicam hoje revestem, portanto, com muita freqüência, características particulares, que os aparentam a ligações feudais. Contratos de plano, convênios médicos, contratos de subtratamento: eles acabam em *um verdadeiro arrendamento do poder legislativo do Estado*. Eles voltam a colocar a sorte do indivíduo, em nome da liberdade individual, entre as mãos de poderes privados. Ora, as leis do mercado não são forçosamente vantajosas para este último, inclusive no quadro da nova economia. Podemos até considerar, com o jurista Alain Supiot, especialista em direito do trabalho, que elas abrem o caminho para novas formas de poder sobre os homens.

"A subordinação livremente consentida – escreve este último – provoca perda de rapidez, pois ela não basta mais para satisfazer as necessidades das instituições que rejeitam o modelo piramidal em favor da estrutura em rede. De feitura feudal (como não pensar na vassalidade?), a rede não tem o que fazer com a simples obediência às ordens. Ela precisa subordinar a si pessoas sem privá-las da liberdade e da responsabilidade, que constituem o essencial de seu preço".[46]

Colonialismo, desigualdade, racismo, feudalismo: nenhum desses retornos para trás é inevitável, mas todos são possíveis. As páginas que precedem testemunham isso. O futuro do princípio de humanidade (e o das revoluções em curso) não é, portanto, uma questão científica. É uma questão ideológica.

---

[46] Alain Supiot, "La contractualisation de la société", em *Qu'est-ce que l'humain?*, op. cit.

Capítulo 8

A genética presa pela ideologia

Há sempre uma ideologia científica antes de uma ciência no campo em que a ciência irá instituir-se; há sempre uma ciência antes de uma ideologia, no campo lateral que essa ideologia visa obliquamente.
Georges Canguilhem[1]

A aventura recente da genética – suas descobertas inauditas, seus avanços fulminantes – não pertence apenas à história das ciências. Ela participa do mesmo modo da história das ideologias. Por quê? Porque em cada etapa de seu desenvolvimento essa revolução genética gerou um discurso interpretativo que *não procedia do saber, mas da crença, para não dizer da credulidade*. Uma verdadeira ideologia genética foi construída nas últimas décadas, com tal força persuasiva e tal sucesso nos meios de comunicação que mal chegamos ainda a distingui-la dos verdadeiros conhecimentos científicos sobre os quais ela se pretende apoiar. Desse modo, formamos o hábito de

---

[1] "Qu'est-ce qu'une idéologie?", em *Idéologie et Rationalité dans l'histoire des sciences de la vie*. Vrin, 1981².

confundir sistematicamente a ideologia genética com a realidade de uma disciplina ou o estado de uma pesquisa. Esse é, doravante, aquilo que poderíamos chamar de *preconceito* da época.

Alguns propõem chamar essa ideologia particular de "essencialismo genético". Também poderíamos falar de superstição, de religião ou até de idolatria popular, diante de tantos transbordamentos irracionais que ela favorece. O triunfo imediato dessa vulgata, surpreendente fenômeno de opinião, foi facilitado pela profundidade da confusão contemporânea. A explicação pelos genes, se assim o podemos dizer, surgia em um contexto de desencantamento político e histórico. O refluxo das grandes crenças coletivas, as desilusões de todos os tipos, que marcaram o fim do século XX, tinham cavado um vazio, uma lacuna. Eis que ele se encontrava (parcialmente) preenchido por um novo paradigma: a programação rigorosa dos seres vivos, incluindo os humanos, em função dos dados inscritos em seu DNA. Desejou-se acreditar que essa "programação" de natureza científica tomava o relé das explicações tradicionais – sociológicas, econômicas ou culturais – cuja falência parecia garantida.

O britânico Steven Rose, presidente da *British Association for Science*, evocava explicitamente, em 1995, o papel desempenhado por esse abandono no triunfo do genético. "É uma conseqüência da perda catastrófica que afetou o mundo ocidental nestes últimos anos. Perda da esperança de encontrar soluções sociais para problemas sociais. Desaparecimento das democracias socialistas e da crença. [...] As pessoas procuram soluções de substituição. Alguns se voltam para os fundamentalismos religiosos. Outros procuram explicações de ordem biológica."[2] Sem que o tenhamos percebido, a genética tornou-se assim um sistema de pensamento com inclinações hegemônicas que pretende desqualificar os sistemas de pensa-

---

[2] Citado por Hervé Ponchelet, *L'avenir n'est pas héréditaire*. Belin, 1996.

mento anteriores, ainda que na maioria das vezes ele não faça mais que substituir uma metáfora por outra.

Tudo, portanto, partiu de uma expectativa e de um abuso de linguagem. E que abuso! Ele nos remete à famosa observação do filósofo austríaco Ludwig Wittgenstein (1889-1951): "A filosofia é uma luta contra o modo como a linguagem enfeitiça nossa inteligência".[3] É pouco dizer que a linguagem da biologia enfeitiçou a inteligência da época. A imagem do *programa genético*, do qual os (verdadeiros) cientistas não cessavam de dizer que se tratava apenas de uma metáfora, foi tomado ao pé da letra. Foi feita – abusivamente – dessa simples imagem uma verdade "dura". A opinião pública se acostumou com conceitos tão rígidos como os de determinação, de programação, de predisposição, sem se perguntar mais sobre seu verdadeiro conteúdo. Favorecida pelos exageros dos meios de comunicação, pelas imprudências de linguagem de alguns pesquisadores e pelo grande gongo industrial, essa opinião progressivamente considerou como evidente a onipotência explicativa do DNA. Esse DNA que, no fim dos anos 60, já com uma pitada de exagero, Jacques Monod designava como "a constante biológica fundamental".

Ao atingir certo grau de consistência, esse pensamento mágico do "tudo genético" resistiu aos protestos daqueles, entre os cientistas, que se alarmavam com semelhante mal-entendido. Henri Atlan foi um deles, embora não tenha sido o único nem o primeiro. Em uma conferência pronunciada na INRA em 18 de maio de 1998, ele desmontou minuciosamente as extrapolações irrefletidas que transformaram uma metáfora informática, fecunda no plano do método – a do programa –, em um reducionismo genético que faz do genoma humano um "fetiche" (é expressão dele). Ele igualmente denunciou

---

[3] Ludwig Wittgenstein, *Tractatus logico-philosophicus. Investigations philosophiques*. Gallimard, 2001.

as reticências mercantis perceptíveis por trás desse desvio. "Como qualquer fetiche, este se apresenta já como uma fonte de lucros não desprezíveis. [...] Em outras palavras, os mercadores do templo não estão longe."[4]

Como numerosos geneticistas, Atlan designava desse modo o "tudo genético" não só como uma quase-superstição, mas também como um reducionismo de natureza ideológica, para não dizer manipuladora. Levando em conta interesses em jogo, essa crença, com efeito, era tudo, menos inocente. Era preciso maximizar as promessas da biotecnologia para dela tirar melhor proveito. Os protestos de Atlan e de seus colegas foram demasiadamente pouco revezados? Contravinham demasiado frontalmente com o espírito do tempo? Sempre foram pouco entendidos. Nem os grandes meios de comunicação nem a classe política romperam de fato com esse estranho "pensamento único", menos freqüentemente denunciado que o que prevalecia no terreno da economia. O incrível falatório dos meios de comunicação, que ainda hoje acompanha o menor "anúncio" ou experimentação, testemunha a solidez do dogma. "Com efeito – escreve sobriamente André Pichot – o principal resultado dessa publicidade é ideológico, consistindo na criação de um estado de espírito que tudo remete à hereditariedade".[5]

A busca do Graal

É freqüentemente em termos religiosos que se expressou esse enfeitiçamento. Contrariamente ao que poderíamos imaginar, o discurso genético foi povoado de metáforas e de referências religiosas.

---

[4] Henri Atlan, *La Fin du "tout génétique". Vers des nouveaux paradigmes en biologie*. INRA-éditions, 1999.

[5] André Pichot, *La Société pure. De Darwin à Hitler*, op. cit.

É no sentido estrito do termo que se pôde falar de uma "mística do DNA" ou estigmatizar uma "nova teologia". Os cientistas são em parte responsáveis por esse desvio. Citaremos principalmente o caso do geneticista americano Walter Gilbert, prêmio Nobel da Universidade de Harvard por seus trabalhos sobre as seqüências do DNA. Ele começa ritualmente suas conferências públicas sobre o genoma humano brandindo um disco compacto sobre o qual estão gravadas as seqüências cromossômicas, declarando: "Olhem, vocês estão aqui!" Não poderíamos imaginar uma gesticulação mais tolamente redutiva. No mesmo espírito, "alguns geneticistas chamam o genoma de 'o oráculo de Delfos', 'a máquina para a viagem no tempo', ou ainda 'a bola de cristal médica'. O geneticista, laureado com o prêmio Nobel, James Watson, que foi o primeiro diretor do programa americano de estudo do genoma humano, declara em suas entrevistas públicas que 'nosso destino está inscrito nos genes'".[6]

Com efeito, desde o início das pesquisas sobre o genoma, os iniciadores desse grande empreendimento científico não hesitaram em usar analogias religiosas. Em março de 1986, Walter Gilbert explicava que esse projeto de decifração do genoma era o equivalente à busca do Graal, essa taça que teria servido a Jesus Cristo para a última Ceia e na qual José de Arimatéia teria recolhido o sangue que se derramou de seu flanco perfurado pelo centurião; taça da qual os romanos de cavalaria do século XII relatam a busca aventurosa pelos cavaleiros do rei Arthur. Os prêmios Nobel, pais do seqüenciamento, apresentaram-se vantajosamente como novos companheiros de Lancelot, que

---

[6] Dorothy Nelkin e Susan Lindee, *La Mystique de l'ADN*, op. cit. As páginas seguintes devem muito a essa notável enquete realizada por duas sociólogas americanas que estudaram a nova hegemonia das representações genéticas na cultura de massa americana (meios de comunicação, folhetins televisados, filmes, literatura popular etc.). Essa enquete é também um minucioso trabalho de desmistificação.

partiram em busca do novo Graal. A imagem foi muitas vezes retomada, e até vulgarizada, em um clima de idolatria cientificista.

A imprensa não pedia tanto isso. Ela desempenhou o jogo, principalmente nos Estados Unidos, com complacência pressurosa. É verdade que as imagens pareciam forçadas, mas eram "vendáveis". Podemos citar, entre inumeráveis exemplos, a capa da revista *Times* que, em janeiro de 1944, mostrava um homem com os braços em cruz, como Jesus Cristo crucificado, trazendo no peito uma dupla hélice que simbolizava o DNA. Os genes, invisíveis e misteriosos, tomavam o lugar do Espírito Santo ou do anjo da guarda, capazes de dirigir os destinos do ser humano sem que estes últimos o percebessem. A descoberta e o seqüenciamento desse fabuloso Graal dos tempos modernos se tornavam, desse modo, uma aventura propriamente mística. Enquanto tal, ela se revestia do sagrado e se tornava incriticável. Alguns biólogos denunciaram, mas em vão, essas tolices. Foi o caso de Richard Lewontin que, decididamente hostil ao reducionismo genético, zombou diversas vezes dessa "lenda do Graal biológico". "O DNA – escrevia ele em 1993 – tornou-se o objeto de um verdadeiro fetichismo, imputável ao proselitismo ardente e evangélico dos Templários modernos e à inocência ingênua de seus acólitos, os jornalistas, que engoliram sem discriminação o catecismo dispensado".[7]

Essa religiosidade do discurso genético vai muito além da anedota. Ela é inerente ao próprio reducionismo. A partir do momento que uma explicação é apresentada como decisiva, excluindo outras, ela induz forçosamente uma idéia de totalidade, de explicação última. Ora, essa idéia de totalidade é de essência religiosa. Em seu livro *Uma breve história do tempo*, o próprio físico Stephen Hawking cede a ela

---

[7] Richard Lewontin, "Le rêve du génome humain", em *Écologie et Politique*, 5, 125, 1993, citado por Jacques Testart, *Des hommes probables*, op. cit.

quando explica que os cientistas se dedicam a desvelar "o espírito de Deus". Um outro físico, Leon Lederman, também prêmio Nobel, batizou de "partícula-Deus" a partícula subatômica sobre a qual ele continua suas pesquisas. O reducionismo sempre leva a elaborar vulgatas simplificadoras. Ora, é o que acontece com o DNA. Este último é apresentado como uma entidade determinante, capaz de definir de uma vez por todas a essência do homem. Ele adquire ao mesmo tempo um estatuto simbólico exatamente comparável ao de uma realidade divina ou, em todo caso, espiritual. E, de fato, "na cultura de massa, a noção de DNA funciona, sob numerosos aspectos, como o equivalente leigo da concepção da alma no cristianismo".[8] Quanto aos geneticistas, que possuem o perigoso poder de "ler" a linguagem hieroglífica dos genes, palavra inacessível ao comum dos mortais, eles se tornam os novos oráculos da modernidade, os áugures majestosos da tecnociência.

O poder sugestivo dessa "mística do DNA" é tanto mais perigosa pelo fato de ela se revestir hoje com os atributos do conhecimento. Nesse ponto, ela faz pensar mais nas religiões gnósticas (do grego *gnôsis*: "conhecimento") do que no cristianismo histórico. A Gnose, mais ou menos colorida de esoterismo oriental, foi uma das heresias intolerantes que o cristianismo dos primeiros séculos se dedicou a combater. Pensemos no maniqueísmo que veio da Pérsia e contra o qual Santo Agostinho batalhou no século V. Até do ponto de vista estritamente religioso, as remanescências gnósticas de hoje constituem, portanto, uma regressão. Quanto ao mais, esse desvio inconsciente e místico leva ao ressurgimento, sob a capa de ciência, *de debates insolúveis, tanto em termos subjetivos como em referência a uma fé*. Penso naqueles que opuseram, antes e depois da Reforma, os jansenistas aos jesuítas ou os católicos aos protestantes, a respeito da graça, do livre-arbítrio, da pre-

---

[8] Dorothy Nelkin e Susan Lindee, *La Mystique de l'ADN*, op. cit.

destinação etc. É preciso, porém, notar que, paradoxalmente, a mística do "tudo genético" privilegia hoje o conceito de predestinação *contra a idéia de liberdade*. "Os papéis parecem ter-se invertido: é a ciência que tende a sugerir a ausência de liberdade, como se, na disputa que opunha Erasmo a Lutero sobre o livre-arbítrio, a razão, mais que a fé, tivesse estado do lado da predestinação!"[9]

Jean-Jacques Salomon, de quem tomo de empréstimo essa observação, acrescenta que a maioria dos debates bioéticos contemporâneos (O embrião é uma pessoa? O clone seria um ser inteiramente humano? etc.) é a exata repetição da famosa controvérsia de Valladolid. Esta última, organizada a pedido de Carlos V, de agosto de 1550 a abril de 1551, na capela do convento dominicano de São Gregório, em Valladolid, na Espanha, tinha como objetivo determinar são os índios do Novo Mundo possuíam uma alma. Ela opunha, como sabemos, Juan Ginès de Sepúlveda, ardente discípulo e tradutor de Aristóteles, que negava que os índios tivessem uma alma, ao dominicano Bartolomé de Las Casas, herdeiro de São Paulo da *Epístola aos Gálatas* – e, portanto, ardente defensor da igualdade dos homens. Da mesma forma que Carlos V no século XVI, os governos de hoje solicitam os "pareceres" dos cientistas e dos sábios para dirimir controvérsias. Com efeito, estes últimos estão muito mais próximos da teologia do que pensam.

Nos Estados Unidos, em que a sociedade está impregnada ao mesmo tempo de religiosidade e de habilidade comercial, o desvio místico-cientificista confina, por vezes, com o ridículo. O exemplo mais correntemente citado é o do biólogo Kary Mullis, prêmio Nobel em 1993 e mistificador habilidoso: ele fundou uma empresa destinada a fabricar pequenos cartões ou medalhas que contêm fragmentos de DNA clonados, pertencentes a astros do *show-biz*, a atle-

---

[9] Jean-Jacques Salomon, *Survivre à la science*, op. cit.

tas famosos ou a atores populares. Mullis reinventou, desse modo, o culto das relíquias, muito espalhado na antigüidade tardia e, depois, na cristandade medieval. "Os jovens – declarou ele no *New York Times* – poderiam servir-se dessas medalhas como relíquias ou objetos totêmicos, mas poderiam também aprender certo número de coisas sobre os genes, comparando as seqüências de diferentes astros". Kary Mullis realizou em seu proveito a frutuosa e tripla aliança entre a credulidade, a pedagogia biológica e o comércio. Nem todos os prêmios Nobel caíram da última chuva...

A esse ponto, a ciência não se veste apenas de uma religiosidade enganosa; ela se torna religião.

Na opinião de meu gene...

Apesar disso tudo, seríamos tentados a dizer que o deslize místico-cientificista da biologia molecular não é o fenômeno mais importante. Com o desvio propriamente ideológico, abordamos uma questão totalmente diferente. Ficamos admirados quando descobrimos a que ponto é profunda a influência que a vulgata genética exerce – já! – não só sobre os comportamentos coletivos, mas também sobre a visão do mundo amplamente dominante em nossas sociedades desenvolvidas. Existe aqui um fenômeno de opinião, um caso de psicologia coletiva, a respeito do qual nos admiramos de que não tenha sido mais estudado. Ele mereceria isso, como resultado de uma espetacular colisão entre aspirações confusas, tentações novas, contradições econômicas e sociais, especificamente ligadas à época. No momento, é nos Estados Unidos que essa colisão é a mais espetacular.

Na vida cotidiana dos americanos, a tendência irresistível, com efeito, é a de explicar tudo pelos genes. "Nos jornais de grande tiragem distribuídos pelos supermercados, nos folhetins cor-de-rosa, nos melodramas e nos debates na televisão, nos jornais femininos e nos livros de auto-ajuda, invocam-se os genes para explicar a obesidade, a criminalidade, a timidez, a aptidão para dirigir, a inteligência, as preferências políticas e os gostos de vestuário."[10] Sem que se perceba, uma revolução silenciosa está a ponto de dinamitar as categorias políticas tradicionais. A clivagem direita/esquerda é novamente posta em questão por esse imenso turbilhão simbólico. Desse ponto de vista, o essencialismo genético não tem nada a invejar das cegueiras ideológicas do passado.

Todos os setores da vida social estão implicados. Tomemos como primeiro exemplo o antagonismo tradicional entre a aspiração ao individualismo e a crise da família. O enraizamento genético, o desvelamento dessa incontestável "origem" vem confusamente satisfazer a busca obsessiva de identidade que é próprio de nossas sociedades. Hoje, os testes de paternidade são vendidos livremente nos Estados Unidos, e qualquer pessoa pode mandar verificar a realidade de sua ascendência. "Um homem pode enviar a um laboratório um fio de seu cabelo e um fio de cabelo de seu filho para obter a prova de que ele é ou não é o pai da criança."[11] O mesmo acontece na Grã-Bretanha, onde, desde 1998, um laboratório especializado, a *DNA Testing Agency*, encarrega-se de verificar geneticamente os laços de filiação. Essa certeza caída do céu aparece como um substituto do anonimato e da desafiliação contemporânea. Ela é uma marcação irrecusável, que corrige a incerteza e a fluidez ligadas ao esfacelamento das famílias. Ela é percebida, portanto, como uma resposta à crise do "eu". Considera-se que a verdade genética traz uma espécie de estabilidade simbólica, de segurança, que é tanto mais atraente por faltar em qualquer outro lugar.

---

[10] Dorothy Nelkin e Susan Lindee, *La Mystique de l'ADN*, op. cit.
[11] Olivier de Dinechin, *L'Homme de la bioéthique*. Desclée de Brouwer, 1999.

Essa busca genética corresponde, desse modo, à multiplicação das famílias assim chamadas de recompostas, monoparentais ou até homoparentais. Ela corresponde igualmente a essa situação de solidão que tende a se tornar a regra, principalmente nos meios alternativos. A intensidade da expectativa explica, em todo caso, a inflação de livros, artigos, *sites* da internet destinados a guiar os indivíduos em suas pesquisas genealógicas. A cada ano, o repertório americano dos livros disponíveis, o *Books in Print*, registra um aumento espetacular das obras dessa natureza, compreendendo até as que se destinam às crianças. A maioria delas traz títulos significativos: *Em busca do passado* ou *A grande caçada ao ancestral*. Alguns programas de informática, como o *Construtor da árvore familiar*, propõem métodos de pesquisa. Pequenas empresas de serviço foram criadas com a mesma finalidade. Essa obsessão genealógica, como sintoma de confusão identitária, ganha hoje a Europa.

Ora, é preciso compreender que ela é acompanhada por uma reavaliação insidiosa dos laços familiares. Em matéria civil, por exemplo, os juízes americanos têm a tendência de fazer prevalecer decididamente os laços genéticos sobre os laços afetivos. Isso é fato para o que se refere ao divórcio, a guarda dos filhos ou aos conflitos entre família adotiva e família biológica. Cada vez mais, a verdade genética se torna lei, o que implica um julgamento de valor sobre a própria natureza da instituição familiar. Notamos a esse respeito uma nova colocação em questão, por vezes violenta, da adoção. Esta última é acusada de manter a obscuridade sobre a origem, de organizar um simulacro, de promover excessivamente os laços biológicos. Grupos e associações foram criados no além-Atlântico, com o único objetivo de combater decididamente a adoção. Em sua pesquisa, Dorothy Nelkin e Susan Lindee citam as opiniões da presidente de um dos grupos, o Movimento pela Liberdade dos Adotados. "A criança adotada – declara ela – sofre um preconceito para o qual não há compensação, na medida em que suas ligações hereditárias e as bases de sua identidade são destruídas".

Os defensores do "tudo genético" chegam, progressivamente, a *propor uma nova definição da família*, pondo à frente, como laço familiar, uma "comunidade de genes" ou um DNA comum. Ousemos dizer que essa "família molecular", transparente e mensurável, dá calafrio nos ossos. Ao menos porque, obnubilando-se sobre o aspecto genético da filiação e da identidade, ela instaura uma espécie de instância cromossômica, diante da qual compareçem, *ipso facto*, os pais. Estes últimos poderão sentir-se censurados por terem transmitido o "mau gene" a seu descendente. A crônica judiciária já registra reivindicações desse tipo. "Ao revelar alguma coisa que é percebida como uma doença vergonhosa, o 'tribunal genético' maltrata o romance familiar. [...] A culpabilidade por legar essa parcela de desgraça é onipresente."[12]

Essa prioridade absurda atribuída à "traçabilidade" genética a respeito do parentesco acorrenta as gerações a uma suspeita fundamental. Ela leva a relação genealógica a uma (boa ou má) "transmissão" genética, remetendo as ligações afetivas, a transmissão das referências simbólicas, o próprio amor à posição de fingimentos. Tudo isso chega, em suma, a confundir a reprodução humana com a criação de bois e a assemelhar a genealogia à seleção das espécies.

Uma armadilha para a esquerda

O essencialismo genético ainda transforma de outro modo a percepção da família. Ao se fixar sobre o pretenso determinismo genético, esse fetichismo do destino chega a relativizar a própria utilidade da educação. Se tudo está decididamente inscrito nos genes de uma criança desde sua concepção, a qualidade da educação familiar

---

[12] Hervé Ponchelet, *L'avenir n'est pas héréditaire*, op. cit.

que ela poderá receber terá menos importância do que se imaginava. Uma criança preguiçosa, sem inteligência, dissipada, até tentada pela delinqüência, será assim "por causa de seus genes". Os pais errariam ao conceber isso como má consciência. A falha de sua prole não é imputável a sua falta de habilidade, à falta de amor ou de seu abandono, mas... aos cromossomos dela. Essa interpretação é mais bem acolhida pelo fato de libertar os pais de um esmagador sentimento de culpabilidade, principalmente nas situações de fracasso escolar.

Enquanto as teorias do famoso doutor Benjamin Spock, fundadas sobre a psicanálise, prevaleciam nos anos 60 e 70 em matéria educativa, vemos hoje aparecer uma literatura fundamentalmente diferente destinada aos pais. Ela não está mais fundada sobre a psicanálise, mas sobre a biologia. Ela de bom grado apela para o determinismo genético para desculpabilizar os pais, propondo-lhes que se resignem. Uma receita expulsa a outra. Hoje, a mensagem transmitida é a seguinte: os filhos de vocês nascem amplamente determinados; eles são o que são; aceitem-nos como tais e não procurem transformá-los. Essa argumentação tem a vantagem de coincidir com a famosa "ideologia dos direitos da criança" ao desposar o princípio de tolerância absoluta, promovido pelo *political correctness* (politicamente correto). Em caso limite, uma educação demasiadamente diretiva e uma pedagogia demasiadamente voluntarista serão apresentadas como brutalidades inúteis. Como se nada fosse, é o próprio princípio educativo que se encontra pulverizado.

Alguns autores, em geral psicólogos, encarnam essa nova tendência da literatura educativa, inspirada pelo fatalismo genético. Entre estes últimos, citamos de bom grado um médico, Peter Neubauer, e os psicólogos, Jerome Kagan e Sandra Scarr. Os três, cada um a seu modo, consideram que os pais devem habituar-se à idéia de que os filhos nascem ao mesmo tempo diferentes e desiguais quanto a suas capacidades. Sandra Scarr sustenta, sobre essas questões, um discurso sem matizes. "Ser criado em uma família mais que em outra – diz ela

– não faz praticamente nenhuma diferença para a personalidade da criança e para seu desenvolvimento intelectual". A seus olhos, o fato de reconhecer isso pode "ajudar a pôr fim a numerosos sacrifícios não necessários [e] aliviar muitos tormentos afetivos". Ao dizer isso, ela pensa evidentemente nos pais, que é preciso confortar, desculpabilizando-os.[13]

Conservemos essa última idéia na cabeça. A preocupação de eliminar a idéia de uma falta ou de uma responsabilidade, a necessidade de ser liberto de um eventual sentimento de culpabilidade, a busca de inocência, em suma, tudo isso contou muito na aceitação – *a priori* estranha no país da liberdade individual – do determinismo genético pelos americanos. Isso explica também como a esquerda democrática pôde literalmente criar para si uma armadilha por causa de alguns debates. Pensamos, sem dúvida, naquele que provocou, no início dos anos 90, a pretensa descoberta de um gene da homossexualidade.

Na origem da questão, a publicação em 1991, pelo neurobiologista Simon LeVay, na muito séria revista *Science*, de um artigo que sugeria uma ligação de causa e efeito entre o volume do hipotálamo e a homossexualidade (o próprio LeVay era *gay*). Essa hipótese foi retomada dois anos mais tarde pela equipe de um geneticista, Dean Hamer, que pretendia ter descoberto, em algumas dezenas de homossexuais, uma modificação estrutural idêntica na região do cromossomo X. Embora as hipóteses fossem acompanhadas por matizes e restrição, a grande imprensa – na América e no resto do mundo – considerou isso garantido, falando imediatamente de um "gene da homossexualidade". Um pouco mais tarde, Hamer vulgarizou seus trabalhos por meio de um livro que relançou o debate.[14]

---

[13] Citado por Dorothy Nelkin e Susan Lindee, *La Mystique de l'ADN*, op. cit.

[14] Notemos que o próprio Dean Hamer publicou alguns anos mais tarde um outro livro, *The God Gene*, no qual ele afirmava ter encontrado uma base genética para a... crença em Deus!

Ora, diversamente do que acontece na Europa – em que um ceticismo prudente acolhe o anúncio dessa pseudodescoberta –, a comunidade *gay* do além-Atlântico e também uma boa parte da esquerda americana reagiram mais favoravelmente a essa interpretação genética. Ela tinha o mérito de eliminar qualquer idéia de falta ou de culpabilidade em matéria sexual. Ninguém mais poderia fazer o menor julgamento sobre comportamentos considerados desviantes, pois sua explicação era cromossômica. A genética instalava de algum modo os *gays* e as lésbicas em uma irrefutável legitimidade. Sua inclinação não procedia de uma opção e, por conseguinte, não podia ser julgada por nenhuma espécie de avaliação. Era um dado objetivo, tampouco contestável quanto a cor da pele ou a dos olhos. A preferência sexual estava, desse modo, definitivamente subtraída ao julgamento da moral.

Por fim, esse essencialismo genético tornava caduco o próprio conceito de moral. Para além da sexualidade, é o conjunto de regras obrigatórias que era, acreditava-se, posto em questão. Houve, por outro lado – e ainda hoje há –, filósofos para impulsionar o raciocínio para mais longe. Para eles, a chegada da "explicação genética" anuncia muito simplesmente o fim da moral. Como poderíamos considerar as pessoas como moralmente criticáveis se não só suas preferências, mas também seus próprios atos são predeterminados pela estrutura de seu DNA?

Em primeira análise, a genética parecia, desse modo, voar em favor da permissividade. Uma parte da esquerda imaginou então – imprudentemente – que podia disso tirar argumentos inevitáveis para coroar a revolução "liberal" (no sentido anglo-saxônico do termo) dos anos 70 e 80. Isso, porém, era uma armadilha. Houve até algo de patético nesse processo ditado por uma imperiosa preocupação de inocência. Ao eliminar, em nome dos genes, qualquer idéia de falta ou de responsabilidade, também se expulsava, ao mesmo tempo, a idéia de liberdade. É pouco dizer que se tratava aqui de um mercado de ingênuos... Aceitar o triunfo do inato sobre o escolhido, concordar com a prevalência do determinismo sobre a vontade, era também aceitar uma forma amenizada de servidão. Ora, é nessa armadilha que caiu uma parte da esquerda americana. É para o mesmo tipo de armadilha que hoje nos leva o cientificismo irrefletido ao qual a Europa – tanto a direita como a esquerda – não é insensível.

O mal-entendido é imenso, até catastrófico. Com efeito, se há uma revolução que poderia eventualmente se achar coroada pelo fetichismo genético, é a revolução conservadora e ultraliberal inaugurada no além-Atlântico pelos anos Reagan. O essencialismo genético, com efeito, vem preencher a maioria de seus votos.

Ai dos perdedores!

Ampliemos a reflexão. A concomitância entre a crise do Estado-providência e a ascensão da ideologia genética é flagrante. Podemos pensar que ela não deve nada ao acaso. Os economistas keynesianos são os primeiros a reconhecer que, em um mundo novo, dominado pelo individualismo, a biologia tende a substituir de modo fantasmático a economia política na resolução dos problemas sociais ou de saúde pública. Isso parece extravagante, mas é assim. Com a derrota dos grandes projetos coletivos e a suspeita lançada sobre as explicações sociológicas dos comportamentos humanos, o voluntarismo político se acha desqualificado. "No que se refere a nossa proteção, colocamos nossas esperanças nos progressos das biotecnologias, muito mais eficazes, acreditamos, para lutar contra a doença, o envelhecimento e até a morte, do que o Estado-providência. [...] Por fim, o domínio das idéias políticas ou ideológicas se vê confinado à esfera privada dos sentimentos e das crenças."[15] O "tudo genético" participa, desse modo, em concordância com o "tudo mercado", de uma des-legitimação da política, ao menos em sua função de redistribuição.

---

[15] André Orléan, "L'individu, le marché et l'opinion: réflexions sur le capitalisme financier", em *Esprit*, novembro de 2000.

A simples cronologia fala por si: foi no início dos anos 80, nas primeiras horas da revolução conservadora conduzida por Ronald Reagan nos Estados Unidos, que se começou a falar diferentemente das classes pobres e das pessoas assistidas. A nova administração republicana denunciava o custo excessivo dos auxílios públicos, por vezes de sua ineficácia e até do encorajamento à preguiça que elas se haviam tornado etc. Do mesmo modo, os teóricos liberais designavam as classes urbanas desfavorecidas ou as mães celibatárias – até os negros – como categorias desviantes, e cuja reinserção parecia problemática. A seu respeito, a linguagem mudava insidiosamente de tom. Em vez de evocar, como no passado, as "classes desfavorecidas", vítimas de lógicas econômicas e sociais, começou-se a falar de comportamentos patológicos.

Em uma palavra, o pobre deixava de ser um cidadão infeliz e se tornava ou um preguiçoso congênito ou um indivíduo cuja inferioridade pessoal era geneticamente irrefutável. Os liberais, em todo caso, recusaram qualquer abordagem dolorista ou absolutista da pobreza. Nessa óptica, diversas obras foram publicadas, na época, portadoras de uma crítica severa dos programas de assistência da era democrática e, portanto, do próprio Estado-providência. A do sociólogo Charles Murray, *Losing Ground (A derrota)*, foi uma das mais notáveis. Ele pretendia demonstrar que uma assistência demasiadamente generosa concedida aos pobres tinha como resultado mecânico aumentar a pobreza. Na mesma linha, e alguns anos mais cedo, o psicólogo Richard Herrnstein não hesitava em afirmar que a inteligência dos seres humanos era determinada em 80% pelos genes. Esse discurso reatava na realidade com o darwinismo social do século XIX. Exceto que, desta vez, ele tirava do essencialismo genético argumentos com pretensões científicas. Argumentos que tinham a vantagem de quadrar perfeitamente com o enrijecimento, logo planetário, do liberalismo.

"Com o triunfo mundial de um modo de produção capitalista ao qual não se opõe mais nenhuma alternativa – observa o geneticista francês Bertrand Jordan – nossas sociedades comerciais e individualistas tendem a dissolver as solidariedades e a se desincumbir de qualquer responsabilidade pelo futuro dos indivíduos. Elas acolhem de modo favorável, portanto, teorias que atribuem o destino das pessoas mais a seus genes do que a sua educação, seu meio ambiente e sua condição social".[16]

É verdade que no decorrer das décadas precedentes a explicação socioeconômica da pobreza ou da delinqüência fora levada demasiadamente longe. Tanto nos Estados Unidos como na Europa, o discurso vitimista da esquerda caminhava de parelha com uma vontade de privilegiar sistematicamente – até o absurdo – os fatores explicativos que dependem do "adquirido". Por princípio, rejeitava-se com horror qualquer tomada em consideração do "inato". A amplitude do retorno do fiel da balança seguiu a mesma medida dos exageros passados. A tendência dominante, em todo caso, mudou totalmente de direção. O recurso a considerações genéticas tornou-se o melhor meio de combater o igualitarismo ingênuo do antigo Estado-providência. "Elas se tornaram uma arma para se opor às medidas de auxílios sociais em benefício dos necessitados ou dos programas de reeducação nas prisões. Essas medidas ou esses programas não têm, com efeito, sentido, se os problemas sociais têm como origem as características biológicas particulares de alguns indivíduos".[17]

Desse modo se impôs, pouco a pouco, *uma medicalização cômoda das questões sociais.* A solução para a injustiça humana não estava mais na generosidade nem na política, mas se encontrava no lado dos laboratórios. Poderíamos acrescentar que a interpretação estritamente genética das diferenças entre indivíduos coincidia com uma sensibilidade doravante dominante: a que põe à frente a competição sem tréguas, o desempenho mensurável, a recompensa do mais apto sem atenções excessivas para com o perdedor. Quanto ao fraco...

---

[16] Bertrand Jordan, *Les Imposteurs de la génétique*, op. cit.
[17] Dorothy Nelkin e Susan Lindee, *La Mystique de l'ADN*, op. cit.

Esse novo clima ideológico favoreceu o retorno forçado, na América e em outros lugares, de uma sociobiologia livre de seus complexos.

O retorno da sociobiologia?

Do que se trata? Deixemos a um de seus mais ardentes promotores, Edward O. Wilson, o cuidado de qualificar a sociobiologia. "Ela é definida – escreve ele – como o estudo sistemático da base biológica de qualquer comportamento social. [...] Uma das funções da sociobiologia consiste, pois, em reformular os fundamentos das ciências sociais, de modo a permitir sua inclusão na Síntese moderna". Conservemos o termo "síntese", aquele que havia escolhido Wilson, grande especialista do comportamento das formigas, para intitular em junho de 1975 seu primeiro grosso livro, de setecentas páginas, fundador da disciplina: *Sociobiologia: a nova síntese*.[18] Com essa última expressão, ele definia a natureza de seu projeto: fazer as ciências humanas entrarem na categoria das ciências "duras". A "nova síntese" que ele empreendia fazia entrar disciplinas tão diferentes como a genética, a etologia, a ecologia, a genética das populações, a sociologia e a antropologia em um modo de conhecimento unificado. Na realidade, ele propunha estudar cientificamente os comportamentos humanos tomando ao pé da letra a teoria darwiniana da evolução.

Nos anos 70 as teses de Wilson foram vigorosamente combatidas, principalmente por alguns de seus colegas da universidade de Harvard, como o geneticista Richard Lewontin e o paleontólogo Stephen Jay Gould, que criaram uma associação marcada pela esquerda: *Science for People*. Mas é principalmente Marshall Sahlins que, na

---

[18] Edward O. Wilson, *Sociobiology: The New Synthesis*. The Bellknap Press of Harvard University Press, 1975; trad. fr.: *La Sociobiologie*. Le Rocher, 1987.

época, empreendeu refutar minuciosamente a sociobiologia, da qual ele denunciava, ao mesmo tempo, o reducionismo, o "geneticismo" intempestivo e a orientação política caricaturalmente conservadora.[19] Para Sahlins, era vão querer reduzir o homem à biologia. Existe, no *princípio de humanidade*, lógicas de liberdade e uma "ordem simbólica" que escapam ao estrito determinismo dos instintos. Toda a cultura humana – a começar pela proibição do incesto – pode até ser considerada como uma rejeição desse determinismo. Apesar de certa adesão à comunidade científica americana (dos antropólogos principalmente), as resistências políticas foram vivas e o debate por vezes tumultuoso. No dia 15 de fevereiro de 1978, quando Wilson dava uma conferência no hotel Sheraton de Washington, por ocasião da recepção anual do AAAS (Associação Americana para o Avanço da Ciência), um contraditor lhe arrancou o micro das mãos para brandir sob seu nariz uma cruz gamada.

Na França, a sociobiologia de Edward Wilson foi introduzida pelo *Club de l'Horloge*, muito afastado da esquerda. Acolhida muito favoravelmente pelas diferentes correntes da Nova Direita, ela foi ardorosamente contestada por autores como o historiador das ciências Pierre Thuillier.[20] É verdade que, ao pretender demonstrar que a maioria dos comportamentos humanos – inclusive os de dominação – era geneticamente programada, Wilson chegava a legitimar as posições políticas mais extremadas. De seu ponto de vista, os comportamentos coletivos extremos – a guerra, a defesa do território, o patriarcado sem matizes – eram imputáveis às leis biológicas que co-

---

[19] Marshall Sahlins, *The Use and Abuse of Biology. An Anthropological Critics of Sociobiology*. Ann Arbor, The University of Michigan Press, 1975; trad. fr.: *Critique de la sociobiologie*, 1980.

[20] Cf. principalmente Pierre Thuillier, *Les biologistes vont-ils prendre le pouvoir?* Complexe, 1981.

mandam a evolução das espécies. Era vão, portanto, pretender contrariá-las em nome de valores humanistas.

Wilson, de fato, parte da idéia – não demonstrada – que existe uma natureza humana que obedece forçosamente a comportamentos reflexos sem ligação direta com uma pseudoliberdade e sem referência a uma moral qualquer. Para ele, *o único imperativo ético concebível é a sobrevivência do patrimônio genético da humanidade*. Ora, conforme salienta um de seus adversários, "em nome da sobrevivência do patrimônio genético coletivo da humanidade, podemos chegar a justificar moralmente os atos dos nazis, como a violentação ou o genocídio".[21] Um dos partidários da sociobiologia, Richard Dawkins, que transpõe para os próprios genes o princípio da "luta pela sobrevivência",[22] chegava à própria legitimação da ordem estabelecida. "A sociobiologia humana – escreve Jean-Paul Thomas – dá assim um fundamento biológico para o conservadorismo político. Ela dá seus alicerces científicos para a defesa das instituições tradicionais, para o anticomunismo e para o neocapitalismo. [...] Ela garante que o individualismo e o liberalismo competitivo são insuperáveis, pois a ética capitalista do mercado livre, da acumulação e do interesse pessoal está inscrita em nossos genes".[23]

É preciso notar, porém, que todos os sociobiologistas não são tão rigidamente conservadores quanto Wilson. Para alguns deles, a influência dos genes sobre nossos comportamentos não deve ser compreendida como uma predeterminação absoluta, mas apenas como uma *predisposição*, que a cultura humana está sempre a combater ou, pelo menos, a civilizar. Esses teóricos moderados acrescentam de

---

[21] Marcel Blanc, *Les Héritiers de Darwin. L'évolution en mutation*. Seuil, 1990.
[22] Cf. anteriormente, capítulo 6.
[23] Jean-Paul Thomas, *Les Fondements de l'eugénisme*, op. cit.

bom grado – conforme o próprio Wilson – que, se a sociobiologia foi instrumentalizada pela extrema direita, foi de modo abusivo.[24] Suas reservas e sua vontade de conciliação não são inteiramente convincentes. Os livros posteriores de Edward Wilson mostraram que ele pretendia assimilar mais ou menos o comportamento humano ao dos insetos.[25]

Ora, dezesseis anos depois de seu aparecimento no campo do saber, a sociobiologia se beneficia hoje de um novo ganho de interesse, para não dizer de uma revanche. O espírito do tempo, o triunfo do mercado e do neoliberalismo, o efeito de amortecimento provocado pela mística genética, tudo isso contribuiu para enfraquecer as resistências da comunidade política e intelectual. Tudo acontece como se o escândalo fosse esquecido e que Wilson, hoje com setenta e dois anos, fosse beneficiado de certa benevolência, inclusive por parte de uma esquerda órfã, tentada por sua vez pelo encantamento cientificista.[26]

Ninguém garante que isso seja uma notícia muito boa.

Uma Nova Direita em festa

Diante desse funesto sucesso do "tudo genético", a respeito de inumeráveis debates bioéticos que os meios de comunicação tratam tanto bem quanto mal, e passo a passo, um detalhe é com demasia-

---

[24] É a tese de um etólogo da universidade de Willetaneuse que falou de um "falso processo" intentado a Wilson. Cf. Pierre Jaisson, *La Fourmi et le Sociobiologiste*. Odile Jacob, 1993.

[25] Cf. principalmente Edward Wilson e Charles Lumsden, *Le Feu de Prométhée: reflexión sur les origines de l'esprit*. Mazarine, 1984.

[26] Em seu número de 12 de junho de 2000, o cotidiano francês *Libération* publicou em página inteira uma foto elogiosa de Edward Wilson, apresentado como um admirador de Condorcet e das Luzes.

da freqüência deixado de lado: *o modo como, na extrema direita, se aplaude sem reservas essa revolução*. Isso é verdade, sem dúvida, nos Estados Unidos, onde tanto as teses de Dawkins como as de Wilson são favoravelmente acolhidas pelos grupos extremistas. Um dos líderes da Nova Direita americana, Phyllis Schlafy, nela encontra argumentos para se opor com todas as suas forças às leis sobre a igualdade dos direitos entre homens e mulheres. Para ele, a desigualdade entre os sexos é fundada biologicamente. Mais à direita ainda, alguns pequenos grupos, um tanto folclóricos, como "Resistência dos Arianos brancos" ou "Nações arianas", invocam correntemente a genética ou recuperam ideologicamente os postulados evolucionistas. "A Natureza é talvez brutal quando ela elimina os fracos, os mansos, os inaptos e os degenerados, podemos ler em uma dessas brochuras, mas isso não quer dizer que ela é cruel. Ao contrário, ao garantir a sobrevivência dos mais fortes, dos mais sadios, dos mais competentes e dos melhores [...], a natureza realiza sua benevolente missão, que é elaborar uma espécie melhorada e um mundo mais ordenado."[27]

Do mesmo modo, na origem de alguns trabalhos sobre a medida da inteligência humana, como os de Arthur J. Jensen e William Shockley (prêmio Nobel de física em 1956 e partidário da esterilização das pessoas com fraco QI), encontramos uma fundação muito marcada pela direita, o *Pioneer Fund*. Essa mesma fundação financiou, nos anos 80, o famoso "estudo do Minnesota", de Thomas Bouchard, estudo que serviu de base a Richard. J. Herrnstein e Charles Murray para a redação de seu livro *The Bell Curv (A curva em sino)*.[28] Richard Herrnstein era psicólogo na Universidade de Harvard (hoje ele é falecido) e Charles Murray trabalha como sociólogo no *American*

---

[27] *Racial Loyalty*, n. 66, dezembro de 1990, citado por Dorothy Nelkin e Susan Lindee, *La Mystique de l'ADN*, op. cit.

[28] Tomo de empréstimo essas referências de Hervé Ponchelet, *L'avenir n'est pas héréditaire*, op. cit.

Enterprise Institute. Seu grosso livro de oitocentas e quarenta e cinco páginas, editado pela Free Press, em Nova York, nos Estados Unidos, em 1994, tornou-se *best-seller* e suscitou violentas polêmicas. Ele pretendia demonstrar – entre outras coisas – uma inferioridade do quociente intelectual dos negros e a inutilidade absoluta do programas igualitaristas, como a "discriminação positiva" *(Affirmative Action)*. Essas teses preenchiam evidentemente os votos dos liberais mais extremados do partido republicano. É, por outro lado, no *Wall Street Journal* – cotidiano nova-iorquino que reflete o ponto de vista dos meios de negócios – que foi publicado um manifesto mais favorável às teses de Herrnstein e Murray, assinado por cerca de cinqüenta cientistas americanos e intitulado *Mainstream Science on Intelligence*. Esse manifesto insistia principalmente, em seu ponto n. 8, sobre a inferioridade do QI médio dos negros (85) em relação ao dos brancos (1.000).

Na França, as correntes neopagãs se alegram de que possa ser preenchido pela ciência, como o escreve Pierre Vial, "o fosso, mantido por quinze séculos de cristianismo, entre o corpo e o espírito". E Vial acrescenta: "O canto do mundo é pagão: tal é a mensagem da revolução do próximo século".[29] Mais interessantes – porque mais elaboradas – são as análises propostas pela Nova Direita francesa, principalmente nas colunas de suas revistas *Éléments* ou *Krisis*. Os intelectuais ou militantes democratas, que sentimos por vezes vacilar diante da injunção cientificista ou genética, deveriam examinar um pouco mais de perto essa argumentação. Esse esforço os ajudaria a esclarecer e a fortificar suas próprias convicções no assunto. Jamais ganhamos ao subestimar o adversário.

Para tomar um exemplo, a revista trimestral *Éléments* (subintitulada *Pour la civilisation européenne*) publicou, em janeiro de

---

[29] Pierre Vial, *Pour une renaissance culturelle*. Copernic, 1979.

2000, um número especial, consagrado em "A revolução biotecnológica". Artigos aprofundados, análises contestáveis mas coerentes, o conjunto do dossiê é muito bem construído. Quanto aos artigos, eles testemunham um entusiasmo sem reservas por essa "revolução cognitiva e molecular".[30] O editorial, assinado por Robert de Herte, para além de algumas reservas sobre a patenteação e sobre os riscos de coisificação do ser vivo, ironiza sobre a "miséria do humanismo", antes de acrescentar: "O humano hoje não é mais a solução, e sim o problema".[31] Paradoxalmente, os autores desse dossiê parecem ter compreendido melhor que a certos irrefletidos do campo oposto a esse ponto essa "revolução genética" colocava totalmente em questão o humanismo e seus valores. Exceto que, no caso deles, é para se felicitar com isso.

Uma longa contribuição assinada por Charles Champetier enumera muito inteligentemente a "destruição das principais colunas do humanismo moderno".[32] Entre essas colunas ou esses dogmas, há de início o da igualdade, que teria "voado em cacos", pois, conforme o autor, "não há mais dúvida de que a inteligência (ou a capacidade cognitiva em geral) é amplamente determinada por nossos genes". O raciocínio é coerente, não fosse por um detalhe: ele subscreve com estranha diligência e sem a menor distância crítica o "tudo genético", denunciando até, de passagem, "o silêncio prudente que na França cerca [*sic*] os trabalhos mais inovadores da genética do comportamento".

O mesmo autor constata o naufrágio da visão antropomórfica que colocava o homem no centro do universo. Depois das três gran-

---

[30] Note-se que, em um número posterior da mesma revista, um leitor se queixava do cientificismo excessivo desse dossiê.

[31] Robert de Herte, "Misère de l'humanisme", em *Éléments*, n. 97, janeiro de 2000.

[32] Charles Champetier, "Voici l'ère néobiotique", em *Éléments*, ibid.

des "humilhações" históricas, infligidas por Copérnico, depois por Darwin e finalmente por Freud a essa orgulhosa centralidade do homem, a revolução cognitiva e molecular de hoje coroaria de algum modo o trabalho. Ela faria do ser humano uma simples "variação maleável do ser vivo" e de sua consciência, "uma forma entre outras da vida". Quanto à noção de sujeito ou de pessoa, o autor crê necessário convocar os trabalhos do neurobiólogo Daniel Dennet e do economista Jean-Pierre Dupuy para garantir que ela não tem mais muito sentido. Longe de com isso se alarmar, ele, por si, aplaude esse desaparecimento e zomba com insistência do velho humanismo que "recua e se encarquilha entre os quatro muros rachados da moral minimalista: invocação da dignidade humana contra o fundo de acampamentos da morte".

Para o autor, é incontestável que estamos em marcha para uma "pós-humanidade", movimento exaltante que torna possível (e desejável) a emergência de uma "nova espécie humana" com desempenhos melhorados. "À medida que o homem adquire a consciência de sua espécie – escreve Champetier – ele reforça em seu íntimo a vontade de dela sair". A seu ver, segue-se que a eugenia não deve ser mais diabolizada mas, ao contrário, reabilitada.[33] "Na era pós-moderna – acrescenta ele – não é mais apenas o Estado que empreende melhorar sua população pela educação e pela saúde pública, mas o próprio indivíduo, que exige o estatuto de seletor".

Quanto ao mais, a maioria dos cientistas citados pertencem à categoria que poderíamos, com as devidas reverências, qualificar de cientificista. Quer se trate do geneticista e psicólogo Hans Jürgen Eysenck, do neodarwinista Ernst Mayr (membro do comitê de patronagem da revista *Nouvelle École*) ou do cognitivista Lee Silver. No todo, esse dossiê é muito mais revelador pelo fato de ser habilmente

---

[33] Cf. o capítulo seguinte no que se refere ao debate sobre a eugenia.

construído e informado. Ele fornece involuntariamente a prova de que uma ideologia mais ou menos terrível aflore sem cessar por trás das metáforas irrefletidas e das simplificações demasiadamente apressadas do discurso genético mais comum, aquele que é moído com leveza pelo espírito do tempo e que é retomado por sua conta por muitíssimos democratas sinceros ou por socialistas imprudentes.

O mal-entendido genético

O aspecto mais extraordinário, com efeito, dessa *construção ideológica* em torno do genoma é que ela intervém de modo inoportuno. Ao menos em relação ao estado dos conhecimentos. O discurso genético se dogmatiza, a extrapolação se inflama e os ideólogos se agitam, *até que a ciência reencontre – salvo exceção – um mínimo de circunspecção.* Temos aqui uma incrível dança cruzada, para não falar de uma extravagância. Os verdadeiros cientistas são muito menos peremptórios do que imaginamos quanto à influência pretensamente determinante dos genes sobre o futuro da pessoa. Na verdade, não somos nem "autômatos do DNA" nem "marionetes genéticas".[34] À medida que o conhecimento genético se aprofunda, a idéia que se impõe é, ao contrário, a de uma infinita complexidade das interações, principalmente as que existem entre o genótipo e o meio ambiente.

Este último termo deve ser entendido em sentido amplo. Ele não designa apenas as condições exteriores (ambiente, clima etc.), mas também as *condições pré-natais*, ou seja, as que presidem às relações entre um feto e a mãe que o carrega. Isso é tão-somente um exemplo, mas é bastante claro para ser mencionado. Conseguiu-se pôr em evi-

---

[34] Tomo de empréstimo essas duas expressões de Jean Cohen e Raymond Lepoutre, *Tous les mutants*, op. cit.

dência o fato de que o feto, muito antes de seu nascimento, mantém com o organismo de sua mãe um "diálogo" permanente, com efeitos dificilmente mensuráveis. Em outras palavras, o fenótipo materno pode exercer sobre ele uma influência notável, embora indireta. "Podemos falar de meio ambiente materno que influi sobre o desenvolvimento posterior do indivíduo: seu peso, seu porte e, no caso de mães sadias, a potencialidade de condutas adaptadas que incluem a possibilidade de predizer a inteligência."[35]

Do mesmo modo, as inumeráveis experiências realizadas com gêmeos autênticos (geneticamente idênticos) mostraram que, ao contrário do que acreditávamos antes, eles são submetidos desde sua vida intrauterina a influências sensivelmente diferentes. "O feto é separado do organismo materno por dois envoltórios: o âmnio e o cório – e é muito raro (5% dos casos) que os dois seres em formação partilhem esses dois envoltórios."[36] A essa espantosa individualização pré-natal se acrescentará evidentemente a que resulta dos fatores externos – relações afetivas, educação, influências culturais etc. – também eles muito diferenciados, inclusive dentro da mesma família. Estamos, portanto, a mil léguas de uma idéia de programação genética implacável ou da possibilidade de uma predição mecânica das identidades humanas.

O essencialismo genético veiculado pelos meios de comunicação e pelos discursos de vulgarização aparece como uma simplificação bastante infantil da realidade. Um pesquisador da INSERM sem dúvida não estará errado de falar a esse respeito de "genetomania", de "fascinação" ou até de "mentiras do 'tudo genético'".[37] Nada nem ninguém permite afirmar – longe disso – que tudo na realidade de

---

[35] Michel Yaèche, "Intelligence, genes, environnement", em *Études*, abril de 1995.
[36] *Ibid.*
[37] Y. Ben-Ari, "La génétomanie et les mensonges du tout génétique", em *INSERM Actualités*, n. 146, dezembro de 1996, citado por Jacques Testart, *Des hommes probables*, op. cit.

uma pessoa depende de seus genes, ainda que estes últimos desempenhem indubitavelmente um papel. O determinismo cromossômico, em todo caso, é uma visão do espírito.

Em outra ordem de idéias, os pesquisadores do desenvolvimento da inteligência permitiram medir melhor a extrema diversidade desta. Seja o que for que pensarem os sociobiologistas mais radicais, ninguém poderá dizer que papel exato desempenham os genes na "qualidade" de uma inteligência. De resto, as aspas se impõem, porque a inteligência humana é, por definição, inclassificável, pluralista, difícil de circunscrever. Parece absurdo estabelecer uma hierarquia entre as diferentes formas que ela pode revestir: artística, especulativa, imaginativa, prática etc. Imaginar a propósito desta um "quociente genético" que a tornaria mensurável e hierarquizável não é um procedimento científico, mas ideológico. Ele coloca arbitrariamente as normas e impõe os critérios que correspondem a sua *intenção*. Esse procedimento não tem sentido. "Como qualquer organismo vivo – escrevia François Jacob no início dos anos 80 – o ser humano é geneticamente programado, *mas é programado para aprender*". Ora, acrescenta ele, "nos organismos mais complexos, o programa genético se torna menos premente e mais 'aberto'".[38]

Podemos fazer as mesmas observações a respeito das doenças e das promessas da terapia gênica, tão freqüentemente invocadas. O simplismo com o qual essas questões são, na maioria das vezes, abordadas, confina com o abuso de confiança. Na realidade, nosso saber genético ainda é balbuciante, e sua eventual aplicação o é mais ainda. As doenças das quais podemos pensar que resultem da disfunção de um só gene – tal como a coréia de Huntington ou a trissomia 21 – são muito pouco numerosas. O determinismo genético estrito – se é que ele existe – permanece a exceção. Freqüentemente, diversos

---

[38] François Jacob, *Le Jeu des possibles. Essai sur la diversité du vivant.* Fayard, 1981.

genes entram em consideração, e segundo modalidades ainda incompletamente esclarecidas. Aqui ainda prevalece uma complexidade que torna ridículas as explicações mecanicistas e permite considerar qualquer triunfalismo como prematuro. A terapia gênica, como veremos, não passa ainda de um projeto bastante longínquo. Podemos afirmar a esse respeito a bela fórmula do biólogo americano Christopher Wills: "Não é pelo fato de termos seqüenciado todo o seu DNA que poderemos pretender saber tudo sobre os seres humanos, assim como o exame da seqüência das notas de uma sonata de Beethoven não nos dá a capacidade de interpretá-la".[39]

Uma falsa revolução?

Em suas críticas do fetichismo genético, alguns cientistas ou epistemólogos vão muito mais longe. Segundo eles, seria excessivo falar de revolução conceitual a propósito dos recentes progressos da biologia molecular. Na realidade, acrescentam eles, à medida que se realizava o grande projeto de decifração do genoma humano, o caráter instrumental do empreendimento se precisava e a genômica se tornava "mais anódina". É a expressão empregada e a tese defendida por um historiador das ciências, Jean-Paul Gaudillière, pesquisador na INSERM. Em um longo artigo, publicado em *La Recherche*, ele se interroga sobre a natureza exata dessa pretensa "revolução". Hoje, adianta ele, longe de fornecer as provas de um determinismo genético qualquer, a biologia se torna uma "ciência dos sistemas complexos". Em outras palavras, assistimos a uma volta subreptícia ao biológico, entendendo esse termo como *ciência do ser vivo*, no oposto

---

[39] Christopher Wills, *La Sagesse des genes. Nouvelles perspectives sur l'évolution*, trad. do inglês de Marianne Robert. Flammarion, 1991.

do reducionismo inicial da biologia molecular. "Em vez de uma correspondência estrita entre uma seqüência de DNA, uma proteína e uma função ou um traço biológico, observamos, desse modo, genes esboçados, preenchendo diversas funções e pertencendo a redes de moléculas, cuja dinâmica torna ilusória qualquer possibilidade de predição simples".[40]

Para Gaudillière, uma coisa é certa: a biologia molecular se tornou uma ciência, até uma tecnologia da informação, cujos laços com a informática se reforçaram consideravelmente. Em outras palavras, o que verdadeiramente mudou entre os anos 70 e hoje, *são principalmente as capacidades de modelização dos sistemas e as capacidades de estocagem dos dados*. A "revolução" diria respeito mais "às práticas e aos modos de organização do que aos paradigmas e às visões do ser vivo". Ela consistiria essencialmente mais em uma explosão dos *savoir-faire* [*saber fazer*] e um impulso das possibilidades de manipulações – mais ou menos incertas – do que em uma verdadeira inteligência da vida. Em outras palavras, o saber genético estaria em atraso em relação a seus próprios instrumentos. Para Gaudillière, nada permite, ao menos no momento atual, falar de uma "nova biologia".

Pertinente ou não, essa tese é bastante iconoclasta em relação ao discurso dominante. Ela nos ajuda a refletir sobre esse efeito de ilusão produzido pelo uso de metáforas, ilusão de que tratávamos no início deste capítulo. O inconveniente do discurso metafórico, com efeito, é que ele pode dar a impressão de um pensamento novo, ao passo que ele se contenta em *brincar com as palavras*. A história das ciências está aí para nos lembrar disso. No século XVIII, o médico e químico alemão Georg Ernst Stahl (1660-1734), fundador da teoria

---

[40] Jean-Paul Gaudillière, "Le vivant à l'heure de la génomique", em *La Recherche*, n. 329, março de 2000.

do animismo, designava a "alma" como guia das leis físicas; mais tarde, os teóricos do vitalismo falarão de um misterioso "princípio vital"; no século XIX, intelectuais como Claude Bernard atribuirão o mesmo papel a uma "força morfogenética metafísica". Hoje, falamos de "informação genética", querendo persuadir-nos de que desta vez penetramos o segredo da vida. "Aparentemente – nota maliciosamente André Pichot – há um progresso; mas não precisamos olhar demasiadamente perto o aspecto físico da explicação, porque percebemos muito rapidamente que ela não é menos 'mágica' do que as que estiveram em vigor no passado".[41]

O que deduzir disso? Uma simples observação: todo discurso científico é amplamente contaminado – até comandado – pela ideologia dominante da época em que ele se situa. A ilustração mais flagrante dessa reflexão tomada de empréstimo do filósofo e historiador das ciências, Georges Canguilhem[42] (1904-1995), é, sem nenhuma dúvida, esse estranho retorno da eugenia na aurora do novo século.

---

[41] André Pichot, "Hérédité et évolution (l'inné et l'acquis en biologie)", em *Esprit*, junho de 1996.

[42] "Qu'est-ce qu'une idéologie?" em *Idéologie et Rationalité dans l'histoire des sciences de la vie*, op. cit.

Capítulo 9

A eugenia remaquiada

> *Essa corrente positiva e eugenista*
> *nos Estados Unidos, no início do século,*
> *era conduzida por homens liberais e progressistas.*
> *Tudo isso resultou em verdadeiro desastre,*
> *um dos piores erros da cultura humana.*
> Marie-Claire King[1]

Ninguém teria imaginado, há apenas vinte anos, que esse termo retornaria tão espetacularmente na atualidade. Pensava-se que ele fora rejeitado nas trevas da História, ao menos depois da derrota dos nazistas que dela haviam feito, como sabemos, um triste uso. A eugenia não era mais que um substantivo que se associava espontaneamente – como o anti-semitismo ou o racismo – a um mal absoluto e historicamente datado. Ora, eis que ele retorna com força no debate contemporâneo. Na tribuna dos parlamentos, nas colunas dos jornais, nos estúdios de televisão ou de rádio, a eugenia é novamente

---

[1] Professora de genética e de medicina na universidade do Estado de Washington, citada por Caroline Glorion, *La Course folle. Des généticiens parlent*, op. cit.

convocada. Alguns brandem o termo como um espantalho para denunciar antecipadamente qualquer temeridade biotecnológica; outros não hesitam em exigir sua reabilitação – ao menos sob sua forma "positiva" e "democrática". Uma coisa é garantida: "Há cerca de uma década, a eugenia voltou a se tornar um assunto de atualidade. Do muitíssimo sério debate sobre 'Genética, procriação e direito', acontecido em Paris, em 1985, às capas sensacionalistas das revistas, passando pelas polêmicas dos geneticistas nos meios de comunicação, a eugenia aparece cada vez mais como o reverso do progresso da biologia e da medicina".[2]

Essas alusões permanentes, essas lutas nos meios de comunicação têm o efeito de uma interferência desastrosa, porque nossa memória coletiva é pelo menos vacilante. Pior ainda: a partir do momento em que examinamos um pouco mais de perto tudo o que se refere historicamente a essa questão, descobrimos que, para além de sua associação apressada ao nazismo, *a eugenia se tornou o objeto de um extraordinário não-dito*. Tudo acontece como se as sociedades ocidentais tivessem deliberadamente perdido a memória a seu respeito. A violência das polêmicas de hoje se explica em parte por essa repressão, que data de meio século. Na verdade, por causa do terror suscitado pelo processo de Nuremberg e da descoberta da eugenia exterminadora dos nazistas, as democracias vitoriosas cederam àquilo que é preciso chamar de amnésia voluntária. Elas esqueceram que, antes de sua instrumentalização criminosa pelo regime hitleriano, em meados dos anos 30, o projeto eugenista havia sido aprovado pela comunidade científica e *muito amplamente posto em prática por sociedades indiscutivelmente democráticas*, como os países escandinavos ou os Estados Unidos:

---

[2] Anne Carol, *Histoire de l'eugénisme en France. Les médecins et la procréation. XIXe-XXe siècle*. Seuil, 1995.

esterilização dos "anormais", restrições ao matrimônio, vontade pública de melhorar a espécie humana etc.

Sobre esse estranho consentimento, que durou diversas décadas, jamais nos interrogamos de fato. Hoje, os universitários ou os pesquisadores do além-Atlântico são os primeiros a reconhecer que o ocultamento surpreendente desse passado foi tal que o americano médio cai literalmente das nuvens quando lhe recordamos que – conforme veremos mais adiante – as primeiras de todas as leis eugenistas foram promulgadas no início do século XX por alguns Estados americanos como Indiana (em 1907). Esquecimento, desconhecimento, ausência de reflexão histórica: é nesse contexto que esse "projeto" refaz hoje seu aparecimento. Essa reaparição da eugenia é tanto mais terrível pelo fato de que nossas sociedades perderam as referências e esqueceram os argumentos que lhes permitiriam exercer, com todo o conhecimento de causa, seu espírito crítico. Tudo isso torna necessário e, de qualquer modo, muito apaixonante um reexame total dessa imensa questão.

O grande retorno?

Observação prévia: no que se refere ao retorno forçoso do projeto eugenista na paisagem contemporânea, nenhuma dúvida é mais permitida, ainda que a proibição rigorosa dessa prática permaneça inscrita, por exemplo, na lei francesa.[3] Existe, em primeiro lugar, ano após ano, um acréscimo de declarações que estamos em direito de julgar espantosas. Por trás dos propósitos de alguns cientistas de

---

[3] Artigo 16-4 do Código Civil: "Toda prática eugênica que tende à organização da seleção de pessoas é proibida". Artigo 511-1 do Código Penal: "O fato de pôr em ação uma prática eugênica que tende à organização da seleção de pessoas é punido com vinte anos de reclusão criminosa".

renome, vemos reaparecerem lógicas seletivas, novas colocações em questão do princípio de humanidade, frenesis cientificistas que reatam claramente com a eugenia do passado. Ou seja, com a vontade de *aplicar à espécie humana as técnicas de seleção, de eliminação ou de manipulação biológica que os criadores aplicam tradicionalmente às espécies animais.* Citaremos, a título de exemplo, a observação incrível feita em 1962 pelo prêmio Nobel Francis Crick, co-descobridor, com Jim Watson, da estrutura helicoidal do DNA: "Nenhuma criança recém-nascida deveria ser reconhecida como humana antes de ter passado por certo número de testes a respeito de sua dotação genética [...]. Se ela não tiver sucesso nesses testes, ela perderá seu direito à vida".[4] O próprio Francis Crick não hesitou em sugerir uma outra vez que instauremos uma "licença" para gerar filhos, a fim de limitar as capacidades reprodutivas de "pais que não seriam muito convenientes no plano genético".[5]

Seu companheiro de pesquisa, Jim Watson, nada fica a dever em questão de anti-humanismo, caso acreditemos nas confidências feitas por ele ao geneticista Axel Kahn. Participando em um debate científico, Watson soprou a seu colega: "Ouvi dizer que aqui se falaria dos direitos do homem, mas não vejo por que o homem teria direitos particulares. Se o homem tem direitos, porque o pequeno rato, o nematódeo e o frango não teriam direitos? [...] Se o homem tem direitos, são aqueles ligados com seu poder". A respeito dessa temática que remete diretamente ao cientificismo eugenista do século XIX, Watson acrescentou que jamais poderia dizer isso nos Estados Unidos, sob o risco de ser "massacrado".[6] Se os exemplos de Crick e de Watson são por si emblemáticos, é porque os dois prêmios Nobel

---

[4] Citado por Pierre Thuillier, "La tentation de l'eugénisme", em *La Recherche*, n. 155, maio de 1984.

[5] Citado por Daniel J. Kevles, *Au nom de l'eugénisme*. PUF, 1995.

[6] Citado por Axel Kahn, *Société et Révolution biologique. Pour une éthique de la responsabilité*, op. cit.

são considerados – com razão – como os pais fundadores do gênio genético. Por esse motivo, raramente são criticados.

Mas eles não são os únicos a falar assim. Longe disso! Encheríamos páginas inteiras de um bestiário com pequenas frases comparáveis. Exemplo mais concreto: Jacques Testart relata que, por ocasião de um simpósio que reunia em março de 1998 sumidades da genética, foi muito seriamente focalizada a hipótese de uma terapia genética germinal, "ou seja, da modificação do embrião desde o estágio da fecundação". Essa modificação, que justificamos – como no passado – pela louvável preocupação de limitar o sofrimento, corresponde ao projeto de "melhorar a espécie humana", que esteve, desde a origem, no coração do procedimento eugenista. (O próprio regime nazista justificava seu programa eugenista afirmando que ele era um "ato de amor ao próximo e de previdência para as gerações futuras".)[7] Ora, conforme nota oportunamente Jacques Testart, essa "melhoria da qualidade do homem" já fora muito oficialmente apresentada como uma "missão necessária", em 1950, pela Sociedade Americana de Fertilidade, por ocasião da criação da revista *Fertility and Sterility*.[8] Cinco anos depois da derrota nazista! Estranho retorno...

Ao lado das declarações, há os fatos. Eles não são menos perturbadores. Alguns Estados já integraram em sua legislação disposições claramente eugenistas. É o caso da China. Não só as publicações científicas desse país se referem constantemente a Francis Galton, primo de Charles Darwin e pai da eugenia, mas uma lei de 1995, chamada de "Lei sobre a saúde materna e infantil", sacrifica a lógica da seleção humana. Ela proíbe o matrimônio para certos indivíduos atingidos por

---

[7] Citado por André Pichot, *L'Eugénisme ou les généticiens saisis par la philanthropie*. Nathan, 1994.

[8] Jacques Testart, *Des hommes probables*, op. cit.

(supostas) doenças mentais e impõe a outros uma esterilização definitiva. Nas províncias chinesas, legislações mais prementes ainda foram promulgadas desde 1988. "Na província de Gansu, por exemplo, os 'cretinos', os 'idiotas', os 'imbecis' (não definidos em termos médicos) só têm o direito de se casar se forem esterilizados".[9]

Alguns geneticistas chineses denunciam uma outra prática eugenista, tornada corrente em seu país: a seleção pelo sexo, ou seja, o aborto programado ou até o infanticídio de bebês de sexo feminino, em um país em que o número de filhos por família é severamente limitado. Essa prática seletiva pode desembocar – e já desemboca! – em *uma eliminação, depois de exame genético, dos fetos menos bem dotados*, aqueles que não são providos daquilo que a imprensa chinesa (como outras) chama ridiculamente de "gene da inteligência". "Quem deterá aqueles que desejarem fazer desaparecer seres desprovidos desses genes ou, muito simplesmente, julgados como seres inferiores? [...] Nossa responsabilidade de cientistas exige que estejamos atentos quanto a esses desvios."[10]

A China não é o único país a reatar com a eugenia. No Japão, a lei enumera uma longa lista de doenças que justificam a esterilização daqueles que por elas são atingidos. Na Índia, recorre-se maciçamente à ecografia ou à amniocentese para determinar o sexo da criança *in utero* e proceder, no caso, a um aborto seletivo. Essa eliminação das meninas já é amplamente praticado para ter uma incidência mensurável sobre a demografia: o "sexo *ratio*" médio na Índia já caiu para 929 meninas contra 1.000 meninos. No Estado de Uttar Pradesh, não há mais que 882 para 1.000.[11]

Em Chipre, nos Emirados Árabes Unidos e na Arábia Saudita, garante um geneticista, centros de *family balancing* (equilíbrio fami-

---

[9] Citado por Caroline Glorion, *La Course folle. Des généticiens parlent*, op. cit.

[10] Chen Zhu, geneticista de Shanghai, responsável pelo programa HUGO na China, *ibid*.

[11] Números citados por Hervé Ponchelet, *L'avenir n'est pas héréditaire*, op. cit.

liar) foram criados nestes últimos anos. Eles são especializados no diagnóstico pré-implantação (DPI), que permite determinar o sexo do embrião e, portanto, de favorecer o implante de embriões masculinos. "No Islã, o aborto não é tolerado, e essa técnica é, portanto, bem-vinda [...] para permitir às famílias terem a certeza de garantir uma descendência masculina..."[12]

Encontraríamos sem dificuldades outros países e outros exemplos.

Modelagem e remodelagem do homem

Mas a volta à eugenia, entre nós, assume também formas mais elaboradas. Desse modo, um verdadeiro debate ideológico foi começado há uma dezena de anos a propósito desse "projeto". Ainda não há eco – ou pouco – na opinião pública e nos meios de comunicação. Ele permanece na maioria das vezes encantoado em círculos restritos, em revistas ou alguns livros. Para além das violências verbais que nele se misturam, essas discussões têm o mérito de voltar pouco a pouco ao fundo dessas coisas.[13] Discute-se, desta vez, sobre os princípios fundadores da eugenia. A mais significativa, mais longa e mais rica dessas querelas é a que opõe desde 1989 o ensaísta Pierre-André Taguieff ao biólogo Jacques Testart[14] e a alguns outros.

---

[12] Arnold Munnich (INSERM), em Caroline Glorion, *La Course folle. Des généticiens parlent*, op. cit.

[13] Cf. anteriormente, capítulo 1.

[14] A respeito desse debate preciso, foram consultados os artigos e livros seguintes: de Pierre-André Taguieff, "L'eugénisme, objet de phobie idéologique", em *Esprit*, novembro de 1989; "Retour sur l'eugénisme. Question de définition" (resposta a Jacques Testart), em *Esprit*, março-abril de 1994; "Sur l'eugénisme: du fantasme au débat", em *Pouvoirs*, n. 56, 1991; de Jacques Testart, "Les risques de la purification génique: question à Pierre-André Taguieff", em *Esprit*, fevereiro de 1994; *Le Désir du gène*, François Bourrin-Julliard, 1992.

É impossível relatar aqui esse longo debate em todos os seus desenvolvimentos, argumentações e repercussões polêmicas. Podemos, no entanto, resumir suas grandes linhas. Para Pierre-André Taguieff, a eugenia constitui hoje o objeto de uma excessiva "fobia ideológica". Esta última é imputável ao peso da história recente (o nazismo), mas ela deve ser superada se quisermos sair de uma crispação de "essência religiosa". Garantindo lutar pela ciência, pelo progresso e pelo otimismo histórico, Taguieff considera que devemos afastar qualquer sacralização de uma pretensa natureza humana. E recusa, portanto, considerar o genoma humano como imutável e intocável. Melhor ainda, ele vê na proibição de qualquer intervenção sobre o assim dito genoma o núcleo duro de uma religiosidade arcaica. "A afirmação da intocabilidade do genoma humano – escreve ele – não é apenas uma posição moral, mas indica um método de salvação. Aquele que encontramos no naturalismo místico professado por aqueles que, de modo absoluto, querem 'preservar o mistério do ovo'.[15]

Recusando qualquer referência a normas ou a valores de natureza ontológica, moral ou transcendental, ele pensa que devemos reatar sem complexo (mas não sem precaução) com o projeto de melhoria genética do homem. "A questão da autotransformação voluntária do ser humano – garante ele – coloca-se no espaço que hoje é aberto pela tecnociência". Para ele, esse projeto de "desconstrução/reconstrução" da espécie humana participa do próprio procedimento médico e, mais amplamente, da aspiração ao progresso. "O ideal médico – acrescenta ele – contém o ideal de uma remodelagem indefinida da natureza do homem, não excluindo de modo nenhum a intervenção sobre o genoma".[16] Tomando o exemplo da criança mal formada, ele considera que não nos devemos deixar fechar no "doloroso dilema:

---

[15] Pierre-André Taguieff, "Retour sur l'eugénisme. Question de définition", em *Esprit*, op. cit.
[16] *Ibid.*

não ter filhos/ter um ou diversos filhos gravemente deficiente[s]". A seu ver, portanto, é perfeitamente legítimo utilizar os novos meios da biotecnologia e aceitar o princípio de intervenções genéticas germinais. Além do fato de prevenir um sofrimento futuro, essas intervenções nos permitiriam, escreve ele, "legar a nossos descendentes um patrimônio genético livre, na medida do possível, de genes defeituosos".[17]

Para Taguieff, apenas uma crispação de natureza obscurantista ou fundamentalista leva alguns a recusar sistematicamente uma remodelagem dessa natureza. Essa recusa seria catastrófica e até culpável. "Recusar essa intervenção [sobre o genoma] – escreve ele – é 'respeitar' a transmissão fatal de flagelos hereditários, é tornar-se culpado pela repetição indefinida dos sofrimentos humanos, ao passo que seria possível até remediá-los parcialmente".[18] É em nome de uma herança agnóstica e até antimetafísica das Luzes que Taguieff luta por um retorno moderado à eugenia, com a condição de que seja "positivo" e "democrático". Em outras palavras, ele não deve levar à eliminação de seres vivos nem ser imposto por um poder autoritário.

É preciso notar que essa visão "transgressiva" é partilhada na França por alguns cientistas, como o geneticista Daniel Cohen, o doutor Bernard Debré, estranho prosélito das manipulações sem limite,[19] ou pelo filósofo François Dagognet. Ela é, por vezes, harmonizada – como era o caso no passado – com uma alegria aguda e com um hino ao progresso. Entendendo-se que, sobre o fundo de desilusão política ou filosófica, a idéia de progresso é doravante rebatida inteiramente apenas sobre a tecnociência, última "fronteira" para a qual somos convidados a caminhar.

---

[17] *Ibid.*
[18] *Ibid.*
[19] Bernard Debré, *La Grande Transgression*. Michel Lafon, 2001.

A ideologia da felicidade

A essa argumentação, o biólogo Jacques Testart opõe uma condenação absoluta e até um horror indignado. Ele vê em tudo isso um novo sonho de onipotência, um sonho cientificista. "Qual humanidade – pergunta ele – prevêem então aqueles que se recusam a definir a humanidade?"[20] Ele se alarma de que possamos projetar, por exemplo, um "'beliscão' genético" que tornaria os seres humanos... menos agressivos.[21] Ele protesta contra o projeto, avançado por um especialista da medicina fetal, que consistiria em instilar em cada óvulo ou embrião um gene de resistência à aids. Ele recusa, em suma, e vigorosamente, que aceitemos não só "corrigir indivíduos deficientes", mas também modificar a própria espécie, "conferindo-lhe propriedades novas, que nenhum homem teria jamais possuído".[22]

Exibindo para aquilo que lhe interessa um agnosticismo decidido, ele se insurge, por outro lado, contra a utilização obsessiva por Taguieff de metáforas anti-religiosas com o objetivo de ferir odiosamente os adversários da eugenia. A seu ver, tal linguagem imprecatória volta a assimilar ao religioso – e ao pior! – a menor sensibilidade para com a humanidade do homem, a menor inquietação diante do "destino frio que o culto do progresso nos promete". Essa assimilação lhe parece, por outro lado, absurda, pois aqueles que criticam o triunfalismo da tecnociência *o fazem exatamente porque nela vêem a marca de uma religiosidade cientificista*. "Por que – escreve ele – é

---

[20] *Le Nouvel Observateur*, 16 de março de 1997.
[21] Jacques Testart faz aqui alusão a uma entrevista de Daniel Cohen no semanário *Télérama*, 13 de outubro de 1993.
[22] Jacques Testart, "Les risques de la purification génique: questions à Pierre-André Taguieff", em *Esprit*, op. cit.

preciso que aqueles que soam a campainha de alarme sejam tratados como 'obscurantistas', 'imprecadores', 'inimigos do progresso', 'milenaristas' etc., por aqueles que fazem como se o que acontece não merecesse a qualificação de inaudito?"[23]

Referindo-se ao caráter pretensamente democrático da nova eugenia, que a distinguiria das abominações autoritárias de outrora, Testart e muitos outros fazem um bom jogo ao invocar a força persuasiva das normas sociais em vigor em não importa qual sociedade contemporânea. Pretender que a decisão em relação a tal ou tal intervenção genética pertenceria democraticamente aos interessados ou a sua família é uma visão do espírito. Ou uma mentira. É ignorar deliberadamente o peso enorme dos conformismos, a pressão social que obriga cada um a se dobrar aos modelos em vigor em um determinado momento. Essa pressão, conforme sabemos, é mais forte do que nunca nas sociedades ocidentais. Estas, amplamente governadas pelos meios de comunicação, pela opinião e pelo mimetismo social, são muito menos livres do que acreditam. Se normas genéticas ou uma preocupação qualquer de "melhoria da espécie" chegassem a prevalecer, essa nova eugenia tomaria *de facto* um caráter obrigatório.

Mal conseguimos ver de que modo o poder coercitivo dos modelos sociais, que é evidente sobre terrenos como a moda, a dietética ou a linguagem, não triunfaria em questão de eugenia, reduzindo a muito pouco a pretensa liberdade de escolha. Essa obrigação se exerceria simplesmente de um modo mais simulado. "Os Estados renunciaram às medidas autoritárias e gerais, mas deixam cada vez mais aos indivíduos e aos médicos que os aconselham a decisão sobre o futuro de uma criança nascitura em função das oportunidades que ela tem de ser geneticamente normal. Queremos de fato acreditar que qualquer

---

[23] *Ibid.*

racismo desapareceu dessa nova eugenia [...]. Colocando as coisas no melhor, nós substituímos as velhas ideologias nacionalistas por uma ideologia da felicidade."[24]

Assim, resumido em grandes aspectos, esse debate Taguieff-Testart é duplamente interessante. Em primeiro lugar, porque ele reúne os argumentos e os dados teóricos que são confusamente invocados a respeito das questões concretas colocadas pelas biotecnologias; em seguida, porque ele reproduz quase palavra por palavra as querelas do século XIX.[25] É, portanto, a um necessário retorno para trás que esse debate nos convida. Para enfrentar lealmente os dilemas e as interrogações eugenistas de hoje, não podemos nos poupar de uma viagem, recuando no tempo. E que viagem!

Da esterilização ao extermínio

A primeira etapa, sem dúvida, é o passado mais próximo: a abominação nazista. Sem detalhar em miúdos esse lúgubre pulular de experiências e de horrores, podemos tentar responder a três questões simples a respeito da eugenia de Hitler: Quais crimes precisos? Quais argumentos justificadores? Qual fonte de inspiração?

Quanto ao primeiro ponto, notamos evidentemente uma progressividade cronológica muito terrificante. A primeira lei eugenista promulgada pelo regime nazista é a de 14 de julho de 1933. Ela estipula que "qualquer um que esteja afetado por uma doença hereditária pode ser esterilizado por uma intervenção cirúrgica se, depois

---

[24] Jacques Roger, prefácio a *L'Histoire de la génétique*, atas do diálogo publicadas em 1990 nas edições AREM, citado por François Roussel, "L'eugénisme: analyse terminée, analyse interminable", em *Esprit*, junho de 1996.

[25] Cf. anteriormente, capítulo 1.

do diagnóstico médio, existe forte probabilidade de que seus descendentes sejam afetados por graves doenças hereditárias no corpo ou no espírito". Essa primeira lei, devemos dizer, não choca muito a comunidade científica internacional da época. Ela não é muito diferente, é verdade, de leis já em vigor nos Estados Unidos, na Suíça, na Escandinávia. (A República de Weimar projetava, por outro lado, leis semelhantes.)

Uma segunda lei, datada de 18 de outubro de 1933, estende as proibições eugenistas ao matrimônio. Nenhum matrimônio pode ser realizado: 1) se um dos dois noivos sofre de uma doença contagiosa que poderia pôr gravemente em perigo a saúde do cônjuge ou dos descendentes; 2) se um dos dois noivos foi proibido ou está provisoriamente sob tutela; 3) se um dos dois noivos, sem ter sido proibido, sofre de uma doença mental, podendo deixar temer que o matrimônio seria indesejável para a comunidade nacional; 4) se um dos dois noivos sofre de uma das doenças hereditárias previstas pela lei de 14 de julho de 1933.[26]

De uma lei para a outra, já é perceptível um primeiro enrijecimento. A alusão a um matrimônio que "seria indesejável para a comunidade nacional" já testemunha uma clara prioridade concedida a considerações holistas – o interesse do grupo, da nação – mais que ao respeito pela liberdade individual. Mas é apenas seis anos mais tarde, em 1939-1940, que, com o auxílio da guerra, Hitler decide passar da "seleção" eugenista à eliminação pura e simples dos doentes mentais. Ou seja, para o crime de massa. Logo no início dos anos 40, é posto em ação o programa de eutanásia *(Euthanasie Programm für unheilbaren Kranken)*, que irá durar quinze meses, até agosto de 1942. É em outubro de 1939 que Hitler assinará um decreto que

---

[26] Tomo de empréstimo essa referência de Giorgio Agamben, *Home Sacer. Le pouvoir souverain et la vie nue*. Seuil, 1997.

autoriza esse programa, que será batizado como "T. 4", sendo que o centro encarregado de colocá-lo em ação estava sediado em Berlim, 4 Tiergatenstrasse.

O nome de uma pequena cidade do Wurtemberg, Grafeneck, permanece ligado a essa questão. É aí que se encontra o principal estabelecimento especializado, encarregado de receber a cada dia cerca de sessenta pessoas (de seis a noventa e três anos), designadas como doentes mentais incuráveis. Depois de uma visita médica, seu destino era selado. Eram condenados ao que um eufemismo da época chamava de "morte por graça" *(Gnadentod)*. Na maioria das vezes, os doentes eram mortos em vinte e quatro horas em uma câmara de gás que funcionava com óxido de carbono. Antes disso, administravam-lhes uma dose de dois centímetros cúbicos de Morphium-Scopolamina.

Existiam outros estabelecimentos do mesmo tipo, principalmente em Hadamer (em Hesse), ou em Hartheim (perto de Linz). Os doentes eram neles eliminados pela administração de Luminal, Veronal e Morphium. Segundo as informações coletadas por ocasião do processo de Nuremberg, estima-se que cerca de sessenta mil pessoas foram mortas desse modo. Em alguns casos, os homicídios "eutanásicos" assim programados foram estendidos aos velhos senis, aos impotentes e até aos indivíduos considerados como associais. Depois de 1942, o programa foi detido, mas apenas sob essa forma "ativa", se assim o podemos dizer. Depois dessa data, "em plena guerra total, deixava-se de propósito morrer de fome cento e vinte mil outros alienados, coisa que foi praticada também na França de Vichy".[27]

Mas a eliminação de doentes mentais foi apenas uma faceta da eugenia nazista. No capítulo da eugenia "positiva", fundada na von-

---

[27] Benoît Massin, "Le nazisme et la science", em *La Recherche*, n. 227, dezembro de 1990.

tade – absurda – de melhorar a espécie humana, é preciso citar a experiência do *Lebensborn* (fonte de vida). Organizada por Himmler a partir de 12 de dezembro de 1935, esse empreendimento visava a "produzir" autoritariamente crianças "arianas" pelo viés de uma seleção dos pais, em função de alguns critérios físicos e mentais. Organizavam-se de algum modo centros de produção de crianças, destinadas a representar o arquétipo perfeito do ariano futuro. Logo depois de nascidas, essas crianças recebiam uma educação especial, sob o controle estrito da administração nazista. O *Lebensborn* contava até com oito maternidades especiais e seis lares para crianças "perfeitas". Segundo André Pichot, noventa e duas mil crianças teriam passado por essas instituições, entre as quais oitenta mil tinham sido criadas em sua família e doze mil nelas haviam nascido depois de terem sido "programadas".[28]

Quanto aos experimentos realizados nos campos de concentração, eles não podem ser catalogados como diretamente dependentes da eugenia. Isso não impediu que eles fizessem intervir, apesar de tudo, categorias mentais e que fossem acompanhados por um discurso científico muito próximo das propagandas eugenistas em curso em alguns países democráticos. Assim pôde-se escrever – para condená-lo, sem dúvida – que Joseph Mengele tinha feito de Auschwitz-Birkenau "o maior laboratório genético do mundo". Do mesmo modo, o estatuto simbólico que era atribuído, nos campos, aos *Versuchepersonen* (cobaias humanas) fazia deles homens incompletamente humanos. Ele introduzia uma idéia de graus, de etapas, dentro do próprio conceito de *humanidade*.

Acrescentemos que essas experiências eram realizadas não só em nome do progresso científico, mas com a finalidade aberta de evitar para outros homens certos sofrimentos ou a morte. Elas também

---

[28] André Pichot, *La Société pure. De Darwin à Hitler*, op. cit.

se abrigavam, portanto, por trás de um álibi "humanista". Podemos citar as experiências para o salvamento dos aviadores em elevada altitude realizadas pelo doutor Roscher (em 1941). Cobaias (escolhidas entre delinqüentes) eram instaladas em uma câmara de compressão, em Dachau. Eles eram nela submetidos a uma atmosfera reconstituída, correspondendo a diversas altitudes. Muitos morriam na ocasião. Outros eram imersos nas banheiras de água gelada, com o objetivo de testar a capacidade de sobrevivência de um piloto afundado no mar. Outras experiências de ingestão forçada deviam permitir medir a "potabilidade" da água do mar. Essas experiências foram principalmente realizadas entre os detidos ciganos, marcados com triângulo negro. Elas eram feitas pelos professores Schröder, Becker-Freyting e Bergblök. Um dos médicos nazistas inculpados em Nuremberg, o professor Rose, havia realizado pessoalmente experimentações destinadas a testar a vacina da febre de púrpura (peste) e provocado a morte de uma centena de *Versuchepersonen*.[29]

Uma "biologia aplicada"

Recuando, o aspecto mais perturbador desse empreendimento eugenista ou "experimental", são as justificativas fornecidas pelos teóricos nazistas. As do próprio Hitler, em primeiro lugar: em *Mein Kampf* (publicado em 1924), ele já formulava observações que justificam antecipadamente sua futura política eugenista. "A natureza não se preocupa tanto com a conservação do ser – escrevia ele por exemplo – e sim com o crescimento de sua descendência, suporte da espécie". Em outra passagem do mesmo livro, ele acrescentava: "O

---

[29] Citado por Giorgio Agamben, *Home Sacer. Le pouvoir souverain et la vie nue*, op. cit.

instinto de conservação da espécie é a primeira causa de formação de comunidades humanas". A seu ver, a conseqüência dessas pretensas evidências estava em uma frase: "O sacrifício da existência individual é necessário para garantir a conservação da raça".[30]

Acrescentando o delírio exterminador, encontramos nessas poucas frases os traços de um ultradarwinismo social, muito espalhado nos meios científicos ocidentais desde o início do século XX. Em um dignitário nazista como Rudolf Hess, a referência às "promessas" do cientificismo biológico é ainda mais explícita. "O nacional-socialismo – afirmava ele em 1934 – não é nada mais que a biologia aplicada". Encontramos também, mencionada sob a pena de alguns eugenistas alemães, a idéia – que ressurge tragicamente hoje – de uma "vida indigna de ser vivida". Por outro lado, a eugenia alemã é designada na época pela expressão muito ambígua de *Rassenhygiene* (higiene racial).

Caminhemos mais longe neste capítulo das justificativas. Em 1942, o Instituto alemão de Paris publicou um pequeno livro, *Estado e Saúde*, destinado a defender a política eugenista do Reich. Nele se encontram reflexões e argumentos próprios para fazer qualquer leitor de boa-fé ter sobressaltos. Por quê? Porque se trata de conceitos e de postulados que encontramos por vezes – quase palavra por palavra – sob a pena dos partidários mais decididos das manipulações biotecnológicas de hoje. Os autores desse fascículo evocam, por exemplo, a necessidade de uma gestão "econômica" racial do "capital vivo" e do "corpo biológico" da nação alemã. "Nós nos aproximamos cada vez mais de uma síntese lógica da biologia e da economia. [...] a política deverá estar em grau de realizar sempre mais estreitamente essa síntese que, hoje, está apenas em seus inícios [...]. Assim como o eco-

---

[30] Citado por Pierre Thuillier, "Les expérimentations nazies sur l'hypothermie", em *La Recherche*, n. 227, dezembro de 1990.

nomista e o comerciante são responsáveis pela economia dos valores materiais, da mesma forma o médico é responsável pela economia dos valores humanos. [...] É indispensável que o médico colabore para uma economia humana racionalizada, que ele veja no estado de saúde da população a condição do lucro econômico."[31]

Não imaginemos principalmente que os signatários dessas observações sejam ideólogos nazistas iluminados. Entre eles, temos eminentes cientistas alemães, como Eugen Fischer ou Ottmar von Verschuer. De resto, a primeira teorização da eugenia germânica, que remonta aos anos 1910 e 1920, *inscreve-se do modo mais normal do mundo no quadro da nova genética humana ocidental.* "A maioria dos grandes geneticistas alemães – e a Alemanha estava então na vanguarda da pesquisa, com os países anglo-saxônicos – são, ao mesmo tempo, eugenistas: Erwin Baur, Carl Correns, Richard Goldschmidt, Heinrich Poll etc. (Como os dois últimos cientistas eram judeus, eles tiveram de emigrar depois de 1933, um para os Estados Unidos, o outro para a Suécia.)"[32] Desde a Primeira Guerra Mundial, na Alemanha – muito antes do nazismo –, a Sociedade da Eugenia agrupa de novo a quase totalidade dos biólogos do país.

A própria eutanásia foi evocada como hipótese possível muito antes da chegada de Hitler ao poder, e por cientistas reconhecidos, como Karl Binding, especialista de direito penal, e Alfred Hoche, professor de medicina e de ética médica (!). Os dois assinaram juntos, em 1920, um panfleto favorável à eutanásia: *Die Freigabe der Vernichtung lebensuweeten Lebens (A autorização de suprimir a vida indigna de ser vivida).* Quanto à argumentação cinicamente econômica – os deficientes "custam caro" para a coletividade –, ela assumirá

---

[31] Citado por Giorgio Agamben, *Home Sacer. Le pouvoir souverain et la vie nue*, op. cit.

[32] Benoît Massin, "Le Nazisme et la science", em *La Recherche*, op. cit.

importância por ocasião das duas crises econômicas: a de 1923 e a de 1929. "O Estado se interessou cada vez mais pelos argumentos dos eugenistas a respeito do custo social e financeiro colossal das doenças hereditárias, dos alienados, dos criminosos e dos alcoólatras para a coletividade."[33] Alguns ultraliberais de hoje não raciocinam de modo diferente.

Em relação a Adolf Hitler, os historiadores acreditam saber que, desde o ano de 1923, quando ele estava preso em Landsberg, depois de seu golpe de Estado malogrado, ele havia lido um célebre manual sobre a hereditariedade humana e a eugenia: o de Erwin Baur, Eugen Fischer e Fritz Lenz, *Menschliche Erblehre und Rassenhygiene*. Ora, essa obra, publicada pela primeira vez em 1921, conquistara uma notoriedade internacional, que lhe valera ser traduzida para o inglês em 1931. Ele se tornara o livro de referência sobre a hereditariedade humana nos Estados Unidos e na Inglaterra, como também na Alemanha.[34]

O não-dito de Nuremberg

O que devemos concluir dessas lembranças? Que não foi a eugenia nazista, propriamente falando, que rompia com as convicções da época, e sim – se o ousarmos dizer – a dimensão exterminadora que o hitlerismo "acrescentou" a ela pelo fim dos anos 30. Até então, a eugenia não havia provocado uma verdadeira emoção na comunidade científica. Nem na Alemanha nem fora dela. Isso parece incrível, mas é a verdade. Em 1934, por ocasião da promulgação das primeiras leis sobre a esterilização, considerou-se que esses textos

---

[33] *Ibid.*
[34] *Ibid.*

correspondiam quase ao que já se praticava na América do Norte, na Suíça ou em outros lugares. Na própria Alemanha, conforme salienta André Pichot, "não houve mais que a Igreja católica para fazer um protesto institucional, principalmente *por meio* do bispo de Münster, Dom Clemens August von Galen, que condenou essas esterilizações eugenistas em uma declaração pastoral de 29 de janeiro de 1934". (Sem dúvida, julgou-se – já – que essa reação era inspirada pelo "obscurantismo religioso"!) O mesmo bispo – ao qual os alemães de hoje prestam freqüentemente homenagem – terá a coragem, em agosto de 1941, de denunciar *ex cathedra* a política de eliminação dos deficientes mentais. Ele o fez em termos que merecem ser lembrados: "Ai dos homens, ai do povo alemão se transgredirmos o Mandamento de Deus 'Não matarás', que o Senhor lançou do monte Sinai entre trovões e raios, e que Deus nosso Criador inscreveu desde a origem na consciência dos homens". Ele não ficou nessa declaração, mas apresentou queixa pelo homicídio e conseguiu o fechamento desses centros de morte a gás.

É preciso salientar também o protesto de Emmanuel Levinas. Desde 1934, em *Algumas reflexões sobre a filosofia do hitlerismo*, ele foi um dos raros intelectuais que compreendeu que certa concepção ontológica do homem estava em jogo nessa questão. Quanto ao mais, e até o fim dos anos 30, a eugenia alemã pareceu inscrever-se no quadro de uma lógica cientificista muito espalhada no Ocidente. Nem os meios científicos, nem sequer as organizações médicas ocidentais acreditaram ser bom indignar-se. Pior ainda, em 1939, o prêmio Nobel de fisiologia, Hermann J. Muller (1890-1967), eugenista convicto e "homem de esquerda", tinha mandado publicar na revista *Nature* um "Manifesto dos geneticistas", *assinado por vinte e dois cientistas de alto nível*. Nesse texto delirante, explicava-se que o dever das mulheres era o de se fazerem inseminar artificialmente com o esperma de homens "superiores". Muller, depois da guerra, persistiu em seu credo eugenista, mesmo quando a maioria dos biólogos, horrorizados pela barbárie nazista, tinha dele se afastado. Ele foi o primeiro a recomendar, em 1950, a criação de um "banco de esperma", criação que será realizada vinte anos mais tarde pelo biliardário americano Robert Graham.[35]

Imediatamente depois da derrota nazista, por ocasião da abertura do processo de Nuremberg, uma perturbação estranha e um desconforto indizível prevaleceram então entre os vencedores. E daí a relativa mansidão do famoso tribunal internacional em relação aos médicos nazistas. Alguns responsáveis pelo programa de eutanásia foram julgados: o doutor Conti, ministro da Saúde pública, suicidou-se. Outros, como Karl Brandt e Victor Brack, foram condenados à morte e enforcados em 1948. Um pequeno número de médicos foi perseguido e por vezes eles foram condenados à morte. Mas a maioria dessas penas foi rapidamente comutada. Quanto ao mais, numerosos foram os responsáveis que jamais foram inquietados, pois os arquivos das clínicas e dos centros de eutanásia haviam sido destruídos. Esta não foi a única razão. Conforme salienta André Pichot, "não parece que a questão tenha de fato apaixonado as multidões e, em todo caso, não houve muita curiosidade. As vítimas, em sua maioria, eram alemãs, eram doentes, deficientes, anormais etc. Não se lhes atribuía muito valor, e havia coisas mais importantes a fazer".[36]

É pouco dizer que, a respeito da eugenia, um imenso não-dito acompanhou então e seguiu-se depois das deliberações de Nuremberg. É verdade que diversos acusados alemães não deixaram de invocar as experiências comparáveis realizadas, antes deles, por países democráticos. Alguns deles recordaram, por exemplo, que em 1928 oitocentos detidos tinham sido contaminados nos Estados Unidos pelo plasmódio da malária no quadro de uma pesquisa contra o pa-

---

[35] Citado por Marcel Blanc, *Les Héritiers de Darwin. L'évolution en mutation*, op. cit.
[36] André Pichot, *La Société pure. De Darwin à Hitler*, op. cit.

ludismo. Do mesmo modo, experiências sobre a cultura do bacilo do beribéri em condenados à morte tinham sido praticadas, antes da guerra, pelo doutor Strong em Manilha.

Esse embaraço extremo explica por que, nos anos do pós-guerra, *houve dispensa de uma verdadeira reflexão sobre a eugenia nazista e sobre a eugenia em geral.* Preferiu-se ou banalizar a primeira, ou não ver nela mais que um avatar do racismo hitlerista, desprovido de qualquer implicação científica. Em suma, houve um esforço para "salvar" a eugenia, distinguindo-a de sua instrumentalização criminosa pelos nazistas. Conforme observa um historiador especializado, essa separação cômoda entre a eugenia como "ciência repleta de generosas esperanças" e de sua manipulação criminosa pelo regime hitleriano procedia de uma preocupação de desmedicalizar apressadamente a experiência nazista. Mais espantoso ainda: a Declaração Universal dos Direitos Humanos de 1948 não contém nenhuma menção nem condenação desse "projeto". E por uma razão evidente! Acabava-se de dar o prêmio Nobel a um de seus teóricos, Hermann Muller. Em 1946, tinha-se até nomeado para a chefia da UNESCO o geneticista Julian Huxley, que fora um dos mais ardentes propagandistas da eugenia...

Em outras palavras, os médicos e cientistas ocidentais do pós-guerra recusam pôr novamente em questão a validade do projeto eugênico. "Doravante, eles se contentam ou em evitar o assunto – a literatura eugenista do pós-guerra é muito mais pobre do que a dos anos 1920 e 1930 –, ou, quando o abordam, eles se colocam exclusivamente sobre um terreno teórico ou de predição, como se a eugenia não tivesse já uma prática ou uma história."[37] É assim que se instalou maciçamente na opinião pública, desde o fim da guerra, aquilo que poderíamos chamar de *consciência confusa*. Enquanto vocábulo evocador, o termo eugenia foi associado ao nazismo e, portanto, ao mal.

---

[37] Anne Carol, *Histoire de l'eugénisme en France. Les médecins et la procréation. XIXᵉ-XXᵉ siècles.* Seuil, 1995.

Em troca, manteve-se durante várias décadas uma recusa de analisar o *projeto* eugenista, propriamente falando, suas fontes longínquas, suas ligações com certa interpretação do darwinismo etc.

Essa recusa coletiva teve duas graves conseqüências: primeiro, esquecemo-nos do que havia sido o poder extraordinário do movimento eugenista anglo-saxônico do início do século XX e, em seguida, encontramo-nos desarmados quando ele realizou um retorno em regra pelo fim dos anos 60.

Uma religião cívica americana

Poder extraordinário? Recuando, a leitura de algumas lembranças históricas deixa literalmente sem fôlego. Nos anos 20, nos Estados Unidos, a eugenia não só é um programa defendido pela comunidade científica, mas também se tornou uma religião cívica, com suas festas populares e seus prosélitos inflamados. Em 1920, no Estado do Kansas, por exemplo, por ocasião de uma feira-exposição *Boa Criança,* suplica-se ao público, que se comprime entre os estandes, que respeite as regras da eugenia antes de se casar. Um quadro apresenta de modo ingênuo uma lista de "traços humanos indesejáveis", que se deve eliminar graças a uma reprodução seletiva: fraqueza de espírito, epilepsia, alcoolismo e até... tendência à pobreza. Por ocasião de uma outra exposição popular do mesmo tipo, um cartaz pede, em tom patriótico: "Por quanto tempo nós, americanos, continuaremos a supervisionar de perto o *pedigree* de nossos porcos, frangos e gado, deixando *a transmissão do patrimônio hereditário de nossas crianças* depender do acaso ou de cegos sentimentos?"

Para encorajar os "bons" americanos a praticarem essa seleção reprodutora, organizam-se até concursos que, recuando, nos parecem alucinantes. "Por ocasião do Primeiro Congresso Nacional sobre a Melhoria da Raça, organizado em janeiro de 1914, em Battle Creek, no Michigan, houve uma série de 'concursos em questão de perfeição física e mental' que atraiu a atenção do país inteiro. Esses concursos tinham como finalidade identificar os 'melhores bebês' e os 'perfeitos escolares', por meio de medidas físicas e testes mentais."[38] Sem vergonha, por ocasião dessas inumeráveis manifestações cívicas e eugenistas, tomam-se por vezes como alvo as mulheres pobres suscetíveis de procriar e se lhes suplica que não o façam. Personalidades célebres da época dedicam de bom grado sua influência para essas campanhas, principalmente o agrônomo Luther Burbanck, o inventor do telefone Alexander Graham Bell, o presidente da universidade de Stanford David Starr Jordan ou o empresário John Kellog.

Religião cívica, a eugenia é também uma ciência oficial, cuja dominação é esmagadora. Em 1924, uma bibliografia consagrada à eugenia recenseia não menos que sete mil e quinhentos títulos de obras e de artigos militantes, dos quais alguns com conotações abertamente racistas.[39] Uma poderosa instituição científica encarna então, nos Estados Unidos, a ideologia eugenista: a *Station for the Experimental Study of Evolution*, de Cold Spring Harbor (Long Island, Nova York). (Ela existe ainda hoje e foi dirigida recentemente por James Watson e Francis Crick.) Acrescentemos que duas grandes fundações americanas dão sua colaboração financeira para campanhas eugenistas: a Institution Carnegie e a Fondation Rockefeller. A literatura de época não fica em dívida, falando sobre o tema da hereditariedade perigosa e sobre a degenerescência. Ela apresenta a eugenia como o meio de evitar que a humanidade naufrague na doença e no aviltamento. "Em resumo – observa André Pichot – para resolver os problemas sociais dos

---

[38] Dorothy Nelkin e Susan Lindee, *La Mystique de l'ADN*, op. cit.

[39] S. J. Holmes, *A Bibliography of Eugenics*. University of California Publications, em *Zoology 25*. University of California Press, Berkeley, 1924, citado por André Pichot, *La Société pure. De Darwin à Hitler*, op. cit.

anos 30, seria preciso utilizar a ciência, e especialmente a biologia, a fim de racionalizar a humanidade e gerar os recursos humanos, sobre o modelo daquilo que Frederick Winslow Taylor havia feito para racionalizar o trabalho industrial".

No plano legislativo, entre 1907 e 1935, cerca de trinta Estados americanos adotaram leis que impõem a esterilização para epilépticos, débeis mentais internados em instituições públicas, indivíduos condenados por crimes sexuais etc. O Indiana, e depois a Califórnia, parecem ser os mais ativos nesse campo. "Em 1935 – escreve Pierre Thuillier – o total de esterilizações se elevará a 21.539, das quais mais da metade na Califórnia".[40] Bem entendido, esse entusiasmo americano faz escola no resto do mundo. Algumas províncias do Canadá adotarão assim leis comparáveis, visando às doenças mentais, logo seguidas pelo cantão de Vaud, na Suíça (1928), depois pela Dinamarca, Suécia e Noruega. Na Escandinávia, as esterilizações ainda eram praticadas nos anos 70...

É preciso notar que essa difusão da eugenia é principalmente espetacular nos países anglo-saxônicos, de tradição protestante, e muito menos nos países marcados pelo catolicismo. A maioria dos observadores, entre os quais o geneticista Axel Kahn, imputam – em parte – essa diferença a razões teológicas. Em uma óptica protestante, a noção de predestinação permite uma aceitação – fatalista – da seleção eugenista. Para os católicos, ao contrário, cada homem permanece responsável por sua salvação e pelo uso que faz de sua liberdade. Por conseguinte, a idéia de que homens possam ser geneticamente inferiores a outros não tem sentido de um ponto de vista católico. "Com efeito – nota Axel Kahn – não houve quase práticas eugenistas nos países católicos europeus, ainda que fascistas".[41] Em 1930, um dos

---

[40] Pierre Thuillier, *La Recherche*, maio de 1984.
[41] Axel Kahn, *Société et Révolution biologique. Pour une éthique de la responsabilité*, op. cit.

raros textos que condenam solenemente a eugenia sob todas as suas formas foi uma encíclica romana, a de Pio XI, *Casti connubii*, que condenava também – abusivamente – a contracepção e o aborto.

Em relação à França, pouco sensível à eugenia – exceto por meio de alguns teóricos isolados, como Alexis Carrel e Charles Richet[42] –, outro fator entrou em jogo, sobre o qual voltaremos: uma tradição científica muito mais marcada pela influência de Jean-Baptiste Lamarck (1744-1829), teórico do *transformismo* das espécies, do que pela de Charles Darwin (1809-1882), fundador da teoria da *evolução*. É preciso notar, contudo, a título de exceções, alguns delírios "científicos", como o do doutor Binet-Sanglé. No livro desse "intelectual louco", *Le Haras humain*, publicado em 1918, ele propunha, muito simplesmente, "encorajar o suicídio dos maus geradores e, para isso, criar um instituto de eutanásia em que os degenerados, cansados da vida, serão anestesiados até a morte com o auxílio do protóxido de azoto ou gás hilariante".[43]

Uma coisa é garantida: nos Estados Unidos a eugenia constituirá uma ideologia dominante até o fim dos anos 30. Apenas seu desvio pelos nazistas levará a maioria dos cientistas americanos (mas não todos) a se afastar dela precipitadamente, e até a pôr novamente em questão seus fundamentos teóricos. Durante as duas décadas do pósguerra, uma poderosa reação humanista, social democrata, "de esquerda", teve a vitória. A eugenia não teve mais direito de cidade nos anos 50 e 60. Para interpretar a evolução humana e as disparidades entre indivíduos, *fez-se prevalecer mais o adquirido do que o inato*. "As teses fundadas sobre o determinismo biológico, que haviam caracte-

---

[42] Evocaremos o caso de Georges Vacher de Lapouge (1854-1936) no capítulo seguinte.

[43] Citado por Anne Carol, *Histoire de l'eugénisme en France. Les médecins et la procréation. XIXe-XXe siècles*, op. cit.

rizado a literatura eugenista, foram [então] substituídas por explicações baseadas sobre o determinismo cultural."[44]

Nos meios científicos, entretanto, as idéias eugenistas continuavam a circular. Elas encontraram de novo – e espetacularmente – uma grande audiência em favor da biologia molecular. A ocultação durável do passado sob o efeito dos crimes nazistas paradoxalmente até se voltou em seu favor. Geneticistas como Victor McKusik explicaram, desde meados dos anos 60, que apenas "as concepções racistas do regime nacional-socialista tinham pervertido a eugenia". Desembaraçada de qualquer "racismo", esta última merecia, portanto, ser hoje reabilitada.[45] Numerosos cientistas se puseram a sustentar que o progresso dos conhecimentos sobre a hereditariedade humana deveria permitir aplicar, desta vez, uma política eugenista "adequada".[46]

Tudo iria recomeçar?

Uma "nova eugenia"?

A expressão "nova eugenia" foi reivindicada, desde 1969, por um biólogo americano de renome, Robert Sinsheimer. Em seu espírito, essa nova eugenia não tem nada a ver com a "antiga", que se esforçava apenas para favorecer o nascimento dos mais aptos em detrimento dos menos aptos. Desta vez, trata-se de ir muito mais longe, graças às possibilidades oferecidas pela genética. Podemos, com efeito, graças às novas técnicas de pesquisa, impedir a implantação de um embrião considerado defeituoso ou portador de uma anomalia cromossômica. Torna-se possível até criar genes novos e, portanto, funções biológi-

---

[44] Dorothy Nelkin e Susan Lindee, *La Mystique de l'ADN*, op. cit.
[45] Esta será, na França, como vimos, a argumentação de Pierre-André Taguieff.
[46] *Ibid.*

cas novas. Podemos projetar seriamente, conforme adianta o sociobiólogo Edward Wilson, "mudar a natureza da espécie humana".

Para melhorá-la? Eis a questão.

No discurso corrente que é apresentado pelos meios de comunicação, os geneticistas ainda não chegaram a isso. Eles adiantam a necessidade de descobrir desde o estágio embrionário certas doenças genéticas como a trissomia 21, a hemofilia, a doença de Tay-Sachs, ou certas malformações físicas graves. A "triagem", que permitiria em seguida – a pedido dos pais – eliminar esses embriões problemáticos, não poderia ser, com efeito, assimilada à eugenia tradicional. Exceto por escorregar para a pura polêmica, o que é muito freqüentemente o caso para aqueles que invocam o hitlerismo a torto e a direito. De resto, a descoberta da trissomia 21 pela dosagem dos "marcadores seriais maternais", seguido eventualmente de uma amniocentese e do estabelecimento do cariótipo do embrião, foi oficializado, na França, por uma decisão ministerial de 23 de janeiro de 1997. Ele é até reembolsado pela Segurança social. Os juristas previamente consultados tinham feito valer na época que a extensão previsível do diagnóstico pré-natal, eventualmente seguido pela interrupção da gravidez, "não constituía uma prática eugênica", com a condição de que a decisão fosse deixada "à responsabilidade das pessoas".[47]

Não voltemos a essa pretensa liberdade de escolha, da qual sabemos que ela é menos evidente do que imaginamos. (Tal escolha é condicionada não só pelo peso dos modelos sociais evocados mais acima, mas também por eventuais considerações financeiras, ou ligada ao que poderíamos chamar de "meio ambiente psicológico".) O que, apesar de tudo, constitui problema, nessa prática seletiva, *é que ela reintroduz obrigatoriamente um conceito perigoso entre todos: o de "normas" ou de "normalidade"*. O que for que fizermos, sejam quais

---

[47] Citado por Patrick Verspieren, "Eugénisme?", *Études*, junho de 1997.

forem as precauções de linguagem tomadas, essa idéia de "normas" ressoará de novo no ar do tempo como uma música vilã. Todos os debates bioéticos contemporâneos reativam essa hipótese tão discutível quanto explosiva de uma pretensa normalidade humana.

Questão discutível, com efeito... Entre o patológico e o normal, onde se situa a fronteira? É tão-somente admissível visar a uma *norma* a propósito da espécie humana? Quem pode, nesse caso, arrogar-se o direito de defini-la? Ainda que a evitemos, não fazemos nascer no espírito dos futuros pais – pelo viés do DPI seletivo – esse fantasma do "bebê perfeito"? Um fantasma tanto mais forte pelo fato de que, conforme observa o professor René Frydman, como os pais têm menos filhos que no passado, eles são tanto mais tentados a querer um "filho sem defeito".[48] Ora, podemos aceitar, ainda que na ponta dos lábios, essa idéia de normalidade *sem fazer um atentado à dignidade de pessoas deficientes, as que sofrem mais por causa do olhar dirigido pela sociedade sobre elas do que por sua deficiência propriamente dita?* Podemos decidir que uma vida é "indigna de ser vivida" sem nos tornarmos culpados de uma verdadeira negação de humanidade?[49] Essas questões estão de novo diante de nós.

Elas são graves. Elas são cruciais.

Um pediatra expressava a esse respeito uma angústia e uma ira que merecem ser muito longamente relatadas. "Queremos realmente – escrevia ele – uma sociedade aberta aos pequenos, aos 'sem grades' e aos 'degradados'? Temos consciência da ambigüidade de nossas escolhas? Declaramos publicamente uma compaixão para com as pessoas que sofrem deficiências, doenças genéticas, e nós as sustentamos, inclusive materialmente, em manifestações espetaculares nos meios de

---

[48] René Frydman, *Dieu, la médecine et l'embryon*, op. cit.
[49] Tomo de empréstimo essa expressão de Olivier de Dinechin, *L'Homme de la bioéthique*, op. cit.

comunicação, do tipo 'Teletom' [...] e, ao mesmo tempo, pedimos aos médicos que façam de tudo para tentar descobrir essas mesmas pessoas antes de seu nascimento; nós lhes pedimos, em suma, que nos ajudem a evitar que elas nasçam. [...] Onde se situa a fronteira tolerável da 'seleção'? A quem estamos prontos para integrar em nossa sociedade, reconhecendo-lhe inteiramente o direito à diferença? A quem estamos autorizados a rejeitar e por quem somos autorizados a fazê-lo? Em quais domínios autorizamos "o outro" a julgar sobre nossas próprias enfermidades e escolhas que elas poderiam justificar?"[50]

Um conceito totalitário: a normalidade

Nada é mais urgente, na verdade, do que *desconstruir esse conceito totalitário de "normalidade"* que a genética reintroduz hoje, como de contrabando, em nossas sociedades democráticas. Alguns o fazem – eficazmente – pelo viés do humor e do absurdo. "Os mais raros espíritos não foram tarados hereditários ou doentes? Eis os epilépticos: Petrarca, Flaubert, Dostoievski; os tuberculosos, em lista interminável, mas com Molière à frente; aqueles que chamarão de loucos: Auguste Comte, Swift, Poe; aqueles que tiveram de sofrer atentados do insidioso treponema masculino chamado de 'pallidus': Maupassant, Baudelaire, Nietzsche. Esquecemo-nos do sifilítico e leproso Gauguin, do disforme Toulouse-Lautrec, de Beethovem, o surdo, assim como dos tuberculosos como Schubert e Chopin?"[51]

Quanto ao geneticista Bertrand Jordan, ele tem razão de lembrar que "a anomalia genética" é, por vezes, o pedestal sobre o qual

---

[50] Bruno Jeandidier, *Études*, junho de 1997.
[51] Julien Teppe, *Apologie pour l'anormal ou Manifeste du dolorisme*. Vrin, 1973, citado por Gregory Benichou, *Le Chiffre de la vie*, op. cit.

se constrói uma pessoa, um criador, um talento. Ele se pergunta se a própria cultura e a arte não poderiam ser interpretadas, precisamente, como uma vitória da *humanidade do homem* sobre o animal sofredor *que ele é também*. O genótipo, diz ele, não é nada mais que um "dado" inicial a partir do qual o indivíduo se construirá. Ele cita o pianista Michel Petrucciani ou o cientista genial Stephen Hawking, ambos atingidos por graves deformações físicas e que eugenistas conseqüentes teriam, com toda a certeza, impedido de nascer.[52]

Um geneticista israelense, Gidéon Bach, chefe do departamento de genética humana no hospital Hadassah, em Jerusalém, conta de seu lado ter sido perturbado pelo testemunho de um de seus alunos. Enquanto ele evocava em um de seus cursos – com um entusiasmo irrefletido – os novos diagnósticos que permitiam descobrir o gene da hemofilia em um embrião, esse estudante lhe havia retorquido, com expressão sombria: "Sou hemofílico. Felizmente, na época em que minha mãe estava grávida esses testes não existiam, pois do contrário eu talvez não estivesse vivo hoje".[53]

Quanto à trissomia 21 (o mongolismo), sem negar que seja legítimo querer combatê-la, não nos podemos impedir de citar a seu respeito essa luminosa observação de um médico especializado: "Nossa desenvoltura, o termo não é demasiado forte, diante dos mongolóides e dos outros, não está ligada à qualidade de sua vida, pois eles são muito freqüentemente felizes, e sim ao incômodo que a presença deles provoca".[54] Em outras palavras, é principalmente a nós, a nossa ausência de compaixão, a nosso egoísmo que a trissomia coloca problema, a ponto de nos fazer esquecer o essencial. Uma boa especia-

---

[52] Bertrand Jordan, *Les Imposteurs de la génétique*, op. cit.
[53] Citado por Caroline Glorion, *La Course folle. Des généticiens parlent*, op. cit.
[54] Claude Sureau, "L'embryon: une entité spécifique?", em Forum Diderot, *L'embryon humain est-il humain?*, op. cit.

lista como Anne Fagot-Largeault tem razão ao observar que não é, sem dúvida, o genoma enquanto tal que é "sagrado", e sim os valores ligados à idéia que formamos sobre a humanidade, valores de liberdade e de igualdade.[55] Valores que excluem o imperialismo – o horror moral – de uma "norma".

Podemos contestar também o conceito de anormalidade *em nome da própria genética*. Descobrimos hoje que certas anomalias genéticas predispõem, sem dúvida, a certas doenças, *mas que elas protegem ao mesmo tempo de outras doenças*. É o caso do alelo que determina a doença de Tay-Sachs (atingindo principalmente os judeus asquenazes) no estado homozigótico, mas que favorece a resistência à tuberculose no estado heterozigótico. É também o caso da anemia falciforme, doença do sangue, muito freqüente na África, que resulta da presença de um alelo anormal do gene da globina. Ora, entre os heterozigóticos, esse alelo anormal da globina, associado ao alelo normal, permite melhor resistência ao paludismo.[56] Isso significa claramente que apenas uma contestável precipitação tecnocientificista permite designar com certeza uma pretensa anormalidade. Com efeito, nada diz que um futuro progresso do conhecimento não nos fornecerá a seu respeito um esclarecimento imprevisto.

Na realidade, salvo por validar as teorias racistas ou que promovem a desigualdade, devemos convir que *o conceito de normas não tem nenhuma significação científica*. Ele se refere ao estado particular de uma cultura, ao peso de uma ideologia. Conforme escrevia Georges Canguilhem, ele é um conceito "polêmico", e não científico.[57] É assim que se expressa o grande jurista e exegeta bíblico Raphaël

---

[55] Anne Fagot-Largeault, "Respect du patrimoine génétique et respect de la personne", em *Esprit*, maio de 1991.

[56] Exemplos citados por Marcel Blanc, *Les Héritiers de Darwin. L'évolution en mutation*. Seuil, 1990.

[57] Georges Canguilhem, *Le Normal et le Pathologique*. PUF, 1966.

Drai, quando declara que uma anomalia física ou genética "só se torna propriamente falando anormal a partir de sua projeção afetiva e social, ao ser relacionada com uma visão global e médico-social da norma".[58]

Ficamos perturbados com este paradoxo: ao mesmo tempo em que nossas sociedades democráticas se orgulham de respeitar todas as diferenças, enquanto elas multiplicam – legítima e dificilmente – as precauções de linguagem para não ferir os seres "diferentes" (deficiente de visão e não cego, pessoa de pequeno porte e não nanico, deficiente auditivo em vez de surdo etc.), elas deixam voltar com força no terreno da biologia a terrificante idéia de "normalidade". Em suma, tudo acontece como se, *logo depois de apagado em algum lugar, o incêndio bárbaro renascesse em outros lugares*. Tudo acontece como se contássemos confusamente com a genética para nos desembaraçarmos da preocupação de aceitar o outro. E de amá-lo.

Uma infatigável "asneira"

O projeto, mais drástico ainda, de "transformar a espécie humana" é em si expresso com uma irresponsabilidade constrangedora. Entre mil exemplos, citemos a sugestão – puramente teórica, sem dúvida – avançada por dois ensaístas como Franck Magnard e Nicolas Tenzer. Poderíamos imaginar, escrevem eles, modificar o genoma de toda uma população dada para lhe permitir resistir a um eventual desaparecimento da camada de ozônio.[59] Outros imaginam um homem geneticamente modificado e tornado insensível às radiações

---

[58] Raphaël Drai, "Réinventer la démocratie?", em *Vers un antidestin. Patrimoine génétique et droits de l'humanité*, op. cit.

[59] Frank Magnard e Nicolas Tenzer, *Le Spermatozoïde hors la loi: de la bioéthique à la biopolitique*. Calmann-Lévy, 1991.

nucleares. Outros ainda sonham em melhorar, graças a uma manipulação germinal, as capacidades musculares dos seres humanos etc. Em poucas palavras, a eugenia de ficção científica torna-se moda nos meios de comunicação, mais ou menos confusa, propagandística e, para dizer tudo, muito ridícula.

Por que ridícula? Porque ela repousa sobre uma argumentação científica amplamente errônea. É o próprio conhecimento científico que veio invalidar a maioria dos postulados sobre os quais se assenta a eugenia. Hoje, qualquer aluno de colegial sabe muito bem que a transmissão de características, de uma geração para a outra, obedece a leis mais complexas: as que foram colocadas em evidência por Gregor Mendel (1822-1884). Aprendemos igualmente a distinguir entre genótipo e fenótipo, ou seja, a relativizar a importância dos genes a respeito da influência do meio. "Para dizer rapidamente – observa Jean-Paul Thomas – a eugenia foi outrora uma ideologia científica; hoje ela não passa de asneira".[60]

Quanto à freqüência das doenças genéticas, ela obedece a regras conhecidas sob o nome de "lei de Hardy-Weinberg". Essa lei torna vergonhosa a pretensão de melhorar o patrimônio genético da humanidade. Cada geração é portadora de certo número de mutações espontâneas, e todo homem é portador de genes "defeituosos". Quanto a querer melhorar a espécie humana por um sistema de seleção e de esterilização, sabemos há muito tempo que isso é uma quimera. Citando trabalhos realizados desde os anos 30, René Frydman lembra que, para fazer passar de um por cento a um por mil a freqüência dos "maus" genes, seria preciso aplicar medidas estritas de esterilização durante... vinte e duas gerações! A história demonstrou a inanidade de certos terrores muito espalhados no século XIX, como o de "degenerescência", que obsedava literalmente os eugenistas da época.

---

[60] Jean-Paul Thomas, *Les Fondements de l'eugénisme*, op. cit.

Isso significa que, a exemplo do conceito de humanidade, *a eugenia não é nada mais que uma ideologia*. Digamos, mais exatamente, que ela se funda sobre uma interpretação subjetiva e manipuladora do darwinismo. Isso torna muito mais enigmático o reaparecimento delirante dessa ideologia no limiar do terceiro milênio. Por que ela ressurge hoje? Como interpretar esse sintoma ideológico? Essas questões nos convidam a remontar um pouco mais longe na História. Qual foi a origem histórica e política de um fantasma do qual sabemos que ele é virtualmente homicida e que sobrevive a todos os desmentidos? De qual alquimia singular entre ciência e ideologia, de qual "entrelaçamento do ideológico e do científico",[61] foi produzido, no meio do século XIX, o extravagante?

Para tentar responder a essas questões, é para o próprio Charles Darwin que nos precisamos voltar.

---

[61] *Ibid.*

Capítulo 10

Um mau uso de Darwin

> *Quanto a nós, homens civilizados, fazemos, ao contrário,*
> *todos os nossos esforços para deter a marcha da eliminação:*
> *construímos hospitais para os idiotas, para os enfermos e doentes;*
> *fazemos leis para socorrer os indigentes;*
> *nossos médicos desdobram toda a sua ciência para prolongar*
> *o quanto possível a vida de cada um.*
> Charles Darwin[1]

É um caso de escola, um exemplo perfeito! Qualquer um que procurasse um meio para ilustrar o entrelaçamento sutil entre a ciência e a ideologia; qualquer um que quisesse mostrar como uma hipótese científica pode encontrar-se desviada de sua verdade inicial, capturada pelos fantasmas de uma época e transformada – por um século e meio – em injunção simplista, deveria interessar-se pelo "caso" Darwin. Há poucos mal-entendidos tão surpreendentes quanto esse. Teríamos dificuldade de encontrar,

---

[1] Charles Darwin, *La Descendance de l'homme et la sélection sexuelle*, 2 vols. Complexe, 1981.

na história das idéias e das ciências, uma instrumentalização *ideológica* tão flagrante quanto a de que Darwin se tornou – e ainda se torna – objeto.

Ela o é mais ainda se quisermos de fato compreender que boa parte dos mal-entendidos e dos debates contemporâneos está mais ou menos relacionada com ele. Começado desde a origem, o mau uso de Darwin – ou seja, o contra-senso orientado a respeito de suas teses – ainda perdura. Cento e cinqüenta anos depois... Essa querela do darwinismo opõe sempre, com efeito, os exegetas intempestivos da teoria da evolução àqueles que se esforçam, livro após livro, para restabelecer a verdade científica.[2] E histórica. Examinada um pouco mais de perto, essa revolução introduzida por Darwin na história das ciências assume, desse modo, o porte de um verdadeiro romance policial e político, cuja principal característica é que, cento e quarenta e dois anos depois, ele ainda não está acabado.

O grande mal-entendido

É no dia 24 de novembro de 1859 que aparece na Inglaterra o famoso livro do naturalista e biólogo Charles Darwin, *A origem das espécies*. Seu sucesso é imediato. Darwin não é o intelectual perseguido e quase dissidente que por vezes evocamos. A primeira tiragem de mil e duzentos e cinqüenta exemplares esgotou-se em menos de um dia, o que é considerável para a época. Ele será logo traduzido em diversas línguas, e principalmente em francês. Estamos então em Paris, sob o Segundo Império.

---

[2] Penso principalmente no filósofo francês Patrick Tort, que, há vinte anos, consagra infatigavelmente o essencial de seu trabalho e de sua vida para restabelecer, a respeito de Darwin, o que ele considera como a verdade.

O que exatamente Darwin escreveu? Que o homem descende do macaco? De modo nenhum! Essa primeira obra trata apenas das espécies animais, e Darwin só tratará da questão dos seres humanos – muito brevemente, por outro lado – doze anos mais tarde, em um outro livro, *A descendência do homem e a seleção sexual* (1871). Na realidade, depois de longas investigações sobre espécies fósseis, e diversas viagens, das quais uma – célebre – no arquipélago de Galápagos. Darwin defende que a diversificação das espécies encontra sua origem não em uma vontade divina qualquer, mas sim em um mecanismo de seleção dos mais aptos à sobrevivência.

Essa hipótese é nova; porém, de certo ponto de vista, ela não parece tão extravagante. Meio século antes de Darwin, Jean-Baptiste Lamarck, em sua *Filosofia zoológica*, já havia rompido com o fixismo ou a imutabilidade das espécies, que era defendido principalmente pelo grande paleontólogo Georges Cuvier (1769-1832) e que se apresentava como dogma. Lamarck também construíra uma teoria da evolução que culminava na idéia de uma "transformação" das espécies sob a influência do meio ambiente, transformação que levava seres vivos mais simples aos animais mais elaborados. Essa mesma teoria era, por outro lado, adiantada por Erasmus Darwin, avô de Charles. Lamarck defendia principalmente – o que será cientificamente invalidado – que *as características adquiridas se tornavam hereditárias*. Para ele, as "transformações" infinitesimais de um animal sob a pressão da necessidade eram assim transmitidas a sua descendência, organizando uma lenta evolução da espécie. O exemplo muitas vezes repetido era o da girafa, cujo alongamento do pescoço respondia certamente à necessidade de comer os ramos mais altos das árvores.

Mas o próprio Lamarck também não inovava. Encontramos formulações ainda muito mais antigas da tese evolucionista. Citemos, como exemplo, as de Benoît de Maillet (1656-1738) que, em um livro publicado com pseudônimo, já afirmava que todos os animais terrestres haviam saído dos peixes, para grande dificuldade de Voltaire, do qual conhecemos a exclamação: "Isso é muito belo, mas tenho dificuldade de acreditar que descendo de uma moréia!"

E então? Darwin provocava escândalo em 1859, ao recusar *ipso facto* a intervenção divina e o relato bíblico da Criação? Em certa medida isso é indiscutível. Darwin, com uma pitada de provocação, não hesitava em chamar a seleção natural de "minha divindade". A querela do darwinismo, naquilo que ela terá de mais pitoresco, confirmará muito amplamente a do clericalismo e a do anticlericalismo, que assume um aspecto muito vivo no século XIX. Mas é preciso, no entanto, saber que o próprio Lamarck – que era vagamente "deísta" – fora apoiado pela Igreja depois de ter sido combatido por ela. Julgava-se, com efeito, que não era absurdo imaginar que o próprio princípio da evolução fosse desejado por Deus. Nessa óptica, o relato bíblico da Criação era simplesmente incompleto. Nada impedia de conceber semelhante acomodação em relação a Darwin.

De resto, o ateísmo militante deformou, nesse ponto, o próprio pensamento de Charles Darwin. Diversamente de seu primo Francis Galton, e como o recorda incansavelmente Stephen Jay Gould, "Charles Darwin *jamais invocou a evolução para encorajar o ateísmo*, e não afirmava que nenhuma concepção de Deus poderia adequar-se com a estrutura da Natureza, [...] ele jamais afirmou que o fato da evolução implicasse a não-existência de Deus".[3] Pretende-se ter como prova a carta muito explícita que ele dirigiu a seu amigo Huxley, depois que este último perdeu sua filha: "Eu não nego, mas também não afirmo a imortalidade do homem. Não vejo nenhuma razão de acreditar nisso, mas, por outro lado, não tenho nenhum modo de refutá-la".[4]

---

[3] Stephen Jay Gould, *Et Dieu dit: "Que Darwin soit!"*, prefácio de Dominique Lecourt, trad. fr. Seuil, 2000.
[4] *Ibid.*

Seria então a referência ao macaco, apresentado como nosso ancestral em *A descendência do homem e a seleção sexual*, que explicaria finalmente a intensidade formidável da querela? Para além de algumas polêmicas feitas principalmente pelo irascível bispo anglicano de Oxford, Samuel Wilberforce, isso não é evidente. Digamos que seja principalmente o que a lenda e o senso comum retiveram – erradamente – do darwinismo. Na realidade, Darwin não era o primeiro a integrar a espécie humana na ordem animal. O grande naturalista sueco Carl von Linné (1707-1778) o fizera antes dele, apesar das reticências da Igreja e sem por isso abjurar sua fé. Poderíamos dizer o mesmo do naturalista Georges Louis Leclerc, conde de Buffon, autor de uma monumental *História natural*, em quarenta e dois volumes (1744). Buffon também sugeria (um século antes de Darwin!) que o homem e o macaco pertenciam à mesma família de origem. Ele até acrescentava que o homem não era, sem dúvida, mais que um "macaco degenerado".

E então? Retomemos nossa questão inicial: sobre quais pontos precisos exatamente e por qual razão se organiza muito brutalmente em torno do grande Darwin essa "querela", da qual escrevemos que ela ainda hoje perdura? A resposta é clara: a menção verdadeiramente explosiva contida nos escritos de Darwin se encontra em quatro pequenas palavras: *sobrevivência do mais apto*. É a partir dessas quatro palavras que se elaborará uma versão muito política do "darwinismo social", versão que será, ela própria, a matriz dos delírios eugenistas posteriores. É essa versão que falsifica imediatamente a teoria da evolução, apresentando-a como uma luta sem piedade, que permitiria – legitimamente! – ao mais forte vencer o mais fraco. Tanto no mundo animal como na vida social. É ela também que acredita na idéia de uma evolução *logicamente orientada para o "melhor"*, o que Darwin se precavia de fazer. Ora, muito cusiosamente, essa fórmula da *sobrevivência do mais apto* não é invenção de Darwin. Ele a tomou de empréstimo – para incluí-la na qüinquagésima edição de *A origem das espécies* – de um filósofo e sociólogo muito marcadamente de direita, grande defensor do capitalismo nascente: Herbert Spencer (1820-1903). Quanto a Francis Galton, primo de Darwin, que teorizou a eugenia – a ponto de inventar o termo *eugenics* –, é sobre essa interpretação "spencerizada", ou seja, ultrajosamente ideológica do darwinismo, que ele se apoiará. A própria palavra, que Galton introduziu em 1883, é construída a partir do grego *eu* (bom) e *genos* (nascimento). Ele designa uma vontade de melhorar a humanidade, favorecendo os "bons nascimentos" e desencorajando os "maus".

Desde a origem, há realmente um passe de prestidigitação teórica. Quanto ao historiador da eugenia, Jean-Paul Thomas, ele fala de uma "fagocitose" ideológica de Darwin por Spencer, Galton e seus epígonos. Para compreender a natureza e o porte desse rapto, é preciso que nos detenhamos um momento no espírito do tempo. Quais são os principais preconceitos, obsessões e fantasmas que circulam na Europa de meados do século XIX?

Os fantasmas do espírito burguês

Temos dificuldade de compreender hoje a violência e a força persuasiva dos preconceitos que compõem o que Michel Foucault chamará de "espírito burguês" da época. Esse período da História vê nascer e se reforçar um capitalismo sem compaixão, recentemente saído da Revolução Industrial. A burguesia comercial e empresarial, que suplantou a aristocracia, preocupa-se com a moralidade e a pudicícia.[5] Ela é igualmente fascinada pela ciência, com a qual ela conta para assentar sua legitimidade de classe instruída. Na França, três quartos de século depois da Revolução, depois de duas restaurações

---

[5] Descrevi longamente esse aspecto do "espírito burguês" em *La Tyrannie du plaisir*, op. cit.

monárquicas e de dois impérios napoleônicos, a desilusão é geral a respeito das Luzes e do otimismo histórico. Pensemos no quadro desencantado da época que Alfred de Musset fez em *A confissão de um filho do século* (1836).

As promessas da ciência são quase tudo o que resta do grande entusiasmo das Luzes. Doravante, é com a ciência que se conta. Daí, por exemplo, essa insensível "biologização" da sociedade, arrastada pelas descobertas de Louis Pasteur (1822-1895). Este último não inventa apenas uma vacina contra a raiva, mas, ao mesmo tempo em que põe em evidência o papel patogênico dos micróbios e dos germes, ele funda também uma visão médica do voluntarismo social: vacinações obrigatórias, legislação sanitária, declaração de doenças contagiosas etc. "O pastoreio não era apenas uma técnica biomédica, mas também uma técnica 'social'. Ele abria a possibilidade de agir sobre a sociedade de modo diferente do da política, do direito e da economia *strictu sensu*. E isso passava pela 'biologização' dessa sociedade".[6] Em meados do século XIX, espera-se confusamente da medicina e da biologia que elas resolvam os problemas sociais que a política falha visivelmente em regular. É a primeira componente do espírito burguês.

A segunda é um medo obsessivo das "classes perigosas". Quer se trate da literatura, do direito penal, da medicina, da política, todos os discursos e projetos de reformas da época trazem a marca desse terror social. A Europa burguesa da Revolução Industrial se sente submergida por esses milhares de desenraizados urbanos, esses novos pobres que colonizam as cidades e que são suspeitos de propagarem o alcoolismo, a criminalidade, a insegurança. A classe dominante teme acima de tudo uma proliferação dessas "classes perigosas", às quais ela atribui uma capacidade de procriação irracional. ("Eles se

---

[6] André Pichot, *La Société pure. De Darwin à Hitler*, op. cit.

reproduzem como coelhos...") Quanto ao que se refere a sua própria descendência, ela se sente ameaçada por um inevitável declínio demográfico, e se ligará, por esse motivo, a um "natalismo" militante, que é muito bem ilustrado pelo romance de Zola, *Fecundidade*. Principalmente depois da derrota de Sedan, em 1870. O fantasma mais espalhado na época era de fato o seguinte: "A proliferação de crianças saídas de classes inferiores arriscava fazer 'pulular os medíocres' e deteriorar as qualidades hereditárias da população".[7]

Essa obsessão demográfica explica o favor de que se beneficia, por exemplo, a obra de um Thomas Robert Malthus, economista britânico que publicou seu *Ensaio sobre o princípio de população* em 1798. Nesse livro, Malthus se mostrava intratável em relação aos mais pobres. Testemunho disso é essa frase, que ele fará desaparecer das edições posteriores de seu texto: "Um homem que nasceu em um mundo já ocupado, se não puder obter de seus pais a subsistência, e se a sociedade não tiver necessidade de seu trabalho, não tem qualquer direito de exigir a menor porção de alimento e, de fato, ele é demais". Acrescentemos que a burguesia da época – que não tenha quatro ou oito ascendentes nobres nem ascendência prestigiosa a fazer valer – *erigiu o mérito individual à posição de valor supremo*. É em nome dessa meritocracia que ela julgará perfeitamente lógico que o melhor (o mais forte) seja recompensado, e o incapaz (o mais fraco), sancionado, até eliminado.

A propósito desse *desigualitarismo descomplexado*, que é o pensamento dominante da época, também é preciso lembrar que esse século XIX da Inglaterra vitoriana e da França pós Louis Philippe é também a da conquista colonial. Ora, esta última alimenta e fortifica um racismo tranqüilo, do qual Arthur de Gobineau e Georges Vacher de Lapouge não são – longe disso! – os únicos propagandistas. Esse

---

[7] Bertrand Jordan, *Les Imposteurs de la génétique*, op. cit.

racismo, essa certeza de que todos os seres humanos não merecem a mesma consideração estão, na realidade, onipresentes no espírito do tempo. O próprio Darwin dele não escapa. Quando publica *A descendência do homem e a seleção sexual*, ele acrescentará que "preferiria descender de um gentil macaco e não de horríveis selvagens que vira por ocasião de sua viagem à América do Sul".

O terceiro fantasma da época é ainda mais premente que os outros. O espírito burguês que festejará as teorias de Darwin é, com efeito, habitado por uma vertigem recorrente: *a da degenerescência*. O pulular das classes perigosas, a propagação do alcoolismo e da sífilis, a obsessão – social e cientificista – da *hereditariedade*, a convicção defendida pelo criminólogo Lombroso de que os assassinos são "nascidos para matar", tudo isso concorre para fazer da degenerescência uma das obsessões da época. "A nobre raça francesa – pode-se ler em alguns boletins científicos – raça outrora poderosa, virilmente desenvolvida e alegre, parece ela própria querer condenar-se à diminuição dos nascimentos, a ver o talhe dos homens se reduzir, a se estreitar seu peito, seus braços se tornarem fusiformes, a se enfraquecer seu olhar e se dobrar todas as energias que tornam fortes e prósperas as nações".[9]

Esse irremediável declínio físico é atribuído, é claro, ao vício de um pequeno povo, minado pela sífilis, pelo alcoolismo grosseiro dos mendigos, pela ausência de higiene das classes trabalhadoras, que justifica medidas sanitárias drásticas etc. O tema foi sabiamente teorizado, entre outros, por Benedict-Auguste Morel, autor de um *Tratado das degenerescências na espécie humana*. Esse tratado invoca a

---

[8] Citado por André Pichot, "Hérédité et évolution. L'inné et l'acquis en biologie", em *Esprit*, junho de 1996.

[9] Citado por Anne Carol, *Histoire de l'eugénisme en France. Les médecins et la procréation. XIXe-XXe siècle*, op. cit.

psicopatologia e exercerá uma influência durável e catastrófica sobre a psiquiatria européia. Ele foi publicado em 1857, ou seja, dois anos antes do de Darwin. O detalhe cronológico não é anódino.

As elucubrações de Morel farão, durante decênios, numerosos êmulos. Toda uma literatura "científica" embelezará incansavelmente esse temor da degenerescência e do "apequenamento" (ao passo que até as estatísticas da época provam, ao contrário, que os franceses se tornam maiores!). Em 1888, certo Charles Féré, autor de *Degenerescência e Criminalidade*, atribui à inação a decadência da espécie humana e a delinqüência urbana. "Os impotentes, os alienados, os criminosos ou os decadentes de todo tipo – escreve ele – devem ser considerados como dejetos da adaptação, inválidos da civilização. [...] A sociedade deve, caso não queira precipitar sua própria decadência, precaver-se indistintamente contra eles e colocá-los fora do estado de prejudicar".[10] Em 1884, um panfleto redigido em alemão e assinado por Max Nordau, *Degenerescência: fim de século e misticismo*, denuncia a decadência inevitável dos artistas.[11] Abundantemente retomado e desenvolvido pelos romancistas e literatos europeus, o conceito ilustra por si essa quase-certeza, majoritariamente compartilhada: uma sociedade será ameaçada em sua própria existência se ela deixar proliferar em seu seio – ainda que por altruísmo – os mais fracos. Ou os menos aptos. Sabemos, por exemplo, que essa mania fornecerá a Émile Zola o argumento principal de outro romance: *O doutor Pascal* (1892).

Resumamos. Cientificismo sem matizes, meritocracia sentenciosa, dureza social, medo e pânico das classes perigosas, obsessão do declínio biológico: é nesse contexto que aparecem os escritos de Darwin. É pouco dizer que eles "caem bem".

---

[10] *Ibid*.

[11] Esse panfleto, traduzido do alemão em 1896 por Auguste Dietrich, foi reeditado sob a forma de *reprint* por Slatkine em 1998.

Aceitar a barbárie ou combatê-la?

Na origem, quando ele evoca a "sobrevivência dos mais aptos", usando uma expressão tomada de empréstimo de Herbert Spencer, Darwin – que introduziu, portanto, um conceito sociológico na biologia – não designa forçosamente os menos dotados ou os menos merecedores. Primeiro porque, conforme vimos, em *A origem das espécies*, ele trata apenas dos animais: a respeito deles, essas expressões subjetivas não teriam nenhum sentido. Em seguida, porque a aptidão que está em questão refere-se a mais ou menos grande reatividade a um meio ambiente determinado. Ela não implica em si mesma nenhuma idéia de hierarquia ou de superioridade. Em Darwin, também não se trata de "luta" dos animais entre si pela sobrevivência. A natureza se contenta em eliminar os menos aptos, deixando assim o lugar para os mais aptos que, apenas, se reproduzirão, acarretando assim a evolução da espécie.

É o primeiro mal-entendido. E muito importante. Herbert Spencer e Francis Galton, co-inventores do "darwinismo social", transformarão a importância do princípio evolucionista de Darwin *na interpretação em termos de hierarquia e de luta*. Além disso, fazem dele uma leitura estritamente antropocêntrica. Acreditam encontrar na teoria da evolução uma caução científica para sua própria visão do mundo. Ela lhes permitirá, em um primeiro tempo, justificar a barbárie social e o egoísmo "organizador" do capitalismo nascente. Mais tarde, o historiador americano Richard Hofstadter será ainda mais audacioso, pois colherá no darwinismo social "os argumentos adequados para justificar a acumulação capitalista de riqueza e para se opor ao estabelecimento de programas de assistências públicas aos deserdados".[12]

---

[12] Tomo de empréstimo essa notação de Pierre-Henri Gouyon, Jean-Pierre Henry e Jacques Arnould, *Les Avatars du gène*, op. cit.

O segundo mal-entendido se refere, poderíamos dizer, ao adjetivo "natural" que se apõe ao substantivo "seleção". No fundo, aí talvez se encontre o ponto central da querela. Uma questão se coloca, com efeito. Qualificando-a de "natural", quer-se dizer que a seleção obedece a uma necessidade biológica ou cósmica que não poderia ser contrariada sem riscos? Em outras palavras, a natureza tem "razão" de selecionar os mais aptos, de modo que tanto as espécies animais como a espécie humana se encontram mecanicamente protegidas da degenerescência? Se assim o for, *então deveremos reconhecer que o humanismo e o judeu-cristianismo são aberrações perigosas*. Ao protegerem os fracos, ao socorrerem os indigentes, ao tratar os doentes e ao alimentar os famintos, eles contradizem as leis, duras mas necessárias, da seleção natural. Nietzsche, sem dúvida, será convocado como reforço...

De um ponto de vista ideológico, a questão subseqüente é fácil de formular: se for demonstrado que a natureza seleciona os mais aptos para garantir a evolução das espécies, os homens deverão concordar com essa barbárie ou tentar combatê-la? E, caso a combatam em nome do altruísmo, no fundo não porão em perigo a *qualidade* da espécie humana? Todos os debates sobre o darwinismo e sobre a eugenia vão girar em torno dessas duas questões. Se os defensores do darwinismo social e da eugenia expressam na maioria das vezes um ódio visceral pelo judeu-cristianismo, *é em primeiro lugar por essa razão*. Eles detectam nele uma vontade – a seu ver, irresponsável – de proteger os fracos, sob o risco de pôr em perigo a espécie inteira.

Esse anti-judeu-cristianismo será levado à incandescência, e até ao delírio, pelo primeiro dos "darwinianos sociais" franceses, por exemplo, o bibliotecário talentoso e racista de Montpellier, Georges Vacher de Lapouge – que também foi o introdutor do termo "eugênico" na língua francesa –, em seu livro *As seleções sociais* (1896). Em outros livros ele se oporá com violência inaudita ao cristianismo. "A influência do cristianismo – escreve ele – não por causa dos dogmas,

mas principalmente da moral perigosa dessa religião, agiu poderosamente para reduzir os povos à inferioridade".[13] Em outro texto, como contra-revolucionário convicto, ele acusará a Revolução Francesa e o humanismo das Luzes de serem, nesse ponto, os continuadores do cristianismo. Ele convidará, portanto, seus leitores a rejeitarem sua mensagem. "À fórmula célebre que resume o cristianismo laicizado da Revolução: Liberdade, Igualdade, Fraternidade – nós responderemos: Determinismo, Desigualdade, Seleção!"[14]

O mais espantoso é que esse darwinismo sem sentimento de modo nenhum corresponde à posição de Darwin. Em *A descendência do homem*, ele afirma, ao contrário, que o altruísmo, que nos impele a nos opormos à seleção natural, é legítimo. Ele vê até na progressão das qualidades morais "a parte mais elevada da natureza humana". Ora, essa "parte elevada" é ela própria um produto direto da evolução. Em outras palavras, o ponto último da evolução é a *capacidade e o desejo que os homens adquiriram de a ela desobedecer*. De modo indireto, Darwin, desse modo, define muito bem aquilo que chamamos ao longo deste livro de *princípio de humanidade*.

Alguns propósitos de Darwin são sem ambigüidade. "Entre os selvagens – escreve ele – os indivíduos fracos de corpo ou de espírito são prontamente eliminados; e os sobreviventes se fazem prontamente notar por seu vigoroso estado de saúde. Quanto a nós, homens civilizados, fazemos, ao contrário, todos os nossos esforços para deter a marcha da eliminação: construímos hospitais para os idiotas, para os enfermos e doentes; fazemos leis para socorrer os indigentes; nossos médicos desdobram toda a sua ciência para prolongar o quanto possível a vida de cada um. Temos razão de crer que a vacinação

---

[13] Georges Vacher de Lapouge, *L'Aryen, son rôle social*. Fontemoing, Paris, 1896.
[14] *Id.*, prefácio de sua tradução de Ernst Haeckel, *Le Monisme, lien entre la religion et la science*. Schleicher, Paris, 1897.

preservou milhares de indivíduos que, fracos de constituição, teriam outrora sucumbido à varíola".

Em outra passagem do mesmo livro, ele é também muito claro. Ele segue o que poderíamos chamar de raciocínio em três tempos. 1) Nós, seres humanos, somos naturalmente habitados pela compaixão. "Nosso interesse de simpatia nos impele a socorrer os infelizes – escreve ele; a compaixão é um dos produtos acidentais desse instinto que adquirimos no princípio da mesma forma que os outros instintos sociais de que ele faz parte". 2) Devemos obedecer a essa compaixão, sejam quais forem as conseqüências. "Não poderíamos restringir nossa simpatia – escreve ele – admitindo até que a inflexível razão fizesse disso uma lei, sem acarretar prejuízo à parte mais nobre de nossa natureza". 3) Se esse altruísmo tem efeitos nefastos sobre a evolução da espécie humana, devemos disso tomar nosso partido. "Devemos, portanto, sofrer sem nos queixarmos – escreve ele – dos efeitos incontestavelmente maus que resultam da persistência e da propagação dos seres fracos".[15]

Para dizer as coisas de outro modo, Darwin parece de fato sustentar que *o homem civilizado deve aceitar as conseqüências anti-eugênicas de seus comportamentos, e até de se glorificar disso*. Esse nascimento do homem para a *solidariedade* define, no fundo, a própria civilização. Todavia, não é dessa forma que os "darwinianos" da época lerão seus livros!

Nascimento de um delírio

Somos colocados diante de uma estranheza histórica. Se o darwinismo inflama literalmente o século XIX, *é em grande parte por más razões*. Quero dizer que tal sucesso não é o fruto de sua

---

[15] Charles Darwin, *La Descendance de l'homme et la sélection sexuelle*, op. cit.

pertinência científica, que será amplamente invalidada quando se redescobrir, no fim do século, os trabalhos de Gregor Mendel sobre a hereditariedade. O sucesso escandaloso do darwinismo deve muito à interpretação errônea que os "darwinianos sociais" dele fazem. Ele se deve também à conjunção de uma ideologia com um clima histórico. "É a perfeita adequação dessas teorias sociodarwinianas com o espírito da época que explica sua proliferação e seu sucesso. E é esse sucesso do darwinismo social que permitiu o do darwinismo biológico, apesar de todas as suas falhas."[16]

É preciso reconhecer, para escusar Darwin, que o mal-entendido sobre suas teses é amplamente favorecido, na França, por um detalhe editorial suficientemente explicável. Quando a versão francesa de *A origem das espécies* aparece, essa tradução é precedida de um inverossímil prefácio de sua tradutora, Clémence Royer. Esse texto, de uma violência insensata, falsificará irremediavelmente o olhar que os primeiros leitores terão sobre a própria obra. Temos dificuldade de compreender como Darwin pôde aceitar que seu livro fosse assim precedido por uma diatribe feroz contra o cristianismo em particular e contra a democracia e o humanismo em geral. Afirmou-se que ele ficou muito embaraçado por esse prefácio de uma *pasionaria* com o espírito visivelmente perturbado.

Consideremos isso. "A lei de seleção natural, aplicada à humanidade — escreve Clémence Royer — faz ver com surpresa, com dor, o quanto até agora foram falsas nossas leis políticas e civis, assim como nossa moral religiosa [...]. Quero falar dessa caridade imprudente e cega para com os seres mal constituídos em que nossa era cristã sempre procurou o ideal da virtude social e que a democracia queria transformar em uma fonte de solidariedade

---

[16] André Pichot, *La Société pure. De Darwin à Hitler*, op. cit.

obrigatória, embora sua conseqüência mais direta seja a de agravar e de multiplicar na raça humana os males aos quais ele pretende remediar".

Resta saber como, na óptica evidente de tal prefácio, vai colocar-se a obra de Darwin a serviço da eugenia mais brutal, e depois de um racismo odioso. Sobre o primeiro ponto, o papel ativo de Francis Galton, conforme dissemos, é determinante. Primo de Darwin, esse "grande burguês da ciência"[17] é um apaixonado por mecânica, meteorologia e viagens. Ele não acredita, e é o menos que podemos dizer, na igualdade dos homens. Galton pensa que as desigualdades entre os seres humanos são tão profundas e irredutíveis que correspondem quase a "raças" diferentes. Ele até extraiu das teorias de um matemático da época, Karl Pearson, fanático pela "biometria" e apaixonado pelas leis da hereditariedade, o instrumento científico que *lhe permite teorizar sua visão desigualitarista da espécie humana.* (Esse instrumento é o conceito de "correlação", que Pearson substitui ao de "causa".) Pearson está convencido de que as desigualdades entre os homens são hereditárias. Ele considera, portanto, perfeitamente absurdas todas as medidas sociais ou educativas que visem a corrigi-las.

Se a via social ou política é ineficaz para melhorar a espécie humana, resta a via biológica. Muito esquematicamente resumido, é assim que raciocina Galton. Tendo lido *A origem das espécies*, ele daí forma a convicção de que as capacidades físicas e intelectuais dos próprios homens são determinadas pela hereditariedade e não pelo meio ou pela educação. Se quisermos agir sobre elas (para melhorá-las), *é, portanto, sobre a própria hereditariedade que precisaremos agir.* Eis que são colocadas as bases iniciais sobre as quais repousará, durante mais de um século, o projeto eugenista. Em Galton – assim como nos

---

[17] Tomo de empréstimo essa fórmula de Pierre Thuillier, "Galton, un grand bourgeois de la science", em *La Recherche*, maio de 1975.

outros "darwinianos sociais" –, a conotação anticristã é onipresente. "O projeto de Galton é o de imitar a natureza em relação à espécie humana, *de fazer a sociedade sair da era do cristianismo* para fazê-la entrar na era pós-darwiniana, a do "bom nascimento" e da melhoria dirigida, ou seja, a era da eugenia".[18]

Nessa perspectiva, ele irá criar (em 1907) a Sociedade de Educação Eugênica, que publicará a *Revista de Eugenia (Eugenic Review)*. É, portanto, totalmente pertinente escrever, como o faz Jean-Paul Thomas, que, em seus inícios, a eugenia "é uma ideologia científica enxertada sobre o darwinismo" ou, mais exatamente, sobre "uma leitura tendenciosa de Darwin".[19]

Posteridade de uma loucura

Com o recuo que o século passado nos proporciona, medimos hoje a que ponto a maioria dos fantasmas que acompanharam o nascimento do darwinismo social e da eugenia continuarão a irrigar, década após década, alguns delírios eugenistas e racistas do século XX. Fobia da degenerescência, ódio pelo judeu-cristianismo,[20] elitismo desprezível, percepção desigualitária da condição humana, cientificismo cominatório, obsessão pela hereditariedade e pela "higiene genealógica" etc. Encontraremos, de um autor para o outro, as marcas de uma mesma *substância ideológica*, assim como os espeleólogos reconstituem o percurso de uma água subterrânea descobrindo a fluoresceína que a tingia no ponto de partida. Na história das idéias

---

[18] Pierre-Henri Gouyon, Jean-Pierre Henry e Jacques Arnould, *Les Avatars du gène*, op. cit.

[19] Jean-Paul Thomas, *Les fondements de l'eugénisme*, op. cit.

[20] Violentamente oposto ao judeu-cristianismo, Galton queria fazer da eugenia o "dogma religioso do futuro".

contemporâneas – e ainda hoje –, as componentes da eugenia e do racismo originais são imediatamente reconhecíveis. Inclusive em autores que foram ao mesmo tempo grandes intelectuais e dos quais, por isso, a notoriedade foi pouco discutida.

É o caso de Ernst Haeckel (1834-1919), eminente biólogo alemão, anticristão provocante, cujas obras foram abundantemente traduzidas e chegaram a centenas de milhares de leitores. Uma das mais célebres, *Os enigmas do universo* (1903), foi *best-seller* internacional. Ora, Haeckel, que foi um dos mais ardentes vulgarizadores de Darwin, extraía a argumentação das teses deste último para classificar de modo hierárquico as raças humanas – sendo que os negros eram, bem entendido, apresentados como os mais próximos do macaco na corrente da evolução. Essa obsessão pelo macaco!

É também o caso do sociólogo Ludwig Gumplowicz (1838-1939) que, muito antes dos nazistas, propõe uma interpretação da História fundada sobre a luta das raças. É a partir de um procedimento decididamente cientificista e em nome de uma necessária "naturalização", ou até "biologização" da sociedade, que ele legitima o confronto sem tréguas entre as diferentes raças humanas. O livro que ele publica em 1883 traz, por outro lado, um título que não deixa equívocos: *Der Rassenkampf (A luta das raças)*. Também poderíamos citar o exemplo – mais ambíguo, de fato – do pastor luterano Johann Gottfried Herder, um dos melhores representantes do romantismo alemão, contrário às Luzes. Embora ele recuse qualquer confusão entre a espécie humana e os animais, Herder não deixa de professar menos um racismo sem matizes. "Perto do macaco – escreve ele sem pestanejar – a natureza colocou o negro".[21] Ainda o macaco...

---

[21] Johann Gottfried Herder, *Idées sur la philosophie de l'histoire de l'humanité*. Presses-Pocket, 1991.

Na França, o exemplo de Alexis Carrel é o mais freqüentemente citado. Excelente médico, prêmio Nobel em 1912 por seus trabalhos de cirurgia vascular e de cultura dos tecidos, especialista em transplantes e implantes, Carrel foi igualmente um desses autores celebrados pela imprensa, recebidos nos salões e cortejados pelos editores, assim como hoje alguns pesquisadores, muito presentes nos meios de comunicação. É fato que seu livro principal, *O Homem, esse desconhecido*, vendeu trezentos e trinta e três mil exemplares entre 1935 e 1942. Houve um tempo em que cada família francesa de cultura média devia ter "o" Carrel em sua biblioteca.[22]

Ora, em questão de eugenia e de racismo, os escritos de Carrel nos parecem retrospectivamente odiosos. Na realidade, eles tão-somente retomam, de modo vagamente pontificante, todos os temas e fantasmas pseudodarwinianos enumerados mais acima. Defendendo a eugenia, Carrel escreve, por exemplo: "A eugenia exige o sacrifício de muitos indivíduos. Essa necessidade parece ser a expressão de uma lei natural. Muitos seres vivos são sacrificados a cada instante pela natureza a outros seres vivos. [...] O conceito de sacrifício, de sua necessidade social absoluta, deve ser introduzido no espírito do homem moderno".[23]

Em outra passagem do mesmo livro, Carrel recomenda a utilização "de um estabelecimento eutanásico provido de gás apropriado" para se desembaraçar dos loucos, dos assassinos de crianças ou até dos ladrões à mão armada.[24] Como duvidamos disso, Carrel aprovará explicitamente as medidas eutanásicas tomadas pelo regime nazista. Ele o fará por ocasião da publicação, desde 1935, da edição alemã de seu

---

[22] Retomo aqui as análises de Laurent Mucchielli, "Utopie élitiste et mythe biologique: l'eugénisme d'Alexis Carrel", em *Esprit*, dezembro de 1997.

[23] Alexis Carrel, *L'Homme, cet inconnu*. Plon, 1943, p. 365.

[24] *Ibid.*, p. 388.

livro. Nessa edição, ele manda acrescentar a seu texto o seguinte parágrafo: "O governo alemão tomou medidas enérgicas contra a propagação de indivíduos defeituosos, de doentes mentais e de criminosos. A solução ideal seria a supressão de cada um desses indivíduos tão logo ele se tenha demonstrado perigoso".[25]

"Irão tratar-me como monstro"

Mas Carrel não foi o único, na França, que teorizou os mesmos delírios. É preciso citar, entre outros, o caso do médico Charles Richet, porque este último se beneficia, no início do século, de uma notoriedade comparável. Especialista em anafilaxia, membro muito bem visto pela Academia de Medicina, também Prêmio Nobel (em 1913), ele é igualmente um boêmio que freqüenta assiduamente o salão da condessa de Noailles. Para utilizar uma expressão de hoje, ele é uma figura do Tudo-Paris. Ora, ele é também um terrível eugenista. Em sua "obra-prima", *A seleção humana*, escrita em 1912 mas publicada apenas em 1919, no término da Grande Guerra, ele exige resolutamente a "supressão dos anormais". E nos termos seguintes: "Ao propor essa supressão dos anormais, vou sem dúvida chocar o sentimentalismo de nossa época. Irão tratar-me como monstro, porque prefiro as crianças sadias às crianças taradas e porque não vejo qualquer necessidade social de conservar essas crianças taradas".[26]

Citemos, por fim, em relação à França, o caso de um outro médico, darwinista convicto, Charles Binet-Sanglé, citado mais acima.

---

[25] Citado por Laurent Mucchielli, "Utopie élitiste et mythe biologique: l'eugénisme d'Alexis Carrel", em *Esprit*, op. cit.

[26] Citado por Anne Carol, *Histoire de l'eugénisme en France. Les médecins et la procréation. XIXᵉ-XXᵉ siècle*, op. cit.

Especialista em doenças nervosas, ele também é não só um anticlerical furioso, mas também um anticristão pretensamente "nietzscheano". (Ao menos é assim que ele se apresenta, pois é autor de um livro com pretensão científica, no qual ele pretende demonstrar a "loucura de Jesus".) Ele publicará, em plena guerra de 1914-1918, seu famoso ensaio sobre *O haras humano*, no qual, conforme vimos, ele afirma, sem cerimônia, querer "encorajar o suicídio dos maus geradores".[27]

Essa pitoresca recensão teria apenas um interesse histórico, caso não provocasse em nós um estranho mal-estar. Por quê? Porque, pondo à parte a ousadia, modos de raciocínio suficientemente comparáveis são de novo perceptíveis hoje, conforme mostramos no capítulo anterior. Eles são mais precavidos na formulação, usam uma linguagem menos elegante e menos "ingênua" que a de antes da guerra, mas alguns dos novos discursos biotecnológicos, aureolados com o prestígio da racionalidade científica, *não deixam de repousar sobre os mesmos fundamentos*. Ou as mesmas ilusões: vontade de se remeter à ciência para resolver problemas de essência política; desprezo de princípio por qualquer outra abordagem do homem (seja ela religiosa, filosófica ou moral); consentimento com novas lógicas desigualitárias, que são desta vez as do neoliberalismo; elogio conveniente da "transgressão" tecnocientífica; reabilitação insidiosa do darwinismo social que se tende por vezes a apresentar – como no século XIX – como o estado normal de uma sociedade.

Em relação à seleção darwiniana assim percebida e a tentação eugenista que dela decorre, ficamos, por outro lado, surpresos ao encontrar, entre os que lutam hoje pela melhoria genética da humanidade – ou seja, a nova eugenia –, argumentos muito em voga no século XIX. Por exemplo, aquele que consiste em lembrar que esse projeto, em seu princípio, é mais antigo do que acreditamos, pois

---

[27] *Ibid.*

os filósofos gregos ou latinos da antigüidade já o mencionavam. É a reflexão que François Dagognet faz correntemente. "Platão – lembra ele – desde *A República* [...] havia organizado o sistema familiar assim como as uniões conjugais, em vista de salvar a Cidade [a biopolítica]. Ele defendia a exclusão das crianças deformadas, ou demasiado fracas ou demasiado violentas: o tecelão régio queria, portanto, corrigir os temperamentos extremados".[28] No livro V de *A República*, Platão encoraja, com efeito, as uniões entre "homens e mulheres de elite" e recomenda que sejam destruídas as crianças menos bem-sucedidas, "se quisermos que o rebanho chegue à mais alta perfeição".

Do mesmo modo, o suave e sábio Sêneca não hesitava em justificar "a exposição" (ou seja, a eliminação) das crianças disformes ou simplesmente não desejadas.[29] Acrescentemos que encontramos traços de seleção voluntária em muitos outros autores, principalmente na Renascença. Citemos a famosa *Utopia* (1516) de Thomas More, na qual se visa ao aperfeiçoamento da espécie humana por meio do controle social da reprodução.

Estranho raciocínio, na verdade, o daquele que invoca as barbáries de ontem para justificar as de amanhã! A referência a Platão ou a Sêneca poderia também servir, de fato, para reabilitar os jogos do circo (que eles aprovavam). Também poderíamos convocar Aristóteles para afirmar que os "bárbaros" do exterior (coloquemos os jovens imigrados de nossas estações ferroviárias) não são de fato seres totalmente humanos. Os turiferários mais ardentes do progresso científico são, por vezes, aqueles que parecem duvidar de que possa existir

---

[28] François Dagognet, *La Maîtrise du vivant*, op. cit.

[29] Tanto os judeus como os cristãos ficavam horrorizados com essa prática do infanticídio. É o primeiro imperador cristão, Constantino, que editará em 319 uma lei que prevê a pena de morte contra o infanticídio, sanção que será estendida, em 374, à exposição dos recém-nascidos.

– também – um *processo civilizatório*, ou seja, um progresso moral inscrito na História.

Uma coisa é garantida: todos esses discursos, sejam os de ontem ou de hoje, remetem-se a Darwin. Ora, se Charles Darwin fosse novamente solicitado pelo espírito do tempo, não seria o "verdadeiro", poderíamos dizer. Seria ainda e sempre aquele – imaginário – do "darwinismo social", confiscado e reescrito por Herbert Spencer ou Francis Galton.

Neo e ultradarwinismo

A este ponto, é preciso fazer, todavia, uma correção importante: o darwinismo, no sentido estrito do termo, está morto há muito tempo. De um ponto de vista científico, ele foi invalidado desde o início do século XX por um melhor conhecimento dos mecanismos da hereditariedade, mecanismos dos quais Charles Darwin não tinha qualquer idéia quando construía sua teoria da evolução. Em 1900, o botânico holandês Hugo de Vries (1848-1935) redescobre – com alguns outros – as famosas "leis", estabelecidas trinta e cinco anos antes, pelo monge morávio Gregor Mendel, leis curiosamente "esquecidas" pela comunidade científica do século XIX. Com efeito, Mendel pusera em evidência o que todo escolar aprende hoje no curso secundário: as características hereditárias não se transmitem mecanicamente. Comunicadas a um descendente, elas podem ser dominantes ou recessivas, ou seja, saltar uma ou diversas gerações. Para ser mais preciso, Mendel "é o primeiro a considerar as características hereditárias como entidades transmitidas independentemente umas da outras, que não são influenciadas nem pela hibridação nem pelo meio ambiente".[30]

---

[30] Pierre-Henri Gouyon, Jean-Pierre Henry e Jacques Arnould, *Les Avatars du gène*, op. cit.

Enquanto tal, portanto, a hipótese de Darwin não tem mais nenhum sentido. Se sua herança sobrevive, apesar de tudo, é *ao preço de uma reformulação à luz da genética*, e sob uma nova denominação: falaremos doravante de neodarwinismo. Como verdade científica universal, é de fato esse neodarwinismo que se impôs pouco a pouco. Para isso, ele se beneficiou, no decorrer do século XX, do reforço de outras disciplinas, como a biologia ou a paleontologia, que confirmaram a tese evolucionista. Com justa razão, pôde-se dizer que o neodarwinismo, cruzamento de diversas disciplinas, tornava-se uma "teoria sintética da evolução". Exceto por algumas seitas americanas que defendem o "criacionismo" contra ventos e marés, essa teoria da evolução será universalmente admitida, inclusive pelo Vaticano desde a encíclica *Humani Generis*, de 1950.

Isso não quer dizer que os debates propriamente científicos em torno dessa teoria tenham cessado. Eles continuam, mas se detêm doravante sobre pontos bastante técnicos, aos quais o grande público permanece pouco sensível. Pergunta-se, por exemplo, sobre a questão de saber se *todas* as características de um ser humano ou apenas *algumas delas* procedem da adaptação. Qualifica-se de ultradarwinianos os que, ao contrário do biólogo americano George C. William ou do britânico William Hamilton, inclinam-se pela primeira hipótese. Pergunta-se igualmente – e isso talvez seja o mais importante – sobre o papel do *acaso* na evolução, um papel negligenciado por Darwin e que é avançado por um geneticista como o japonês Motoo Kimura.

Quanto ao essencial, entretanto, a discussão contemporânea em torno de Darwin *é doravante política e ideológica*. É nessa perspectiva que é preciso considerar – e avaliar – os esforços dos "darwinianos de esquerda" para arrancar de algum modo a teoria da evolução de seus exegetas manipuladores. Dois especialistas devem ser citados: o filósofo Patrick Tort, autor de inumeráveis textos de reabilitação de Darwin, e o paleontólogo americano Stephen Jay Gould. Assumindo eloqüentemente a defesa de Darwin, Patrick Tort explica que este último só aceitou uma "conivência longínqua" – mas fatal – com Herbert Spencer no quadro de uma "luta comum contra o *establishment* científico inglês, conservador e antitransformista".[31] Não desenvolveremos aqui a argumentação minuciosa de Tort, tão apaixonadamente devotado à memória de Darwin, e há tanto tempo que ele, por vezes, começa suas conferências pela seguinte piada, que poderemos julgar um tanto narcísica: "Devo muito a Darwin e Darwin me deve muito".[32]

Contentemo-nos em formular duas observações de importância desigual. Primeiro, apesar da eloqüência simpática dos "darwinianos de esquerda", nem todos os especialistas estão convencidos da "inocência" ideológica de Darwin. Albert Jacquard, por exemplo, duvida fortemente e tem como adquirido que, apesar de tudo, "Darwin foi de fato um darwinista social".[33] É verdade que encontramos sob a pena do grande erudito notações bastante afastadas do humanismo científico que seus infatigáveis defensores lhe atribuem. Por exemplo, as seguintes linhas, extraídas de *A descendência do homem*: "Não temo, apesar de Bischoff e de Wagner, apesar do próprio J. Müller, dizer que os microcéfalos, os idiotas de nascimento, constituem uma série de estados de transição entre o homem e os macacos, série tão completa quanto podemos desejar". Encontramos também em Da-

---

[31] Cf. principalmente Patrick Tort, *Spencer et l'évolutionnisme philosophique*. PUF, "Que sais-je?", 1996. Cf. igualmente Patrick Tort, "Sur le matérialisme darwinien en éthique", em *L'inactuel*, primavera de 1996. Mais recentemente, o próprio Patrick Tort prefaciou uma reedição de Darwin, *La Filiation de l'homme et la sélection liée au sexe*. Institut Charles Darwin International-Éditions Syllepse, 2000.

[32] Conferência de Patrick Tort diante da associação Génétique et liberté, 8 de abril de 1995.

[33] Citado por Marcel Blanc, *Les Héritiers de Darwin. L'évolution en mutation*, op. cit.

rwin observações que caminham claramente no sentido da eugenia preconizada por seu primo Galton. Esta, por exemplo: "Os membros de um e do outro sexo deveriam abster-se de se casar em caso de inferioridade marcante do corpo e do espírito".

André Pichot parece partilhar do ceticismo de Albert Jacquard a respeito do "humanismo" de Darwin. Ele lembra, por outro lado, que na época Marx e Engels foram muito críticos em relação ao darwinismo, no qual eles viam uma simples aplicação à natureza dos preconceitos da Inglaterra vitoriana. Engels era, sem dúvida, o mais violento dos dois, se o julgarmos pelas seguintes linhas: "Toda a doutrina darwinista da luta pela vida não é mais que a transposição pura e simples, do domínio social para a natureza viva, da doutrina de Hobbes: *bellum omnium contra omnes* e da tese da concorrência, cara aos economistas burgueses, associada à teoria malthusiana da população".[34] É verdade também que Marx e Engels parecem referir-se a uma interpretação errônea (e "spencerizada") do darwinismo.

Podemos considerar, afinal de contas, que esse processo ideológico póstumo de Darwin é propriamente impossível de concluir. Ele faz inevitavelmente pensar naquele do qual Nietzsche foi e será indefinidamente o objeto. Assim como para Nietzsche, com efeito, encontramos nos escritos de Darwin, menos coerentes neste ponto do que imaginamos, com o que alimentar os dois pontos de vista confrontados. Questão de opinião.

A segunda observação que inspira o combate dos "darwinianos de esquerda" toca, sem dúvida, em algo muito mais fundamental. Com efeito, parece-lhes adquirido que, aos olhos de Darwin, o humanis-

---

[34] Friedrich Engels, carta a Lavrov de 12 de setembro de 1917, citada por André Pichot, *La Société pure. De Darwin à Hitler*, op. cit.

mo, o altruísmo, a vontade "anti-eugenista" de resistir às durezas da evolução *são, elas próprias, produtos da evolução*. Em outras palavras, é a seleção natural e a evolução das espécies que teriam finalizado neste último ponto de chegada: um homem dotado de humanidade seria de algum modo a resultante final de um processo evolutivo de essência biológica.

Em outras palavras, o que chamamos de "moral", de "altruísmo", de "civilização" não seria nada mais que uma componente da própria seleção. A ética encontraria, desse modo, sua fonte não em uma transcendência qualquer, uma ontologia ou uma herança religiosa, mas *na própria biologia*. Raciocinando desse modo, os "darwinianos de esquerda" professam paradoxalmente *a interpretação mais cientificista de Darwin que se possa conceber*. Eles retomam, por sua conta, teses sobre a origem puramente biológica da moral, teses das quais André Pichot mostrou que já eram, no século XIX, defendidas por autores como Thomas Henry Huxley ou Alfred R. Wallace. "O altruísmo evolucionista – escreve ele sem indulgência – era a fonte de uma moral pseudonaturalista, que permitia reconciliar a lei da selva e a ideologia do bom selvagem. Aplicado à sociedade humana, ele [o altruísmo evolucionista] a animaliza, biologizando-a".[35]

Ora, essas teses são hoje retomadas, de outra forma, por alguns sociobiólogos, como Richard Dawkins. Defendidas igualmente – e com veemência – por autores como Jean-Pierre Changeux, elas se beneficiam de um novo ganho de favor por parte dos meios de comunicação. Tudo acontece, em suma, como se essa defesa "progressista" de Darwin nos remetesse inevitavelmente ao debate sobre os limites do próprio cientificismo. Uma vez mais, Darwin "cai bem".

---

[35] André Pichot, *La Société pure. De Darwin à Hitler*, op. cit.

Terceira Parte
Se a vida for resistência...[1]

*Não esperem nada do século XXI.
É o século XXI que espera tudo de vocês.*
Gabriel García Márquez[2]

---

[1] Tomo de empréstimo este título – parafraseando-o – da historiadora das ciências Isabelle Stengers, autora de um breve artigo introdutório a um texto de uma militante americana anti-OMC e intitulado "Se a vida se tornar resistência". Revista *Multitudes*, março de 2000.

[2] Alocução no fórum da UNESCO e do Banco Interamericano de Desenvolvimento, em Paris, dia 8 de março de 1999.

Capítulo 11

Podemos renunciar a pensar?

> *Podemos encontrar nisso nosso descanso?*
> *Podemos viver neste mundo em que a conjuntura histórica*
> *é nada mais que um encadeamento incessante*
> *de impulsos ilusórios e de amargas decepções?*
> Edmund Husserl[1]

Humanidade assediada, modernidade regressiva, figuras antigas da barbárie insinuando-se no meio dos barulhos modernistas: percebemos talvez melhor, a este ponto, a gravidade dos desmoronamentos que ameaçam. E principalmente sua profundidade. Sim, é de fato nas maiores profundidades, pouco acessíveis, que ronda e caminha hoje uma "doce catástrofe". Gostaríamos de conjurar essa desagregação progressiva, esse esvaziamento insidioso do princípio de humanidade. Alguma coisa dentro de nós se sobressalta e se revolta. Uma ansiedade nos habita, e não sabemos tirar partido dela. Resistir? Sem dúvida, mas como? Retomar a História à força, entrar em dissidência

---

[1] Edmund Husserl, *La Crise des sciences européennes et la phénoménologie transcendantale*, trad. do alemão e prefaciado por Gérard Granet. Gallimard, 1989.

ou até em resistência, organizar o confronto das idéias? Sem dúvida. Estamos prontos a isso. Contudo, onde se encontra esse front? Se estiver claro que rejeitamos "o abandono à corrente dos acontecimentos, a canonização do estado das coisas, a capitulação sem condição diante do Poder";[2] se estivermos prontos para assumir nosso lugar nas ameias, procuraremos ainda – como que às apalpadelas – o caminho que leva às muralhas. Quando um inimigo ameaça, de onde ele vem exatamente? Com quais armas será preciso enfrentá-lo?

Momento histórico estranho! Um formigamento de inquietações, de iras e de resistência habita nossas sociedades, mas a maioria delas permanece inarticulada. Ou então são caladas. (Miséria da política, que não sabe mais levar tudo isso em conta!) Nossas angústias mudas fazem pensar nessa presciência misteriosa que petrifica por vezes os rebanhos – as cabeças levantadas –, em alerta diante de não se sabe qual perigo. Para além das tagarelices de superfície e das agitações bulímicas, um medo da mesma natureza nos persegue. Ele está dentro de cada um, de modo obscuro. Na falta do melhor, cada um segue mecanicamente seu vizinho no dia-a-dia, mas ninguém sabe para onde vai este último. Tornamo-nos multidão... Esse pobre jogo de cabra-cega se torna até planetário, pois "o mundo inteiro segue o Ocidente, e o Ocidente não vai a lugar nenhum".[3]

Um "crepúsculo" da humanidade

Coloquei uma frase de Edmund Husserl (1859-1938) no início do capítulo, porque ela testemunha, parece-me, uma angústia igualmente indecisa. Uma angústia datada. Essas linhas foram escritas em

---

[2] Alain Finkielkraut, "Le Mythe du XXIe siècle", em Dominique Bourg e Jean-Michel Besnier (eds.), *Peut-on encore croire au progress?* PUF, 2000.

[3] Maurice Bellet, *L'Europe au-delà d'elle-même*. Desclée de Brouwer, 1996.

1935. No entardecer de sua vida, o velho filósofo alemão, que se alarma com a conjugação bárbara do estalinismo e do nazismo, "pergunta-se com ansiedade se as contrafilosofias *(die Umphilosophien)*, como ele as chama, triunfarão sobre as filosofias que lutam para realizar o verdadeiro sentido da filosofia: a realização da humanidade dos homens".[4] Sem poder predizer o que acontecerá, ele pressente que a Europa e depois o resto do mundo poderiam realmente afundar no relativismo e no niilismo. Ele é premido por essa mesma angústia que havia levado, em 1919, o poeta expressionista Kurt Pinkus a intitular de *Menschheitsdämmerung* (crepúsculo da humanidade, desumanização) uma coletânea de poesias.[5] Crepúsculo da humanidade? No sentido literal do termo, é de novo a questão, com efeito. "Hoje – confessam Francisco Varela e seus amigos – antes de nos convidar à renúncia budista, o niilismo é um problema tangível não só para a cultura ocidental, mas para o planeta inteiro".[6]

Ora, sem dúvida, nenhum totalitarismo guerreiro está a nossas portas. Não percebemos mais, para além do horizonte, nem divisões blindadas nem mísseis apontados. Quanto aos submarinos nucleares do ex-Exército vermelho, eles enferrujam docemente no porto gelado de Mourmansk. O espectro da guerra total se afastou. A possível catástrofe mudou de natureza, e todos os capítulos anteriores testemunham isso. Para a humanidade do homem, o risco não é mais o de ser estilhaçada por violências belicosas, e sim o de ser dissolvida *de facto* na doce quietude dos laboratórios ou das universidades. Esses perímetros estudiosos se encontram a anos-luz da vida comum; esses

---

[4] Antoine Vergote, *Modernité et Christianisme*. Cerf, 1999.

[5] Citado por Gianni Vattimo, *La Fin de la modernité. Nihilisme et herméneutique dans la culture postmoderne*, trad. do italiano de Charles Alunni. Seuil, 1987.

[6] Francisco Varella, Evan Thompson, Eleanor Rosch, *L'Inscription corporelle de l'esprit. Sciences cognitives et experience humaine*, op. cit.

conclaves científicos são estranhos – e surdos – à modesta ocupação na qual se debatem ainda nossos contemporâneos. (Para não dizer nada da abulia patética que embosca a democracia, cada vez mais reduzida a gerir "a insignificância", como dizia Cornelius Castoriadis.) Por si só, essa distância já cavada entre a reflexão contemporânea mais avançada e a experiência comum justifica que nos inquietemos. Esse divórcio entre vida e pensamento – não sabemos como remediá-lo, e sequer como interpretá-lo.

A propósito da estranheza, pensamos nesses agradáveis campus do além-Atlântico em que se avizinham os departamentos do cognitivismo e os feudos universitários da "desconstrução", uns e outros atrelados a dissolver engenhosamente "a idéia de pessoa humana", recusando, com um alçar de ombros, qualquer ontologia, qualquer idéia de fundamentos, qualquer questionamento metafísico. Febril trabalho da inteligência, mas ambivalência mortífera de uma pesquisa separada da vida... O que nos é preparado exatamente nesses laboratórios teóricos? Aqueles que neles trabalham sobre os conceitos têm alguma idéia disso? Entre esses lugares estranhos e o cotidiano real de nossas sociedades, um vazio abissal se amplia, sugerindo, com efeito, a idéia de que aí uma doce barbárie talvez esteja a caminho. Contudo, podemos chocar-nos contra laboratórios? Sem dúvida que não. Pensamos impedir os "avanços" do conhecimento? Com certeza, não. Imaginamos ceder de modo durável à "tecnofobia" ou a diabolizar a ciência? Também não. A crispação anticientífica não nos parece concebível nem razoável.

Nós, então, sentimo-nos perplexos e até *desconcertados*. O próprio Jacques Derrida confessa que partilha essa hesitação da vontade e admite sem rodeios sua própria perplexidade. "Todos os elementos dessa mutação em curso me dão medo e ao mesmo tempo me parecem dever ser saudados e afirmados. [...] Estou ligado às formas existentes ou herdadas da condição humana, do corpo do homem, daquilo que lhe é próximo, de sua relação com o político, com os sinais, com o livro, com o ser vivo, e ao mesmo tempo não quero dizer não a tudo aquilo que vem do futuro".[7]

A hipótese de uma "doce catástrofe" não é, contudo, uma simples visão do espírito, nem um temor injustificado.

Com essa nova crise dos fundamentos, com essa nova colocação em questão da pessoa humana, é a *capacidade de pensar* que é lentamente desconstruída ou, em todo caso, *a existência de um pensamento não redutível ao cálculo*. E então? Deveremos renunciar amanhã a pensar nossas vidas? Será preciso parar de construir projetos políticos, de filosofar, de esperar, de crer, de agir com plena consciência? Ainda ontem, essas questões teriam parecido ridículas. Elas não são mais. O vazio que se cava nas profundidades *aplica-se de fato a uma demissão imprudentemente dada à consciência humana*. "As ciências cognitivas – pergunta-se, por exemplo, Jean-Pierre Dupuy – não estão a ponto de coroar esse empreendimento de desiludir e de desmistificar, demonstrando-nos que onde acreditávamos sentir o sopro do espírito, há tão-somente redes de neurônios acesos como um vulgar circuito eletrônico?"[8]

O cognitivismo é, por outro lado, apenas uma das mandíbulas dessa armadilha estranha na qual está presa hoje a humanidade do homem. Conhecemos as outras: bulimia devastadora do mercado, intrepidez manipuladora das biociências, irrealidade canibal do espaço informático. Essas revoluções diferentes conjugam-se, recombinam-se, misturam-se para substituir o projeto humano por *um encadeamento de causalidades mecânicas que não tem mais o que fazer com o homem antigo*. Nem, talvez, com o homem, simplesmente. Esse "processo sem sujeito", como o chamava Jacques Ellul, funciona já plenamente, auto-

---

[7] Jacques Derrida, *Sur parole. Instantanés philosophiques*. France-Culture/ L'Aube, 1999.

[8] Jean-Pierre Dupuy, *Les savants croient-ils en leurs theories? Une lecture philosophique des sciences cognitives*. INRA-éditions, 2001.

produzindo-se mecanicamente, no anonimato da técnica e da tirania da mercadoria. "Tal 'visão' – observa Stanislas Breton – impõe a idéia muito natural de um sistema secretado por uma sociedade como o corpo estranho que aniquila qualquer liberdade, pessoal e cívica. A enorme substância teria devorado tudo aquilo que remete ao nome do homem: razão de viver, angústia, simbolização etc."[9]

O próprio pensamento, na verdade, é atormentado por um prurido de autodestruição. Um insípido niilismo triunfa, e é preciso olhá-lo de frente. Mas esse niilismo é totalmente diferente dos que a História já conheceu. Ele é novo pelo fato de ser diretamente "operacional". Um século e meio depois de Nietzsche ou de Schopenhauer, *ele se deu os meios para seu discurso*. Recusar o humanismo? Desconstruir o homem? Tantos projetos, diversas vezes agitados no passado, mas que doravante tomam consistência. Despedir o humano? Tudo bem, dizem-nos hoje; passemos então para o laboratório! Adeus magias subversivas do século XIX! Adeus posturas literárias e provocações! Adeus desencantamento de fim de século que não se comprometia com nada! *Se o pensamento moderno hoje se exerce sobre a humanidade do homem, é com balas reais*. Convenhamos que é urgente refletir melhor nesse possível desastre.

A pós-modernidade, tomada literalmente

Na ordem do pensamento, percebemos duas contradições "aterrorizantes" que desejaríamos – não tanto analisar em miúdos –, mas ao menos designar aqui o mais claramente possível. Essas duas contradições poderiam ser assim enunciadas: 1) A pós-modernidade dos anos 70 é agora *tomada literalmente*. 2) O humanismo, tal como Hei-

---

[9] Stanislas Breton, "La technique entre nature et culture", em *Esprit*, novembro de 1997.

degger o criticava, empreende doravante se autodevorar. Se essas duas contradições têm certa consistência – o que de fato acredito –, então a fenda para a qual caminhamos é mais profunda do que previmos.

Que a modernidade seja tomada literalmente, é o que sugere com pertinência Jean-Pierre Dupuy, mas sem tirar todas as conseqüências de sua intuição. Citando os trabalhos já antigos de Gilles Deleuze, Jacques Derrida, Michel Foucault ou Jean-François Lyotard (os "desconstrucionistas" franceses), ele nos recorda que se tratava para eles de profetizar o desaparecimento do homem em favor do "estrutural" ou do "mecânico". Ou, ao menos, como escreve o filósofo "desconstrucionista" Gianni Vattimo, de impor ao sujeito humano "uma dieta de emagrecimento".[10] Uma das obras de Jean-François Lyotard, publicada em 1984, era designada explicitamente para a tarefa de "tornar desumana a filosofia".[11] Ela tomava, de algum modo, pelo reverso e até a contrapé a famosa frase de Jean-Paul Sartre de que toda a obra dependeria ainda do humanismo tradicional: "O desumano é o mecânico", escrevia ele. Ora, é essa observação, esse protesto de princípio que a pós-modernidade quis inverter. "Para fazer mais que Heidegger – observa Dupuy a respeito dos pensadores pós-modernos – é o desumano que se pôs a reivindicar com barulho: o desumano e, portanto, o mecânico".[12]

Ora, esse pensamento da desconstrução, percebendo abstratamente (frivolamente?) o desaparecimento do homem, achou-se satisfeito – até para além de suas hipóteses – pela cibernética nascente, e depois por todas as biociências que lhe fizeram cortejo até hoje. Mecânica? Estruturas? Automatismos? Não importa! A assimilação do homem a um computador, depois a redução do ser vivo a uma

---

[10] Gianni Vattimo, *La Fin de la modernité*, op. cit.
[11] Jean-François Lyotard, *Tombeau de l'intellectuel*. Galilée, 1984.
[12] Jean-Pierre Dupuy, "L'esprit mécanisé par lui-même", em *Le Débat*, op. cit.

simples combinação molecular chegaram a *gerar* de algum modo esse pensamento de seu anti-humanismo teórico. Não só gerar, mas pôr em prática. Realmente. *Como se, para todos os teóricos da morte do homem, a tecnociência tivesse finalmente respondido: pronto!*

Existe, nessa realização não programada do niilismo pós-moderno, alguma coisa de perturbador. Podemos reagir a ele de dois modos opostos, dele tirando duas conclusões contrárias. Ou considerá-lo como uma verificação experimental e com ele consentir, por bem ou por mal – concluiremos então que o homem era decididamente demasiado, que sua *humanidade* era tão-somente uma hipótese não necessária etc. Mas podemos julgar, ao contrário, que um pensamento humano que prepara assim, e depois organiza seu próprio desaparecimento, não pertence muito simplesmente à categoria do razoável, *que ele é retrospectivamente invalidado por suas próprias conclusões*. Talvez até ridicularizado pelo andamento da História...

Ter-se-á compreendido que é à segunda interpretação – "idealista" – que aderimos aqui, com conhecimento de causa. Se uma reflexão tecnocientífica se tornar reducionista a ponto de "descobrir" que a humanidade do homem não existe; se ela falhar em definir o conceito de vida; se ela concluir pela inexistência da "pessoa"; se ela abater a fronteira entre o homem e o animal ou a máquina, então, não é de seu próprio fracasso que seria preciso falar?

Guardadas as devidas proporções – e apenas a título de analogia cômoda –, poderíamos efetuar o mesmo raciocínio a respeito da nova hegemonia do mercado, ou seja, da vertente econômica da "revolução global", tal como a definimos no início deste livro. Os advogados mais decididos do tudo-mercado, os liberais extremistas que teorizam desde Mandeville ou de Adam Smith a capacidade reguladora da oferta e da procura estão hoje colocados diante de um dilema imprevisto. Como vimos nos capítulos anteriores, doravante é o próprio homem (seus órgãos, seus genes, seus tecidos, seu estatuto, seu pensamento) que se vê *preso* pelo mercado, instrumentalizado e coisificado por ele.

Em outras palavras, essa pura *mecânica* do mercado (a "mão invisível" de Adam Smith) é, doravante, capaz de canibalizar até a humanidade do homem. Nós o vimos a propósito das biotecnologias. Ela volta, de algum modo, suas forças contra seu promotor, a fim de devorá-lo. Ponto limite e loucura verificada! Mas a possível reificação do humano por esse "processo sem sujeito" não torna indefensável a validade *global* deste último? Não faz ela a demonstração *a contrario* de que uma prevalência do mercado não poderia ser sem limites? Que existe um além e um aquém da racionalidade mercantil? Um aquém e um além que se trataria de pensar e de definir mais lealmente do que em geral se faz. Há urgência. Podemos, por outro lado, pensar que, em um futuro próximo, são os transbordamentos temíveis do *biotech* que levarão – inevitavelmente – nossas sociedades a revisar por baixo o credo neoliberal. Sua perigosa ingenuidade se achará demonstrada e desqualificada, *per absurdum*.

Temos a aposta. Ela foi ganha por antecipação.

O humanismo antropofágico

Mas o segundo paradoxo é ainda mais eloqüente, para não dizer *estupendo*. Ele se refere àquilo que poderíamos definir como a "nova querela do humanismo". Sua descrição exige um desvio prévio – e muito sumário – pela famosa *Carta sobre o humanismo*, de Martin Heidegger.[13] Para Heidegger, o desencantamento do mundo, sua escravidão pela técnica, a submissão da *humanitas* à racionalidade mercantil não são atentados feitos ao humanismo, mas *o término do próprio humanismo*. Ou seja, do projeto de ar-

---

[13] Martin Heidegger, *Lettre sur l'humanisme*. Aubier Montaigne, 1957.

tificialização completa da natureza pela cultura humana, de uma inspeção de reconhecimento do natural pelo cultural, de uma vontade de domínio absoluto do real pela racionalidade humana. A grande ruptura das Luzes foi, no século XVIII, o ponto de partida promissor dessa vontade, e a utopia comunista se tornou, no século XX, sua radicalização criminosa.

Para Heidegger, a ciência, a técnica e a tecnociência de modo nenhum constituem um naufrágio do humanismo tradicional, mas, muito ao contrário, seu estranho triunfo. "Exatamente por isso – observa Bernard Edelman, referindo-se a Heidegger –, o humanismo revela sua verdadeira natureza: uma aliança culposa entre a filosofia e a ciência, que reduziu a filosofia a um pensamento técnico".[14] O humanismo não teria tido outro fim senão o de escravizar a natureza à racionalidade e esta à técnica. Toda a obra de Heidegger pode ser interpretada como uma crítica sistemática desse humanismo devotado à "facticidade", dando dramaticamente as costas à natureza, desencantando o mundo e acabando por privar pouco a pouco o ser humano de qualquer princípio de identidade, de qualquer *humanitas*.

Até o presente, a querela do humanismo, inaugurada por Heidegger, reduzia-se mais ou menos a essa oposição, ou seja, a um processo intentado às Luzes. Aos olhos dos defensores do humanismo, essa crítica de inspiração heideggeriana era ao mesmo tempo perigosa e infundada. Perigosa, porque ela podia levar a um pós-romantismo fundado sobre a emoção e a exaltação "vitalista" de uma natureza reencantada. (O Nazismo – ao qual Heidegger sucumbiu, por outro lado – não foi uma das encarnações possíveis desse anti-humanismo?) Mas essa crítica das Luzes lhes parecia principalmente infundada. A seus olhos, com efeito, o humanismo era perfeitamente capaz de *encontrar em seu próprio seio* com o que resistir

---

[14] Bernard Edelman, *La Personne en danger*, op. cit.

aos atentados feitos contra a humanidade do homem. O problema das Luzes não era o de ter existido, mas o de ter sido traído.[15] Essa foi, entre outras, a posição da escola de Frankfurt e de Theodor W. Adorno em particular. Uma corrente de pensamento que não citamos aqui por acaso, como veremos.

Ora, eis que a clássica querela do humanismo, que girava em torno de Heidegger e da herança das Luzes, *muda brutalmente de natureza e de significação*. Por quê? Porque desta vez o ponto de chegada da racionalidade humanista não é mais que o gênio genético, as biotecnologias, o cognitivismo etc. Em outras palavras, o humanismo das Luzes leva, *in fine*, a uma louca vitória contra... si mesmo. Não é mais a natureza que ele está a ponto de escravizar, desencantando-a, mas o próprio sujeito. O herdeiro do humanismo não é mais, portanto, esse homem racional, esse conquistador apressado em submeter o mundo ao império de sua *razão*. Ei-lo reduzido a uma pequena coisa aleatória que não está mais no centro do mundo, a uma "ficção" frágil que sua própria ciência é, doravante, capaz de desconstruir.

Conviremos que existe aqui, de fato, um "enigma em forma de paradoxo" (Dupuy). Coroando seu domínio total do real, o homem se torna possuidor e manipulador de si mesmo. Em outras palavras, *ele triunfa, abolindo-se como pessoa*; ele se proporciona inimagináveis meios de domínio, mas dissolvendo ao mesmo tempo sua própria "consciência". Daí um efeito de estupor na ordem do pensamento e uma contradição dificilmente superável. Tudo acontece como se o belo avião das Luzes continuasse a voar, mas sem piloto para fixar a rota ou passageiros humanos para sobre ela debater... Dupuy define bem esse amargo silogismo.

"As tecnologias do espírito – escreve ele – abrem um continente a tal ponto imenso que o homem terá de normalizar se lhes quiser

---

[15] É esse tema que eu havia procurado tratar em *La Trahison des Lumières*. Seuil, 1995.

dar sentido e finalidade. Será preciso então que o sujeito humano recorra a um aumento de vontade e de consciência para determinar, não o que ele pode fazer, e sim o que ele *deve* fazer. Será preciso uma ética não menos exigente do que aquela que, hoje, se estabelece lentamente para conter o ritmo e os desvios das biotecnologias. Quem diz "ética", "consciência", "vontade", não fala a respeito do triunfo do sujeito?" Ora, essa "consciência", esse "sujeito", as ciências modernas não acabam de proclamar seu desvanecimento. Para dizer as coisas de outro modo, parece mais urgente que nunca pensar – e pensar subjetivamente –, e isso no momento preciso em que, dizem-nos, o sujeito se dissolve e os "fundamentos" que estruturavam seu pensamento desaparecem. O humanismo triunfa, desse modo, "eutanasiando-se", e isso com as armas que ele próprio forjou.

Podemos citar aqui a constatação doce-amarga de um pesquisador americano. "A ciência é extraordinária quando se trata de destruir as respostas metafísicas, mas ela é incapaz de lhes trazer substitutas. A ciência desenraíza os fundamentos, sem procurar solução de substituição. Queiramos ou não, a ciência nos colocou em uma situação que consiste em viver sem fundamentos."[16]

Podemos ainda pensar – e até viver – nessas condições?

"Que o saber avance, que a vida pereça!"

Devemos conservar tudo isso presente no espírito para evocar o que poderíamos chamar de um fato filosófico diferente. Quero falar da famosa "questão Sloterdijk", que aconteceu em setembro de 1999

---

[16] Hilary Putnam, *The Many Faces of Realism*. LaSalle (Illinois), Open Court, 1987, citado por Francisco Varela, Evan Thompson, Eleanor Rosch, *L'inscription corporelle de l'esprit. Sciences cognitives et experience humaine*, op. cit.

na Alemanha. Para além das peripécias dos meios de comunicação e das reservas dos protagonistas, essa azeda polêmica foi a expressão exemplar daquilo que chamo aqui de "nova querela do humanismo". Do que se trata? De uma conferência dada em Bâle, depois em Helmau, por Peter Sloterdijk, de 54 anos, professor na Escola superior de artes aplicadas de Karlsruhe e na Kunstakademie de Viena. Essa conferência, intitulada "Regras para o estacionamento humano", pretendeu ser um comentário – crítico – da *Carta sobre o humanismo*, de Martin Heidegger.

O autor, que define a si mesmo como "simplesmente nietzscheano", diz-se igualmente herdeiro dos filósofos franceses da desconstrução (Foucault, Deleuze etc.). Em sua conferência, Sloterdijk *toma consciência da falência do humanismo*. Evocando a necessidade de admitir uma nova verdade científica que faz do "ser humano o criador do ser humano" e consentindo com "a domesticação do homem pelo homem", ele aborda a questão da genética moderna. Para ele, não é impossível que essa "evolução em longo prazo leve a uma reforma genética das propriedades da espécie". O homem deve, portanto, aceitar esse novo poder sobre si mesmo, nele compreendendo "uma passagem do fatalismo dos nascimentos para o nascimento opcional e para a seleção pré-natal". Ele rejeita, em todo caso, a idéia de que, diante desse novo poder que lhe é dado, o homem possa remeter-se a uma instância superior, quer se trate de Deus, do acaso etc.

No fundo, essa reflexão é deliberadamente paradoxal. Como crítica do humanismo, ela se situa bem na posteridade de Heidegger – ao qual é reconhecido o mérito de colocar a verdadeira questão sobre a essência do homem –, mas ela quer ser, ao mesmo tempo, sua crítica ou sua "superação". Quanto à forma, a utilização de alguns termos como "estacionamento humano" ou "criatório" *(Zähmung)* vai desencadear na Alemanha uma tempestade cuja violência será por vezes mal compreendida no exterior. Com todas as opiniões confundidas, os alemães experimentam, com efeito, a respeito das questões que tocam de perto ou de longe a eugenia, um "nervosismo" muito legítimo.[18] As propostas de Peter Sloterdijk serão, portanto, muito mal recebidas além do Reno.

Elas o serão muito mais mal recebidas pelo fato de ser o filósofo Jürgen Habermas, autoridade moral pouco contestada, grande defensor do humanismo e muito influente junto aos meios de comunicação, que irá desencadear a polêmica. Em uma carta dirigida a um de seus "discípulos", Thomas Assheuer, jornalista no diário *Die Welt* de Hamburgo, ele sugere a este último reagir diante das propostas "autenticamente fascistas" de Sloterdijk.[19] O que Assheuer fará, abrindo uma das mais violentas querelas ideológicas dos dez últimos anos.

Em sua defesa, Sloterdijk denunciará o "conformismo dos meios de comunicação" alemães e "a subida de uma neo-escolástica que normaliza a quase-totalidade da produção acadêmica".[20] No fundo, ele reivindicará corajosamente sua filiação com o Nietzsche "duro" da crítica metafísica. Aquele que, acrescentará Sloterdijk, "formulava em duas frases o campo de batalha para as verdades 'desumanas'. Primeiro: *Temos a arte para não arrebentar pela verdade*; e depois: *Que o saber avance, que a vida pereça!*".

---

[17] Peter Sloterdijk, *Règles pour le parc humain*, trad. fr. de Olivier Mannoni. Mille et une nuits, 2000.

[18] Não estou de acordo sobre esse ponto com Bruno Latour que, a respeito do assunto Sloterdijk e seguindo Henri Atlan, considera esse "nervosismo" alemão como "excessivo". Cf. Bruno Latour, "Biopouvoir et vie publique", *Multitudes*, março de 2000.

[19] Habermas se defenderá primeiro por ter intervindo, mas sua carta a Thomas Assheuer será publicada no dia 16 de setembro de 1999 pela *Frankfurter Allgemeine Zeitung*.

[20] Peter Sloterdijk, "Vivre chaud et penser froid" (entrevista com Éric Alliez), em *Multitudes*, março de 2000.

Para além dos efeitos de escândalos, de provocações e de contra-provocações, a questão que Sloterdijk pretendia apresentar é de fato a do estatuto da reflexão filosófica. Deve ela consentir em formular pensamentos "desumanos" ou é preciso considerar que, ao fazer isso, ela testemunharia seu próprio fracasso? Como bom nietzscheano e a modo de questionamento, Sloterdijk escolhe, na realidade, o primeiro termo da alternativa. "Sabendo que podemos pensar coisas propriamente inviíveis, será preciso por esse motivo renunciar à aventura do pensamento pelo fato de que a maioria das "verdades duras" não é assimilável pelos seres humanos, *por todos os seres humanos*, tais como eles são? Deduziremos disso que a vida deveria a qualquer preço esforçar-se para evitar as verdades que lhe são 'exteriores'?"[21] É claro que, a seus olhos, a resposta é evidente. Confrontados pela nova colocação em questão do homem pelas tecnociências, devemos aceitar, diz ele, formular "questões inviíveis", com o risco de "pensar frio".

Esse convite a "pensar frio" é, para Sloterdijk, tão-somente uma formulação diferente do conceito nietzscheano de super-homem *(Übermensch)*, que de modo nenhum designa, como por vezes acreditamos, um gigante dominador e carniceiro, e sim *o indivíduo capaz de tomar sobre si a ausência de fundamentos*; o homem suficientemente forte para, em um mundo de indeterminação e de pluralidade cultural, "escolher ele próprio sua máscara", conforme escreve Nietzsche em suas *Considerações não atuais*.

Complementando sua explicação, Sloterdijk evocará, por outro lado, seu próprio itinerário intelectual que o levou até Nietzsche. Primeiro, "criado na fé hegeliana, no 'princípio Esperança', no conforto do pensamento teleológico e na necessidade do imperativo categórico, no happy-endismo da filosofia da História, no

---

[21] *Ibid.*

messianismo", ele chegou a romper com isso, dirá ele, com esse humanismo defendido pela Escola de Frankfurt. "Eu me afastei completamente do arquipélago da dialética – acrescentará ele – da fenomenologia, do pensamento político-messiânico de Frankfurt... para penetrar em um espaço completamente diferente, do qual reconheço no presente que ele se confunde com o campo da criação conceitual aberto por Nietzsche".[22]

As coisas se tornavam mais claras. Talvez demasiadamente.

Um novo gênero humano?

Por que demasiadamente? Porque uma referência a Nietzsche, à antimetafísica, ao "pensamento frio" pode dar a impressão de uma frivolidade estetizante, desde que a reportemos às questões *reais* colocadas hoje pela tecnociência e principalmente pelas biotecnologias. Poderíamos até censurar Sloterdijk de estar *insuficientemente informado* sobre o caráter operacional dos novos desafios que a tecnociência dirige à própria filosofia. Nietzsche, nascido em 1844, escrevia no fim do século XIX, exatamente no momento em que – conforme mostramos[23] – o projeto eugenista, a vontade de melhorar a espécie humana, transformando-a, o "desarrimo" ontológico da humanidade eram muito correntemente aceitos. E, de passagem, Nietzsche não foi insensível – longe disso! – nem ao darwinismo, nem ao pensamento biologizante de sua época. Encontramos em sua *Genealogia da moral* observações "evolucionistas", que sugerem que a moral humana talvez houvesse saído, ao menos parcialmente, de encadeamentos biológicos.

---

[22] *Ibid.*
[23] Cf. anteriormente, capítulo 10.

Ora, desde Nietzsche, não só todas essas hipóteses e todos esses projetos foram submetidos à prova da História (os alemães estão bem situados para se lembrar disso!), mas o poder demiúrgico conquistado pelo homem tomou uma amplidão sem equivalente. Todo o problema reside nisso. Afirmando raciocinar hoje como "nietzscheano", Peter Sloterdijk ainda utiliza, na realidade, categorias mentais, referências e dados científicos do século XIX. Hoje, o problema não é mais saber se a filosofia tem o direito de formular verdades invivíveis ou desumanas. É preciso perguntar-se de modo mais abrupto: o pensamento filosófico ainda conserva uma pertinência? Ou, para dizer de outro modo: a filosofia *é ainda capaz de pensar a ciência?* Compreendemos que aqui se trata de uma questão completamente diferente.

Retomemos essas coisas mais calmamente. Não há outras mais essenciais.

No primeiro nível da análise, conforme dissemos, os advogados intrépidos da revolução biolítica afirmam que *a espécie humana se tornou um conceito passível de revisão*, para não dizer caduco. É o que expressa, por exemplo, Tristram H. Engelhardt, quando escreve sem pestanejar: "Em longo prazo [...], não há motivo para pensar que apenas uma espécie sairá da nossa. Poderia nela haver tantas espécies quantas forem as oportunidades que convidem a remodelar substancialmente a natureza humana em meios ambientes novos ou motivos para recusar a se empenhar nisso".[24]

Essa mesma idéia é vulgarizada, com menos precauções e mais fanfarronice, pelo ensaísta americano Francis Fukuyama, que já se tornara célebre ao avançar a hipótese contestável – e até muito ri-

---

[24] Tristram H. Engelhardt, *The Foundation of Bioethics*. Oxford University Press, 1997, citado por Gilbert Hottois, *Essais de philosophie bioéthique et biopolitique*, op. cit.

dícula – do "fim da História". Ainda que ele não seja levado a sério nos meios universitários, Fukuyama pertence a essa categoria de manipuladores de símbolos, cujos escritos refletem muito bem o espírito do tempo. Inclusive para o pior. Ora, durante o verão de 1999 – partilhando visivelmente, no mesmo momento, a sensibilidade de Sloterdijk –, Fukuyama anunciava na revista *National Interest* nada menos que *a chegada previsível de uma nova espécie humana*. "No futuro – escrevia ele – a biotecnologia será capaz de realizar o que os antigos ideólogos desajeitadamente tentaram realizar: o parto de um novo gênero humano".[25]

Reagindo a essa estranha convergência entre os dois provocadores, alemão e americano, o filósofo francês Dominique Lecourt não estava sem dúvida errado ao exclamar, com mais amargura do que ironia: "Ao ler essas linhas, que, por cima do Atlântico, se fazem estranhamente eco, confessamos que não estamos mais inclinados a saudar um hipotético fim da história. Inquietamo-nos mais ao assistir, desse modo, ao eterno retorno das ficções homicidas que contribuíram para ensangüentar o século XX. Possam os cientistas e os filósofos reatar a indispensável aliança que permitirá banir essas ficções para as trevas!"[26]

Pois bem! Já muito inquietante em si mesma, essa hipótese de um gênero humano indefinidamente passível de revisão torna-se mais espantosa ainda se quisermos de fato considerar a hipótese subseqüente que ela induz. Com efeito, se a natureza humana for considerada como passível de revisão, então deveremos admitir que *o estatuto do pensamento* também o será. E não só seu estatuto, mas sua legitimidade e a pertinência dessas objeções eventuais diante da técnica. E

---

[25] *National Interest*, n. 56, verão de 1999; trad. fr.: *Le Monde des débats*, n. 5, julho-agosto de 1999.

[26] Revista *Eurêka*, n. 53, março de 2000.

daí uma nova maneira de formular a mesma interrogação: podemos renunciar a pensar? Compreendemos bem que a questão de modo nenhum tem o sentido (o de um "direito de pensar") que lhe dá Sloterdijk. Ela deve ser interpretada do seguinte modo: o pensamento humano conserva algum sentido?

Miséria do homem especular

Essa questão parece estranha. Mas ela de fato não o é, caso nos coloquemos na lógica de certas reflexões contemporâneas, principalmente as que professam o "relativismo". Nascido em 1931, o filósofo americano Richard Rorty, que foi professor em Princeton e depois na Virgínia, é um bom exemplo dele. Continuador, entre outros, de Ludwig Wittgenstein, Rorty utiliza uma metáfora fundadora que faz do homem um simples "espelho" da natureza. É o reflexo nele da natureza que faz nascer "pseudo-evidências especulares" (do latim *speculum*, espelho) que ele toma ingenuamente como realidades. Nossa crença em "alguma coisa como o espírito" ou nossa percepção da filosofia como "teoria do conhecimento" fazem parte dessas pseudo-evidências.

Essa concepção tradicional da filosofia prevalece desde o século XVII, desde Locke e Descartes. É ainda nessa perspectiva idealista que se inscrevia Kant e os neokantianos do século XIX. Concebida desse modo, escreve Rorty, "a 'filosofia' se tornara, para os intelectuais, um substituto da religião. Era o domínio da cultura em que se tocava o fundo das coisas, em que se podia forjar a linguagem e as convicções que permitiam a um intelectual explicar e justificar sua atividade *enquanto* intelectual e, desse modo, dar um sentido a sua vida".[27]

---

[27] Richard Rorty, *Philosophy and the Mirror of Nature*. Princeton University Press, 1979; trad. fr. de Thierry Marchaisse, com o título *L'Homme spéculaire*. Seuil, 1990.

Ora, para Rorty, essa forma de pensamento não tem mais pertinência nem legitimidade. Hoje é preciso – assim como Nietzsche ou William James pressentiram – renunciar a "fundar" a cultura humana ou a "enraizar" as pretensas verdades na ontologia, na metafísica ou, *a fortiori*, na religião. O homem contemporâneo deve até ir mais longe, renunciando à idéia de que ele possa nelas ter "respostas objetivamente verdadeiras ou falsas para as questões que nós nos colocamos".[28] É fato que Rorty recusa a "velha e falaciosa noção metafísica", segundo a qual existiria entre os seres humanos e os "seres não humanos" uma diferença de essência. Esse relativismo aceito acarreta evidentemente uma nova e fundamental modéstia do pensamento filosófico, um pragmatismo prudente, principalmente em suas relações com a ciência. Com efeito, garante Rorty, "pode muito bem acontecer que a criatividade humana se esgote rapidamente, e que no futuro seja o mundo não humano que escape a nosso empreendimento conceitual".[29]

Uma coisa chama a atenção na leitura dessa reflexão. Ainda que esses textos contenham poucas referências argumentadas para a "revolução global" (econômica, informática, genética) descrita ao longo deste livro – parece que este filósofo se interessa pouco pela economia –, tal relativismo revela-se perfeitamente compatível com as novas formas de hegemonias tecnocientíficas e comerciais. Poderíamos até dizer, sem excessos polêmicos, que ele ingenuamente abre o caminho para elas. Voluntariamente ou não, seu ponto de vista contribui para *desarmar o pensamento*, tornando ilegítima ou infundada qualquer forma de resistência. Resistir em nome do quê? Se recusarmos a idéia de fundamento, então deveremos aceitar uma consubstancial *hesitação* da inteligência humana. Esta última, por definição, torna-se

---

[28] *Ibid.*
[29] *Ibid.*

dúctil, passível de revisão, problemática. Ela é oferecida e antecipadamente de acordo com as transgressões das quais a tecnociência é doravante portadora. Ela não tem nada a lhes opor, a não ser sua própria capacidade de adaptação e, a rigor, uma "conversação" contraditória, forma eminentemente benevolente de intercâmbio entre os homens.

Subscreveríamos de bom grado essa simpática equanimidade, caso não existissem projetos tecnocientíficos a combater e hegemonias a conter. Por outro lado, é significativo que Rorty aceite dificilmente uma nova colocação em questão militante do cientificismo. Por mais que ele julgue concebível, no limite, certa forma de resistência, então ele a remete ao gosto dos homens pela inação e pela "vadiagem nas bibliotecas". A fantasia natural dos seres humanos, seu gosto pela felicidade e sua propensão à escola campestre, tudo isso deveria bastar para proteger contra um imperialismo tecnocientífico demasiadamente cominatório. Eis, de fato, uma resistência reduzida *ao mínimo*...

Da resistência à adesão

Para melhor captar a ambivalência de tal desativação do pensamento crítico, uma vez que ele renuncie a qualquer fundamento, podemos voltar-nos para outros autores, cujas análises, afinal de contas, confirmam a de Rorty. Sem forçosamente trabalhar no mesmo campo de conhecimentos, sem visar aos mesmos objetivos, as reflexões podem de fato convergir objetivamente, conspirar pelo mesmo resultado: uma capitulação mais ou menos confessa diante da técnica e da economia. Desse modo, cada vez mais, de um autor para outro, forja-se um pragmatismo sem cessar mais acomodatício.

Citemos em primeiro lugar um filósofo francês cuja obra, publicada nos anos 50 e 60, hoje encontra novamente uma atualidade particular. Queremos falar de Gilbert Simondon, analista perspicaz das relações entre o indivíduo e a técnica. Em um livro maior, *Du mode d'existence des objets techniques* [*Do modo de existência dos objetos técnicos*], publicado em 1958,[30] Simondon desenvolve o essencial de uma análise que hoje é freqüentemente retomada. Muito curiosamente, essa reflexão sobre a técnica é mais ou menos contemporânea à do sociólogo e teólogo protestante Jacques Ellul, *La technique ou l'Enjeu du siècle* [*A técnica ou a Aposta do século*] (1954). No entanto, uma diferença irredutível separa os dois pontos de vista. Ellul descreve o fenômeno técnico como uma forma nova de dominação, vendo nela a entrada em um universo portador de uma lógica específica, fundada sobre o primado da racionalidade comercial. É um niilismo em marcha, ao qual se trata de opor nossa liberdade de homem. Por causa dessa vontade de resistência, pôde ser colocada em paralelo – por vezes de modo abusivo – a obra de Ellul e a de Heidegger.[31]

Diante da tecnociência, Simondon raciocina de modo completamente diferente. Para ele, não se trata mais de "resistir", opondo à técnica um princípio de humanidade, de fé ou de esperança. Simondon, ao contrário, quer pôr em evidência *a inadequação* do pensamento "tradicional". Para ele, a cultura filosófica e literária tal como era ensinada nos anos 50 simplesmente não é mais capaz de levar em conta e de analisar corretamente a tecnociência. A urgência, diz ele, não é, portanto, a de combater ou de controlar a técnica, *e sim a de elaborar uma nova cultura*, de lançar as bases de um novo pensamento, dotado de *outra* capacidade de simbolização. Por falta disso, deveremos resignar-nos a essa esquizofrenia funesta que separa a cultura clássica da

---

[30] Esse livro foi reeditado em 1989 pela Aubier.

[31] É o que faz, por exemplo, Dominique Bourg em *L'Homme artifice* (op. cit.), cometendo, segundo me parece, um contra-senso: o esquecimento de toda a dimensão teológica da obra de Ellul, dimensão centrada sobre o tema da esperança.

realidade tecnocientífica. Aceitaremos, com efeito, que coexistem, de um lado, uma cultura tradicional, ciosa de sua anterioridade histórica e certa de ainda ser capaz de "simbolizar" e, do outro, um processo tecnocientífico embriagado por seu novo poder, mas desprovido de "pensamento". A nova cultura tecnocientífica, universal e racional, que Simondon deseja, deveria permitir, ao contrário, preencher esse fosso. Ela serviria de interface, de elemento de ligação, de princípio reconciliador entre tecnociência e filosofia.

Estimulante e original em mais de um aspecto, a reflexão de Simondon repousa, no entanto, sobre um postulado criticável: uma adesão de princípio à lógica tecnocientífica. Para ele, indiscutivelmente, a técnica é "boa" em si, pois ela é tão-somente uma cristalização do pensamento humano. Ela é, por outro lado, por essência, universalista e libertadora. É ela que faz explodir os particularismos, os preconceitos, as identidades ou as intolerâncias do passado. É ela que põe novamente em questão as simbolizações normativas de outrora e liberta o homem contemporâneo das antigas submissões ou atribuições coletivas. Mais que combater a técnica, a filosofia deve, portanto, colocar-se decididamente em sua escola, para não dizer em seu diapasão. Sem dúvida, explica Simondon, não se trata simplesmente de "copiar" ou de "transpor" a universalidade da técnica para o campo do pensamento. A pura cópia não teria qualquer sentido. É mais de *enxerto* que seria preciso falar. Para qualificar este último, ele propõe um neologismo: o adjetivo "transduzido" (contração de "transposto" e de "traduzido"). De seu ponto de vista, a universalidade emancipadora da técnica, o alvo ecumênico da tecnociência devem ser "transduzidos", de modo que possa ser elaborada uma nova cultura tecnocientífica digna desse nome.

O procedimento é oposto ao de Ellul. Onde Ellul preconiza a resistência crítica, Simondon propõe, afinal de contas, a ligação e até o sincretismo. Onde Ellul desconfia do "processo sem sujeito" encarnado pela tecnociência, Simondon faz o elogio do universalismo tecnocientífico. Ele o opõe até ao arcaísmo e ao particularismo territorializado da cultura tradicional. Onde Ellul acampa sobre um princípio de transcendência, Simondon sacrifica a um relativismo integral. Ele atribui, *ipso facto*, à filosofia um *dever de adaptação*, mais razoável a seu ver do que qualquer procedimento crítico ou qualquer resistência obstinada.

Elaborado há meio século, esse procedimento já era criticável em seu tempo. Hoje ele se torna potencialmente catastrófico, em um contexto tecnocientífico transformado. Nesse intervalo, com efeito, é pouco dizer que a tecnociência mudou de natureza...

Lugar para os "tecnocientes"!

Por esse motivo, é interessante examinar o que escrevem agora alguns discípulos de Gilbert Simondon. Apenas para compreender a quais visões desenfreadas pode levar uma aquiescência demasiado apressada à tecnociência. Escolhido entre outros, o caso do belga Gilbert Hottois é interessante por mais de um aspecto. Professor de filosofia contemporânea na universidade de Bruxelas, Hottois é autor de cerca de doze obras sobre a linguagem, a tecnociência e a ética. Mais revelador (ou mais discutível), ele é membro do Comitê Consultivo de Bioética da Bélgica e do grupo de conselheiros para a ética das ciências e das novas tecnologias junto à União Européia. De início próximo de Jacques Ellul em sua crítica da técnica – ao menos se acreditarmos em seus primeiros livros[32] –, ele parece ter-se ligado a um otimismo tecnocientífico militante, exatamente na linha de Simondon, do qual ele reivindica, por outro lado, a herança.

---

[32] Penso principalmente em sua obra já antiga, *Le Signe et la Technique*. Aubier, 1984.

As análises que Hottois propõe agora, a terminologia que utiliza, as referências que convoca merecem muita atenção. Não só por si mesmas, mas porque elas sintetizam utilmente um relativismo filosófico cada vez mais espalhado nos meios interessados pelas biotecnologias. Em um primeiro tempo, Hottois declara concordar de bom grado com o niilismo contemporâneo, no qual ele vê mais vantagens do que inconvenientes. Ele rejeita, em suma, qualquer busca de fundamentos ou de ontologia. "Estamos em um mundo – escreve ele – em que a ontologia, a metafísica, o fundamentalismo e todas as noções-faróis que daí decorrem – como Deus, a verdade, o ser, a natureza, a essência, o valor em si etc. – estão em crise, e consideramos que essa crise não é *o* mal. O niilismo que a ela se associa apresenta muitos aspectos positivos, emancipadores, diversificadores: criatividade que faz desabrochar possibilidades e esperança".[33]

Gilbert Hottois, como muitos advogados das biotecnologias, não fala mais verdadeiramente de "técnica" ou de "fenômeno técnico", como o fazia Ellul ou Simondon. Ele usa uma sigla muito mais de acordo com a época: a RDTS (*Recherche et Développement Techno-Scientifique*; em português PDTC: Pesquisa e Desenvolvimento Tecno-Científico) e faz desse conceito o motor verdadeiro da história humana. As culturas humanas em geral (história, artes, filosofia, moral etc.) nada mais são, explica ele, que empreendimentos de simbolização ou de "codificação" de uma realidade movente. Todos os conceitos que acompanham essa simbolização têm, por conseguinte, um caráter relativo, nele compreendendo o de humanidade ou de indivíduo. Eles são evolutivos, passíveis de revisão etc. Pretender fixar um desses conceitos, sacralizá-lo, em suma, é participar de um procedimento conservador, até tecnófobo. Isso equivale a querer impor uma simbolização particular (ocidental) à terra inteira e, portanto, participar de uma forma dissimulada de neocolonialismo.

---

[33] Gilbert Hottois, *Essais de philosophie bioéthique et biopolitique*, op. cit.

O cerne da mutação simbólica permanente é de fato a PDTC: Pesquisa e Desenvolvimento Tecno-Científico. Ora, de modo nenhum se trata de limitar ou de conter essa mudança, mas de acompanhá-la, procurando "re-fabricar" passo a passo uma simbolização nova que lhe corresponda. Diante da tecnociência, portanto, é uma atitude "de acompanhamento" e não de crítica que Hottois recomenda. Ele até vai mais longe, garantindo que esse acompanhamento só terá sentido se partir de uma *adesão inicial*. "Para conseguir esse acompanhamento – escreve ele – é preciso em primeiro lugar crer na positividade da PDTC, e não denunciá-la por causa dos graves problemas aos quais ela está associada, de partidarismos conservadores ou reacionários em favor dos 'verdadeiros' valores ontoteologicamente fixados do passado".[34]

Hottois percebe, na verdade, a impotência da filosofia, que não seria mais capaz de "simbolizar", ou seja, de codificar o universo tecnocientífico. A filosofia estaria condenada ou a ruminar indefinidamente os mesmos textos do passado, reduzindo-se, desse modo, a exegeses muito bizantinas, separadas do real, ou a se abandonar à pura gratuidade semântica. Hottois ironiza de passagem sobre o fracasso do pensamento contemporâneo (principalmente o dos desconstrucionistas), reduzido a puros jogos de linguagem, no sentido entendido por Wittgenstein. "O mal – escreve ele – é a crise aguda do instrumento salvador – o logos ou o verbo; sua incapacidade de articular ainda de modo satisfatório o ser-no-mundo tecnocientífico".[35]

Não poderíamos definir melhor a nova impotência do pensamento. Mas a conclusão que ele tira dela provoca sobressaltos.

Para Hottois, as coisas estão claras: no lugar da filosofia trôpega, é preciso instalar a famosa PDTC, ou seja, a tecnociência aliada ao mercado. Não estamos mais no quadro de uma reunião ao modo

---

[34] *Ibid.*
[35] *Ibid.*

de Simondon, mas na *eliminação pura e simples do pensamento, em favor da racionalidade mercantil*. O ensaísta belga não faz mistério de sua intenção. Para ele, o mundo contemporâneo é dominado pelos dois grandes *operadores maiores*, que são o dinheiro e a técnica. É sob a pressão deles que é progressivamente destruída a ontologia, ao passo que são "des-simbolizados" valores e crenças. Conforme Gilles Deleuze já o notava, o mercado e a técnica se tornaram "instrumentos de desligamento simbólico, ontológico e axiológico, que colocam tudo o que é dado ou produzido à livre disposição". É a função "descodificadora-recodificadora" do mercado, do qual Hottois crê dever felicitar-se, porque ela é garantia de universalidade e de mutação. Na realidade, por trás da obscuridade da linguagem, isso equivale a aceitar com diligência que o mercado e a técnica *pensem em nosso lugar*.

Nessa óptica – e no quadro de uma "civilização contemporânea em vias de globalização", conforme escreve Hottois –, não são mais os filósofos, os moralistas e os políticos que conduzem o jogo, e sim os atores tecnocientíficos – ele os chama de "tecnocientes" – os quais precisamos "acompanhar" e não nos opormos a seus empreendimentos. São eles que "inventam e produzem doravante, de modo dominante, o futuro". E eis que somos convidados à prosternação.

A história humana, revisitada por Hottois, não é mais que um turbilhão em que a realidade é desconstruída e reconstruída indefinidamente, sob o único impulso da técnica e do mercado. Há tão-somente verdades efêmeras, valores passíveis de revisão, pontos de vista transitórios. "As ordens e as hierarquias simbólicas – escreve ele – surgem no espaço caótico da mobilização mercantil universal, influenciam-no por um tempo e localmente, mas não podem estruturá-lo duravelmente e estabilizá-lo globalmente. O poder ou a liberdade ou o desejo de intercambiar e de mudar não reconhecem nenhum limite".[36]

---

[36] *Ibid.*

É sobre essas duas últimas palavras que nos precisamos deter, porque elas não são anódinas: "nenhum limite". Se quisermos de fato pôr de lado aquilo que pode ter de extravagante nesse transe alegre de um filósofo diante da PDTC, novo e fascinante ídolo, devemos convir que a *recusa de limites* é o verdadeiro ponto de tropeço de tal análise. Essa recusa de limites toca, com efeito, todos os domínios, e permite que seja desarticulado aquilo que chamo, de um capítulo para o outro, o princípio de humanidade. Evocando os conceitos de pessoa humana, de consciência e de sujeito, Hottois admite sem dificuldade que se trata de definições "abertas" e passíveis de revisão. "As tecnociências – escreve ele – abrem para uma transcendência *operatória* da espécie: elas permitem efetivamente ultrapassar limites naturais associados à condição humana".[37]

E aqui estamos nós! "Em uma esfera [assim] dominada pela racionalidade instrumental, observamos uma espécie de legitimidade circular: como o sucesso é a única finalidade, esse fim justifica todos os meios que proporcionam o sucesso. Os meios se tornam a razão dos fins. Depois que a ciência serviu para libertar da ideologia, ela própria se constituiu como ideologia. Ela se tornou a ideologia que se dispensa de ideologia."[38]

Que se dispensa até de pensamento... Tal é, apresentada sem artifício ou prudência, por Hottois e muitos outros, a nova *doxa* [do grego, *opinião*] que preside hoje à revolução tecnológica. Saudando o mérito daqueles que o exprimem tão cruamente ao "vender o pavio", estamos em direito de julgar incrível uma capitulação tão obediente da inteligência crítica.

E de recusar isso, decididamente.

---

[37] *Ibid.*
[38] Monique Castillo, "De la bioéthique à l'éthique", em *Esprit*, op. cit.

Capítulo 12

A injunção cientificista

> *A ciência busca o movimento perpétuo.*
> *Ela o encontrou: é ela mesma.*
> Victor Hugo[1]

Um termo vem à mente: o de injunção. Diante dos recuos tão embaraçados do pensamento; diante desses consentimentos com a hegemonia conquistadora da tecnociência, diríamos por vezes que um estranho empreendimento de intimidação está em ação. Somos obrigados a aderir às verdades reveladas; suplicam-nos que renunciemos às "ilusões" do passado; somos pressionados a não entravar a marcha triunfal do saber nem, por conseguinte, os progressos técnicos e medicinais que ela permite, ainda que em nome do bom senso e da moral. Uma crítica, uma objeção, um questionamento são formulados? Então mil protestos se levantarão. Será fustigada a tecnofobia ou a rejeição do saber. Ironizarão a "palhaçada do idealismo" em busca de fundamentos, como não hesita em fazê-lo – e com que audácia! – um defensor do cognitivismo.[2]

---

[1] *L'Art et la Science.*
[2] John Haugeland, *L'Esprit dans la machine.* Odile Jacob, 1989.

Outros tomarão mais precauções verbais, mas não pensarão de modo diferente. Oh, esses suspiros contrariados e essas compaixões ouvidas diante da "ignorância"! O discurso tecnocientífico se tornou de fato opinião dominante, único e último catecismo admissível. Seu poder simbólico é sem precedentes. Os meios de comunicação a ele sucumbem. Os políticos também, em seu terror de estar atrasados diante de uma transgressão ou a reboque de uma audácia. Quem não adere sem reservas imediatamente se exclui – acredita-se – do círculo dos espíritos esclarecidos. É uma velha e clássica chantagem, mas que hoje encontra novamente um vigor que havia perdido depois do período de histeria positivista do século XIX (a de Bouvard e de Pécuchet!). "Há atualmente – escreve um *expert* em informática – uma nova explosão de cientificismo tal como a conhecemos no fim do último século com certo número de pessoas que, com seus trabalhos científicos debaixo do braço, tentam tomar uma posição apologética; querem a qualquer preço demonstrar alguma coisa em um domínio que depende de uma crença".[3]

A nova rigidez dessa injunção faz pensar. Desse modo, do belo e forte procedimento científico, passou-se insensivelmente ao mandamento de sermão; desse modo, à razão modesta, hesitante, crítica, libertadora – a que recebemos dos filósofos gregos[4] – prefere-se uma escolástica cominatória: converta-se ao progresso!

A "nova fronteira"

O que, portanto, aconteceu à ciência? A quais extremos dogmáticos chegou hoje uma razão tão claramente extraviada? De que modo e por qual motivo ela se desviou tão longe de seus próprios princípios

---

[3] *Jacques Arsac, un informaticien*, Entrevistas com Jacques Vauthier. Beauchesne, 1989.

[4] Cf. o capítulo sobre a razão em *La Refondation du monde*, op. cit.

de circunspeção e de abertura? É a essas questões que é preciso tentar responder agora. Essa desastrosa coagulação da tecnociência como ideologia, essa retrogradação do conhecimento à posição de vulgata hegemônica deve, com efeito, ser "esfolada". Não basta escrever – ainda que seja evidente – que a ciência se tornou *ideologia*, e sim saber o porquê e como. Não podemos mais nos contentar em observar que, dominada hoje pelas lógicas do mercado e instrumentalizada pela corrida para o lucro, a tecnociência parcialmente rompeu com a razão razoável. A inspeção mercantil é evidente, mas ela não explica, por si só, a estranha fascinação que essa *doxa* tecnocientífica exerce hoje sobre os melhores espíritos. Outras lógicas estão forçosamente em ação, outros domínios entram em jogo. Quais?

Precisamos voltar aqui a uma idéia evocada diversas vezes neste livro, mas que apresentaremos sob uma forma mais paradoxal: a da tecnociência como *último horizonte do pensamento*. O fato é que o procedimento científico, e apenas eles, sobreviveu aos grandes naufrágios ideológicos do século XX. A derrota homicida dos nacionalismos, o fracasso do comunismo, a falência do imperialismo "civilizatório", a extenuação da escatologia histórica deixaram afinal de contas a tecnociência sozinha em cena. Ei-la, vitoriosa por eliminação. Ela encarna a última esperança imaginável. Contrariamente ao que dizemos por vezes, não é por ela ter imposto suas "luzes" que as ideologias capitularam, mas o contrário. *As falências ideológicas, em contrapartida, exaltaram a tecnociência acima dela mesma*. Doravante ela é percebida como um messianismo de substituição. Ela se tornou a ideologia na falta de outra. Em desespero de causa, a ela foram confiadas todas as expectativas e utopias que habitam o espírito dos homens: o conhecimento perfeito, a adivinhação (a "possível predição" genética), a metamorfose mágica (as manipulações), a transformação prometéica do mundo etc.

Aos humanos que voltaram a ser "sérios", a tecnociência aparece, portanto, conforme dissemos, como a *nova fronteira*, o último horizonte, a única formulação possível da esperança contemporânea. Ela é depositária de uma expectativa patética. "Tomados pela enfermidade, assaltados por desilusões, é para a ciência que nós nos voltamos. [...] Vamos procurar nela todos os tipos de cauções, de soluções, de certificados, de bênçãos, de esperanças. Não queremos pensar nada que ela não autorize a pensar; não queremos decidir nada que ela não cubra com seu guarda-chuva; e contamos com seus progressos para nos tornarmos aptos a dominar o domínio que ela nos permite ter sobre as coisas".[5]

Essa idéia da ciência considerada como uma fronteira que se trata de recuar sem cessar um pouco mais distante foi, por outro lado, formulada muito explicitamente desde o fim da Segunda Guerra Mundial. "Todos os países industrializados desenvolveram então seus recursos científicos e técnicos – o número e a qualidade dos pesquisadores, laboratórios, instituições de ensino superior – inspirando-se, de perto ou de longe, nas conclusões do relatório *Science: the Endless Frontier (A Ciência, fronteira sem limite)*, publicado em 1945 por Vanevar Bush, conselheiro do presidente dos Estados Unidos."[6]

Messianismo de substituição, última utopia capaz de funcionar, a tecnociência se encarregou, desse modo, de todas as demandas que ontem eram dirigidas à política, à religião e à história. Ele retomou por sua conta as duas componentes primárias (como se diz de uma cor) de qualquer ideologia messiânica: o otimismo e a promessa. No que se refere ao otimismo, é pouco dizer que ele aflora em qualquer discurso científico. Ele se tornou sua passagem obrigatória. Ele é o anúncio incansável de um "melhor" a vir, de um sofrimento aliviado, de uma vida melhor. "Esse apetite de confiança habita ainda o ideal progressis-

---

[5] Michel Lacroix, "L'idée de progrès et la dialectique du mal et du bien", em Dominique Bourg e Jean-Michel Besnier (eds.), *Peut-on encore croire au progrès?*, op. cit.

[6] Jean-Jacques Salomon, *Survivre à la science. Une certaine idée du futur*, op. cit.

ta: supõe-se que a ciência contenha em si mesma uma racionalização das opções e uma seleção automática da melhor opção."[7] Ao anúncio utópico de um mundo melhor, ele prefere o de um "melhor corpo" ou de uma "melhor saúde", mas a mitologia é da mesma natureza.[8]

Compreendemos melhor a atitude espontaneamente cientificista da esquerda ocidental. Essa última ainda usa o luto de seu antigo otimismo histórico: mudar a vida, romper com a exploração etc. Ela tem a tendência de remeter suas expectativas e seu "progressismo" à tecnociência. Ela é tentada a assoprar os fogos da pesquisa científica, com o risco de não levar em conta a objeção ética. As opções feitas no início dos anos 2000 pelas equipes sociais democratas da Europa e da América testemunham isso. Bill Clinton nos Estados Unidos, Lionel Jospin na França, Tony Blair na Grã-Bretanha deram, os três, a impressão de que acolhiam mais favoravelmente que nunca – e freqüentemente às pressas – as demandas vindas dos meios científicos e dos atores da biotecnologia, seja a propósito da clonagem chamada de terapêutica ou da experimentação sobre o embrião. Tratava-se de dar um golpe de otimismo e de progressismo, mas desta vez em outro terreno: o da tecnociência.

"Futuro radiante" e "amanhãs que cantam"

Quanto à *promessa*, ela se inflou com todas as desilusões políticas passadas, como se pedíssemos confusamente à ciência poder substituí-las. Doravante ela só garante o projeto de melhorar o mundo, ou seja, a idéia de progresso. É desse modo que precisamos interpretar,

---

[7] Monique Castillo, "De la bioéthique à l'éthique", em *Esprit*, op. cit.
[8] Tomo de empréstimo essa imagem de Marie-Dominique Perrot, Gilbert Rist, Fabricio Sabelli, *La Mythologie programée. L'économie des croyances dans la société moderne*. PUF-Économie en liberté, 1992.

por exemplo, esses arrebatamentos que atribuem à tecnociência – e apenas a ela – a tarefa de vencer a fome no hemisfério Sul, de erradicar suas doenças, de a ele levar um acréscimo de felicidade. Quer se trate de terapias gênicas, OGM ou medicamentos novos, dá-se um golpe de altruísmo para justificar todas as experimentações. Na realização, apaga-se uma parte da realidade em favor de uma promessa amplamente exagerada.[9] É desse modo que um discurso científico "se ideologiza".

Na realidade, as desgraças do hemisfério Sul provêm principalmente pela desigual partilha das riquezas e não de sua falta. Sua solução é política, e não tanto tecnocientífica. Em segundo lugar, vemos com dificuldade como essa preocupação filantrópica (no caso dos produtores de sementes, por exemplo) poderia coexistir com a corrida planetária para o lucro que continua como regra. Como os efeitos do gênio genético ou da informática a altos custos poderiam beneficiar os pobres insolvíveis do Sul? O mesmo no que se refere à medicina. A maioria das afecções mortais e endêmicas nesses países são perfeitamente curáveis (cachumba, rubéola etc.). O que falta é um mínimo de eqüidade na partilha dos meios e dos medicamentos. Recaímos, depois de uma transposição, sobre uma configuração semântica bem conhecida: a pretensa preocupação filantrópica serve principalmente para confortar uma ideologia, no caso, tecnocientífica. Esta última, diga-se de passagem, acomoda-se muito bem com o egoísmo dos países do Norte que, ao mesmo tempo, reduziram a cada ano um pouco mais o montante de suas ajudas destinadas ao Sul.

---

[9] Uma sondagem de opinião – aterradora – publicada na França pela SOFRES em novembro de 2000 mostrava significativamente que os franceses tinham doravante mais confiança nos cientistas (53%) do que nos homens políticos (4%) ou nos intelectuais e nos filósofos (19%).

A injunção cientificista

Mais perturbador ainda: como a "promessa" está no cerne desse novo catecismo, ela é abusivamente supervalorizada. Como em todo procedimento ideológico, promete-se infinitamente mais do que se poderá manter. Há nisso uma quase mentira, até uma manipulação dos espíritos. Isso é verdadeiro principalmente a respeito da terapia gênica. O Sul, desta vez, não é o único atingido. Nossas sociedades desenvolvidas também são as vítimas que concordam com essa fabulação repetitiva.

A genética, sem dúvida, abre para a medicina horizontes novos, que seria absurdo ignorar. Quatro mil doenças devidas à ausência ou à disfunção de um ou de diversos genes, algumas serão talvez um dia ou outro vencidas por esse meio: a miopatia de Duchesne, a mucoviscidose, a anemia falciforme, a síndrome da criança-bolha, a coréia de Huntington etc. Alguns resultados, muito limitados, foram obtidos. Isso não impede que o contraste seja grande entre o anúncio declamatório, obsessivo e imprudente dessas futuras "vitórias" e o verdadeiro estado das pesquisas. Se tivermos de esperar resultados, isso não é para amanhã. "'Genes para curar'? O fundo dessa fórmula é justo, reconhece um pesquisador; a descoberta dos genes desembocará no fim em novos tratamentos, principalmente por meio da terapia gênica, mas em um prazo que se mede em anos, ou até décadas. Não é isso que o público sempre compreendeu."[10]

Muito curiosamente, por outro lado, em meados dos anos 90, enquanto esse mirabolante profetismo dobrava de intensidade, uma "relativa melancolia"[11] invadia os laboratórios. Os meios de comunicação não falaram muito a respeito. Neles se percebia que, para a terapia gênica, o caminho a percorrer seria mais longo e mais aleatório do que o previsto. Nos Estados Unidos, um relatório oficial, tor-

---

[10] Bertrand Jordan, *Les Imposteurs de la génétique*, op. cit.
[11] *Ibid.*

403

nado público em 7 de dezembro de 1995, colocava os pingos nos is. Dirigido por Harold Varnus, diretor do *National Institute of Health* americano, ele era obra de um comitê de *experts* independentes. Ora, esse "relatório Varnus" fazia um quadro muito crítico das pesquisas realizadas – freqüentemente na precipitação e na desordem –, mas, principalmente, reprovava aos pesquisadores e aos laboratórios privados de terem "supervendido" *(oversold)* a seus acionários ou patrocinadores os resultados de seus trabalhos.

Os *experts* mobilizados por Harold Varnus punham em evidência um efeito de arrebatamento do discurso tecnocientífico, em grande parte explicável por uma competição econômica e financeira encarniçada. Todos os criadores de sociedades, todos os pesquisadores premidos a rentabilizar suas descobertas para satisfazer seus investidores são naturalmente levados a embelezar os resultados de seus trabalhos. Cada um se esforça igualmente para ocupar um terreno no meio de uma frenética cavalgada que rompe com a idéia que se fazia até então da pesquisa científica. Os geneticistas mais lúcidos não são os últimos a se alarmarem com isso. Desse modo, esse pesquisador britânico, que reconhece que as sociedades de biotecnologia, criadas às pressas, começam a compreender que o prazo seria muito mais longo e o famoso "retorno do investimento" muito mais incerto. "Há nisso, portanto – acrescenta ele – um perigo evidente de desenvolvimento daquilo que eu chamaria de 'sociedades *cow-boys*', que irão lançar, com grande reforço de *marketing* e de publicidade, produtos que não trarão nenhum benefício para a saúde das pessoas. É preciso proteger a opinião pública em geral das armadilhas comerciais, que proporiam testes miraculosos que, na realidade, não têm nenhum interesse".[12]

---

[12] Angus Clarke, geneticista no *Institut of Genetics* de Cardiff (Grã-Bretanha), em Caroline Glorion, *La Course folle. Des généticiens parlent*, op. cit.

Produziu-se, a respeito das biotecnologias, um "efeito *start-up*" muito comparável à extravagante embriaguez financeira que saudou o nascimento da "nova economia". Essa embriaguez foi seguida, conforme sabemos, por uma decadência brutal. Ela marcava, no sentido próprio do termo, a saída de um sonho acordado. Poderia acontecer o mesmo aqui, com a enxurrada na direção das biotecnologias e na "corrida para os genes". Sem contar que, nos Estados Unidos, o entusiasmo inicial, suscitado pela terapia gênica, também levou os laboratórios e os médicos a cometer o que é preciso de fato considerar como graves imprudências. Depois da morte de um jovem paciente, Jesse Gelsinger, em setembro de 1999 (morte que só foi tornada pública seis meses mais tarde), a terapia gênica foi colocada sob alta vigilância. Percebeu-se então que uma grande opacidade havia cercado o início dessa "corrida louca" para a experimentação. Seiscentos e cinqüenta e dois "incidentes" foram notados nos meses que se seguiram à colocação em prática, nos Estados Unidos, de regras mais estritas.

Hoje, são numerosos os pesquisadores que denunciam essas terapias gênicas experimentadas às pressas e cujos resultados são, na maioria das vezes, negativos. Eles exigem a aplicação de uma moratória. Acontece o mesmo na França. O professor Marc Peschanski, neurobiólogo e diretor da unidade 421 do INSERM, reconhecia, em dezembro de 1999, que o balanço das tentativas de terapia gênica era muito sombrio. Até essa data, quatrocentas tentativas, que implicavam mais de três mil doentes, foram praticadas, sem resultados benéficos, com a exceção de uma ou duas. Ele denunciava a comercialização irracional da pesquisa por sociedades de biotecnologias, cujo objetivo é "patentear de modo a tornar muito caras e a serem recuperadas por volumosas caixas famacêuticas".[13]

---

[13] Entrevista na *Libération*, 3 de dezembro de 1999.

Esse exemplo da terapia gênica ilustra uma realidade mais geral: a inflação sistemática da "promessa" pelos novos atores e pelos ideólogos da tecnociência. A este ponto, as predições oferecidas à credulidade das multidões e à frivolidade dos meios de comunicação não estão muito afastadas das retóricas políticas que, outrora, anunciavam os *amanhãs que cantam* e garantiam um *futuro radiante*, invocando uma futura *sociedade comunista ideal*. Apenas um detalhe muda: não é mais a sociedade perfeita que se anuncia, mas a saúde perfeita.[14] O desvio, no entanto, é o mesmo e a mistificação é comparável. Os sacrifícios exigidos também. É em nome desse futuro radiante que se recomenda aos humanistas, aos filósofos e aos céticos que desistam de suas objeções morais; é nessa óptica que se pede aos juristas que adaptem qualquer questão que implique a legislação, aos políticos que calem seus escrúpulos, aos psicanalistas que esqueçam suas inquietações, aos crentes que aceitem as transgressões, ao grande público que reverenciem os "eruditos" etc.

É também por essa causa que se qualificara de anticientíficos ou de retardados impenitentes aqueles que querem resistir, tanto por bem como por mal, à intensidade hipnotizante da pregação.

Um novo clero?

Pregação – retenhamos este último termo. A injunção tecnocientífica de hoje, reatando com o cientificismo de anteontem, é, na verdade, impregnada de crenças, de partidarismos, de preconceitos invisíveis, de dogmas, de clericalismo. É de modo abusivo que essa nova gnose se apresenta como decididamente racional e até racionalista; é

---

[14] Cf. Lucien Sfez, *La Santé parfaite. Critique d'une nouvelle utopie.* Seuil, 1995.

erradamente que ela reivindica para sua argumentação o estatuto de "verdade". Todas as ideologias, todas as religiões gnósticas agem desse modo. Elas se propõem habilmente disfarçadas sob a máscara do Conhecimento. Elas "educam" o descrente, qualificado como ignorante, e reorganizam as multidões em nome de uma mesma pretensão à certeza. Os totalitarismos também procediam assim. Eles não admitiam a *dissensão*. Não há nada de novo sob o sol...

No entanto, uma conclusão se impõe: quando a ciência se transforma desse modo em ortodoxia, quando a verdadeira razão abdica diante do cientificismo, então *é preciso submeter este último a uma crítica bem argumentada*. Dizendo as coisas de outro modo, não é o momento de lhe opor não sei qual catastrofismo sentimental, rejeição mística ou recurso ao irracional. Diante de uma tecnociência que se tornou religião, devemos simplesmente aguçar mais as armas da razão crítica. Entrar em dissidência não é renunciar ao procedimento razoável, mas recusar, ao contrário, seu desvio. Se foi preciso resistir ao cientificismo, será em nome da razão recuperada. Uma razão consciente de seus limites e, portanto, ligada a sua *modéstia* original. O físico Jean-Marc Lévy-Leblond, em uma recente antologia de crônicas, formula muito bem essa exigência quando escreve: "Importa, portanto, para ser fiel ao próprio princípio da ciência, submeter ao exame crítico seus próprios enunciados e carregar em seu seio a dureza do paradoxo".[15]

Acrescentemos que esse – sempre possível – desvio da ciência é um fenômeno classicamente denunciado há muito tempo. A origem da expressão "superstição científica" é atribuída ao filósofo e homem político italiano Antonio Gramsci (1891-1937). Pensadores tão diferentes quanto Jürgen Habermas, Georges Canguilhem e Karl Popper estigmatizaram, em seu tempo, essa "ilusão tirânica e perniciosa",

---

[15] Jean-Marc Lévy-Leblond, *Impasciences*. Bayard, 2000.

para retomar a fórmula proposta por Friedrich von Hayek em um texto injustamente esquecido.[16] Mais recentemente, um ensaísta como Pierre Thuillier pôs bem em evidência a forma incontestavelmente religiosa de numerosas estruturas, mentalidades e instituições científicas contemporâneas.[17]

O próprio Georges Steiner explicava outrora como alguns pensamentos com pretensões científicas (o marxismo, a antropologia estruturalista etc.) eram, na realidade, *teologias de substituição*, ou seja, "mitologias racionais que atribuíam a si mesmas um estatuto normativo e científico". Elas possuíam suas tábuas da lei, fechavam-se em uma linguagem hermética, eliminavam os pensamentos rivais, considerando-os como heresias e encorajavam a criação de verdadeiras "Igrejas científicas", servidas por um clero intratável.[18]

Essa radicalização religiosa do procedimento científico acarreta conseqüências que são com demasiada raridade salientadas. Elas se referem ao estatuto social do pesquisador ou do cientista. Esse estatuto simbólico recentemente passou por uma verdadeira metamorfose. Quer se trate do médico, do biólogo, do perito em informática, do físico, o "erudito" doravante se vê investido (freqüentemente para defender seu corpo) de uma missão exorbitante. É a ele que a opinião se dirige quando ela está em busca de verdade ou de esperança. Ele é promovido ao papel de sacerdote leigo, de taumaturgo (fazedor de milagres), de moralista, de arúspice (adivinho) etc. Exigem que ele arbitre querelas, fixe regras, produza sentido, ao passo que este não é seu papel nem competência. "Hoje, o problema não é que os cientistas e os técnicos

---

[16] Friedrich von Hayek, *Scientisme et Sciences sociales. Essai sur le mauvais usage de la raison*. Plon, 1986.

[17] Pierre Thuillier, *Les Savoirs ventriloques*. Seuil, 1983.

[18] Georges Steiner, *La Culture contre l'homme*. Seuil, 1973.

não tenham suficiente poder, e sim, ao contrário, que eles exercem uma influência desmedida em nossa sociedade."[19]

Nos meios de comunicação, de bom grado se convidará um prêmio Nobel – seja qual for seu campo de pesquisa – para ouvi-lo dissertar sobre a moral pública ou sobre o sentido da vida. A sociedade dos meios de comunicação e da política se desincumbe sobre o erudito (assim como sobre o juiz) de uma responsabilidade que ela renuncia preguiçosamente a assumir. Disso resulta uma super-representação do ponto de vista da ciência (ou da tecnociência), em detrimento daquilo que poderíamos chamar de *deliberação democrática*. Alguns cientistas se recusam lealmente a um desempenho inadequado. Outros a isso se prestam, sucumbindo às delícias do poder ou da notoriedade. Em todos os casos, a relação que uma sociedade mantém com o saber e com a razão se encontra totalmente mudada e pervertida. Se a ciência se torna uma religião, então ela precisará ter sacerdotes. Eis, portanto, os cientistas simbolicamente agrupados no seio de um verdadeiro clero, que organiza, dia após dia, um novo clericalismo.

O caso dos médicos é um dos mais interessantes. Nos mil e um casos que implicam a procriação medicamente assistida (diagnóstico pré-implante, interrupção terapêutica de gravidez etc.), o médico deverá resolver dilemas que não são simplesmente terapêuticos, mas implicam a intervenção de considerações morais e até ontológicas. O estatuto do médico se aproxima então *ipso facto* daquele do sacerdote e, na urgência, freqüentemente o substitui. "Os progressos do diagnóstico pré-natal – observa um jurista – colocarão cada vez com maior freqüência os médicos diante de problemas de opção particularmente com fortes conotações éticas, às quais as regras de deontologia não fornecerão qualquer resposta: independentemente

---

[19] Peter Kemp, *L'Irremplaçable. Une éthique de la technique*, op. cit.

de qualquer processo feito aos médicos, não é evidente que devamos deixar-lhes a responsabilidade exclusiva por essas opções".[20] A maioria dos médicos preenche com escrúpulo e probidade essa missão difícil. Também não é menos verdadeiro que, ao fazerem isso, eles avançam muito além das fronteiras que marcam, na teoria, os limites de suas competências.

Do mesmo modo, podemos espantar-nos com a influência hegemônica que exercem os cientistas em geral e os médicos em particular no seio dos diversos comitês ou comissões consultivas. Isso não significa que eles sejam suspeitos ou indignos de confiança, mas simplesmente que suas análises – particulares, fragmentárias, especializadas – encontram-se indevidamente privilegiadas, em detrimento de outros ângulos possíveis de uma mesma questão. No momento da preparação da votação das leis chamadas de bioéticas em 1994 e, em seguida, de sua revisão em 2000 e 2001, foram os médicos e os biólogos que, no essencial, fizeram prevalecer suas preferências e impuseram sua deontologia. As outras instâncias (religiosas, filosóficas, psicanalíticas etc.) ficaram relativamente desarmadas diante da novidade absoluta dos problemas. É, portanto, uma visão medicalizada e científica das coisas que se achou inscrita na lei.

Ninguém garante que esse desequilíbrio seja sem perigo. O parcelamento extremo do saber, a especialização crescente dos pesquisadores não os preparam sem dúvida para regular questões políticas ou sociais, no sentido forte do termo. "Medicina nuclear, biotecnologias, meio ambiente, os problemas hoje são de uma complexidade que ultrapassa muito amplamente a *expertise* especializada: sobre isso devemos definitivamente nos pronunciar em (relativo) desconhecimento de causa. O melhor serviço que os pesquisadores podem pres-

---

[20] Danièle Lochak, "Diagnostic prenatal: le difficile passage de l'éthique au droit", em *Vers un antidestin. Patrimoine génétique et droits de l'humanité*, op. cit.

tar hoje à democracia não é então assumir e enunciar os limites de suas competências, a fim de remeter o debate à esfera do político e da responsabilidade aos cidadãos?"[21]

É um cientista que fala, e não poderíamos dizer melhor.

O retorno dos sábios loucos

E depois, por que dissimular? A atualidade nos incita algumas vezes a elevar o tom. Existem pesquisadores circunspectos e probos, mas existem também sábios loucos. Hoje, eles são até mais numerosos do que imaginamos. Fascinados como somos pela hegemonia tecnocientífica, desaprendemos a reconhecê-los e a controlá-los. Deixamos quase sem réplica seus discursos e sem controle verdadeiro seus empreendimentos. Nossas sociedades estão ainda mais desarmadas diante de sua loucura do que o estavam as sociedades tradicionais diante da loucura dos teólogos descentrados ou dos iluminados traficantes de ilusões. Algo de grave, não duvidemos disso, está a ponto de acontecer.

Como evocar esse perigo sem cair na polêmica ou sem alimentar o catastrofismo? Sem dúvida, ponderando as palavras deles. Cada época, na verdade, conheceu seus sábios loucos. Essa ocorrência não é nova e, de passagem, ela não impediu que o conhecimento científico progredisse. A história das ciências é cheia, em todo caso, de inventores pitorescos, de pesquisadores possuídos por uma idéia fixa, de falsos gênios descabelados e de *Co-senos* grandiloqüentes. Mas ela também conserva a lembrança, de fato, de elucubrações científicas muito menos anódinas, que serviram de álibi para políticas funestas. O exemplo da eugenia – aprovada e recomendada na época, confor-

---

[21] Jean-Marc Lévy-Leblond, *Impasciences*, op. cit.

me vimos, por uma boa parte da comunidade científica – está aí para nos recordar essa evidência; o do racismo loucamente "demonstrado", no século XIX, por eruditos certos de sua ciência, não é menos eloqüente. Poderíamos igualmente citar a sufocante pudicícia dos séculos XVIII e XIX (e principalmente a diabolização fantasmática da masturbação) que encontrou sua fonte – freqüentemente o esquecemos – em um cientificismo médico majoritariamente partilhado.[22] Do mesmo modo, poderíamos enumerar uma longa lista de loucuras, às quais cientistas forneceram a caução de seu saber.

Por qual motivo, então, essa tradicional questão do sábio louco se coloca hoje em termos novos? Porque ela se alimenta de uma devoção ávida à tecnociência, que desqualifica as outras formas de pensamento e os outros modos de decisão. Ela tira partido de uma hegemonia positivista mais afirmada ainda do que o era no fim do século XIX. E isso não é tudo. Com a aceleração das descobertas, por causa da pressão industrial, comercial e dos meios de comunicação, nossas sociedades são lançadas em uma verdadeira cavalgada tecnocientífica, que ninguém mais está em grau de controlar. O mercado reina, a tecnociência triunfa, ao passo que uma curiosa embriaguez tomou o universo da pesquisa. "A vertigem do sucesso, sentida por biólogos que, nos últimos anos, realizaram tantas tentativas incertas e, no entanto, frutuosas – observa Axel Kahn – leva-os a implacavelmente caminhar para frente, cada obstáculo transposto os leva a levantar um novo desafio: cada vez mais forte... cada vez mais louco?"[23]

Alguns geneticistas denunciam, eles próprios, a "corrida louca" na qual a pesquisa se empenhou. Quanto a Monique Castillo, ela estigmatiza (com razão) "a afirmação quase nietzscheana de um poder

---

[22] Tratei dessa questão do cientificismo como componente essencial do "puritanismo burguês" em *La Tyrannie du plaisir*, op. cit.

[23] *Le Monde*, 16 de março de 1999.

inaudito, demiúrgico, jamais experimentado até então. O testemunho feliz de uma liberdade que dá o poder ou a esperança de poder ultrapassar aquilo que a condição humana pôde viver como angústia ou desamparo".[24] É pelo fato de o procedimento tecnocientífico ser hoje sem freios ou contrapesos, é por ele se encontrar de algum modo propulsionado pela conjugação do mercado e do cientificismo hegemônico que a "loucura" de certos pesquisadores assume um vulto mais inquietante. O tipo antropológico do "sábio louco" prolifera, mas em um clima de estupefação admirativa que fortalece seu próprio delírio.

Reflexo mais ou menos fiel da opinião pública, os meios de comunicação, com efeito, não estão longe de ficar extasiados nas entrelinhas diante dos anúncios mirabolantes – e com freqüência incríveis – dos quais eles fazem a crônica. Certo biólogo italiano anuncia sua intenção de clonar seres humanos, custe o que custar. Tal pesquisador prediz a generalização de "nascimentos virginais" (sem intervenção dos ovócitos do outro sexo). Uma ensaísta britânica, Shulamith Firestone, garante que a fabricação de um útero artificial contribuiria para a... libertação da mulher. A hipótese é imediatamente retomada por um cientista francês que, desafiando os laços fundamentais que se estabelecem entre o feto e sua mãe, se entusiasma com a idéia de que "um dia, poderemos levar a termo, *in vitro*, a gestação e obter fora o que se realiza dentro".[25] Outros biólogos projetam sem hesitar a promoção de um sistema de parentesco múltiplo *(sic.)*, combinando "uma maternidade substitutiva com as tecnologias modernas de reprodução, de modo que uma criança pode doravante ter até cinco pais [...]: a produtora do ovócito (a doadora), o produtor do sêmen (o doador), a mãe de aluguel, a mãe social, o pai social".[26]

---

[24] Monique Castillo, "De la bioéthique à l'éthique", em *Esprit*, op. cit.
[25] François Dagognet, *Corps réfléchis*. Odile Jacob, 1990.
[26] Peter Kamp, *L'Irremplaçable. Une éthique de la technique*, op. cit.

No mesmo tom, o geneticista Daniel Cohen manifesta em seus escritos um júbilo genético que não deixa de inquietar. "Vamos de fato nos divertir", escreve ele a respeito das possíveis intervenções sobre os genes, reivindicando alto e bom som o direito de mudar a espécie. Outros pesquisadores não ficam atrás, deixando transparecer (sem dúvida por irreflexão) aqui e ali sua vontade de "transgredir" todos os "tabus" bioéticos, designados simplesmente como vestígios de uma moral superada. Muito curiosamente, a lei pune os propósitos que levam à discriminação racial, mas ela poupa aqueles que "apenas" colocam novamente em questão... a humanidade do homem.

Essa lista, não tenhamos dúvida, poderia ser prolongada ao infinito. O mais perturbador não é tanto a natureza desses delírios, e sim a reação que eles suscitam na opinião pública. Esta raramente foi tão ambivalente. Ela oscila entre a surpresa cândida e o espanto irrazoável. Diríamos por vezes que a devoção à tecnociência e sua rejeição absoluta são as duas faces de uma mesma medalha, as duas expressões da mesma desorientação. O espírito do tempo é, desse modo, abalado. Durante os últimos trinta anos, catástrofes tecnocientíficas chegaram, pouco a pouco, a abalar sua confiança: de poluições de dioxina em Seveso, na Itália, em 1976, ao acidente nuclear de Three Mile Island, perto de Harrisburg (Estados Unidos) em 28 de março de 1979; do desastre de Bhopal, na Índia (1984), ao de Tchernobyl, na Ucrânia (1986), a lista é longa. Mais recentemente, maus funcionamentos bio-industriais, como a epizootia de febre aftosa ou a crise chamada de "vaca louca" (encefalopatia espongiforme bovina) alimentaram grandes terrores coletivos e reativaram a velha retórica que apresenta os cientistas como aprendizes de feiticeiro.

Essa inquietação, que volta com força, leva a pôr em questão a exaltação abusiva das próprias revistas científicas, acusadas de sacrificar sem vergonha à "promessa", ou seja, à intoxicação dos espíritos. É o que salientava, por exemplo, um artigo que apareceu no fim de 1999 no *Washington Post*, com a assinatura de Daniel S. Greenberg.

"Podemos ter a impressão, ao percorrer as revistas científicas – escrevia ele – que os veneráveis valores de veracidade e de franqueza caem pouco a pouco em desuso em uma economia que transforma rapidamente a ciência em fonte de lucro".[27]

De modo estranho, entretanto, esse espanto esporádico – pelo fato de ser mais emotivo que racional – coexiste sempre com uma expectativa, uma esperança confusa nos poderes ilimitados da tecnociência. Ora, passar de um sentimento extremo a outro não é verdadeiramente *refletir*. É, portanto, sobre o estatuto epistemológico da tecnociência e sobre a pertinência dos discursos reducionistas que é preciso prolongar uma reflexão, ao mesmo tempo histórica e política.

A ideologia da *expertise*

Histórica? Deveríamos lembrar-nos mais de que a ciência progride sempre por erros e revisões sucessivos. Nada, por conseguinte, deveria autorizar qualquer um a opor suas pretensas certezas à subjetividade das "opiniões" e das "crenças". O que era verdadeiro outrora o é ainda mais hoje, uma vez que as ciências duras ganharam, por sua vez, por meio do conceito de *probabilidade*, assim definido pelo pesquisador belga de origem russa, Ilya Prigogine, Prêmio Nobel de química em 1977. "Caminhamos – escreve ele – de um mundo de certezas para um mundo de probabilidades. Devemos encontrar o caminho estreito entre um determinismo alienante e um universo que seria regido pelo acaso e, por isso, inacessível a nossa razão. [...] Chegamos, hoje, a um conceito diferente da realidade, à concepção de um mundo em construção".[28]

---

[27] Artigo retomado em *Courrier international*, 13-19 de janeiro de 2000.
[28] Ilya Prigogine, "Flèche du temps et fin des certitudes", em *Les Clés du XXIe siècle*, op. cit.

Na teoria, as lições da História deveriam dissuadir os cientistas de ceder ao dogmatismo ou ao reducionismo. A ciência também é freqüentemente enganada. Ela teve de abandonar hipóteses apresentadas como definitivas e revisar teorias superadas pelo progresso do saber. É preciso citar o exemplo da famosa tese da "geração espontânea", segundo a qual o princípio de vida aparece espontaneamente, surgido de nenhum lugar? Essa idéia nos parece hoje depender da superstição e até do pensamento mágico. Ora, ela foi considerada durante séculos como certeza científica, até mesmo atéia, porque tornava inútil a intervenção de um Deus. Em meados do século XIX – e até as descobertas de Louis Pasteur em 1862 sobre a vida microbiana –, a comunidade científica ainda a sustentava. Havia pesquisadores para dela fazer a demonstração experimental. "Em 1859, um erudito francês, Félix Pouchet, publica uma obra de setecentas páginas em que ele se propõe a demonstrar a exatidão de sua teoria da geração espontânea. Ele não se contenta em fazer a síntese das idéias mais avançadas, mas fornece para o apoio dessa síntese uma considerável massa de resultados experimentais."[29]

Nada nos impede de pensar que acontecerá o mesmo com afirmações científicas apresentadas hoje como certas e verdadeiras. Poderíamos fazer um quadro divertido das mil e uma teorias científicas que apareceram no decorrer do século XX e que explicavam, todas elas, segundo Darwin ou contra ele, a evolução das espécies. Os autores acima citados, que são eles mesmos geneticistas, enumeram algumas com certa ponta de ironia: o psicolamarckismo de August Paully (1905), a enteléquia de Hans Driesch, a hologênese de Daniele Rosa (1909), o holismo de Smuts (1916), a aristogênese de Henry Fairfield Osborn, a nomogênese de Lev Semenovich Berg (1922), a

---

[29] Pierre-Henri Gouyon, Jean-Pierre Henry, Jacques Arnould, *Les Avatars du gène*, op. cit.

alogênese de Labbé (1924), a concepção organísmica de Ludwig von Bertalanffy (1928) e a apogênese de Ptsibram (1929).

Sem dúvida eles foram esquecidos em seu pitoresco inventário...

O que devemos concluir dessas lembranças? Que o orgulho cientificista sempre é infundado. Que a ideologia da *expertise*, segundo a qual o pretenso conhecimento científico de um dossiê pode bastar para fundar uma decisão é uma perigosa ilusão – à qual o poder político cede com demasiada freqüência. Algumas das catástrofes enumeradas mais acima foram sua conseqüência direta. Ora, essa ideologia da *expertise* não é mais que a tradução prática de um cientificismo seguro de si mesmo. "A ideologia da *expertise* é falsa – salienta justamente Peter Kemp – pelo fato de que ela quer fazer crer que o progresso técnico é tão-somente uma questão de conhecimentos e de inteligência, ou seja, que ela consiste apenas em organizar a economia, a indústria e a sociedade em seu conjunto segundo as diretivas daqueles que têm a melhor compreensão de questões técnicas. [...] Em uma palavra, ela quer fazer-nos acreditar que os "fatos" científicos e técnicos fornecidos pelos *experts* constituem o fundamento suficiente para nossas decisões".[30]

Prêmios Nobel em socorro a Hitler

Mas a necessária reflexão sobre o estatuto dos cientistas e o da tecnociência comporta uma vertente diretamente política. Quando apresentamos a ciência como uma garantia contra o obscurantismo, um meio de fazer a razão triunfar, um antídoto para a ingenuidade ideológica ou religiosa, falsificamos a História. Na realidade, a ciência, representada pela comunidade dos intelectuais e pesquisadores,

---

[30] Peter Kemp, *L'Irremplaçable. Une éthique de la technique*, op. cit.

não se mostrou muito mais perspicaz em questão política do que em outras formas de pensamento. Ela não só se desviou com os grandes totalitarismos do século, mas freqüentemente os serviu com zelo e entusiasmo. Isso não quer dizer que o procedimento científico seja, por essência, totalitário, nem que os cientistas sejam menos prudentes que os outros homens. A questão colocada é a dos *fundamentos*, de uma atitude moral, de uma rejeição da barbárie, de uma vontade de resistência. Os exemplos tirados da história recente nos mostram que o espírito científico não encontra em *si mesmo* com o que fundar uma visão clara mínima.

Quando um erudito, membro de um comitê de ética, opõe-se à clonagem humana, ele não o faz em nome da própria ciência, e sim de uma "outra coisa", que não é de ordem científica. Do mesmo modo, quando cientistas – bastante raros, de fato – protestaram contra a eugenia nos anos 30, contra o uso da arma nuclear no Japão nos anos 40, contra o emprego de desfolhantes químicos durante a guerra do Vietnã nos anos 60, *não foi em suas respectivas disciplinas que eles encontraram com o que justificar seu compromisso*. A respeito de Hiroshima e Nagasaki, uma reflexão de Robert Oppenheimer define bem essa incapacidade da ciência de produzir uma atitude moral. "Na época, essa confissão de má consciência havia chocado a grande maioria dos cientistas que considerava que, como a decisão de lançar as bombas não lhes cabia, eles não tinham de assumir a menor responsabilidade por isso: era muito simplesmente 'profissional' apenas expressar escrúpulos".[31]

Devemos compreender que é muito simplesmente irresponsável "remeter-se à ciência" para fixar a direção, definir um projeto de sociedade, resolver os dilemas humanistas, preconizar todas as transgressões, melhorar o destino da humanidade, regular as ques-

---

[31] Citado por Jean-Jacques Salomón, *Survivre à la science*, op. cit.

tões sociais ou acabar com a fome no mundo. É mais irresponsável ainda confiar a essa entidade nebulosa que Gilbert Hottois chama de RDTS (em português PDTC: *Pesquisa e Desenvolvimento Tecno-Científico*) a tarefa de pensar em nosso lugar, em nome de não sei qual "transcendência operativa".[32] Exceto para reinventar, em favor da tecnociência, a figura histórica do intelectual "companheiro de jornada" ou "inocente útil" de um sistema que, cedo ou tarde, o dispensará. Raciocinar desse modo, ceder a essa *doxa*, é não só perder a cabeça, mas também perder a memória. Muitos de nossos intelectuais, hoje, tornaram-se, sem perceber, esses novos "companheiros de jornada". Agir desse modo é esquecer que houve, em um passado próximo, uma ciência estalinista, uma ciência nazista etc. É esquecer que esses dois totalitarismos invocavam a ciência em seu favor e, nisso, eles se pretendiam progressistas. Tomemos o caso do nazismo. Ele é perturbador.

Hoje em dia, repitamos, é de bom tom ironizar na França – nos meios científicos – sobre a extrema sensibilidade dos alemães em questões que tocam de perto ou de longe à eugenia. Essa hipersensibilidade está, por vezes, na fonte de incidentes reveladores. Quando o Parlamento europeu teve de se pronunciar sobre o projeto *Genoma humano*, apresentado pela Comissão de Bruxelas, os representantes dos Verdes alemães exigiram numerosas modificações, principalmente no título do projeto. Este era intitulado "Medicina preditiva: análise do genoma humano". O relator alemão, membro do partido dos Verdes, protestou contra a conotação eugenista da formulação e exigiu que se tomasse cuidado de evitar, no texto, qualquer distinção entre normal e anormal, viável ou não viável etc. Todas essas formas, a seu ver, remetiam muito explicitamente aos delírios nazistas do passado.

---

[32] Cf. sobre este ponto o capítulo precedente.

Essa hipersensibilidade alemã explica também que, por exemplo, o instituto Max-Planck de Berlim – que no pós-guerra sucedeu à sociedade Kaiser-Wilhelm, que geria um instituto para a genética humana e a eugenia – não quis, durante muito tempo, implicar-se na genética moderna. Foi preciso esperar até 1994 para que fosse criado um departamento de genética humana, e ainda assim era preciso que seus responsáveis fossem não alemães.[33] Ora, podemos julgar que os alemães têm excelentes motivos para conservar – melhor que nós – a memória do passado próximo. Isso não quer dizer que qualquer pesquisa genética, qualquer terapia gênica ou qualquer procriação medicamente assistida devam ser forçosamente assimiladas à eugenia hitleriana. Isso seria ridículo. Em troca, é difícil esquecer, quando se é alemão, o incrível compromisso da comunidade científica com o nazismo.

Tomemos um indicador simples: a atitude diante do hitlerismo dos eruditos alemães titulares de um Prêmio Nobel científico. Nos anos 30, a Alemanha contava com pouco menos de quarenta. Uma parte deles era de judeus que tiveram de se expatriar. Houve, no total, vinte expatriações voluntárias. Numerosos que permaneceram decidiram fornecer seus préstimos ao regime, por vezes com entusiasmo. Foi o caso do químico Carl Bosch, que trabalhou para o IG Farben – empresa que foi condenada depois da guerra por ter utilizado deportados – e que produziu um substituto de carburante. Foi igualmente a opção do físico Werner Heisenberg, que colaborou para a bomba atômica, e do bioquímico Adolf Butenandt, especialista em hormônios de reprodução, que esteve – direta ou indiretamente – implicado no programa eugenista. A esses três nomes, é preciso acrescentar os dos Prêmios Nobel de química Heinrich Wieland (1927), Hans Fis-

---

[33] Eu me fundamento aqui sobre o testemunho do geneticista alemão, Hans Hilger Ropers, em Caroline Glorion, *La Course folle. Des généticiens parlent*, op. cit.

cher (1930), Friedrich Bergius (1931), Richard Kuhn (1938), Otto Hahn (1944). Todos esses eminentes eruditos se tornaram servidores zelosos do regime nacional-socialista.

As lembranças acima se referem tão-somente aos Prêmios Nobel e visam essencialmente aos químicos. Na realidade, esse desvio atingiu o conjunto da comunidade científica alemã, principalmente a respeito da eugenia em sua versão exterminadora. "A maioria dos antropólogos, biólogos e geneticistas apresentaram espontaneamente seu apoio ao novo regime. Os raros casos de resistência ou de divergência foram rapidamente regulados. Na questão da eugenia, Muckermann, muito católico, teve de deixar seu lugar em Lenz, no Instituto Kaiser-Wilhelm de Berlim. Há algo ainda mais perturbador: quarenta e cinco por cento dos médicos, ou seja, *a mais forte porcentagem de todos os grupos socioprofissionais*, eram de membros do NSDAP (o partido nacional-socialista), dos AS ou dos SS."[34]

O regime nazista insistia em sua vontade de dar à ciência e à técnica alemã todos os meios necessários. Sua rejeição explícita da herança das Luzes não o impedia de testemunhar uma dedicação ao impulso científico, técnico e industrial do país. Os nazistas se apresentavam como os grandes defensores da ciência. Uma fórmula de Goebbels resumia muito bem essa aliança paradoxal do romantismo anti-humanista e do cientificismo mais intrépido: *Eine stählerne Romantik*, um romantismo de aço.[35]

A lição a tirar dessas poucas observações é clara (ou deveria ser): nem os cientistas nem a tecnociência constituem uma garantia automática contra a barbárie. A reverência contemporânea a seu respeito procede da amnésia. Em nome do que os pesquisadores e eruditos de

---

[34] Benoît Massin, "Le nazisme et la science", em *La Recherche*, op. cit.

[35] Tomo de empréstimo essa referência de Dominique Bourg, *L'Homme artifice*, op. cit.

hoje seriam de uma essência diferente? Em nome do que esses últimos, afinal de contas, seriam obrigatoriamente detentores da verdade democrática e representantes exclusivos do progresso? Em nome do que se beneficiariam eles, sem outro processo, de uma legitimidade que foi retirada do sacerdote, do moralista, do filósofo e, em última análise, do político?

Grandeza e miséria da bioética

Preocupados em controlar, bem ou mal, a "corrida louca" da tecnociência, a maioria dos governos democráticos se dotou de comitês consultivos, encarregados de examinar as questões éticas (ou seja, morais) colocadas pelos avanços da pesquisa. Tratava-se, graças a essa reflexão prévia, de encontrar um sábio equilíbrio entre o excesso da pressa e o imobilismo. Tratava-se também de modificar, eventualmente, a legislação, mas com discernimento, confrontando as considerações puramente científicas com pontos de vista expressos pelos "eruditos", considerados como representantes da diversidade das sensibilidades e das tradições de um país. De modo absoluto, assim se queria escapar ao mesmo tempo da *tirania da incompetência* e da *tecnocracia da "expertise"*.[36] Na França, no dia 23 de fevereiro de 1983 – dois anos depois do nascimento do primeiro bebê de proveta – é que foi instituído um Comitê Consultivo Nacional de Ética (CCNE), com trinta e nove membros. Diversos outros países do Velho Continente, assim como a Comunidade Européia enquanto tal, organizaram, em seguida, instituições comparáveis.

Ora, depois de dezoito anos de funcionamento, é forçoso constatar que a eficácia desses procedimentos consultivos é contestável.

---

[36] Retomo aqui a excelente formulação proposta por Peter Kemp, *L'Irremplaçable. Une éthique de la technique*, op. cit.

Não queremos dizer que os membros desses diversos comitês não preenchessem sua missão (difícil) com consciência e probidade. Eles o fazem em geral com assiduidade e rigor, algumas vezes até com uma abnegação e minúcia que forçam o respeito.[37] Isso não impede que hoje se levantem críticas que põem em questão a eficácia desses comitês, cujo verdadeiro papel seria principalmente o de *acostumar a opinião pública com transgressões que, cedo ou tarde, acabam sendo assimiladas* depois de tê-las condenado. Retomando uma fórmula doravante consagrada, uma ensaísta como Nadine Fresco não hesita em considerá-los como "jardins de aclimatação" daquilo que "ainda é inaceitável" nas inovações científicas.[38] Eles serviriam, em suma, para preparar o terreno para capitulações morais, ao mesmo tempo reabilitando o poder político.

O geneticista Axel Kahn, por sua vez, considera "excelente" essa crítica e garante que seria preciso "absolutamente evitar isso".[39] A jurista Marie-Angèle Hermitte também é severa. Contestando a proporção excessiva de cientistas no seio desses comitês, ela acrescenta que "eles não têm aptidão especial para representar o público ou o interesse geral. Caso tenham uma vocação para explicar o desenvolvimento científico – acrescenta ela – não vemos qual é sua legitimidade para chegar a recomendações 'éticas'".[40] Essa missão ambígua – que consiste não em controlar a fuga para a frente da tecnociência mas simplesmente a "aclimatar os espíritos" – é, por outro lado, aber-

---

[37] Citamos o admirável trabalho de France Quéré no campo bioético, trabalho do qual testemunham dois livros póstumos, recentemente publicados: *Conscience et Neurosciences* e *L'Homme maître de l'homme*. Bayard, 2001.

[38] Cf. Henri Atlan, Marc Augé, Mireille Delmas-Marty, Roger-Pol Droit, Nadine Fresco, *Le Clonage humain*. Seuil, 2000.

[39] Testemunho colhido por Caroline Glorion, *La Course folle. Des généticiens palent*, op. cit.

[40] Marie-Angèle Hermitte, "Pouvoirs sur la vie, pouvoirs sur la mort, le rôle du droit", em *Qu'est-ce que l'humain?*, op. cit.

tamente reivindicada por alguns pesquisadores pouco preocupados com a verdadeira ética. Desse modo, no número de março de 1997 da revista *Nature*, um geneticista não hesitava em escrever: "O público não tem medo do progresso, e sim da rapidez do progresso [...]. O trabalho dos comitês de ética é o de agir como um freio, para suavizar a aplicação da tecnologia a uma rapidez aceitável pelo público".[41]

Outras críticas vão mais longe, pondo novamente em questão o próprio termo de "bioética", cuja função seria a de conjugar simbolicamente – e abusivamente – duas lógicas diferentes: a da ciência biológica e a da "conduta a se manter", de modo que as duas "se articulem uma com a outra, que se parasitem uma com a outra e conjuguem sua força imaginária e sua legitimidade respectivas". A bioética em geral e os comitês do mesmo nome em particular participariam desse modo, portanto, de um" subterfúgio" objetivo e falsamente reconciliador. A bioética, com efeito, faria com que "dois universos contraditórios se comunicassem: o *mítico*, do sagrado da humanidade, e o *programado*, das biotecnologias. [...] Ela [ofereceria] uma caução respeitável às aventuras da pesquisa e das aplicações biotecnológicas [e forneceria] um aval ambivalente, mas eficaz, à continuação do programa do domínio do ser vivo".[42]

A "ética mínima"

O fato é que, desde sua criação, esses comitês foram principalmente levados a assimilar – ou a tomar consciência – das transgressões, das edulcorações sucessivas de princípios e de proibição que, pouco tempo antes, haviam sido solenemente proclamados. Acon-

---

[41] Citado por Jacques Testart, *Des hommes probables*, op. cit.
[42] Marie-Dominique Perrot, Gilbert Rist, Fabricio Sabelli, *La Mythologie programmée*, op. cit.

tece o mesmo com a utilização do embrião para fins experimentais, com a patenteação do ser vivo, com a clonagem chamada de terapêutica etc.[43] De modo mais geral, as diferentes moratórias ou pausas na pesquisa, que foram propostas ou decretadas, só o foram para curta duração. Citemos a moratória sobre as manipulações biológicas, exigida em 1977 por alguns cientistas; citemos ainda a pausa nas pesquisas com embriões congelados, chamados de supranumerários, recomendada em 1986 pelo CCNE, e que não foi muito respeitada. Alguns "limiares" éticos tinham sido, por outro lado, previamente transpostos sem verdadeiras discussões públicas, à medida que se instauravam práticas rapidamente banalizadas: a "redução" dos embriões e seu congelamento, o anonimato na doação de gametas, a doação de ovócitos, o diagnóstico pré-implante etc.[44]

O caráter sistemático desses recuos éticos levou, na França, diversos *experts*, que participaram, em 1994, na elaboração das primeiras leis chamadas de "bioéticas", a expressarem sua inquietação, até sua indignação. É o caso do professor Jean-François Mattei. Hoje, ele se insurge contra a flexibilidade *de facto* e até contra o abandono das condições estritas que haviam sido colocadas para a prática do diagnóstico pré-natal: diagnose apenas das doenças graves e incuráveis, certeza do diagnóstico de risco etc. "Agora basta haver um risco de 10 ou 20% do desencadear de uma doença para que uma gravidez seja interrompida. O abandono desses critérios foi, além disso, acompanhado de dois desvios: um desvio eugênico e um desvio normativo."[45]

---

[43] Intervindo no dia 28 de outubro de 2000 diante do Comitê Consultivo Nacional de Ética, o primeiro-ministro Lionel Jospin deu seu aval a essa possível "clonagem terapêutica", sugerindo simplesmente que se utilizasse outra expressão que não "clonagem" para designá-la.

[44] Monette Vacquin, *Main basse sur les vivants*, op. cit.

[45] Revista *Eurêka*, novembro de 1996.

Essa irresistível flexibilização das proibições, essas adaptações sucessivas da legislação, que são vividas por alguns como rendições, resultam da influência de diversos fatores. Há, em primeiro lugar, incontestavelmente, o temor de frear um avanço tecnocientífico capaz de aliviar sofrimentos ou de melhor curar os homens. É aquilo que poderíamos chamar de força persuasiva da "promessa". O imperativo industrial pesa igualmente de modo muito forte, ainda que seja menos freqüentemente invocado. Nenhum país aceitará ficar para trás na corrida para as biotecnologias, ainda que seja por boas razões. Com a abertura das fronteiras e o jogo da concorrência internacional, *o país menos conservador em matéria de ética se beneficia de uma espécie de "primazia industrial" e de vantagem comparativa* que produzem invejosos.

Observemos por outro lado que, a cada vez que se trata de fazer a opinião pública aceitar uma nova flexibilização da lei, invoca-se a existência, no estrangeiro, de legislações mais liberais. Desse modo, a corrida para a inovação acaba, nos fatos, em um alinhamento de todos sobre uma "ética mínima". Tudo acontece, no limite, como se a ausência de regras acabasse por se impor a todos... A lógica é discutível, mas é muito difícil resistir a ela. Imediatamente, por outro lado, entrará em jogo a retórica do "vejam bem": serão citadas algumas inovações que ainda ontem provocavam escândalo e que hoje são comumente aceitas, acrescentando-se que se estava certo de avançar. Desse modo, a "corrida louca" acaba por se justificar... em nome dos imperativos da própria corrida!

Conforme nota sem indulgência Jean-Jacques Salomon, "o Comitê Nacional de Bioética, cujos membros são na maioria biólogos e médicos, é parecido com essas comissões de sacerdotes que decidiam na Idade Média sobre as condições nas quais os casais devem (ou não devem) fazer amor. [...] Teológica aqui, científica ali, o debate é a ocasião de formular pareceres cuja legitimidade é tão-somente a das convicções de avaliadores que são de fato plenamente juízes e partes".[46]

Insensivelmente, impõe-se, em todo caso, a idéia de uma espécie de sentido da História em matéria tecnocientífica. Parece finalmente ser normal que os avanços da pesquisa passem necessariamente por uma revisão por baixo dos princípios éticos ou morais. Considera-se que o progresso tem necessidade de um "desencantamento ético (obtido pelo desinteresse pela questão do sentido) a fim de assentar um novo otimismo".[47] Mais ou menos, o espírito do tempo obedece – até sem perceber – à mais terrível das injunções.

A nova quadratura do círculo

Para o desencargo dos comitês de ética, é preciso notar que se lhes pede cotidianamente para resolver a quadratura do círculo. Em coletividades individualistas e fragmentadas como as sociedades modernas, não existe mais nenhum ponto de vista saliente. Devemos tomar nosso partido no pluralismo das idéias, das crenças, das culturas e dos valores. (Em todo caso, é a idéia que fazemos correntemente da modernidade.)[48] Encarregados de formular "pareceres", esses comitês devem, portanto, *produzir a unidade com a multiplicidade*. Eles têm como missão depreender um consenso mínimo entre representantes de disciplinas, crenças e religiões, cujas opiniões não coincidem. Conviremos que, assim compreendida, a missão é difícil. É por esse

---

[46] Jean-Jacques Salomón, *Survivre à la science*, op. cit.

[47] Monique Castillo, "De la bioéthique à l'éthique", em *Esprit*, op. cit.

[48] Podemos afirmar, ao contrário, que além das particularidades culturais que devem ser escrupulosamente respeitadas existe de fato um corpus de valores universais sobre os quais não se deveria transigir. É a análise que tento desenvolver e aprofundar em *La Refondation du monde*, op. cit.

motivo que os textos e as recomendações desses comitês parecem freqüentemente governados por uma casuística alambicada, diluídos em uma tecnicidade semântica que os torna pouco utilizáveis. Neles, as formulações são por vezes muito mais obscuras do que eram, outrora, as encíclicas romanas. Arranja-se, por bem ou por mal, tanto um como o outro. Enunciam-se princípios com tanta solenidade que, imediatamente depois, se introduzirá numerosas exceções. Procura-se, em suma, com minúcia e aplicação, casar a água com o fogo, conjugar a transgressão e o "limite", a liberdade de experimentação e o princípio de humanidade (ao qual não se deixará jamais de prestar, retoricamente, uma piedosa homenagem).

Bom exemplo disso foi fornecido pelo famoso parecer n. 8 do CCNE sobre o estatuto do embrião, parecer contra o qual protestaram, na época, dois membros do comitê, entre os quais a teóloga France Quéré, indignada com um discurso "que desvia para uma materialidade aberrante". Esse parecer começa por afirmar com força a eminente dignidade do embrião que, "desde a fecundação, pertence à ordem do ser e não do ter, da pessoa e não da coisa ou do animal" e que "deveria ser eticamente considerado como um sujeito em potência, como uma alteridade". Na continuação do texto, entretanto, está escrito: "O Comitê elaborou uma deontologia fundada sobre diferentes atitudes; [...] é assim que pode ser tolerada a destruição de embriões supranumerários. [...] Acontece o mesmo com o congelamento de embriões. A instrumentalização do embrião que daí resulta é um mal menor".[40]

Seria, contudo, injusto ironizar a respeito de um embaraço tão gritante. Vemos com dificuldade como esses comitês, pluralistas e compósitos, poderiam expressar-se de modo diferente da forma de

---

[49] Tomo de empréstimo esse exemplo de Gregory Benichou, *Le Chiffre de la Vie. Essai philosophique sur le code génétique*, op. cit.

compromisso laborioso e de moderação pragmática, análogos a essas moções de congresso que não expressam mais nada à força de compromissos. Em seu seio, duas categorias de pontos de vista se confrontam com armas muito desiguais. De um lado, os "humanistas", cujas convicções se ligam a tradições ou a confissões muito diferentes; do outro, o bloco muito mais monolítico de uma comunidade científica principalmente premida a fazer avançar a pesquisa. Ora, "à medida que o pensamento cientificista contemporâneo é dominado por visões reducionistas e materialistas integrais, ele não pode dizer nada sobre questões como a vida, a consciência, a subjetividade, a liberdade. Tudo o que ele pode fazer é declarar sua total redução a processos materiais".[50]

Vemos com dificuldade, nessas condições, como os biólogos ou geneticistas, dos quais se solicita um parecer ético, *teriam algo de particular a dizer sobre o plano da ética*. O filósofo das ciências a quem tomo de empréstimo essa observação tem razão de acrescentar que esse novo desvio cientificista próprio da época, essa insidiosa traição das Luzes por alguns cientistas – inclusive entre os que são membros dos comitês de ética – tem como resultado abandonar unicamente às religiões a capacidade de resistência à "injunção", com o risco de suscitar, por contragolpe, um enrijecimento destas últimas. Mas podemos resignar-nos a ver renascer de suas cinzas esse confronto insolúvel entre religiões tradicionais na defensiva e uma nova gnose tecnocientífica premida a se estabelecer? Aceitar isso seria favorecer um pouco mais ainda esse estranho retorno às "disputas" do século XIX, principalmente a que consistia em opor teatralmente a ciência e a religião.

Alguns cientistas, mais levados que outros a sacrificar ao cientificismo, são tentados a fazê-lo novamente. Nós os vemos ressuscitar

---

[50] Giorgio Israel, *Le Jardin au noyer. Pour un nouveau rationalisme*, op. cit.

uma retórica de combate dirigida contra a ontologia em geral e o religioso em particular. Ora, essas disputas deveriam ser consideradas como demasiadamente datadas e demasiadamente maniqueístas para serem levadas a sério. Elas têm como resultado principalmente a escamoteação das questões essenciais. Quais? As que Dominique Bourg formula muito bem quando escreve, com bem-vinda simplicidade: "Devemos elevar o conhecimento científico à dignidade de valor supremo? Apoiarmo-nos sobre as ciências para fundar nossos julgamentos morais e edificar nossas leis? [...] A resposta é negativa. Ao contrário, jamais a necessidade de inscrever as práticas tecnocientíficas dentro dos limites do direito e da moral foi tão grande".

Resta saber sobre qual outra percepção do mundo poderiam de fato se apoiar o direito e a moral...

Capítulo 13

A aliança reencontrada

*O Homem é o único animal que distingue
a água comum da água benta.*
L. A. White[1]

Procurar a via, romper o fechamento cientificista, reencontrar um caminho para a humanidade do homem... A gravidade dos desafios que temos de enfrentar torna decididamente ridículas as querelas políticas tradicionais ("Estou certo, você está errado..."), as posturas enviesadas ou os raciocínios sentenciosos. Sabemos agora que as questões que se apresentam aos homens e às mulheres de hoje *estão situadas muito além da disputa ordinária*. Elas exigem de nós um desses esforços de probidade reflexiva que são ordinariamente reservados para os casos urgentes. Há urgência...

Retomemos com calma as duas questões com as quais terminávamos o capítulo precedente. Podemos apoiar-nos sobre as ciências para fundar nossos julgamentos morais e edificar nossas leis? Se este não for o caso,

---

[1] L. A. White, *The Evolution of Culture*. New York, McGraw Hill, 1959, citado por Alain Froment, "Origine et diversité des hommes", em *Études*, novembro de 2000.

431

então a qual "outra" instância poderemos encostar nossos princípios e nossos textos? Sobre o que poderemos assentar o princípio de humanidade? A clareza dessa formulação (tomada de empréstimo de Dominique Bourg) tem uma vantagem: ela desqualifica antecipadamente qualquer recurso a não sei qual embriaguez mística ou esotérica. Seria vão, com efeito, opor à superstição cientificista sua imagem invertida. Seria tolice deixar, por excesso de reatividade, nosso entendimento se dissolver em uma suave irracionalidade tomada de empréstimo da languidez *new age* ou a não importa qual outra vaga efusão. Não é o caso de fugir da modernidade para o êxtase estéril ou para o onirismo brumoso!

Quanto ao sempiterno "retorno do religioso", em todo lugar falado nos periódicos, Deus e todos os santos dele nos preservem! Nós nos dispensaremos, no término deste livro, de uma fremente evocação do Além, com passagem obrigatória por uma citação – apócrifa – de André Malraux sobre a espiritualidade do próximo século etc. Essa religiosidade, com seus profetas extasiados e seus chapéus pontiagudos, é em geral muito pior que o desencantamento que ela pretende combater. Ela se funda sobre a ignorância, expulsa preguiçosamente as Luzes, amordaça a palavra, salmodia às cegas e – no pior dos casos – abre o caminho para os integrismos massacrantes. Ela faz pensar principalmente nessa idolatria temerosa que Paulo de Tarso denunciava nos atenienses, quando os reprovava por serem "demasiadamente religiosos" (At 17,22). Se, mais tarde, for questão do religioso, ele não será este, que faz duvidar da inteligência humana.

E então?

Uma origem biológica da moral?

Então, caso se trate de fundar verdadeiramente nossos princípios e nossas leis, remetendo para longe a beatice cientificista, é preciso, em primeiro lugar, *fazer esta última nascer da intenção oculta que a habita*. É preciso escutar até o fim e muito atentamente o que ela nos sussurra à meia-voz. Ou seja: nossas crenças, nossas convicções, nossos "valores" talvez não sejam mais que os produtos da maquinaria biológica. O que tomamos como espiritualidade, ética ou livre escolha é talvez, depois de tudo, apenas o fruto de conexões neuronais particulares. O altruísmo, a necessidade de justiça, o respeito pelos mais fracos, o gosto pelo futuro: tudo isso seria o resultado puramente fisiológico da evolução neodarwiniana. Nós seríamos progressivamente selecionados desse modo. Nem mais nem menos. Viver sem ontologia ou metafísica consistiria em se entregar muito simplesmente a essas lógicas biológicas, rejeitando qualquer "fábula" idealista, espiritualista ou religiosa. Essa idéia está por trás dos mil e um pressupostos tecnocientificistas que evocamos nos capítulos precedentes.

Que seja! Examinemos a questão.

Essa posição redutiva, conforme dissemos, é a dos "darwinianos de esquerda", preocupados em promover uma moral estritamente materialista.[2] Antes deles, ela já fora formulada por autores do século XIX, como Herbert Spencer, Thomas Henry Huxley (em 1862) ou Alfred R. Wallace (em 1864). Este último influenciará, por sua vez, o próprio Darwin que, em 1871, citará explicitamente o texto de Wallace no capítulo V de *A descendência do homem e a seleção sexual*. No fim do século XIX e no início do XX, essa vontade de "naturalizar" o altruísmo e a mútua ajuda social – para arrancá-los de qualquer enraizamento religioso – será reatualizado pelo anarquista russo Pierre Kropotkine, autor de *A moral anarquista*, ou pelo francês Jean-Louis de Lanessan, autor de *A luta pela existência e a associação para a luta* (1881). Em todos os casos, defende-se uma concepção puramente utilitarista da moral: esta nasceu e se desenvolve porque é útil para a

---

[2] Cf. anteriormente, capítulo 10.

espécie. Em seguida, "esse feérico altruísmo darwiniano [se tornará] um esboço da sociologia biológica, e [será] periodicamente retomado [ou reinventado] no quadro de supostos éticos evolucionistas".[3]

Esboço ou não, essa interpretação "biologizante" das origens da moral hoje encontra de novo uma recuperação de vigor com o sucesso das neurociências. O sociobiologista Edward O. Wilson, por exemplo, reformula essa tese quando escreve, visivelmente sem emoção: "Quando concebemos o altruísmo como o mecanismo pelo qual o DNA se multiplica por meio de uma rede de pais, a espiritualidade se torna um expediente darwiniano suplementar, que favorece a aptidão".[4] O "pai" do primeiro bebê de proveta do mundo (1978), Robert G. Edwards, defende a mesma idéia, mas com mais brutalidade. Participando, em 1970, em Londres, em um debate sobre a responsabilidade social dos cientistas, ele não hesitava em afirmar que em matéria de ética no campo da reprodução "era de mais valia se basear sobre a teoria da evolução das espécies do que sobre as velhas noções morais tiradas das religiões".[5]

Mais recentemente, pesquisadores como Richard Dawkins ou Jean-Pierre Changeux defenderam essa mesma hipótese de uma origem puramente genética ou neuronal dos valores morais. Essa hipótese "biologizante" em relação à ética chegou até a se tornar, em 1991, em Paris, o objeto de um debate internacional muito sério, realizado na Fundação para a pesquisa científica, sob a presidência de Jean-Pierre Changeux. As atas desse debate foram publicadas dois anos mais tarde.[6] Em 1998, em um artigo da revista *Nature*, os americanos Martin A. Nowak e Karl Sigmund iam mais longe e propunham ousadamente um modelo matemá-

---

[3] André Pichot, *La Société pure. De Darwin à Hitler*, op. cit.
[4] Edward O. Wilson, *La Sociobiologie*, op. cit.
[5] Relatado por Marcel Blanc, *Les Héritiers de Darwin. L'évolution en mutation*, op. cit.
[6] Jean-Pierre Changeux (ed.), "Fondements naturels de l'éthique". Odile Jacob, 1993.

tico, utilizável pelo computador, e que permitia, segundo eles, perceber melhor as fontes biológicas do altruísmo. Tratava-se de "mostrar que um comportamento altruísta pode apresentar um valor seletivo superior ao de um comportamento egoísta; que ele pode, portanto, constituir uma vantagem hereditária conservada pela evolução".[7]

Em um livro original e provocador, o francês Dan Sperber renova hoje essa tentativa de naturalização da ética, estendendo-a aos mecanismos do pensamento. Declarando adotar o ponto de vista "militante" de um "materialismo minimalista", ele propõe considerar as representações sociais não mais como "representações coletivas" com estatuto ontológico indefinido (no sentido em que o entendia Émile Durkheim), mas como simples "representações mentais", ou seja, configurações neuronais particulares, capazes de se difundirem cada vez mais de um modo epidemiológico. Nossas idéias e nossas convicções seriam um pouco como organizações cerebrais – logiciais vivos – que se propagariam por imitação e contágio. "As representações mentais – escreve ele – são estados cerebrais descritos em termos funcionais, e são as interações materiais entre cérebros e meio ambiente que explicam a distribuição dessas representações".[8]

A "memória de cada homem"

Essa tentativa extrema de construir uma ética estritamente materialista e neurobiológica deu lugar a uma rica polêmica entre Dan Sperber e Lucien Scubla.[9] Este último, pesquisador no CNRS e professor na Escola Politécnica, ironizava cortesialmente sobre o

---

[7] Citado por André Pichot, *La Société pure. De Darwin à Hitler*, op. cit.
[8] Dan Sperber, *La Contagion des idées*. Odile Jacob, 1996.
[9] *Id.*, "Les sciences cognitives, les sciences sociales et le matérialisme", e Lucien Scubla, "Sciences cognitives, matérialisme et anthropologie", em *Introduction aux sciences cognitives*, op. cit.

reducionismo "militante" que tal ambição implica. (E, por outro lado, perguntava ele, pode existir um procedimento científico "militante", quando a ciência, por definição, exclui qualquer *a priori* desse tipo?) "Crer que possamos reconstituir as instituições e as culturas inteiras, partindo das representações, ou melhor ainda, dos micromecanismos cerebrais que lhes correspondam – acrescentava Scubla – parece-me tão temerário quanto querer utilizar um microscópio eletrônico ou até um microscópio óptico para descrever a estrutura do sistema solar ou a anatomia de um vertebrado. Desse modo, jamais se encontraram os sistemas de parentesco, os ritos funerários, as técnicas e as línguas".

Sem ceder ao espírito polêmico, podemos legitimamente considerar que essas diversas tentativas de biologização dos valores (e, portanto, do princípio de humanidade), ressurgindo de tempo em tempo sob formas diferentes, não possuem verdadeira pertinência. Há mais de vinte anos, o grande especialista da Cabala, Gershom Scholem, denunciava já "a frivolidade filosófica com a qual numerosos biólogos tentam ligar as categorias morais às categorias biológicas". Essa tentativa, acrescentava ele, "é uma das características mais sombrias de nossa época, mas não nos poderia iludir sobre o caráter desesperado de tal empreendimento".[10]

Os cientistas que conservam uma distância mínima em relação ao cientificismo são os primeiros a concordar com isso. Henri Atlan é um deles. Para ele, não há qualquer dúvida de que nossa vida social e nossa vida interior são os produtos de nossa experiência de "sujeitos intencionais", os frutos de tradições, mitos, relatos e crenças, que não são redutíveis à biologia. "As ciências e as técnicas – acrescenta ele – não só não permitem fundar normas do bem e do mal eventu-

---

[10] Gershom Scholem, *Fidélité et Utopie: essais sur le judaïsme contemporain*. Calmann-Lévy, 1978, e Presses-Pocket, 1992.

almente universais, mas criam de todos os modos problemas éticos, sociais e jurídicos, sem fornecer os meios para resolvê-los. Estamos, portanto, condenados a construir novos sistemas de significação a partir daquilo que podemos entender desses mitos antigos e novos, com o auxílio de uma reflexão antropológica e filosófica, renovada no contexto dos saberes e das incertezas de hoje".[11]

Ele próprio bom especialista no Talmude e na Cabala, Atlan nos convida, por nada, e como Scholem, a interrogar novamente nossa memória espiritual e religiosa. Ele nos convida a reinterpretar o que Marie Balmary chama magnificamente de "a palavra originária da humanidade, conservada nos mitos e nas Escrituras, e a palavra inconsciente enterrada na memória de cada homem".[12] Mas não caminhemos demasiadamente rápido.

Além de sua pertinência epistemológica muito discutível, a vontade de ligar a moral humana com a própria biologia – excluindo qualquer outra origem – implica, por outro lado, um inconveniente de grande porte: essa ligação elimina *de facto* o livre-arbítrio do homem. Ela suprime esse interstício fundamental, esse "jogo" que liberta a cultura humana das fatalidades do instinto. Ele destrói esse paradoxo emancipador que pretende que os valores fundadores – da igualdade à universalidade – sejam artifícios, ficções assumidas, construções voluntárias inseparáveis da história e da autonomia humanas. Querer fazer coincidir o *princípio de humanidade* com não sei qual "humanidade" biológica, seria muito simplesmente submeter o ser humano às tiranias da matéria.

Aqueles que arquitetam hoje essas hipóteses, por outro lado, dão a impressão de ignorar que estas já serviram ideologicamente

---

[11] Henri Atlan, "Le crépuscule de la finalité", em *Sciences et Avenir*, outubro-novembro de 2000.
[12] Marie Balmary, *Abel ou la traversée de l'éden*, op. cit.

no passado, *e do pior modo*. Penso em Georges Vacher de Lapouge, esse teórico do racismo já citado e que foi um dos pais fundadores de um fascismo à moda francesa.[13] Ora, *Vacher de Lapouge foi um defensor ardente, para não dizer delirante, dessa hipotética naturalização da moral.* "Estamos a caminho, por meio do monismo – escrevia ele – da eliminação completa da idéia de religião. Estamos a caminho, por meio de fórmulas novas baseadas sobre a higiene social, da eliminação da idéia de moral. [...] É a ciência que nos dará – quão diferentes das de outrora! – a religião nova, a moral nova e a política nova".[14]

Consideremos, portanto, essa hipótese como esvaziada...

O materialismo tomado pelo imaterial

Resta dizer uma palavra a respeito de outra questão, abordada com menos freqüência, mas também muito capital: a crise estranha e até fascinante que hoje atinge o próprio materialismo. Lucien Scubla faz uma breve alusão a ela em sua resposta a Sperber, lembrando que a física leva doravante a atribuir à matéria, considerada inerte, propriedades outrora reservadas ao ser vivo. "Longe de contribuir para reforçar o velho materialismo – escreve ele – a física contemporânea tenderia mais a dissolver a própria noção de substância material".[15]

O fato é que o antigo conceito de matéria parece desvanecer-se pouco a pouco, à medida que o conhecimento progride, tanto na física como na biologia genética. A primeira põe cada vez mais

---

[13] Cf. anteriormente, capítulos 2 e 10.
[14] Georges Vacher de Lapouge, prefácio a sua tradução de E. Haeckel, *Le Monisme, lien entre la religion et la science*, op. cit.
[15] Lucien Scubla, "Sciences cognitives, matérialisme et anthropologie", em *Introduction aux sciences cognitives*, op. cit.

em evidência a intensidade vibrante e corpuscular do infinitamente pequeno, de modo que a matéria tende a se dissolver na complexidade do movimento atômico. Um físico francês do Centro de Energia Atômica (CEA) encontra imagens falantes para descrever a nova perturbação que deveria abalar qualquer materialista conseqüente. "Parece que, à força de ter sido analisada – escreve ele – a velha idéia de matéria tenha perdido muito de sua textura, como um fruto que não se acaba de descascar, de modo que um bom materialista, hoje, convicto de que 'tudo saiu de uma realidade não espiritual', só pode continuar convicto disso 'metafisicamente'".[16]

No domínio da biologia genética e das neurociências, essa crise paradoxal do materialismo é ainda mais surpreendente. Essas diferentes disciplinas, com efeito, usam hoje metáforas ou postulados que deveríamos tomar tempo para interrogar porque eles trazem em si uma carga subversiva. Tomemos o conceito de *informação*, que tende a se tornar um princípio dominante. Parece adquirido hoje que aquilo que define uma realidade – viva ou inerte – não é a substância de que ela é constituída, mas o código ou a informação que preside a sua organização. Isso é flagrante em questão genética. A especificidade de um gene não é seu aspecto substancial, nucleótico, mas a *mensagem* que ele é capaz de transmitir.

Desse modo, "seja qual for o nome dado àquilo que é transmitido ao longo do processo evolutivo, não se trata, em primeiro lugar, de uma entidade material, e sim muito mais de uma *informação* (no sentido amplo do termo, incluindo o de estrutura). Qualquer confusão entre informação e matéria deve ser evitada, ainda que pareça freqüentemente difícil para pesquisadores ocidentais raciocinar de modo diverso do que com objetos materiais".[17] Refletindo bem,

---

[16] Étienne Klein, físico no CEA, "Qu'est-ce que l'idée de matière?", em *Études*, julho-agosto de 1998.

[17] Pierre-Henri Gouyon, Jean-Pierre Henry e Jacques Arnould, *Les Avatars du gène*, op. cit.

isso constitui uma verdadeira revolução em nossa abordagem do real. Conceitos metafóricos como os de "codificação" ou "programa" participam da mesma constatação. A informação genética é imaterial, é uma *linguagem*. O princípio da vida procede, portanto, de certa *palavra*, transmitida e novamente copiada através de toda a cadeia do ser vivo. Uma palavra que sabemos parcialmente recopiar, mas sem compreendê-la.

Sem dúvida, é preciso evitar tirar disso demasiadamente rápido conclusões espiritualistas, como o fazem alguns, afirmando que se acha assim verificada a mensagem bíblica, principalmente a do Gênesis, ou a que é expressa pelo evangelho de João: "No princípio existia o Verbo... Tudo foi feito por ele e sem ele nada foi feito". Isso não impede que essa prevalência da linguagem, reconhecida no coração da matéria, choque as antigas categorias redutivas do materialismo: a matéria, contrariamente ao que imaginávamos, *não é mais apenas matéria*.[18] Nela existe *linguagem*. Esses conceitos vizinhos de informação, de código, de linguagem, não só introduzem novamente o imaterial no coração da matéria, mas recolocam, de modo intacto, a velha questão da *finalidade*, quer ela seja intencional ou não. Conforme observa com razão um psicanalista, "se possuirmos, 'engramados' em nosso cérebro, certo número de programas elementares, será conveniente se perguntar quem os 'compila' e os combina, e para quais fins. O mental não se pode constituir fora de uma finalidade a alcançar e, portanto, de uma teleologia".[19] Outro pesquisador expressa a mesma observação de modo um pouco diferente: "A descoberta do suporte físico-químico da herança,

---

[18] Tomo de empréstimo essa bela expressão de Gregory Benichou, *Le Chiffre de la vie. Essai philosophique sur le code génétique*, op. cit.

[19] Jacques Hochmann, "Deux réalités", em Jacques Hochmann, Marc Jeannerod, em *Esprit, où es-tu? Psychanalyse et neurosciences*, op. cit.

o DNA, coloca novamente a questão da finalidade, uma vez que as noções de programa e de código genético fazem pensar que havia como que um *projeto* encerrado nas macromoléculas".[20]

A vida como enigma

Tudo acontece, em suma, como se os avanços da ciência desconstruíssem literalmente a velha idéia de matéria, dirigindo sua análise para a *decifração* de uma linguagem. É por esse motivo que alguns geneticistas materialistas, depois de ter subscrito um pouco precipitadamente à expressão de "código genético", insistem hoje com a mesma diligência sobre o fato de que se trata de uma simples metáfora. Eles sentem de fato o solo fugir sob os pés. Sem dúvida...

Não desenvolveremos aqui nos detalhes – embora seja apaixonante – os debates infinitos que fazem nascer essa reinterpretação literalmente perturbadora do real. Para fazer isso seria preciso citar longamente as teorias da complexidade, examinar os paradoxos difíceis da lingüística, discutir sobre a pertinência dessa "teleonomia" (interpretação causal dos processos finalizados, equivalente mecânico da finalidade), com a qual por vezes substituem a "teleologia" (aceitação e estudo da finalidade) para tentar salvar o materialismo do naufrágio. Contentemo-nos em observar que esse extraordinário retorno do imaterial no seio do pensamento científico vem arruinar, *stricto sensu*, as velhas intolerâncias cientificistas que ele reúne de fato à classe de crenças, até de superstições muito ingênuas. Digamos, com toda a prudência que se impõe, que é a própria ciência

---

[20] Philippe Descamps, "Penser la finalité", em *Sciences et Avenir*, outubro-novembro de 2000.

que *abre doravante a porta para uma possível reconciliação entre materialismo e espiritualismo*. Essa abertura é muito bem mencionada por um professor do Centre Sèvres de Paris: "Talvez pudéssemos considerar essa nova abordagem da natureza como uma manifestação dos primeiros sobressaltos de uma mutação espiritual da qual não podemos pressentir desde o presente o funcionamento".[21]

Por outro lado, não é proibido encontrar em algumas outras metáforas o vestígio de um embaraço (ou até de um fracasso) do reducionismo cientificista. O tema do *acaso*, por exemplo, hoje é utilizado a torto e a direito. Ele serve comodamente para dissolver qualquer idéia de finalidade, de sentido, de intenção divina etc. Contudo, em sua generalização vaga, não equivale a designar o incognoscível, disfarçando-o com uma denominação moderna e tranqüilizante? O que é o "acaso organizador" senão um princípio que ainda não elucidamos? O acaso, sob esse aspecto, seria um outro modo de designar o divino. Podemos perguntar-nos do mesmo modo a respeito desses famosos conceitos de *auto-organização* e de *emergência* – onipresentes nas neurociências e no cognitivismo –, considerados capazes de explicar o aparecimento espontâneo de uma ordem a partir da desordem (por exemplo, da própria vida, que emergiria, produzida pelo acaso...). Essa idéia de auto-organização, no fundo, não é muito diferente da de geração espontânea, na qual os cientistas do século XIX ainda acreditavam. Uma crença que, com razão, julgamos hoje como pueril. A modernidade da linguagem dissimula por vezes estranhas redundâncias.[22]

---

[21] Käty Ricard, "La biologie doit-elle être réductionniste?", em *Études*, março de 1998.

[22] Aqui ainda me inspiro – parcialmente – nas análises de Gregory Benichou, *Le Chiffre de la vie. Essai philosophique sur le code génétique*, op. cit.

Além disso, como não mencionar *in fine* essa estranheza que obseda tanto a biologia molecular como as neurociências ou o cognitivismo: *a evacuação de qualquer interrogação sobre a vida*? As ciências modernas, com efeito, não têm estritamente nada a dizer a respeito da vida, a não ser que ela continua a ser misteriosa. É o que relembra com modéstia o professor René Frydman, quando escreve: "A respeito da vida, tangível e, no entanto, inatingível, podemos simplesmente dizer que ela é um enigma".[23] François Jacob fazia a respeito uma observação em meados dos anos 70. Ele explicava que a atividade das moléculas, observável nos seres vivos, não se distinguia da atividade que a física e a química analisam nos sistemas inertes. Desde o nascimento da termodinâmica, o valor operativo do conceito de vida quase desapareceu. E Jacob acrescentava: "Hoje, ninguém mais interroga a vida nos laboratórios".[24]

Conviremos que essa "ausência" coloca problema. Ela inspira reflexões acerbas para um ensaísta cristão como Michel Henry. "É preciso tomar partido – escreve ele; na biologia não há vida, há apenas algoritmos". E, um pouco mais à frente, acrescenta: "É apesar dos progressos maravilhosos da ciência, ou até por causa deles, que sabemos cada vez menos sobre a vida. Ou, para ser mais rigoroso, não sabemos mais nada dela, nem sequer que ela existe [...]. Ela se reprimiu em um domínio fechado, o da animalidade, de tal modo que ela se apresenta como um bloco de enigmas".[25] Um grande pensador judeu contemporâneo, injustamente desconhecido, Léon Ashkenazi, considerava que não nos podíamos interrogar seriamente sobre o conceito de vida e sobre a humanidade do homem sem encontrar em seu caminho a questão do monoteísmo. "Se for verdade – escrevia

---

[23] René Frydman, *Dieu, la médecine et l'embryon*, op. cit.
[24] François Jacob, *La Logique du vivant*. Gallimard, 1976.
[25] Michel Henry, *C'est moi la Vérité. Pour une philosophie du christianisme*, op. cit.

ele – que reconhecemos um só Deus criador, corolariamente, existirá uma só humanidade. Por conseguinte, no princípio, o monoteísmo implica a convicção e a exigência de um universalismo humano, concreto, real, histórico..."[26]

Medimos, afinal de contas, o que pode ter hoje de propriamente absurdo o triunfalismo tecnocientífico e a suficiência testemunhada por alguns cientistas a respeito de qualquer outra abordagem da verdade.

A Terra é redonda, e ela gira!

Enquanto caminhamos, é preciso fazer uma constatação que produzirá sobressalto. Ela, com efeito, desarranja nossos hábitos mentais e arruína as falsas verdades que o espírito do tempo repisa fastidiosamente. É de um cientista universalmente reconhecido por sua independência de espírito que tomaremos de empréstimo a melhor formulação dessa idéia. Quero falar do paleontólogo Stephen Jay Gould, professor na Universidade de Harvard, nos Estados Unidos, onde ele ensina geologia, biologia e – principalmente – história das ciências. Claramente engajado na esquerda, Stephen Jay Gould, saído de uma família judaica, declara a si mesmo como agnóstico e não pode ser suspeito de complacência em relação ao religioso em geral nem ao judeu-cristianismo em particular. Ele até se engajou na luta contra certas seitas americanas "criacionistas", que procuram impor nas escolas uma estrita interpretação bíblica da criação do mundo.

Infatigável defensor da razão crítica contra todas as formas de obscurantismo, Jay Gould é, por outro lado, um adversário ferrenho da superstição cientificista. Ora, de livro em livro, ele combate

---

[26] Léon Ashkénazi, *La Parole et l'écrit*, I: *Penser la tradition juive aujourd'hui*. Albin Michel, 1999.

a tese dominante, que consiste em opor sistematicamente a ciência à religião. Para ele, as coisas são claras: essa oposição de princípio é uma invenção *a posteriori* dos cientificistas do século XIX. Se ela foi retomada hoje sem reflexão verdadeira, é porque ela corresponde a uma renovação conjuntural do cientificismo. "Sinto-me desencorajado – escreve ele – quando alguns de meus colegas [cientistas] tentam fazer passar seu ateísmo pessoal (ao qual eles têm perfeitamente direito, bem entendido, e que corresponde, sob mais de um aspecto, a minhas próprias inclinações) por uma panacéia que permite o progresso humano, opondo-o a uma absurda caricatura da 'religião', erigida como espantalho de modo puramente retórico".[27]

A seu ver, sem dúvida, as religiões puderam, em certas circunstâncias, favorecer o obscurantismo, exaltar o irracionalismo ou a ignorância. A perseguição ao filósofo italiano Giordano Bruno (1548-1600) foi um dos mais tristes exemplos disso. Espírito livre, muito crítico em relação a Platão e Aristóteles e convicto, seguindo a Copérnico, de que a Terra não é o centro do Universo, que este é infinito, que há outros sistemas planetários e que as estrelas são outros sóis, Bruno foi entregue ao Santo Ofício, torturado e queimado vivo em 17 de fevereiro de 1600 no *Campo dei Fiori* de Roma. Há poucas páginas tão negras como esta na história temporal do cristianismo.

Isso não impede que uma visão pacificada da história das ciências mostre que nem sempre foi assim. Longe disso. Para tomar um exemplo, a condenação de Galileu pelo papa Urbano VIII no século XVII (ao qual o paleontólogo consagra longos desenvolvimentos) foi, incontestavelmente, um erro contra o espírito e a ciência; e isso, ainda que fatores mais políticos que religiosos desempenharam um papel determinante na circunstância. No entanto, escreve Jay Gould, "convém rejeitar o clichê anacrônico, que apresenta Galileu como um

---

[27] Stephen Jay Gould, *Et Dieu dit: "Que Darwin soit!"*, op. cit.

cientista moderno que combate o dogmatismo obtuso de uma Igreja que teria ultrapassado seu magistério próprio e se teria mostrado ridiculamente ignorante de um dado fundamental da cosmologia".[28]

Ora, com alguns outros episódios do mesmo gênero, "a questão Galileu" é incansavelmente convocada desde o século XIX para acreditar a idéia de que uma parte da história ocidental *se reduz a uma guerra entre ciência e religião*. Acontece o mesmo com a pretensa hostilidade da Igreja em relação à rotundidade da Terra, hostilidade da qual teria valentemente triunfado Cristóvão Colombo. Ora, essa idéia não resiste ao exame. Ela é ideológica e não política. Esse mito de Cristóvão Colombo que triunfa do erro religioso se desenvolveu no século XIX – entre 1870 e 1880 – a ponto de penetrar os manuais escolares em que a Igreja desempenhava, erradamente, o papel de vilã. Tomou-se o hábito de apresentar Cristóvão Colombo como um apóstolo do racionalismo diante do dogma religioso. Na realidade, as traduções em latim de numerosos textos gregos e árabes haviam espalhado desde o século XII entre os letrados o conhecimento das ciências da natureza – particularmente da astronomia – e os haviam convencido de que a Terra era redonda. Roger Bacon (1220-1292) e Tomás de Aquino (1225-1274) proclamaram essa esfericidade, fundamentando-se em Aristóteles e seus comentadores árabes, assim como os maiores eruditos do fim da Idade Média, como Nicole Oresme (1320-1382). Ora, todos esses homens ocupavam importantes cargos eclesiásticos.

Esses dois exemplos ilustram bem o caráter eminentemente polêmico de uma oposição entre ciência e religião que, há mais de um século, é considerada – erradamente – como uma evidência. Ela o será tanto mais facilmente pelo fato de a Igreja católica, de seu lado, sucumbir pelo fim do século XVII e principalmente no século XIX a uma mentalidade de fortaleza assediada... pela razão, pela ciência e pelo "modernismo". Dois

---

[28] *Ibid.*

episódios caricaturais o testemunham. Citemos, em primeiro lugar, a funesta encíclica *Quanta cura*, editada em dezembro de 1864 pelo papa Pio IX e dirigida inteiramente contra o modernismo. Em anexo a essa encíclica era juntado um catálogo dos "oitenta erros contemporâneos", o famoso *Syllabus*. No início do século XX – depois do interlúdio do papa Leão XIII, que se ligará com a República e com o progresso –, Roma recairá, se assim o podemos dizer, com Pio X, que condenará mais uma vez o modernismo, apresentado como o "suco venenoso de todas as heresias". Ele o fará em dois textos distintos: o decreto *Lamentabili*, de 4 de julho de 1907, e a encíclica *Pascendi*, de 8 de setembro de 1907.

Esses episódios deploráveis se inscrevem no quadro de um antagonismo implacável (mas datado) que se forma no século XIX entre uma comunidade científica conquistada, como vimos, por um cientificismo por vezes delirante, e uma instituição católica, ainda traumatizada pelas perseguições revolucionárias, sempre reticente diante da chegada da República e friorentamente encarquilhada por trás do mais estreito dogmatismo. Período lamentável! Em sua imponente história dos jesuítas, Jean Lacouture mostrou que até esses últimos, depois do reaparecimento de sua ordem em 1814, não escaparão a esse enrijecimento detestável, ainda que tivessem sido durante longos séculos os defensores do conhecimento e os advogados – freqüentemente ousados – do progresso e de uma real abertura teológica.[29]

Astronomia e catedrais

Caso possamos qualificar esses episódios como sinistros, é porque eles contribuíram para relegar ao esquecimento tempos mais antigos – e muito mais longos – durante os quais a religião e a ciência de modo nenhum estavam em conflito. A reflexão vale tanto para o

---

[29] Jean Lacouture, *Les Jésuites. Une multibiographie*. Seuil, 1992, t. II.

cristianismo como para o judaísmo e o islamismo. A título simbólico, Jean-Marc Lévy-Leblond relembra que, no século XVII, numerosas experiências científicas decisivas, principalmente em matéria de astronomia, foram praticadas... nas catedrais. Apenas elas oferecíam espaço suficiente para instalar os heliômetros ou "meridianos" (freqüentemente construídos pelos jesuítas) que permitiam obter dados sobre a revolução anual da Terra. No início do século XIX, acontecerá o mesmo com os pêndulos de Foucault, que materializavam os movimentos da Terra em torno de seu eixo.[30]

A História é, desse modo, cheia de "figuras" eclesiásticas que demonstravam grande domínio do conhecimento científico ou de uma vontade de favorecer este último. Um exemplo: fundada no século XII por Guillaume de Champaux, a ordem canônica da abadia de Saint-Victor na Île de France se caracterizará por seu interesse ativo pelas técnicas e pelas máquinas. De modo geral, "a cristandade medieval não só suscitou invenções notáveis como a charrua, o cabresto, as lunetas ou a relojoaria mecânica, mas também se singularizou principalmente pela exploração sistemática das energias naturais".[31]

Citemos ainda o caso, no século XIV, do monge franciscano Guilherme de Ockam, grande defensor da autonomia das ciências e do princípio de "não-ingerência" da religião nessas questões. Podemos igualmente mencionar, no século XVI, os papas Clemente VII e Paulo III, que defenderão ardorosamente o desenvolvimento científico. Stephen Jay Gould insiste, por sua vez, no importante número de eruditos que desempenharam um papel notável no avanço da ciência e que eram, ao mesmo tempo, "irrepreensíveis eclesiásticos, devidamente ordenados". Assim foi o caso de Alberto Magno,

---

[30] Jean-Marc Lévy-Leblond, *Impasciences*, op. cit.
[31] Dominique Bourg, "Les origines religieuses de l'idée de progress", em Dominique Bourg e Jean-Michel Besnier (eds.), *Peut-on encore croire au progrès?*, op. cit.

mestre de Tomás de Aquino e grande comentador científico da Idade Média. Ele também cita Nicholas Steno, autor de pesquisas geológicas fundamentais no século XVII e que se tornou bispo. Relembra igualmente o papel desempenhado por Lazzaro Spallanzani, fisiólogo italiano do século XVIII, que se dedicou a refutar a geração espontânea. Mais próximos de nós, no século XX, o abade Breuil foi um grande especialista na arte parietal do paleolítico, e o abade Lemaître é considerado um dos fundadores da cosmologia moderna.

O que foi verdadeiro para o cristianismo também o foi para o judaísmo e para o islamismo. Do grande Fílon de Alexandria a Maimônides, de Spinoza a Moses Mendelssohn, seria difícil considerar as grandes figuras da tradição judaica como inimigas da ciência e da razão. Também é igualmente ridículo imputar qualquer inclinação anticientífica ao islamismo que, na Europa da alta Idade Média, foi o vetor – e o acompanhador – da ciência árabe. Jamais recordaremos com a devida força o papel decisivo desempenhado por essa última no desabrochar de disciplinas tão diferentes como a álgebra, a aritmética, a trigonometria, a geometria, a física, as ciências naturais etc. Ora, seja na Andaluzia muçulmana ou no circuito do Mediterrâneo medieval, nem os imames, nem os comentadores do Alcorão, nem os eruditos do sufismo jamais entravaram – muito pelo contrário – o desenvolvimento científico ou a redescoberta dos grandes textos gregos ou latinos.[32]

Apresentar sistematicamente o *religioso* como inimigo hereditário do *científico*, como foi feito desde o século XIX, é pura fantasmagoria. É surpreendente que essa fantasmagoria ainda hoje seja tão espalhada e tão pouco contestada. Ao olhar da verdade histórica, tal condescendência barricada parece, no entanto, tão tola como essa

---

[32] Cf. a obra em três volumes de Roshdi Rashed (ed.), *Histoire des sciences arabes*. Seuil, 1997.

grande bandeira que foi desfraldada, antes de 1990, no museu do ateísmo de Leningrado (hoje, novamente São Petersburgo). A famosa bandeira trazia uma frase do cosmonauta russo Iuri Alekseïevitch Gagarin, passageiro do primeiro vôo da nave espacial *Vostok 1*, em 12 de abril de 1961: "Estive no céu e não vi Deus". Por Deus!

Um pesquisador e médico como René Frydman é o primeiro a deplorar que nos meios científicos perdure uma postura de combate com tão curta visão. Apresentando a si mesmo como agnóstico (a exemplo de Stephen Jay Gould), ele está na origem de uma iniciativa concreta que merece ser elogiada. Em janeiro de 1996, com seu colega Paul Atlan, ele criou no hospital Antoine-Béclère de Clamart um serviço de consulta "ético-religiosa". Seu objetivo: aplicar uma ética prática, de caso por caso, permitindo aos pacientes, perturbados em suas convicções religiosas por tal ou tal projeto terapêutico, que debatam isso – pelo intermédio do médico – com sacerdotes, rabinos e imames.

Ora, essa iniciativa reconciliadora não só permanece isolada, mas Frydman reconhece que, para realizá-la, ele teve de vencer resistências e triunfar sobre uma hostilidade de princípio ainda muito espalhada entre seus pares. "Basta que um cientista dê provas de certa abertura em relação à fé – escreve ele – e eis que ele já é catalogado, na melhor das hipóteses, entre os 'beatões' (o que, em relação a mim, é cômico) e, na pior, entre os defensores dessa nova religiosidade triunfante".[33]

O princípio de não-usurpação

Ressaltemos, justamente, essa última expressão: religiosidade triunfante. É exatamente o que hoje precisamos evitar e até combater com a mesma energia com que combatemos o dogmatismo

---

[33] René Frydman, *Dieu, la médecine et l'embryon*, op. cit.

cientificista. Reabilitar o "religioso" não deve levar a restaurar a religiosidade ou a exonerar o clericalismo de seus erros, passados e presentes. Qualquer espírito livre deve reservar a mesma atenção, ao mesmo tempo respeitosa e crítica, aos discursos científicos *e* religiosos. Interpelar o cientificismo não é rejeitar a ciência. Do mesmo modo, criticar o clericalismo não é – ou não deveria ser – diabolizar a religião. As duas abordagens, em troca, são passíveis da mesma exigência. Assim como devemos relembrar à ciência seus próprios princípios, também precisamos aprender novamente a questionar a religião em nome de suas promessas, sejam elas bíblicas, talmúdicas ou corânicas.

Para isso, é necessário considerar ciência e religião como apreensões diferentes – e rigorosamente autônomas – do real. Devemos promover sem cessar essa autonomia, essa separação e essa independência recíprocas, caso queiramos evitar ter apenas de escolher entre dois fechamentos. O próprio René Frydman expressa muito bem essa exigência: "Ciência e fé devem dialogar sem, no entanto, se confundir: a ciência pode ajudar as religiões a se desembaraçarem de suas superstições e a se orientarem entre as questões essenciais da vida; a religião pode ajudar a ciência a permanecer humilde, interrogar suas práticas de modo a evitar que ela se torne crença ou ideologia".[34]

Stephen Jay Gould, porém, foi mais longe ao tentar teorizar essa não-ingerência, com um rigor que obriga ao respeito. Ele propõe batizar de "princípio de NOMA" (não-usurpação) essa complementaridade, essa aliança reencontrada entre aquilo que ele considera como dois magistérios com campos de aplicação e com objetivos diferentes. "Nosso impulso de compreender o caráter factual da Natureza – escreve ele – é o magistério da ciência, e nossa necessidade de encontrar

---

[34] *Ibid.*

sentido para nossa existência e uma base moral para nossa ação é o magistério da religião".[35] Seríamos, por outro lado, tentados a observar a Jay Gould que seu desejo em parte já está sendo realizado. Com efeito, para além das altercações convencionais que fazem o prazer dos meios de comunicação e que mobilizam a atenção (ciência contra religião, fé contra razão, Deus contra Darwin etc.), um movimento mais profundo é hoje perceptível no campo das idéias. Ao desenvolvimento formidável dos conhecimentos – e das interrogações – científicos, corresponde uma renovação espetacular da exegese bíblica. Essa renovação coincide igualmente com um aprofundamento promissor do diálogo entre judeus, cristãos e muçulmanos.

Quanto aos filósofos, durante muito tempo considerados – certa ou erradamente – como os teóricos da desconstrução e, portanto, do niilismo pós-moderno, é forçoso considerar que eles manifestam um interesse novo – e intenso – pelo religioso. É o caso do filósofo italiano Gianni Vattimo, que reconhece estar realizando hoje, com prudência e circunspecção, um retorno ao cristianismo. "Cheguei – escreve ele – a um ponto da vida em que parece evidente, previsível e até um pouco banal recolocar a questão da fé".[36] Quanto ao que se refere ao judaísmo, não chegaremos a considerar como um retorno comparável a caminhada mais crítica de Jacques Derrida. Isso não impede que alguns de seus textos recentes testemunhem, no mínimo, uma vontade explícita – e modesta – de aprender novamente a "pensar a religião hoje sem romper com a tradição filosófica".[37]

---

[35] Stephen Jay Gould, *Et Dieu dit: "Que Darwin soit!"*, op. cit.
[36] Gianni Vattimo se explica sobre esse "retorno" em um pequeno livro, magnífico e injustamente negligenciado pelos meios de comunicação, *Espérer croire*. Seuil, 1998.
[37] Cf., principalmente Jacques Derrida, *Foi et Savoir*. Seuil, "Points", 2001.

Figuras da pós-modernidade, os dois filósofos partilham evidentemente, com Stephen Jay Gould, uma vontade de separar claramente os dois modos de conhecimento. Ora, seria demasiadamente cômodo sobre esse ponto agarrar-se a uma petição de princípio. Não misturar ciência e religião era já o que dizia no século XIX o grande fisiologista francês Claude Bernard (1813-1878): "A ciência e a religião não se devem misturar porque uma entrava a outra".[38] Hoje, todavia, tanto o estado das ciências como o das religiões exigem ser mais precisos. O que significa, exatamente, essa não-usurpação?

Concordismo alienado e criacionismo ignorante

Para se ter uma idéia melhor é útil raciocinar *a contrario*. Por meio de dois extravios simétricos, podemos mostrar a qual aberração se arrisca a terminar uma confusão – ainda que cheia de boas intenções – entre ciência e religião.

O primeiro exemplo provém daquilo que chamamos de concordismo, ou seja, da vontade de reconciliar a qualquer preço esses dois saberes, *a ponto de fazê-los coincidir*. Esse concordismo, influente principalmente nos Estados Unidos, é uma forma de sincretismo que não deixa de ter relação com a sensibilidade *new age*. De certo modo, ele participa da assim chamada teologia do *Processo*, muito espalhada no mundo anglo-saxônico depois dos trabalhos do filósofo e matemático Alfred North Whitehead (1861-1947). Trata-se de repensar a criação "rompendo com qualquer modelo que ultrapassaria a noção de uma eternidade imóvel, para inscrever o próprio Deus no devir (um *processo*) em

---

[38] Claude Bernard, *Lettres à Madame R.*, Éd. Fondation, Mérieux, 1974.

que ele é mais diretamente parte tocante do advento, sempre temporal ou 'atual', das coisas".[39]

Esse concordismo recentemente inspirou debates, congressos ou reuniões freqüentemente noticiados pelos meios de comunicação a toque de trombeta. Isso aconteceu, em junho de 1998, com a conferência feita em Berkeley e financiada pela fundação Templeton sobre o tema "A ciência e a busca espiritual". Ela deu lugar, na imprensa americana mais séria, a artigos bastante ridículos, precedidos de títulos que não o eram menos: "A fé e a razão de novo reunidas" *(The Wall Street Journal)*, "Ciência e religião: uma ponte sobre o grande abismo" *(The New York Times)* ou "A ciência encontra Deus" *(Newsweek)*.

A América, hoje, vê encontros desse tipo se multiplicando. Eles se situam, em grande parte, na posteridade do famoso debate organizado nos anos 60 na universidade de Princeton, em New Jersey, que reunia cientistas preocupados em refletir no sentido de sua pesquisa. Essa reunião resultou em um texto que fez grande barulho: "A gnose de Princeton". Sem dúvida, todas essas manifestações e artigos foram inspirados por uma vontade de reconciliar que sempre vale mais que a guerra aberta. Entretanto... Em sua vontade de "demonstrar Deus" ou de "divinizar a ciência", o concordismo abre o caminho para uma forma de esoterismo nebuloso ou de gnose imperativa que não reserva mais o menor lugar para a liberdade e para a fé. Quanto a isso, também é surpreendente que o cientificismo que ele pretende combater também é o mesmo do qual ele toma paradoxalmente de empréstimo a maioria de seus aspectos. Pensamos em uma reflexão famosa do grande teólogo calvinista suíço Karl Barth (1886-1968),

---

[39] Citado por Pierre Gisel e Lucie Kaennel, *La Création du monde. Discours religieux, discours scientifiques, discours de foi*. Labor et FIDES/Société biblique Suisse, 1999.

que já denunciava, em sua grande obra, *Dogmática*, qualquer dedução científica da transcendência: "Esse Deus que poderíamos demonstrar, que tipo de Deus ele seria então?"

No oposto do concordismo, o criacionismo americano também procede de uma confusão deliberada entre ciência e religião. Decididamente hostil aos progressos do conhecimento científico, ele quer submeter este último ao magistério escrupuloso da religião. Esse criacionismo apareceu, originalmente, no seio do fundamentalismo protestante para se opor à teoria da evolução em particular e ao modernismo em geral. Um de seus fundadores foi William Jennings Bryan (1860-1925), que lançou em 1920 uma campanha anti-evolucionista. Em sua versão mais extremada,[40] o criacionismo rejeita categoricamente o discurso científico. Ele nem sequer faz o esforço de analisar ou de discutir as hipóteses científicas. Estas só podem estar em conflito com as Escrituras. Por vezes esse movimento é chamado de *rejeicionismo*.

O ponto de influência máximo dos criacionistas foi em 1925, no momento em que o *American Civil Liberties Union* quis fazer ab-rogar as leis anti-evolucionistas votadas em alguns estados americanos desde 1920. Essa tentativa resultou em um episódio judiciário muito rocambolesco, que foi chamado de "processo do macaco" (em referência às teorias de Darwin). Os criacionistas queriam, com efeito, fazer condenar um jovem professor do Tenessee, Thomas Scopes, acusado de ter infringido uma lei local que proibia o ensino da teoria da evolução nas *public schools*. Esse processo foi finalmente ganho pelos defensores da razão e da ciência. Muito célebre nos Estados Unidos, ele inspirou uma peça de teatro, *Inherit the Wind*, escrita em

---

[40] Existe nos Estados Unidos uma tendência mais moderada, por vezes chamada de criacionismo científico (*scientific creationism* ou *creation science*). Essa tendência favoreceu a fundação, na Califórnia, da *Creation Research Society* (1963), e depois do *Institute for Creation Research* (1972).

1955 por Jerome Lawrence e Tobert Edwin Lee, que foi objeto de duas versões filmadas com, principalmente, Spencer Tracy e Frederic March na primeira, Kirk Douglas e Jason Robards na segunda, que é um telefilme.

O mais extraordinário é que, apesar do ridículo das posições criacionistas colocadas claramente por esse processo, a questão não se deteve aí. Em dezembro de 1981, um segundo "processo do macaco" teve lugar em Little Rock no Arkansas. Essa segunda ofensiva correspondia, de fato, a uma vontade de desafiar a emergência temível de uma sociobiologia cientificista, encarnada por Edward O. Wilson, cujo livro, *Sociobiology: the New Synthesis*, aparecera em 1975. Também perdido pelos criacionistas, esse segundo "processo do macaco" demonstrava mais uma vez essa velha constante: o cientificismo peremptório (versão Wilson) favorece sempre, em contrapartida, um obscurantismo que também é peremptório.

É verdade que esse criacionismo agressivo, que renasce sem cessar de suas cinzas na América do Norte, é também uma questão política. Ele não deixa de estar relacionado com o movimento chamado de a maioria moral, fundada em 1979 pelo pastor Jerry Falwell. Para este último, "a teoria da evolução faz um atentado aos valores fundamentais da sociedade americana, porque ela atenta contra a dignidade do homem, quando afirma que 'o homem descende do macaco'".[41] Por outro lado, não é garantido que a América moderna tenha acabado com essa pitoresca questão. Com efeito, o novo presidente, George W. Bush Junior, eleito em 2000, por vezes manifestou – a exemplo de Ronald Reagan nos anos 80 – uma benevolência marcante em

---

[41] Citado por Pierre Gisel e Lucie Kaennel, *La Création du monde. Discours religieux, discours scientifiques, discours de foi*. Labor et FIDES/Sociéte biblique suisse, 1999.

relação à maioria moral. Em novembro de 1999, ele se declarou favorável a que se ensine "diferentes modos de explicar a formação do mundo" *(different forms of how the world was formed)*, ou seja, que se apresente o relato do Gênesis ao mesmo tempo em que *(along with)* a teoria da evolução.

Stephen Jay Gould, de quem tomo de empréstimo esta última lembrança, tem razão ao escrever que "essa verdadeira tragicomédia, que terá envenenado a história intelectual dos Estados Unidos durante todo o século XX, revela as relações singulares que se estabeleceram nesse país entre ciência, religião e política".[42]

Um caminho mantido aberto

Concordismo de um lado, criacionismo do outro, vemos bem por meio desses dois exemplos simétricos a quais tipos de erros nos arriscamos a ceder, uma vez que estejam em jogo as relações entre ciência e religião ou, mais amplamente, entre racionalismo e espiritualidade. A aliança pacífica e fundadora que se trata de encontrar para fundar o princípio de humanidade decididamente não tem nada a ver com esses dois. Não é o conhecimento científico que se trata de manter à distância, mas o fechamento ingênuo de um pensamento, o imperialismo de um procedimento, a fatalidade destrutiva de uma dominação unívoca. Do mesmo modo, não é a busca religiosa que é preciso orgulhosamente recusar, e sim o dogmatismo rígido, a recusa clerical do questionamento, o temor supersticioso da razão crítica. "O Deus bíblico – escreve justamente Paul Valadier – é por natureza anti-sacralizante e, portanto, antifusionista; e, por esse motivo, sua mensagem permanece de viva atualidade contra os pseudo-reencan-

---

[42] Stephen Jay Gould, *Ed Dieu dit: "Que Darwin soit!"*, op. cit.

tamentos, mais ou menos sonhados, que se propõem como o último grito nos supermercados da religiosidade".[43] O princípio de humanidade se situa muito exatamente nessa *distância* obstinadamente mantida, nesse caminho mantido aberto.

Se a experiência espiritual em geral – e a do monoteísmo em particular – é hoje portadora de uma lição que precisou ouvir e talvez novamente aprender, a lição é a seguinte: existe um *outro lugar* da experiência humana que a ciência é impotente para atingir. Em nós permanece magnificamente um princípio de liberdade e de humanidade que escapam a qualquer racionalidade instrumental. É o que expressa a seu modo um agnóstico como Claude Lefort quando escreve: "A idéia da humanidade do homem, assim como a da humanidade que engloba todos os homens, furta-se a qualquer definição. Aqueles que fazem sua crítica têm razão sobre esse único ponto".[44]

Lucidamente interpretado, o monoteísmo, desse ponto de vista, é uma lembrança permanente para a abertura e, portanto, para a liberdade. Contra o fechamento cientificista e contra todos os fechamentos em geral, a tradição judaica, por exemplo, é rica de um conceito que vemos com freqüência novamente convocado nos tempos atuais (e isso não por acaso). Essa idéia, formulada pela escola cabalística do século XVI, é a do *tsimtsum*, ou seja, da contração voluntária de Deus, de sua retirada parcial que propicia ao homem a possibilidade de uma liberdade responsável, aquela mesma que faz dele ao mesmo tempo a criatura à imagem de Deus e o co-responsável pelo acabamento do mundo. Não é proibido – permanecendo consciente do

---

[43] Paul Valadier, *Un christianisme d'avenir. Pour une nouvelle alliance entre raison et foi*, op. cit.

[44] Claude Lefort, "Hommage à Salman Rushdie" (Contribution au colloque "L'Homme et la société", Universidade de Lausanne, maio de 1990), em *Esprit*, janeiro de 1992.

esquematismo muito "amador" de tal resumo – aproximar esse magnífico *tsimtsum* judaico do conceito cristão de *kenose* divino, ou seja, de um abaixamento voluntário pelo viés da encarnação, que também propicia um espaço para a livre e empreendedora humanidade do homem.

Para os cristãos, o Deus verdadeiro, o da revelação bíblica, é "impotente e fraco", para retomar a expressão do pastor alemão Dietrich Bonhoeffer, que foi enforcado pelos nazistas no dia 9 de abril de 1945, com trinta e nove anos. É nas cartas e nos textos escritos na prisão de Tegel, em que fora encarcerado desde 5 de abril de 1943, que Bonhoeffer havia aprofundado sua reflexão sobre a possibilidade de "falar de Deus de modo leigo" em um "mundo que se tornara maior". E acrescentava: "Deus nos faz saber que precisamos viver enquanto homens que chegam a viver sem Deus".[46] Para ele, Cristo "não nos ajuda por meio de sua onipotência, mas por meio de sua fraqueza e de seus sofrimentos".[47] Deus é, portanto, o criador e o garante de uma *liberdade* fundamental, ela própria inseparável do princípio de humanidade.

Desse modo, portanto, "tanto no judaísmo como no cristianismo, a criatura humana participa da Natureza divina e, por isso mesmo, no processo criativo".[48] Nos dois casos, é a idéia de fechamento – de dogma universal e obrigatório – que é providencialmente condenada. A todas as formas de suficiência, de intolerância e de triunfalismo que excomunga, trata-se de opor a incansável e batalhadora *transação*

---

[45] Jean-Michel Besnier, *L'Humanisme déchiré*. Descartes & Cie, 1993.

[46] Dietrich Bonhöffer, *Résistance et Soumission*. Labor et Fides, 1973.

[47] Citado no notável artigo de Arnaud Corric, "Dietrich Bonhöffer. Le Christ, Seigneur des non-religieux", em *Études*, março de 2001.

[48] Michel Tibon-Cornillot, *Les Corps transfigurés. Mécanisation du vivant et imaginaire de la biologie*, op. cit.

entre crença e razão, fé e ciência, conhecimento e fidelidade obstinada (a Deus ou ao homem). Podemos elogiar a doçura extrema com a qual Marie Balmary exprime isso: "A busca da origem e do além não é em meu espírito a busca de um "outro mundo", no sentido habitual do termo, mas de uma outra dimensão de nossas vidas, *na qual poderíamos reconhecer como homem qualquer homem*; uma dimensão na qual e pela qual seríamos irmãos".[49]

Não é preciso entender essa última palavra como um convite afetado à gentileza ou à compaixão. Sua significação é muito mais forte, ardente até. Ela quer lembrar-nos de que não há graus, nem normas, nem diagnósticos genéticos, nem parâmetros aos quais poderíamos relacionar a humanidade de um homem para avaliá-lo. Tanto o deficiente mental como o trissômico, tanto o "monstro" como o anão ou o gigante, tanto o alienado como o moribundo: todos eles são irredutivelmente meus *semelhantes*.

Isso não é nada, uma vez que o resto, *tudo o mais*, daí decorre.

---

[49] Marie Balmary, *Abel ou la traversée de l'éden*, op. cit.

Epílogo

Tomar um partido de humanidade

Como o salmão, o homem está muito mais vivo quando sobe a corrente.
Segundo Marc-Alain Ouaknin[1]

Acuado ao longo destas páginas, o princípio de humanidade nos aparece ao mesmo tempo como essencial e inatingível. Contudo, como poderia ser diferente? A humanidade do homem não é nem uma "constatação" verificável, nem o resultado de uma pesquisa, nem uma herança: ele é um *projeto*. Esse projeto, sem cessar, está diante de nós, aleatório e ameaçado, como os projetos humanos. A humanidade faz parte desses princípios enigmáticos que devem ser incansavelmente de novo interrogados e defendidos, sob a pena de se dissolverem e desaparecerem nos estrondos da história *natural*. O erro seria acreditar que as grandes revoluções/mutações descritas neste livro nos dispensassem "tecnicamente" dessa opção ou, então, colocassem-na fora de nosso alcance.

---

[1] Marc-Alain Ouaknin, *Dieu et l'Art de la pêche à la ligne*. Bayard, 2001.

Como é preciso, no fim, comprometer-se a título pessoal, não creio que haja vida humana imaginável no abandono. Não penso que a humanidade seja inseparável de uma vontade e de um desejo de resistência. A grande mentira da atualidade é sem dúvida a que tira argumentos das mutações em curso para desqualificar com um mesmo movimento tanto a vontade como a resistência. Isso não é apenas uma mentira, mas também uma loucura. Se aderíssemos a isso, concordaríamos, como o temia Max Weber, a não ser mais que "especialistas sem visão e voluptuosos sem coração".[2] No ar do tempo flutua, com efeito, não sei qual desejo de desqualificar a convicção demasiado firme, a opinião demasiado afirmada, o engajamento (político ou outro) demasiado decidido. Fazendo isso, designam-se implicitamente esses últimos como as fontes calamitosas da violência e da intolerância. Desse modo, o palavrório da época se resume por vezes no seguinte: se houver menos crenças e menos valores, haverá menos violências; se houver menos convicções, haverá menos aflições. O relativismo, o desencantamento, a indiferença se teriam tornado a garantia de um mundo pacificado. *Precisamos compreender a profunda e incomensurável tolice desse lugar comum.* A violência, ao contrário, é o produto dos desejos sem freio, da avidez sem limites, da manipulação sem regras, ou seja, de um enfraquecimento das crenças partilhadas.

Pensemos aqui nesse belo aforismo mil vezes articulado pelo filósofo e psicanalista Cornélius Castoriadis: uma sociedade mostra seu grau de civilização em sua capacidade de fixar limites para si. Limites e projetos. O princípio de humanidade, definitivamente, tem como característica ser *causa de si mesmo*. Ele é poder de se fazer, ou seja, de se escolher. Aquilo que reivindicamos aqui – a eminente dignidade do ser humano – é uma opção, na verdade. Quer se trate da econo-

---

[2] Max Weber, *L'Éthique protestante et l'Esprit du capitalisme*. Presses-Pocket, 1985.

mia, da política ou da tecnociência, "tratamos o homem conforme a idéia que dele fazemos, do mesmo modo que fazemos uma idéia do homem conforme o modo como o tratamos".[3] Essa circularidade remete cada um de nós, portanto, a uma *responsabilidade* que nenhuma ciência, nenhuma técnica, nenhuma fatalidade mecânica ou genética poderiam eliminar.

O princípio de humanidade existe, porque *queremos* que ele exista.

É a essa vontade – obstinada e alegremente dissidente – que precisamos doravante nos consagrar.

---

[3] Peter Kemp, *L'Irremplaçable. Une éthique de la technique*, op. cit.

Impressão e acabamento
GRÁFICA E EDITORA SANTUÁRIO
Em Sistema CTcP
Rua Pe. Claro Monteiro, 342
Fone 012 3104-2000 / Fax 012 3104-2036
12570-000 Aparecida-SP